* 효율적인 호텔경영 • 고객관리 바이블

호텔경영학원론

최풍운 • 윤여송 • 함봉균
박제온 • 권 헌 • 박오성

백산출판사

머리말

과거의 호텔은 여행자들에게 숙식의 제공이나 휴양 등 숙박시설의 이용에 기본적인 조건만을 제공하였으나 현대 사회에서는 여행자, 사업가, 각종 행사의 참가자 등 여러 목적을 지닌 고객들의 욕구에 부응하기 위하여 각 호텔에서는 다양한 정책이나 서비스 방안을 강구하게 되었다.

오늘날 호텔경영의 특징은 고급화, 대형화, 현대화의 양상을 띄고 있으며, 특히 국제회의, 대소연회 등 각종모임이 이루어지는 장소를 제공한다는 점에서 공익성이 강조되고 있는 것이다. 따라서 이러한 상품들이 어떻게 유기적으로 결합되어 고객에게 제공되며 또한 어떠한 상품을 생산해야만 고객의 욕구에 부응할 수 있는지 알아보고자 한다.

본 서는 11장에 걸쳐서 호텔경영관리에 필요한 기본적인 이론과 실무에 관한 각 부문별 업무내용을 상세히 다루어 전문대학이나 대학의 관광 및 호텔경영학전공 학생들에게 도움이 되도록 편집하였다. 막상 미흡한 저서를 내놓게 되니 두려움과 송구스러움이 앞서게 된다. 앞으로 끊임없이 이 책의 미비한 점을 보완할 것을 약속드린다.

끝으로 이 책의 출판에 수고를 아끼지 않으신 백산출판사 진욱상 사장님과 편집에 많은 노력을 기울여 주신 분들의 노고에 진심으로 깊은 감사를 드립니다.

2009년 2월

저자 씀

CONTENTS

호 · 텔 · 경 · 영 · 학 · 원 · 론

제 1 장 호텔의 역사

제 2 장 호텔의 개념과 종류

제 5 장 하우스키핑

제 7 장 호텔에서의 최상의 서비스

제 11 장 안전관리

제1장
호텔의 역사

제1장
호텔의 역사

Hotel Business Administration

제1절 숙박시설의 기원

호텔의 기원은 인류가 이 지상에서 생존을 영위하고 상호 왕래가 이루어지던 시기에서부터 찾아볼 수 있다. 그러나 하나의 영업행위로서 사람에게 음식과 잘 곳을 마련해 주는 숙박시설로서의 출현은 어디까지나 여인숙의 형태의 규모로서 화폐의 유통시기와 함께 그 유래를 구하고 있으며, 문서상으로는 고대 이집트와 로마시대까지 거슬러 올라간다. 고대 이집트 왕조는 15세기경 바빌로니아와의 통상관계 및 종교적 활동으로 인해 여행왕래가 빈번하였으며, 고대 로마는 도로망의 형성으로 교역, 종교, 휴양 등의 왕래가 성행하였다. 이 시대의 숙소의 특징은 시설내용이 일반적으로 매우 빈약하였으며 여행동기가 현대의 레저활동으로서의 여행과는 달리 대부분 생존을 위한 여행이었다. 따라서 숙박시설에 대한 쾌적성은 중요한 요건이 될 수 없었고 수면, 휴식, 생명, 재산의 보호에 관계되는 최저 필요조건을 확보하는 것이 우선이었다.

그러나 오늘날 우리가 의미하는 호텔의 기원은 영국에서 발달되었던 산업혁명을 계기로 이동의 실현이 대량화되었고 동력화한 여러 교통수단의 발달로 필연적으로 정비된 도로망의 형성과 함께 여행현상에 불가피한 숙박시설이 기업형태로 발전할 수 있는 바탕을 마련하였던 것이다.

산업혁명 이전에는 숙박시설이 불완전한 데 비해 산업혁명 이후에는 서비스를 동반하는 새로운 기업형태로서 현대적인 감각에 맞는 호텔로 발전하게 되었는데, 영국의 숙박시설들은 보수성에 위축되어 발전이 둔화되지 않을 수 없었다. 그 후 미국의 숙박업자들에 의해 혁신적인 기술과 새로운 경영비법으로 세계 호텔경영을 주도하게 되었다.

제2절 근대 호텔기업의 발전

1. 유 럽

현대 호텔산업에 영향을 미친 숙박시설은 19세기초에서 중엽에 이르기까지 유럽에서 출현되었다고 볼 수 있다.

19세기초 독일의 온천관광지 바덴바덴에 건립된 바디쉬 홉(Badische Hof)을 지적할 수 있다. 이 호텔은 초기의 여관에 비해 대단히 호화스러운 숙박시설로서 건물구조도 크고 대소의 응접실, 발코니, 식당, 침실 및 욕실 등이 잘 정비되어 있을 뿐만 아니라, 냉수와 온수의 공급이 되고 정원이 마련되어 있어 근대호텔과 크게 다를 바 없었다. 즉 19세기에 등장한 호텔은 초기의 여인숙과 비교할 때 지난날 베르사이유 궁전에서 펼쳐졌던 상류계급의 세련된 생활양식을 기초로 하여 호화로운 시설과 서비스내용을 특징으로 하였다.

이와 같은 의미에서 바디쉬홉은 흔히들 여인숙에서 호텔로의 가교로 평가하여 유럽 여러 나라의 호텔에 크게 영향을 미쳤음에 비추어 호텔발전사에 차지하는 의미가 크다.

한편, 프랑스에 있어 호텔의 출현은 1850년 르그랑호텔(Le Grand Hotel)이 파리에 건립되었으며, 1870년에는 세계에서 가장 호화롭다는 Hotel Grand National이 세워져 유럽의 상류사회에서 인기를 독차지하였다.

1880년에는 파리에 리츠(Ritz)호텔이 출현하였다. 리츠는 무엇보다도 “고객은 항상 옳다"라는 표어를 창안한 이념은 후에 호텔업을 근대산업으로 발전시킨 미국의 스타틀러에게 슬로건을 제시해 주기도 하였다. 이 표어는 당시 시대의 변천과 함께 귀족을 대상으로 한 이념이 농후하였지만, 오늘날의 호텔경영의 판매촉진 수단으로 활용되고 있는 것이다. 스위스 태생인 리츠(Cesar Ritz : 1850~1918)의 이름은 호텔경영사에 고급호텔의 창시자로 유명하며, 고급호텔의 건설과 운영에 있어서 뿌리가 되었다. 이 호텔은 또한 동일계통의 체인호텔이 각국에 18개나 건립된 것으로 보아 오늘날 체인호텔 시스템의 효시라고도 볼 수 있다.

근대의 영국 호텔은 무엇보다도 리츠에 의해서 많은 발전을 보게 된 것이다. 그는 1889년에 런던에 세워진 Savoy Hotel을 인수하면서 호텔경영은 물론 식당업을 번창시켜 영국의 외식산업에 큰 영향을 끼쳤다. 그리고 1899년에는 영국 런던에 Carlton Hotel을 개관하면서 호텔경영 사상 최초로 프랜차이즈에 의한 체인화를 실시하여 고급호텔로서 손색이 없었으며 영국에서는 최초로 호텔의 욕실을 구비하기도 하였다.

2. 미 국

세계 최초의 호텔인 동시에 미국 최초의 호텔인 시티호텔(City Hotel)이 뉴욕에서 건립된 것이 1974년이었다. 이 시티호텔은 73실의 객실을 보유하고 그 당시 3만 인구의 도시에 사교의 중심지가 되었다. 이후 뉴욕시 외에 보스턴(Boston), 볼티모어(Baltimore), 필라델피아(Phildelphia)에도 시티호텔과 유사한 건물들이 건립되어 그 지역의 공공적 회합장소로서 그 기능을 보였다.

그 후 1829년에 호텔산업의 원조라 불리는 객실 170실의 트레몬트 하우스(Tremont House)가 종전과는 전혀 새로운 경영형태와 고가의 건축비로서 건립되었으며, 이는 그 후 50년간 구미호텔 양식에 큰 영향을 미쳤다. 1830년부터 50년에 걸쳐 산업혁명이 촉진된 미국에서는 남북전쟁 이후 공업이 발달하고 대자본가가 출현하였으며, 상용여행은 늘어났고 그것은 당연히 저렴하고 쾌적한 숙박시설에 대한 욕구를 증대시켰다.

미국인들은 그들의 손으로 우아하고 고급스런 호텔들을 건설하였는데, 이중 유명한 것은 1897년 뉴욕에서 개관된 Waldolf-Astoria Hotel이었다. 이 호텔은 William Waldolf Astor가 1893년에 건설한 Waldolf Hotel을 증축하여 1,000실 규모로 만든 것인데, 당시 세계 제일의 규모와 시설을 자랑하는 호텔로 등장하였다.

[그림 1-1] 최초의 월드프 호텔

[그림 1-2] 현재의 월드프아스토리아 호텔

이와 같이 미국에 있어서 19세기말부터 20세기초에 걸쳐 숙박시설의 상태는 상용여행객의 증대라는 환경변화를 맞이하여 일반대중도 이용할 수 있는 저렴한 요금으로, 그러면서도 고급호텔과 다를 바 없는 시설, 서비스를 제공받을 수 있는 호텔의 사회적 요청이 표면화되었으며, 이러한 일반대중의 욕구를 포착하여 호텔업의 스타틀러(E. M. Statler : 1863~1928)는 여러 가지로 혁신적인 호텔운영을 창조해 나갔다. 스타틀러가 건설 운영한 최초의 본격적인 호텔은 1908년 개업한 버펄로의 Statler Hoter이었다. 그는 비상 방화문의 설치, 열쇠, 현관 스위치의 설비, 개인욕실, 객실에 얼음물 제공, 전신(全身) 크기의 거울 설치 등 혁신적인 시설 및 서비스를 제공하였으며, "1.5달러의 욕실 딸린 객실"이라는 선전문구를 내걸고 당시로서는 파격적인 저렴한 가격으로 판매하여 큰 성공을 거두었으며, 현대적 의미의 상용호텔의 등장을 가져왔다.

스타틀러는 그 후 클리브랜드, 디트로이트, 센트루이스 등에 대규모 호텔을 건설 운영하였다. 그러나 힐튼호텔의 창시자 힐튼(C. N. Hilton)이 전 체인호텔을 인수함으로써 스타틀러 호텔시대는 서서히 막을 내리게 되었다.

모텔은 테네시주 멤피스시에 부동산 거부인 캐몬 윌슨(Kemmon Wilson)이 홀리데이 인(Holiday Inn)이라는 기존 호텔보다 가격이 저렴하고 주차장 및 수영장이 겸비된 낮은 층의 숙박형태를 시장에 내 놓으면서 시작되었다.

모텔은 주로 프랜차이스 형태로 대규모 체인을 형성하여 성장하였고, 힐튼과 쉐라톤과 같은 고급 호텔은 계약경영(Management Contract)형태로 운영되었다.

그 후 여행의 대중화에 힘입어 미국에서는 쉐라톤(Sheraton)과 힐튼(Hilton)이라는 2대 호텔체인이 호텔업계를 2등분하는 세력으로 확장하게 되었으며, 전세계 곳곳에 위의 두 체인호텔 상표가 부착되면서 호텔업계에 커다란 영향력을 갖고 세계를 한 울타리로 이동하는 여행자들의 안식처를 마련하면서 그 위력을 과시하고 있는 것이다.

제3절 우리나라 호텔업의 발전

우리나라 호텔업의 발전은 최초의 서구식 숙박시설이 출현한 이후부터 언급하지 않을 수 없다. 물론 지극히 원시적인 형태의 여인숙시설이 없었던 것은 아니다. 그러나 오늘날 우리가 의미하는 서구적인 숙박시설과는 그 운영형태나 설비의 내용에 있어서 거리가 먼 것이었다. 따라서 우리나라 호텔업의 발전은 철도교통기관의 발달에 따른 철도역의 건축으로부터 유래된 것이었다.

부산에서 신의주까지 남북 횡단철도의 개통은 당시에 있어서는 교통지리에 큰 변화를 가져왔으며, 우리나라 경제구조가 원시적인 지방자급자족 상태에서 탈피하여 지역간의 상거래와 유통을 원활하게 하는 계기가 마련되었다.

1908년 일본이 중국대륙 침략을 위해 한반도를 그 교두보로 삼고 남북을 종단하는 철도를 부설하고 이의 부대사업으로 철도 이용객의 편의를 위해 철도역에 역사를 건축하는 것이 필요 불가결하게 되었으며, 이때를 시점으로 하여 호텔이 생기게 되었다.

우리나라 최초의 서구식 호텔로는 1888년에 인천에 3층 건물의 대불호텔이 개관되었다. 당시 인천에 입항한 외국인들이 서울로 들어가기 위해서는 교통에 상당한 어려움이 있었다. 따라서 항구를 중심으로 서양식 숙박시설이 필요하게 되었다. 이 건물의 외형은 현대적 건물에 밀려 볼품없이 낡았으나 인천에서는 유일하게 금박간판을 내걸어 온 장안의 시선을 집중시키며 화젯거리가 되기도 하였다. 3층으로 이루어진 서양식 건물로 유럽인과 미국인 등이 고객이었으며, 당시에는 경인선이 개통되기 이전이었으므로 외국인들에게는 매우 중요한 숙박시설이었다.

그 후 1920년 서울 정동 29번지(이화여중 자리)에 손탁호텔이 프랑스계 독일 태생인 손탁(Sontag : 한국명 : 孫鐸)양에 의해 건립되었다.

2층에는 왕실의 귀빈을 모시는 객실을 마련하고 1층에는 보통객실과 식당을 꾸몄다. 이곳에서는 객실, 가구, 장식품, 악기, 의류 및 요리 등이 서양식으로 이용되는 등 서양문화를 전파하는 창구가 되었으나, 1909년 손탁 양이 조선을 떠남으로써 개관 8년만에 막을 내렸다.

1912년에는 부산역과 신의주역사에 호텔을 겸한 부산철도 호텔과 신의주철도 호텔이 개관되었으며, 1914년에는 조선호텔이 건립되었다.

조선호텔은 서구식과 한국식을 겸한 4층 건물에 65실을 보유한 호텔이었으나, 1967년에 허물고 그 자리에 신축하여 1970년에 새로운 모습으로 개관하였다. 이 호텔은 지하 2층 지상 19층의 건물로 객실 471실을 보유하고 있으며 수용인원 1,000명의 그래드 볼룸 등 부대시설을 갖춘 우리나라에서 현대적인 대규모 호텔의 효시라고 볼 수 있다.

그리고 반도호텔은 1936년에 건축한 서구식 건물로 객실 111실을 보유하여 150명을 수용할 수 있었다. 당시에는 국내 최대규모의 호텔로 운영되었으나, 1974년 현대식 대규모 호텔인 롯대호텔의 신축공사로 인하여 헐리게 되었다.

제4절 미래의 호텔

정보통신의 기술적인 진보는 호텔들이 고객들에게 서비스를 제공하는 방법들에 있어서 극적인 변화들을 야기할 것이다. 미래의 호텔 룸에서는 상호작용하는 컴퓨터나 멀티미디어 시설들이 지금의 TV의 리모콘이나 터치폰 전화기처럼 흔하게 사용될 것이 분명하다. 고객들은 이러한 새로 고안된 설비들을 사용함으로써 호텔과 업무상의 사람들과의 상호 접근을 피하고 싶어 할 것이다. 예를 들어 룸서비스 주문을 하기 위해서, 레스토랑을 예약하기 위해서, 추가의 타월이나 개인세탁물 처리를 위하여, 고객들이 해야만 하는 것은 단지 텔레비전 스크린의 몇 개의 아이콘을 터치하는 것이다.

기술적인 진보는 미래의 호텔의 디자인이나 공간구조를 바꿀지도 모른다. 컴퓨터 멀티미디어 룸이 각 층마다 하나씩 요구될 것이다. 종전의 커다란 사이즈의 회의장이나 홀 등은 안락한 원격 비디오장치를 이용하여 각 방에서 회의에 참가하고자 하는 고객의 요구를 변화에 맞추어 변화할 것이다. 다양한 온라인 네트워크를 통한 룸과의 직접적인 연결은 미래에는 표준적인 요구사항 일 것이다. 이것은 호텔에 있어서는 커다란 경제적인 부담을 의미한다. 장비의 대여나 요금 등은 커다란 비즈니스일 수 있다.

호텔의 조직적인 구조는 기술혁신의 결과로 변화할 것이다. 프런트의 기능들은 축소되거나 없어질 것이다. 서비스 부서들은 하나의 컴퓨터를 통해 모든 고객들의 요구사항을 알 수 있다.

고객들이 상호장치를 통해 더욱 많은 요구를 할 수 있으므로 서비스를 지원하는 준비를 고객의 요구에 더 잘 대응할 수 있을 정도로 더 철저히 해야 한다. 또한 이것은 많은 Back Office의 업무에도 실현된다. 기술의 더 많은 사용을 통하여 호텔의 Back Office에서 실행되는 사무기능들 중 많은 것들이 없어질지도 모른다.

여행하는 직업여성들의 증가는 또한 많은 변화를 가져왔다. 외국의 한 연구보고서에서 출장을 다니는 남성과 여성의 연구는 남성들이 여성들보다 더 중요한 사업상의 일들을 한다고 밝혔다. 여성들은 안전, 개인적인 서비스, 낮은 가격들에 관심을 갖는다. 팩스기계나 스위트 룸은 여성보다 남성에게 더 중요하다. 여성들은 방안에 있는 헤어드라이어, 다림판, 룸 서비스, 목욕가운 등을 남자에 비해 더 중요하게 여긴다. 남성들은 여성보다 욕실에서 전화하는 것을 더 좋아한다. 남성·여성 모두 샤워장치와 전자카드 키에는 똑같이 중요하게 여긴다. 이러한 고객의 성향연구는 고객의 요구사항을 맞추게 하는데 중요한 역할을 한다.

제2장
호텔의 개념과 종류

제2장 호텔의 개념과 종류

Hotel Business Administration

제1절 호텔의 개념

오늘날 우리가 의미하는 호텔의 개념은 우리들 일상생활 단위의 가정(Home)을 확대한 규모로 생각하면 쉽게 이해될 수 있다. 찾아온 고객을 보다 편히 그리고 유쾌한 기분으로 머물고 떠날 수 있게 접대하는 일절의 행위가 하나의 영리를 전제로 한 기업적 성격을 띤 차이점 이외에는 본질적 의미는 같다고 할 수 있다.

일반적으로 호텔의 어원은 라틴어의 "Hospitale"에서 유래되었는데, 여기에는 두 가지의 의미가 있다. 하나는 여행자들이 심신의 휴식을 취할 수 있는 간이숙박장소의 의미이며, 다른 하나는 여행에서 생긴 병자 혹은 노약자의 간호시설로의 의미이다. 이 "Hospitale"이란 현대어로 병원을 의미하고 있으나, Webster's Dictionary에서는 "A place of shelter and rest for travellers"로 원시적 숙박시설의 기원을 의미하고 있다. 이 관점에서 본다면 호텔과 병원은 매우 밀접한 관련을 갖고 있으며, 병원과 호텔경영관리를 동일시하는 것도 이 때문이다.

호텔의 원시적인 성격은 병원이나 기숙사처럼 공공시설의 의미를 지니고 있으나, 시대적인 변천으로 숙박, 식사, 회의장소 등으로 이용되며, 여행자들에게는 가정을 떠난 집(A home away from home)처럼 아늑한 분위기를 전해주는 환대사업체이다. 오늘날 호텔이란 여행자를 위한 각종 편의를 제공하는 시설뿐만 아니라 사회의 공공적 성격을 띤 기업체로 인식되고 있다.

제2절 호텔의 분류

호텔의 분류는 크게 법규에 의한 분류와 일반적인 분류로 나눌 수 있으며, 구체적으로 일반적인 분류는 호텔구조, 입지, 규모 등에 따라 차이가 있으나 그 본질에서는 벗어나지 못한다.

1. 법규에 의한 분류

과거에는 관광숙박업을 관광호텔업, 국민호텔업, 휴양콘도미니엄업, 한국전통호텔업으로 분류하였으나 , 현행 관광진흥법에서는 호텔업과 휴양콘도미니엄업으로 분류하고(관광진흥법 제3조2항), 다시 관광호텔업, 수상관광호텔업, 한국전통호텔업, 가족호텔업으로 세분하고 있다. (관광진흥법 시행령 2조2항)

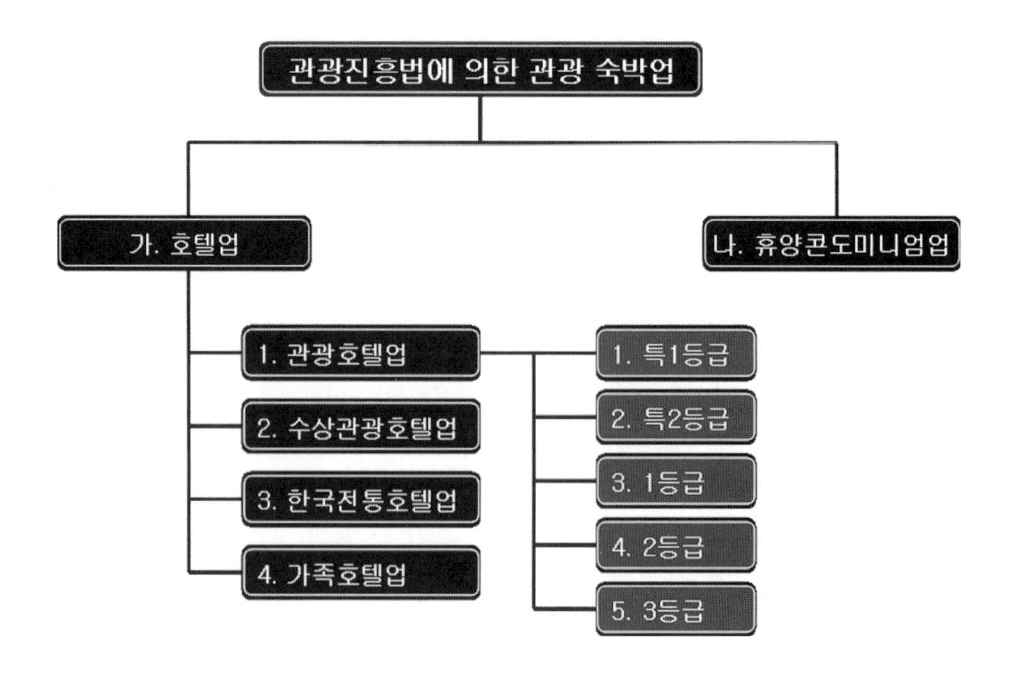

1) 관광호텔업

관광호텔업은 관광객의 숙박에 적합한 시설을 갖추어 관광객에게 이용하게 하고 숙박에 딸린 음식·운동·오락·휴양·공연 또는 연수에 적합한 시설 등(이하 “부대시설”이라 한다)을 함께 갖추어 관광객에게 이용하게 하는 업(業)을 말한다.

호텔업을 신규 등록한 경우, 등급결정을 받은 날부터 3년이 지난 경우, 시설의 증·개축 또는 서비스 및 운영실태 등의 변경에 따른 등급 조정사유가 발생한 경우 문화체육관광부장관으로부터 등급결정권을 위탁받아 고시된 법인에 등급결정을 신청하여야 한다.

등급결정을 하는 경우에는 서비스 상태, 건축·설비·주차시설, 전기·통신시설, 소방·안전 상태, 소비자 만족 등의 요소를 평가하여야 한다.

그 세부적인 기준 및 절차는 문화체육관광부장관이 정하여 고시한 호텔업의 등급결정을 위한 평정기준에 따른다.

등급결정의 기준은 만점을 기준으로 특1등급은 90% 이상, 특2등급은 80% 이상, 1등급은 70% 이상, 2등급은 60% 이상, 3등급은 50% 이상이어야 한다. (관광진흥법 시행규칙 제25조)

2008년 11월 현재 관광호텔업의 등록현황은 전국 558개 업체에 58,950실로 되어 있다.

2) 수상관광호텔업

수상관광호텔업은 수상에 구조물 또는 선박을 고정하거나 매어 놓고 관광객의 숙박에 적합한 시설을 갖추거나 부대시설을 함께 갖추어 관광객에게 이용하게 하는 업을 말한다. 그런데 선박을 숙박시설로 개조할 경우 반드시 수상의 일정장소에 고정하거나 계류시키도록 한 것은 관광객의 이용에 편리하도록 하기 위함이며, 만일 동력을 이용하여 선박이 이동을 하게되면 이는 관광호텔이 아니라 선박이 되기 때문이다. 우리나라에서는 2002년 7월 러시아에서 들여온 5,500t급의 유람선을 개조해 부산 해운대구에 (주)동남해상관광호텔의 ‘페리스 플로텔(Ferris Flotel)’이 개장 했으나 2003년 9월 태풍 ‘매미’로 좌초 되어 철거되었다.

2008년 11월 현재 수상관광호텔로 등록된 업체는 1곳이 있으나 실제로는 존재하지는 않는다.

3) 한국전통호텔업

한국전통호텔업은 한국전통의 건축물에 관광객의 숙박에 적합한 시설을 갖추거나 부대시설을 함께 갖추어 관광객에게 이용하게 하는 업을 말한다.

현재 우리나라에서 운영되고 있는 관광호텔은 모두가 서양식 구조와 설비를 갖추고 있어 외국인 관광객이 한국 고유의 전통적 숙박시설을 이용할 수 업T는 것이 오늘의 현실이다. 따라서 외국인 관광객의 수요에 대처하기 위하여는 한국고유의 전통양식에 한국적 분위기를 풍길 수 있는 객실과 정원을 갖추고 한국전통요리를 제공하도록 한것이 한국전통호텔업인데, 1991년 7월26일 최초로 제주도 중문관광단지 내에 객실수 30실의 씨빌리지가 최초로 등록되었으며 현재는 씨에스 호텔(Seaes Hotel)로 개명되어 운영중이다.

2008년 11월 현재 한국전통호텔업을 등록된 업체는 제주도의 씨에스 호텔(Seaes Hotel)과 인천 을왕리에 위치한 을왕호텔이 있다.

4) 가족호텔업

가족호텔업은 가족단위 관광객의 숙박에 적합한 시설 및 취사도구를 갖추어 관광객에게 이용하게 하거나 숙박에 딸린 음식·운동·휴양 또는 연수에 적합한 시설을 함께 갖추어 관광객에게 이용하게 하는 업을 말한다. 우리나라에서도 경제성장으로 국민소득이 향상되고, 자동차 보급률의 증가로 여가활동이 활발하게 됨으로써 가족단위의 관광이 증가하게 되었다. 이를 부응하여 국민복지관광의 차원에서 저렴한 비용으로 가족단위의 관광을 위해 마련된 제도인 가족호텔업은 가족단위로 이용할 수 있는 객실, 취사장, 운동, 오락시설 및 위생설비를 갖추어야 한다. 2008년 11월 현재가족호텔업의 등록현황은 18개 업체로 2,638실로 되어있다.

2. 입지(Location)요인에 의한 분류

1) 메트로폴리탄 호텔(Metropolitan Hotel)

대도시에 위치하면서 수천 개의 객실을 보유하고 있는 호텔군을 말한다. 대규모 호텔로서 일시에 많은 고객을 수용할 수 있으며 이들 다수인원이 한 장소에 들어갈 수 있는 대집회장, 연회장 등의 대규모 시설을 갖추고 있으며, 사업적으로 필요한 시설, 설비, 서비스가 완비되어 있는 호텔이다.

2) 시티호텔(City Hotel)

관광지나 휴양호텔과는 대조적으로 도시 중심지에 위치한 호텔이다. 이것은 다운타운 호텔과 그 성격이 거의 같으며 비즈니스센터, 쇼핑센터 등이 있는 시내 중심지에 있으며, 사업상 및 상용, 공용 또는 개인적으로 도시에 오는 관광객들에게 많이 이용된다. 사업이나 쇼핑에 있어서 편리한 점도 있으나, 수많은 자동차의 왕래로 잡음과 배기가스 등 국민건강상 나쁜 현상도 있는 결점이 있는 것이다. 그러나 도시민의 사교의 중심지로서 이용되는 편리점 때문에 각종 연회, 집회, 회의 등 이용률이 증가하고 있다.

3) 서버반 호텔(Suburban Hotel)

이것은 도시를 벗어난 한가한 교외에 건립된 호텔이다. 시티호텔은 자동차 공해와 주차장의 문제 등으로 많은 어려운 점들이 있지만, 자동차 여행자가 급격히 증가하고 있는 요즈음 공기 좋고 주차가 편리한 교외호텔의 이용도가 가족단위로 많아지고 있다. 이 호텔은 도시보다 지가가 싸서 건축비가 적게 소요되고 주차가 무료이면서 전원의 기분을 만끽할 수 있기 때문에 공해로부터 해방될 수 있는 여지가 많다.

4) 컨트리 호텔(Country Hotel)

이 호텔의 위치는 교외라기보다는 산간에 세워지는 호텔로 마운틴 호텔(Mountain Hotel)이라고 부를 수도 있다. 특히 골프, 스키, 등산 등의 여가기능을 다할 수 있는 용도의 호텔이라고 말할 수 있다.

5) 에어포트 호텔(Airport Hotel)

이 호텔은 공항 근처에 위치하면서 비행기 사정으로 출발 또는 도착이 지연되어 탑승을 기다리는 고객 및 승무원들이 이용하기에 편리한 호텔을 말하는데, 이러한 종류의 호텔은 세계 각국에 유행처럼 항공사업의 발전과 함께 세계적인 경쟁사업의 하나로 확대일로에 있다. 공항호텔이 번영하는 이유는 항공기의 증가에 따르는 승무원과 항공여행객 증가와 일기관계로 예정된 출발이 늦어지는 경우 등, 그리고 야간에 도착할 승객이 이용할 수 있는 편리한 점도 있어서 공항호텔의 이용도가 높아지고 있다.

6) 시포트 호텔(Seaport Hotel)

공항호텔처럼 그리 성행되고 있는 것은 아니지만, 항구근처에 위치하고 있으면서 여객선의 출입으로 인한 고객과 선원들이 이용하기에 편리한 호텔인 것이다.

지금은 교통이 편리하여 항구에 도착하는 사람은 곧바로 여행목적지로 이동하게 되지만, 배로 여행하는 1등 선객은 오히려 비행기의 일반승객보다 더 부유하여 항구마다 시포트 호텔을 찾는 사람의 수요가 많아지고 있다.

7) 터미널 호텔(Terminal Hotel)

철도역이나 항공터미널 또는 버스터미널 근처에 위치하고 있는 호텔을 말하는데, 유럽에서는 국제철도(Eurail-pass)가 운용되고 있어 각국의 주요 도시역마다 이러한 호텔들을 흔히 볼 수 있다. 미국에도 뉴욕의 펜실베이니아역과 지하도로 연결되는 곳에 뉴욕 힐튼 호텔이란 터미널 호텔의 웅장함을 볼 수가 있다. 이러한 호텔들은 철도업무와의 서비스 일원화로 대개의 경우 철도회사에서 직접 경영하는 것이 바람직하다.

3. 규모(Size)에 의한 분류

1) 스몰 호텔(Small Hotel)

객실 수가 25실 이하의 소형호텔을 말한다. 지금은 우리나라에도 이런 소규모의 호텔은 그리 흔치 않지만, 여관 같은 숙박시설들은 이 정도의 객실규모를 갖고 있는 곳도 있다.

2) 애버리지 호텔(Average Hotel)

우리나라에서는 2등급 이하의 부류에 속하는 호텔로 객실은 25실에서 100실정도 보유한 호텔을 말한다.

3) 어보브 애버리지 호텔(Above Average Hotel)

객실규모가 100실에서 300실 정도의 중형호텔들을 말하며, 우리나라의 1등급 관광호텔 들이 대개 이 부류에 속한다.

4) 라지 호텔(Large Hotel)

호텔 객실 규모가 300실 이상을 보유하는 대형호텔로 우리나라의 경우 특1등급, 특2등급 관광호텔들이 이에 속한다고 볼 수 있다. 그러나 오늘날 대규모 호텔들이 많이 등장했기 때문에 상기와 같이 객실 수에 의한 분류가 큰 의미가 있는 것은 아니다.

4. 숙박기간에 의한 분류

1) 트랜지언트 호텔(Transient Hotel)

교통이 편리한 장소에 위치해 있고 보통 2~3일의 단기 숙박객이 많이 이용한다. 그리고 교통의 편리함이 요구되는 장소라야 한다. 음식도 비교적 싸며 숙박객 이외의 외래객을 위한 커피숍, 카페테리아(Cafeteria) 같은 부대시설도 갖추고 있다.

2) 레지덴셜 호텔(Residential Hotel)

이 지역은 주택용 호텔로서 대체로 1주 이상의 체재객을 대상으로 한다. 신흥 산업도시나 신흥지역에 파견되는 기술자 가족들의 일시적 주택으로 사용되거나 장기 체류자 혹은 숙소가 마련되기 전까지의 기간동안 이용할 수 있는 호텔로서 각국의 도시 근교에 새로운 형태로 생겨나고 있다.

3) 퍼머넌트 호텔(Permanent Hotel)

앞의 레지덴셜 호텔과 비슷한 점이 있지만, 이것은 아파트먼트식의 장기체재객의 이용을 전문적으로 하는 호텔이다. 그러나 최소한의 음식제공시설이 있는 것이 보통이다.

이 호텔이 단순히 아파트와 다른 것은 메이드 서비스가 제동되는 것이다.

5. 숙박목적에 따른 분류

1) 컨벤셔널 호텔(Conventional Hotel)

회의를 유치하기 위한 맘모스 호텔로서 객실의 대형화는 물론 대회의장 및 주차장의 설비가 완비되어야 하겠고 연회실과 전시실이 대규모로 확보되어야 한다.

이러한 대규모 회의는 경비의 지출이 과대하므로 호텔마다 각종 모임이나 국제회의를 유치하기 위해서 적극적인 경쟁을 전개하지 않으면 안될 것이다. 다른 고객들보다도 회의참석자들은 객실이용 및 식음료 판매, 회의실 임대, 기타 쇼핑 등으로 인한 수입이 이중, 삼중으로 매상고가 월등히 높은 이점을 가지고 있다.

2) 커머셜 호텔(Commercial Hotel)

전형적인 상용호텔로 비즈니스 호텔(Business Hotel)이라고도 한다. 이는 도시 중심지에 위치한 호텔로서 주로 공용이나 상용으로 왕래하는 사람이 많이 이용하며 대체로 숙박객의 체재기간이 짧으며 요금도 저렴한 편에 속한다고 볼 수 있다.

3) 휴양지 호텔(Resort Hotel)

리조트 호텔은 관광지나 피서, 피한지, 해변, 산간 등 보건 휴양지에 위치한 호텔로서 숙박객 들이 심신의 휴식을 갖도록 설계되어져 아늑한 분위기를 갖추고 있다.

<표 2-1> Las Vegas Hotel Amenities

2001년도

		Number of Room	Restau-rants	Lounges	Spa	Fitness Center	Outdoor Pool	Shopping
5+	Bellagio	3,005	14	6	✓	✓	6	✓
5	Aladin Resort and Casino	2,567	21	9	✓	✓	2	✓
5	Caesars Palace	2,471	18	4	✓	✓	3	✓
5	Mandalay Bay Resort & Casino	3,300	15	4	✓	✓	4	–
5	The Mirage	3,044	9	3	✓	✓	1	✓
5	Paris-Las Vegas Casino Resort	2,914	8	5	✓	✓	1	✓
4+	MGM Grand Hotel/ Casino	5,005	15	3	✓	✓	5	✓
4+	Rio All-Suite Hotel & Casino	2,539	16	10	✓	✓	4	✓
4+	Treasure Island at the Mirage	2,900	8	5	✓	✓	1	✓
4	Bally's Las Vegas	2,814	9	1	✓	✓	1	✓
4	Flamingo Hilton & Casino	3,626	9	3	✓	✓	5	–

4	Harrah's Las Vegas	2,700	7	2	✓	✓	1	–
4	Las Vegas Hilton	3,174	13	4	✓	✓	1	–
4	Luxor Las Vegas	4,400	10	8	✓	✓	4	✓
4	Monte Car lo Resort & Casino	3,002	7	2	✓	✓	4	✓
4	New York-New York Hotel & Casino	2,033	8	3	✓	✓	1	✓
3+	Excalibur Hotel/Casino	4,008	6	5	–	–	2	✓
3+	Stardust Resort & Casino	1,550	6	7	–	–	2	✓
3	Circus Circus Hotel & Casino	3,772	9	6	–	–	4	✓
3	Imperial Palace Hotel & Casino	2,700	10	10	–	✓	1	✓

자료 : MLT Vacation Inc. U.S.A.

4) 아파트먼트 호텔(Apartment Hotel)

장기 체재객을 위한 호텔로서 정년 퇴직 후에 연금으로 생활하는 사람이 대개 이런 호텔을 이용하게 된다. 여기에는 객실마다 주방설비가 되어 있어서 마치 아파트와 같은 인상을 주게 된다. 숙박객에게 음식을 제공하지 않는 것이 원칙이나, 선진국에서는 정년 퇴직한 노인을 사회보장제도에 의한 연금으로 아파트먼트 호텔에서 생활할 수 있도록 하고 있다.

5) 카지노 호텔(Casino Hotel)

카지노 호텔은 도박을 즐기는 사람들, 즉 갬블러(Gambler)들이 찾는 호텔로 그 규모가 1,000실 이상으로부터 수천실에 이르기까지 매머드급의 호텔로, 호텔마다 나름대로 독특한 건축양식이나 각종 이벤트 혹은 상징물을 갖고 있으며, 이러한 호텔군을 형성하고 있는 대표적인 도시로는 미국의 라스베이거스(Las Vegas)를 꼽을 수 있다. <표 2-1>에서 보는 바와 같이 카지노 호텔들은 대규모 국제회의장과 각종 식당들을 갖추고 있어 국제회의 유치, 각종 박람회 개최, 각종 이벤트 등 연중 끊임없는 행사 개최지로 각광받고 있으며, 더불어 휴양 및 오락시설의 확충으로 종합휴양지로의 이미지 부각에도 힘쓰고 있다.

6. 특별 목적에 의한 분류

1) 모텔(Motel)

모텔은 명칭이 표시하는 바와 같이 자동차 여행자들을 대상으로 하여 도로변에 건설된 숙박시설이다. 1908년 미국 아리조나주 근교의 마을에서 시작되었으며, 처음에는 주차장과 침실을 1단위로 설치하였으나, 근래에 와서는 호텔과 비슷하게 또는 호텔에 뒤지지 않을 정도로 시설이 좋아지고 있다. 자동차로 여행하면서 모텔을 이용하게 되면 다음과 같은 장점이 있다.

(1) 주차에 제약이 없다.

주차표가 없는 것이 특징이며 모텔의 경우 무료로 넓은 주차장에 자유로이 주차시킬 수가 있다.

(2) No Tip제도이다.

일반적으로 호텔에 투숙하게 되면 도어맨으로부터 현관서비스, 객실서비스, 식음료 서비스를 하는 종업원에게 팁을 주어야 하지만, 모텔에 투숙하게 되면 팁에 대한 신경을 쓰지 않아도 된다.

(3) 이용과 행동이 자유스럽다.

복장이 자유스럽다. 일반 호텔에서는 식사를 하기 위해 식당에 들어가면 복장을 단정히 해야 하며 잠옷을 입고서는 복도에 나올 수 없는 등 행동에 여러가지로 제약을 받게 된다. 즉 예의에 어긋나는 몸가짐을 주의해야 한다. 그러나 모텔은 완전히 자유로운 행동이 가능하다.

(4) 객실예약이 불필요하다.

자동차로 고속도로를 달리다가 보면 도로변의 모텔에서는(빈 객실 있음. 'Vacant') 또는 (빈 객실 없음. 'No Vacant')라는 표지가 걸려 있기 때문에 이 표지만 보고 들어가면 되기 때문에 일반호텔과 같은 예약절차가 필요없다.

2) 유스호스텔(Youth Hostel)

유스호스텔이란 청소년을 위한 숙박시설을 의미하는 것이다. 이것은 영리적인 기업과는 달리 청소년들의 심신의 수련과 보건휴양여행을 장려함과 동시에 숙박시설의 저렴한 요금지불을 목적으로 건설된 일종의 사회복지시설인 것이다.

이 유스호스텔 운동은 1909년 독일에서 처음 시작되었는데, 세계적으로 발전하게 된 계기는 1932년 국제 유스호스텔연맹이 창설됨에 따라 회원인 청소년은 연맹에 가입된 어느 국가의 유스호스텔이든지 이용할 수 있게 되어 국제적인 교류가 확립되고 있다. 유스호스텔 내에서는 Self Service위주의 식사의 배급 및 식후의 처리, 침대의 정돈, 그리고 체크아웃시의 객실의 청소 등 숙박하는 청소년이 자기신변의 모든 일을 처리하도록 되어 있다. 이 유스호스텔 운동의 기본은 우애와 봉사의 정신이며 따라서 유스호스텔 내에서는 빈부의 차이도 없고 인종의 차별도 없으며 종교의 여하를 상관하지 않는다. 또한 청소년은 저렴한 비용으로 국내는 물론 외국까지 여행을 즐기며 견문을 넓히고 향토의 인식을 깊게 하는 동시에 국제간의 이해와 친선을 도모한다.

우리나라에서는 1991년 12월 31일 관광진흥법에 의하여 유스호스텔을 폐지하고 단체관광객의 수용에 적합한 국민호텔업을 신설하였던 것이나, 개정된 현행 관광진흥법에서는 국민호텔업을 인정하지 않고 있다.

3) 요텔(Yachtel)

요트여행자를 위한 숙박시설로서 해안이나 호반에 요트를 체류할 수 있는 설비를 갖춘 호텔이다.

4) 로텔(Rotel)

로텔은 1966년 독일의 스투트가르트에 출현한 움직이는 호텔로 26인승 버스로서 처음 등장했다. 이는 2층 버스로 1층은 TV 및 Bar를 설치하여 놓고 즐기며 휴식을 취할 수 있는 좌석이 있고, 2층에는 주방이 달린 침실로 되어 있다.

5) 후로텔(Floatel)

이는 해상의 호화호텔이라 할 수 있는 여객선 또는 카 페리(Car-ferry) 같은 Floating 호텔을 말한다. 대서양의 퀸 엘리자베스(Queen Elizabeth)호와 또는 카리브해의 카로니아(Caronia)호와 같은 것은 수만 톤급 여객선인 것이다.

6) 보텔(Botel)

보트로 여행하는 사람이 이용하는 호텔로 여행 중 해안에서 자기의 보트와 함께 숙박할 수 있는 시설이며 육지의 모텔과 그 성격이 비슷한 것이다.

7. 시설에 의한 분류

1) All Suite Hotel

전 객실이 Suite Room으로 고급스러움과 경제성을 동시에 만족하며 중,상급 비즈니스맨을 겨냥하여 만든 호텔로 입지선택에 지가가 싼 도심주변에 위치하면서 도심과 공항의 접근이 용이하도록 하였으며, 투자액과 서비스를 필요 최소한으로 한정하므로 저가격이 가능하다.

2) 고품질 버젯 Hotel

이는 All Suite Hotel보다 대중적인 가격으로 일반 비즈니스맨을 수고객으로 하며 숙박기능 이외의 시설과 서비스는 철저히 생략하고 그에 따른 인건비와 공간의 축소화를 시도하여 저가격으로 고급의 거주성을 실현할 수 있다.

3) Entertainment Hotel

숙박시설에 명확한 테마와 오락성이 있는 새로운 리조트 호텔에 근접하는 호텔로 테마파크와 같은 테마로 Hotel의 전부를 조화・완성시켜 영업의 상승효과를 실현하였다.

4) Boutique Resort Hotel

도시에 뿌리내린 고급 이미지와 고품위 서비스의 신뢰를 리조트에 접목시켜 성공한 호텔로서 이는 완벽한 환경창조에 따라 대도시 근교에 비일상적인 리조트 공간을 창출하여 모든 시설이나 서비스는 최고의 품격을 유지한다. "신사숙녀를 접대하는 종업원 자신도 신사숙녀이다"라는 슬로건으로 종업원을 교육하며 세부적이고 감성적인 최고급의 서비스를 제공하는 호텔이다.

5) Mega Resort Hotel

메가 리조트 호텔은 보통 1,000실이 넘는 객실을 보유하고, 대규모 홀, 다양한 레스토랑과 골프, 테니스, 승마, 요트 등의 다양한 레크리에이션 시설 및 인공호수 등 모든 요구에 대응할 수 있는 호텔인데, 여기에는 모든 것이 준비되어 있는 다목적(Multi-purpose)인 궁극적 리조트 호텔이다.

8. 기타의 숙박시설

1) 인(Inn)

유럽에서는 보통의 호텔보다 시설 및 규모면에서 비교적 적은 호텔을 말하여 왔지만, 최근 미국에서는 홀리데이인(Holiday Inn)을 비롯해 Inn의 명칭을 사용하는 고급호텔이 많이 설립되어서 호텔과 다름 없는 것이 많다.

2) 빵숑(Pension)

유럽에서 흔히 볼 수 있는 소규모의 숙박시설로 대개의 경우 부대시설이 극히 단순하고 숙박비가 호텔에 비하여 저렴한 것이 특징이다. 장기체재 객에게는 할인요금이 적용되며 객실요금제도에 따라 1박2식 제도나 1박3식 제도가 있다. 본래의 빵숑은 규모가 적고 불결한 듯하나, 가족적인 분위기에 저렴한 가격으로 고객을 유치하며 요즈음은 빵숑의 명칭으로 호텔과 다름 없는 시설로 영업하는 곳도 있다.

3) 로지(Lodge)

이 숙박시설은 빵숑과 큰 차이는 없으나 그 명칭이 풍기듯 독특하고 아름다운 이미지를 갖는다. 로지는 프랑스의 전원다운 숙박시설로 국가의 보호와 지도아래 전국적인 조직으로 통일된 상호를 갖고 발전하고 있다. 특징은 멋있는 요리와 꽃과 아름다운 원시적인 장식으로 순박한 멋이 있다. 규모는 30~50실 규모 정도이다.

4) 호스텔(Hostel)

스페인이나 포르투갈에서 흔히 볼 수 있는 저렴한 숙박시설로 특히 스페인에는 빠라도르(Parador)란 고전적 시골 풍의 숙박시설을 국가에서 지원・보호・육성하고 있다.

[그림 2-1] 빠라도르

5) 유로텔(Eurotel)

유럽호텔의 약어로서 분양식 리조트 맨션의 체인경영의 한 형태이다. 호텔의 객실과 기기, 비품 등 자기(소유자)가 이용하지 않는 동안은 타인에게 임대를 할 수 있는 시스템의 호텔을 말한다. 운영조직이 국제적 체인화로 구성되어 있고 부대시설로 각종 레크리에이션시설과 스포츠시설을 겸비하고 있으며 시설은 수탁관리가 가능하다.

6) 국민숙사

일본의 국민관광개념의 숙소로서 가족단위의 휴가를 즐길 수 있는 저렴한 공공숙박시설로 정부나 공공단체에 의하여 운영되고 있다. 이는 우리나라의 개정이전의 관광진흥법에서 인정되고 있던 가족호텔업과 매우 유사하다.

7) 방갈로(Bungalo)

열대지방의 목조 이층건물의 형태로 우리나라의 원두막과 그 모양이 비슷하다. 이는 무더운 지역에서 환기와 온도를 조절하는 이상적인 숙박시설이다. 방갈로는 독립되어 있는 별개의 객실이므로 프라이버시가 보장되므로 특히 신혼 여행객들에게 인기가 높다.

8) 허미티지(Hermitage)

별장과 유사한 개념의 숙박시설로 깊은 산속이나 내륙관광지에 위치하게 되며 이용자는 주로 등산객이나 스키어(Skier), 휴양객들이며 각종 편의시설을 갖추고 있다.

9) 샤또(Chateau)

빌라보다는 큰 규모이며 관광지에 위치한 100실 내외의 소규모 숙박시설이다. 건축양식이 복고적 중세풍의 뾰쪽한 지붕양식으로 되어 있으며, 보통 호텔 주변에 승마장과 골프장시설을 갖추고 있다.

10) 바캉스촌(Vacannces)

휴양시설, 숙박시설, 레크리에이션시설이 복합되어 있는 관광지의 집단적인 숙박시설의 형태로 프랑스, 스페인, 이탈리아, 모로코 등 세계적으로 아름다운 해변 관광휴양지에 위치하고 있다.

11) 게스트하우스(Guest House)

호텔이나 모텔보다 규모가 적으며 가정적인 분위기의 숙박시설로 우리나라의 여관과 운영형태가 비슷하며 독일과 프랑스에서 운영되고 있다.

9. 콘도미니엄(Condominium)

1) 콘도미니엄의 개념

콘도미니엄이 등장한 것은 1950년대에 이탈리아에서 중소기업들이 종업원들의 후생복지시설로 처음 시작되었으며 미국에서는 1960년대에, 일본은 1976년도에 도입되었으며, 우리나라에서는 1979년에 최초로 한국콘도가 설립되었다.

콘도미니엄은 분양을 통하여 회원을 모집하고 회원은 자기의 제2의 가정이라는 여가생활을 위한 숙박시설로 인식되었으나 오늘날의 여가문화 형태가 다양하게 변화함에 따라 숙박과 취사기능 외에 스키, 골프, 승마 등의 스포츠, 오락, 레저활동을 즐길 수 있는 다기능적 숙박시설로 급격히 증가되고 있다.

콘도미니엄(Condominium)이란 용어는 Con(공동)+Dominate(소유, 지배하다)+ium(라틴계 명사형어미)의 합성어로 "일정한 토지가 두 나라 이상의 공동지배 하에 있으며, 지배권의 행사 역시 두 나라 이상의 공동지배통치 또는 공동소유권"을 의미하는 라틴어에서 유래하였다.

우리나라 관광진흥법에서는 콘도미니엄을 관광숙박업의 한 종류로서 "관광객의 숙박과 취사에 적합한 시설을 갖추어 이를 당해 시설의 공유자・회원 기타 관광객에게 이용하게 하는 업"으로 규정하고 있다.

2) 콘도미니엄의 특성

콘도미니엄이 일반 호텔과 다른 점은 객실내에 취사시설이 되어 있고 투숙자에게 룸서비스가 없다는 것이다. 투숙자가 식사를 하고자 할 때에는 외식을 하거나 혹은 객실내에 설치된 취사시설과 장비를 이용하여 손수 취사를 해야 하며, 객실내의 기본적인 청소는 투숙자 스스로 해야 하지만 각 객실에 대한 메이드 서비스(maid service)는 호텔과 같이 받을 수 있다.

콘도미니엄은 객실의 규모에 따라 요금의 차이가 많이 나지만 대체적으로 도심지역의 특급호텔 객실요금보다는 저렴한 편이다. 그러나 임대조건은 외국의 경우에는 계약기간이 수일, 주단위, 월단위로 하는 것을 원칙으로 하고 있으며, 우리나라에서는 연간 28일 이용방법이 보편적이다.

콘도미니엄은 공동건물에 개별적 소유권을 행사하는 분양식 가족호텔 내지는 별장의 성격을 띠고 있으나 호텔과 별장과는 구별되는 특성을 갖고 있다.

3) 콘도미니엄의 분류

(1) 입지적 여건에 의한 부류

① 산악계곡형 콘도미니엄

국립공원이나 그 외 관광지인 산이나 계곡에 위치한 콘도미니엄으로 등반과 풍경의 아름다움을 즐길 수 있는 콘도미니엄이다.

② 해안형 콘도미니엄

해변가에 위치하여 바다의 경치를 즐길 수 있는 콘도미니엄으로 여름 피서철이나 바캉스시즌에 여행객들이 주로 많이 이용하게 되며 7~8월이 성수기가 된다.

③ 내수면형 콘도미니엄

호수나 강가에 위치한 콘도미니엄으로 전망(out side view)을 중요시하며 겨울철을 제외한 연중 관광객의 높은 이용율을 나타내고 있다.

④ 온천형 콘도미니엄

온천형은 온천지역에 위치한 콘도미니엄으로 온천욕을 통한 휴양과 오락을 즐기기 위한 여행객들이 많이 이용하며 온천수를 이용한 대중목욕탕시설이 필수적이며 단체객을 위한 객실의 구조설계가 필요하다.

⑤ 문화형 콘도미니엄

문화형은 각종 유적이 많은 문화적 관광지에 위치하며 교육적인 면과 여행과의 조화를 이룰 수 있는 지역에 있다.

(2) 건축양식에 의한 분류

① 아파트식 콘도미니엄

이는 근래에 가장 많이 선호하는 형태로 대개 50실 이상의 객실을 갖추고 1~2동 이상의 건물을 배열하여 건설하는 것을 말하며 우리나라의 대부분 콘도가 아파트식 콘도미니엄에 해당된다고 볼 수 있다.

② 연립주택식 콘도미니엄

객실을 5~6개 단위로 연립하여 만든 형태를 발하며 성수기 및 비수기에 따라 신축성 있게 운영할 수 있는 장점이 있다.

③ 별장식 콘도미니엄

객실을 1~2개 단위로 건설하여 독립주택을 연상케 하는 것인데 운영 및 관리상에 어려운 점은 있으나 이용자에게는 독립된 별장과 같은 만족감을 준다는 이점은 있는 것이 특징이다.

(3) 회원제도에 의한 분류

① 공유제 회원(Ownership members)

공유제 회원은 콘도미니엄 회사나 혹은 분양회사가 콘도미니엄 객실을 분양할 때 소유권 자체를 매각하는 것으로 회원은 객실에 대한 지분소유권을 취득하기 위하여 능기를 할 수 있다.

② 회원제 회원(Membership membership)

회원제는 소유권의 등기를 할 수 없고 시설의 이용권리만을 취득하는 것을 말한다. 따라서 회원제금액은 보증금 형태로서 반환성 무이자 장기부채를 근거로 약정된 기간(보통 7년, 15년, 20년)이 되면 회원에게 돌려주는 금액이다.

공유제와 일반회원제의 차이는 소유권이 있느냐 없느냐의 차이이고 일반회원제의 경우 기한(이용기간)이 설정되어 있다는 점을 제외하면 시설 이용면에서는 차이가 없다. 그러나 실제로는 위의 두 가지 방식을 혼합하여 운영하는 것이 통례이다.

제3절 객실의 종류와 객실요금제도

1. 객실의 종류

1) Single Room

1인용 베드(Single bed)를 설비한 객실로 넓이는 13㎡ 이상이며 한 사람이 투숙할 수 있는 객실을 말하여 욕실에 욕조(bath tub)를 갖추고 있는 것이 보통이다.

2) Double Room

2인용 베드(Double bed)를 설비한 객실로 넓이는 16㎡ 이상이며 두 사람이 동시에 투숙할 수 있는 객실이며 베드사이즈가 일반 더블베드보다 큰 Queen size 혹은 King size 베드를 설치하기도 한다.

3) Twin Room

1인용 베드(Single bed) 2개를 설비한 객실로 19㎡ 이상이며 두 사람이 동시에 투숙할 수 있는 객실을 말하며, 요즈음에는 고객의 편의를 위하여 Single bed보다 규격이 큰 Double bed 2개를 넣어 객실을 고급화시키고 있다.

4) Triple Room

Twin Room에 추가침대(Extra bed) 1개를 더 넣어 3인이 사용할 수 있는 객실로 가족이 이용할 때 편리한 객실이다.

5) Studio Room

도심가에 위치한 Business hotel에서 볼 수 있는 객실로 주간에는 Sofa, 야간에는 Bed로 사용이 가능한 Convertible Sofa가 설치되어 공간을 활용할 수 있는 객실이며 이는 주로 낮 동안에는 상담이나 사무를 볼 수 있는 비즈니스용 객실이다.

6) Ondol Room

실내장식, 가구, 침구 등을 한국적인 정취가 느껴지도록 설비한 한국고유의 객실로 넓이는 19㎡ 이상이다.

7) Suite

침실(Bed Room)과 거실(Living Room)이 분리되어 있고, 침실에는 물론 거실에도 욕실이 있는 고급객실(특실)을 의미하며 넓이는 26㎡이상이어야 한다. 특실은 호텔마다 최고급자재와 가구 등의 설비로 화려하게 꾸미고 이러한 특실은 수개에서 수십 개를 보유하고 있으며, 침실과 거실 외에 식당, 회의실, 주방, 대기실 등 여러 개의 객실을 배합하여 호화스러운 특실을 꾸민 곳도 있다.

8) Disabled Room

장애자를 위하여 문턱이 없이 설계되었으며 낮은 곳에 각종 스위치를 설치하고 화장실과 욕실에는 장애손님을 위한 손잡이와 전화기, 비상경보장치를 설치한 객실로 handicapped room 이라고도 한다.

2. 객실요금제도

1) 공표요금(Tariff)

호텔 팸플릿이나 브로슈어(Brochure)에 객실 종류별로 기재되어 일반대중이 볼 수 있도록 표기되어 있는 요금을 말한다.

2) Single Rate

호텔객실료는 인원에 기준을 두는 것이 아니라 객실종류에 기준을 둔다. 그러므로 트윈룸(2인 객실)에 한 사람이 투숙했을 경우 사람수에 관계없이 트윈룸 요금을 지급해야 한다.

그러나 호텔측의 사정으로 싱글룸을 예약한 고객에게 싱글룸을 제공하지 못하고 트윈룸을 제공할 경우 싱글룸 요금에 맞도록 할인해 주어야 한다.

3) Off Season Rate

공표요금에 일정선까지 할인하는 요금제도로 비수기의 어려움을 극복하기 위한 하나의 가격정책으로 보통 리조트(Resort)호텔에서 적용하는 요금할인 제도이며, 도심가의 비즈니스 호텔에서는 주말에 Weekend rate의 할인요금을 적용하기도 한다.

4) Commercial Rate

특정회사와의 계약체결에 의해서 일정한 한도 내에서 객실료를 할인해 주는 제도이다.

5) Group Rate

여행 알선업자(Traver agent)와의 계약을 체결하여 호텔에 투숙하는 단체객에게 할인해 주는 단체할인요금이다.

6) Complimentary

호텔과 특별한 관계(영향력 있는)에 있는 손님에 대하여 접대의 의미를 포함하여 숙박요금을 무료로 하는 제도로, 객실요금 만을 무료로 하는 경우(Room only complimentary)와 식음료까지도 전액 무료로 하는 경우(All complimentary)도 있다.

7) Hold Room Charge

이 요금에는 두 가지 경우가 있다.

첫째는, 숙박객이 짐을 객실내에 두고 여행중일 때 실제 투숙은 하지 않았지만 판매가 불가능하므로 객실료를 청구하는 경우이다.

둘째는, 예약한 고객이 여타의 사정으로 예약일자보다 늦게 도착했을 경우 보류기간 동안의 추가요금을 받는 경우이다.

8) Midnight Charge

이 요금은 손님의 도착이 늦은 밤이나 다음날 아침이 되는 경우 그 전날부터 객실을 비워 두어야 하기 때문에 생기는 야간요금으로 부득이 2일분의 요금을 추가해서 받는 경우이다.

9) Tip, Gratuity and Tax

객실요금은 아니지만 호텔의 모든 상품의 이용시 봉사료 10%와 부가세 10%가 부가된다.

10) Optional Rate

고객의 객실상품 예약 시점에 정확한 요금의 결정을 할 수 없을 경우에 사용되는 용어이다 객실요금이 결정되지 않았거나 결정권자가 부재중인 경우 요청사항을 확약해 줄 수 없을 경우 적용하는 미결정 요금이다.

11) Flat Rate

균일요금을 의미하며 호텔에서 단체가 투숙하는 경우 일행 중 객실료가 다른 객실을 사용할 경우 동등하게 취급하여 균일하게 적용하는 요금을 의미한다.

3. 실료와 식대관계에 의한 요금제도

1) 아메리칸 플랜(American Plan)

호텔요금 계산시 실료에 식대를 포함해서 하루 숙박요금으로 계산하는 방법으로, 객실요금에 아침, 점심 및 저녁의 3식대가 포함되어 이를 Full pension이라 부르기도 하며 보통 단체관광(Package tour)에 많이 이용된다.

아메리칸 플랜은 고객이 식사를 하던 안하던 요금지급은 마찬가지이며, 제한된 식사기간, 메뉴선택의 제한성 등 고객의 입장에서는 불편한 점이 많으나 경영자측에서는 많은 장점이 있는 것이다.

2) 유럽피안 플랜(European Plan)

실료와 식사대를 분리하여 각각 별도 계산하는 방식으로, 이는 손님에게 식사를 강요하지 않고 손님의 의사에 따라 식대는 별도로 계산 지급된다. 이는 상용호텔 등에 주로 적용되는 방식으로 우리나라 호텔에서 일반적으로 적용하는 요금제도이다.

3) 컨티넨털 플랜(Continental Plan)

이 제도는 유럽에서 일반적으로 사용되는 제도로서 객실요금에 아침 식대만 포함되어 있는 요금지급방식이다.

경영자측에서는 별로 비싸지 않는 continental breakfast를 실료에 포함시킴으로써 고객에게 큰 부담을 주지 않고 매상을 증진시킬 수 있고, 고객은 별로 부담을 느끼지 않고 아침식사를 할 수 있다는 느낌을 받을 수 있다.

4) 수정식 아메리칸 플랜(Modified American Plan)

이 방식은 고객에게 부담이 큰 아메리칸 플랜제도를 수정하여 3식을 제외하고 주로 아침식사와 저녁식사 요금은 실료에 포함시켜 실료로 계산하는 요금제도이며 이를 Half-pension 혹은 Demi-pension이라 부르기도 한다.

5) 혼합식제도(Dual Plan)

이는 혼합식 요금제도로 고객의 요구에 따라 아메리칸 플랜이나 유럽피안 플랜은 선택할 수 있는 형식으로 두 가지 형태를 모두 도입한 방식이다.

6) 버뮤다 플랜(Bermuda Plan)

이는 객실요금에 American breakfast의 식대가 포함되는 것을 말한다.

4. 한국의 객실요금

우리나라에서 실시되고 있는 호텔의 객실요금정책은 호텔의 사업예산을 역산하여 평균객실요금을 산출하는 로이 휴버트 방식(Roy Hubbart Method)에 따라 이 평균실료를 근거로 객실유형에 따라 스위트(Suite), 더블(Double), 트윈(Twin), 싱글(Single) 룸 등의 가격을 산정하여, 이를 공표요금(Tariff)이라 하며 1실에 1인이든 2인이든 상관없이 동일금액을 고객으로부터 지불케 하는 단일요금(Unit rate)제도를 실시하고 있다.

1970년대 후반까지는 우리나라 호텔도 외국호텔과 같이 투숙객에 따라 Single Occupancy, Double Occupancy에 의해 가격이 결정되었으니 현재는 일률적으로 객실당 가격이 적용되고 있다. 그러나 전망이 좋은 외향객실(Out Side Room)과 전망이 막힌 내향객실(In Side Room) 혹은 객실의 층에 따라 객실요금의 차등을 두고 있다.

호텔의 객실수입을 높이기 이한 가격정책에 있어서 성수기와 비수기 요금은 물론 단체객 유치 및 단골고객의 확보를 위한 할인정책은 어느 호텔에서나 활용하고 있기 때문에 개별고객요금과 단체요금에는 큰 차이가 있다.

따라서 호텔의 객실점유율을 높이면서 높은 평균객실 요금을 유지시키기 위한 것이 호텔경영에 있어서 주요 목표 중에 하나인 것이다.

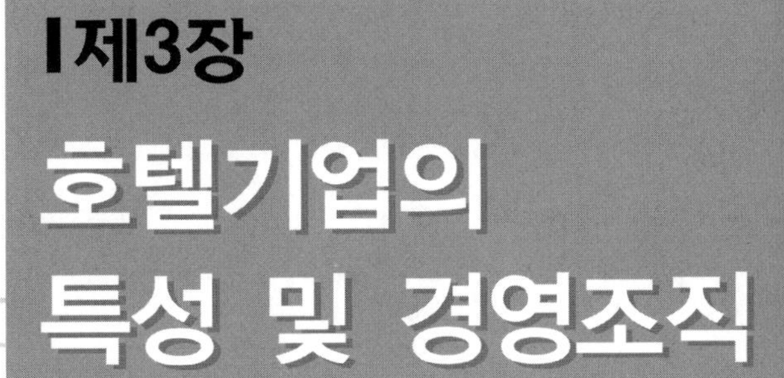

제3장 호텔기업의 특성 및 경영조직

제3장 호텔기업의 특성 및 경영조직

Hotel Business Administration

제1절 호텔기업의 특성

1. 인적자원에 대한 의존성

호텔기업의 운영은 제일 먼저 서비스를 강조하게 된다. 호텔의 개념이 임시적 가정(집을 떠난 집)으로 집약될 수 있는데 비추어 고객에게 마치 가정과 같은 안도감과 유쾌한 시간을 최대한으로 보장을 해 주어야 할 의무가 있는 것이다. 물론 법률적 강제규정의 의무는 아니라 하더라도 호텔이 환대산업(Hospitalty business)의 주인격인 역할을 담당하는 본래의 특성으로 볼 때 당연한 것이며, 고객에게 언제나 만족스럽고 예절 바르며 정확성 있고 세련되고 신속하게 서비스한다는 것은 훈련이 잘된 종사원으로서도 어려운 일이다.

또한 오늘날 고객의 욕구는 매우 다종다양하므로 임기응변적이고 재치있는 서비스를 기대하기란 규격화되고 자동화된 기계설비에 의해서는 제공될 수가 없다. 따라서 호텔기업에 있어서 서비스의 기계화나 자동화는 경영합리화 측면에서 볼 때 제약을 받게 되며, 인적자원에 대한 의존도가 타기업에 비하여 크다고 볼 수 있다.

2. 협동체제의 필요성

호텔기업 운영에 있어서의 특성은 협동이다. 호텔은 각기 상이한 여러 부문의 기능을 가지고 있다. 현관을 비롯하여 각 계층의 서비스 및 객실서비스에 이르기까지 다양한 서비스와 주어진 직무가 있다. 이러한 직무를 수행하는 것은 한 조직의 궁극적 목표, 즉 고객의 서비스에 귀착되는 것이다. 그러므로 각 부문은 제각기 주어진 직무를 원활히 수행하여야 궁극적인 목표의 달성이 가능할 것이며, 기업의 궁극적 목표인 이윤의 추구와 기업의 존속을 도모할 수 있는 것이다. 이에 가장 유효하게 이 목표를 수행하는데 절실히 요청되는 것은 각 부문 간의 협동이다. 만일 어느 한 부문만이라도 고객에게 불유쾌한 서비스를 범했다면 그 밖의 다른 부문이 제 아무리 훌륭한 서비스를 제공해도 한번 흐려진 인상을 쉽게 치유할 수 없기 때문이다. 종업원 상호간의 협동의식이 충만함으로써 각 부문 사이의 기능을 원활히 유지할 수 있을 것이며 고객서비스에 충실을 기할 수 있는 것이다.

3. 연중무휴의 영업

호텔은 집을 떠난 고객들의 가정생활 기능을 상품으로 판매하는 곳이므로 하루 24시간, 연중무휴 365일 계속적인 서비스가 제공되어야 한다. 그러므로 고객의 활동시간에는 그 시한에 따라 고객의 요구대로 만족하게 서비스를 제공해야 하고 야간의 취침시에는 고객의 생명과 재산을 보호해야 할 의무가 있는 것이다.

4. 계절적 상품

호텔기업을 계절적인 영향으로 성수기(On Season)와 비수기(Off Season)의 격차가 심하여 수요와 공급의 조화가 이루어지지 못하고 있다. 우리나라의 경우 도심지나 번화가에 있는 호텔은 계절적 영향을 적게 받으나, 휴양지에 위치한 리조트 호텔은 비수기에는 경영상태가 매우 어려운 실정이다.

그러나 오늘날에는 호텔기업에서 자구책의 일환으로 계절별 차등가격제, 각종 모임의 적극적 유치, 부대시설 및 위락시설의 확대, 각종행사 개최 등을 통하여 고객유치에 심혈을 기울이고 있다.

5. 시설의 조기 노후화

호텔시설의 노후화 및 진부화는 타기업에 있어서 일반적으로 유지되는 시설의 생명보다도 짧은데, 이는 고객이 이용하든 혹은 이용하지 않든 간에 부단히 훼손 마모되어 결과적으로 경제적 가치 내지 제품으로서의 효용가치를 상실하게 됨을 의미하는 것이다.

일반적으로 다른 기업의 시설은 시설자체가 부수적 성격을 갖고 있어 그 효용이 비교적 장기성을 갖는데 반하여, 호텔은 시설자체가 하나의 제품으로서 고객에게 인식되어야 하기 때문에 결과적으로 노후화 및 진부화가 빠르다. 보통 건물의 내구연한이 목조건물이 30년, 시멘트 건물은 60년으로 되어 있는데 비하여 호텔건물은 목조건물이 15년, 시멘트 건물은 40년으로 되어 있다.

6. 공공장소의 유지

호텔기업은 비생산적인 공공장소(Public Space)를 필연적으로 마련해야 하는 불리한 점이 있다. 그 대표적인 예가 로비(Lobby) 등의 공공장소이다. 호텔은 개인전용의 기본시설과 공공의 이용을 전제로 하는 공공장소로 크게 나눌 때 후자의 경우 레스토랑, 라운지, 커피숍 등은 생산적 요소인데 반하여, 고액투자의 로비 등은 비생산적 요소로서 값비싼 지가 및 건축비를 감안한다면 달갑지 않은 요소임에는 틀림없으나, 호텔기업의 숙명적 특성으로 이해할 수밖에 없다.

7. 고정자산의 구성비 과다

일반기업은 대개가 상품과 현금이 유동자산으로 구성되어 있지만, 호텔은 건물과 시설자체가 하나의 상품으로 간주되기 때문에 고정자산의 점유율이 80~90%나 되는 실정이다. 앞으로는 더욱 고정자산의 점유율이 높아질 수밖에 없다. 왜냐하면 상품이 점점 고급화되어 가고 건축비가 상승하는 관계로 고정자산의 투자비율이 높아질 것이며, 특히 호텔은 내장비용, 기계설비, 기구 및 비품 비용이 또한 상당한 비중을 차지하고 있다. 또한 고정자산의 비율이 높기 때문에 유동자산의 활용이 극히 적어 회전속도에 대한 이용률이 도매업이나 소매업에 비해 매우 낮다.

8. 고정경비 지출의 과다

기업의 지출은 고정경비와 변동경비로 구분되며, 호텔기업은 다른 기업에 비해 높은 고정경비를 감수해야 할 운명을 지니고 있다. 연료비, 전기료, 인건비 등 공공장소의 유지와 관련된 모든 경비는 고객이 많이 있든 없든 간에 거의 일정한 수준을 유지하여야 하며, 시설유지 관리비, 감가상각비, 급식비, 보험료, 세금 및 수선비 등의 고정경비의 지출이 과다하여 경영상 애로를 가져오는 것이다.

9. 상품저장의 불가능

호텔의 제품은 저장이 곤란하다. 호텔제품의 생산과 소비는 거의 동시에 발생하므로 그날 생산된 객실상품은 그날 소비되어야 하며, 당일 판매하지 못한 상품은 자정이 지나면 가치가 소멸되어 버린다. 또한 식음료상품은 주문생산이므로 정확한 수요예측이 곤란하여 많은 식재료를 저장하여 두면 부패하거나 변질되어 결과적으로 식음료상품의 질을 저하시키는 원인이 된다.

호텔상품은 일반적인 상품과 판매면에서 비교하여 장소와 시간의 제약을 많이 받고 또한 재고라는 개념이 거의 존재하지 않으므로 초과예약(Over booking)이라든지, 분할판매(Day use sale)의 방법을 통하여 수입극대화를 꾀하고 있다.

10. 식물성(비전매성)상품

호텔의 주된 제품은 객실과 식음료로 구분된다. 일반적으로 다른 제품은 판매원에 의해 견본으로서 고객에게 제시될 수 있으나, 호텔상품은 고객이 스스로 제품을 찾아서 구입하는 특성이 있다.

따라서 아무리 다른 곳의 장소가 시장성이 크다고 하더라도 호텔상품은 이동하면서 판매할 수 없기 때문에 이를 식물성 상품이라고도 말한다. 그러나 오늘날 식음료는 출장판매를 통하여 이러한 제약을 어느 정도 해소하고 있다.

제2절 호텔조직

1. 호텔조직의 기본구조

호텔조직은 호텔의 규모, 입지적 조건, 구조적 형태, 경영형태, 경영진의 특성 등 여러 요인에 의해 각 호텔 나름의 특성을 갖게 된다. 그러나 이러한 상이한 요인에도 불구하고 호텔은 다음과 같은 전통적인 기본구조를 갖고 있다.

- 객실부문(Room Department)
- 식음료부문(Food & Beverage Department)
- 관리부문(Management & Executive Department)

의 3개 부문으로 구분된다.

호텔 영업조직을 크게 두 부문으로 설명할 때 흔히 “Front of house”와“Back of

house" 로 구분하는 경우가 많다. Front of house 란 글자 그대로 호텔의 전면부문이다. 우리말로는 객실관리부문이라고 표현할 수 있는데, 이부문의 중요한 직무내용은 다음과 같이 요약될 수 있다.

- **프런트 오피스업무**(Front Office Service)
- **현관 서비스업무**(Uniform Service)
- **하우스 키핑**(Housekeeping)

이 부문은 호텔의 전면부문으로 최초로 고객을 맞이하고 투숙기간 중 모든 서비스를 제공하며 고객의 제반편의를 항상 지체 없이 마련해 주어야 하는 부서이기 때문에 그 직무의 중요함이 어느 부서보다 높이 평가되는 것이다. "Back of house"는 일명 "Catering Department" 라고 한다. 이는 "Front of house" 부문의 직무의 중요도에 비해 무엇인가 훨씬 뒤떨어지고 덜 중요하다는 이미지를 풍겨 주고 있기 때문에 여태껏 이 부문의 직무가 다소 등한시되었던 것이 사실이다.

그 이유는 종래까지 호텔경영의 최대 역점을 객실판매에 두었고 식음료 판매에 대해서는 그다지 신경 쓰지 않고, 다만 투숙객의 편의 제공의 한 수단으로 간주한 데에서 연유한다고 볼 수 있다. 그러나 오늘날 호텔경영은 수익의 극대화 추구를 위해 객실보다 오히려 식음료 판매에 보다 깊은 관심을 보이고 있다. 객실판매는 객실이란 제품의 한정 때문에 수익확대에 제약이 적은 식음료 판매에 의존하지 않을 수 없기 문이다.

미국 호텔협회(American Hotel Association)의 다음 평가는 식음료부문의 중요성을 가장 적절히 언급하고 있음을 볼 수 있다.

"한 호텔에 있어서 최대의 진보의 기회는 음식의 준비와 이의 서비스에 놓여 있다. 이 부문이 호텔의 명성을 좌우하게 되며 아무리 기술을 더해도 항상 부족함을 보이는 곳이기도 하다." 원래 이 "Cater"라는 낱말은 "Supply"(공급하다)의 뜻이다. 이 낱말이 갖는 어의와 마찬가지로 호텔의 케이터링 부문은 곧 호텔의 심장으로서 제품을 창조해내는 거대한 조직의 핵으로서 그 기능을 보여주고 있는 것이다. 이 부문의 직무내용은 다음과 같다.

- **식음료의 구매 및 저장**(Purchasing and Storing of food and beverage)
- **식사의 준비**(Preparation of food)

- **식음료의 관리**(Food and beverage control)

객실부문과 식음료부문 등 각 부문의 영업활동을 원활히 유지시키고 호텔 영업을 조정 관리하는 관리부문이 있다. 이 부문은 특수기능과 전문적 참모조직의 부문으로 구성되어 있다. 이상의 특징을 지닌 호텔조직을 세분화하면 다음과 같이 분류할 수 있다.

- **현관부문**(Front office department)
- **현관서비스부문**(Uniform service department)
- **객실관리부문**(Housekeeping department)
- **주방부문**(Kitchen department)
- **식당부문**(Restaurant department)
- **회계부문**(Accounting department)
- **기술부문**(Engineering department)
- **관리부문**(Management and executive department)
- **오락 연휴부문**(Entertainment and banquet department)
- **판촉 및 광고부문**(Sales promotion and advertising department)

2. 우리나라의 호텔조직

우리나라의 호텔조직은 일반적으로 영업부문에서는 라인(Line)조직을, 관리부문에서는 스탭(Staff) 조직으로 구성되어 있다. 규모가 300실 이상의 대규모 조직의 호텔에서는 영업부문을 총지배인(영업이사)을 책임자로 하여 객실, 식음료, 조리, 판촉부문의 업무를 관장하며, 관리부문을 관리이사를 책임자로 하여 총무, 경리, 시설부문 등의 업무를 관리한다. 또한 각 부문을 과로 나뉘며 여기서는 중간관리 계급을 책임자로 하여 업무가 행하여지게 되는 것이다. 그러나 호텔조직은 입지조정, 시설규모, 경영특성 등에 따라 조직의 형태가 다를 수가 있다.

제3절 최근 호텔경영의 추세

1. 원가절감을 위한 대규모화

호텔기업도 원가절감을 위해 대규모화 경향을 계속 보이고 있다. 호텔의 대규모화는 곧 객실의 규모로 평가할 수 있다. 이 대규모화의 이점은 호텔이 필요로 하는 수많은 물품의 구입을 대량화함으로써 원가를 크게 줄일 수 있고 또 건축단가도 내릴 수 있게 되는 것이다. 이러한 이점으로 말미암아 오늘날 국제적 규모의 호텔은 보통 500실 이상에서 심지어 수천실에 이르기까지 객실을 보유하는 현상을 나타내고 있다.

2. 호텔경영의 전문화와 표준화

종래의 호텔객실이 높은 천장 및 넓은 공간에 짜임새 없는, 어느 면에서는 낭비라고 볼 수 있는 집기·비품을 설치한데 반하여, 오늘날 새로이 건설되는 호텔은 적당한 높이의 천장과 규격화된 계기·비품 등을 장치하여 냉온방 유지관리에 비용 지출을 최대한 줄이고 또한 종업원의 직무를 전문화시켜 시간 및 동작연구(Time and Motion Study)를 통한 작업시간의 측정에 의한 철저한 인력관리를 하고 있다.

인력관리의 또다른 방안으로 기계화의 도입이다. 현관업무, 예약업무의 전산처리 및 하우스 키핑, 주방, 영선부 등의 기계화 및 자동화가 그 예이다.

3. 호텔기업 투자주체의 다양화

지금껏 호텔기업은 호텔기업인이나 혹은 호텔재벌에 의하여 투자되어 왔다. 그러나 최근의 호텔경영은 여러 종류의 투자자들에 의해 다양한 형태로 변모하고 있음을 보여주고 있음이 보편적인 경향이다. 이를 보다 구체적으로 분류하면

- 호텔기업인에 의한 건설
- 항공사에 의한 건설
- 석유재벌에 의한 건설
- 건설업자에 의한 건설
- 일반재벌에 의한 건설
- 기타 상호합동에 의한 건설 등으로 볼 수 있다.

4. 호텔경영의 체인화

호텔체인화 경향은 세계적인 추세로 흐르고 있다. 그 이유는 경영상 장점이 많고 고객들에게는 수준 높은 서비스와 신뢰감을 줄 수 있기 때문이다. 즉 대량생산(Mass production)에 의한 원가절감(Cost down)을 통하여 저렴한 가격에 표준화되고 전문화된 일정수준의 서비스를 제공할 수 있기 때문이다.

체인경영의 장점으로는

① 대량구입으로 인한 원가절감 효과를 가져올 수 있다.
② 전문가의 활용이 가능하여 업무의 효율성을 높일 수 있다.
③ 광범위한 공동선전의 효과를 기대할 수 있다.
④ 예약망의 효율적인 활용으로 고객편의 서비스 제공이 가능하다.
⑤ 계수관리의 적정화를 들 수 있다.

<표 3-2> 객실 수에 따른 호텔체인 순위					
2006 RANK	2007 RANK	Company Name	Type of Company	Guestrooms	Properies
1	1	Intercontinental Hotels Group	O/M/F	537,544	3,615
2	-	Wyndham Hotel group(1)	M/F	533,033	6,411
3	3	Marriott International	O/M/F	507,130(2)	2,789(2)
4	6	Hilton Hotels Corp.	O/F	488,657	2,917
5	4	Accor North America	O/M/F	475,423	4,065
6	5	Choice Hotels International	F	428,390	5,238
7	7	Best Western International	Mern.	316,832	4,178
8	8	Starwood Hotels & Resorts Worldwide	O/M/F	261,191(3)	851(3)
9	10	Carlson Hotels Worldwide	O/M/F	146,284	930
10	9	Gkibak Hyatt Corp.	O/M/F	113,000	362
11	11	Extended Stay Hotels	O/M	75,327	676
12	-	Host Hotels & Resorts(4)	O	67,014	129
13	13	LQ Management(5)	O/M/F	62,600	557
14	12	Interstate Hotels & Resorts	O/M/F	59,528	264
15	15	Westmont Hospitality Group	O	55,000	360

<표 3-3> 호텔 수에 따른 호텔체인 순위		
2000년 기준		
	Chain	Hotels
1	Cendant Corp.	6,455
2	Choice Hotels International	4,392
3	Best Western International	4,065
4	Accor	3,488
5	Bass Hotels Corp.	3,096
6	Marriott International	2,099
7	Hilton Hotels Corp.	1,895
8	Societe du Louvre	868
9	Starwood Hotels & Resorts Worldwide	738
10	Carlson Hospitality Worldwide	716

5. 호텔객실의 고급화

종래의 스위트(Suite Room)는 곧 호화스럽고 넓은 공간의 특실을 의미하였다. 거실(Living Room)과 침실(Bed Room)이 구별되어 있는 넓은 공간의 객실을 부유층이 아닌 일반적인 비즈니스맨 혹은 출장빈도가 높은 세일즈맨에게 사용하기 쉬운 가격에 제공하는 것이다. 또한 다양한 종류의 객실을 단순화시키고 이를 스위트화함으로써 호텔측에서는 객실수입의 증대를 꾀할 수 있고 고객입장에서는 평등한 서비스를 받을 수 있는 것이다.

제4절 호텔의 경영형태

1. 소유자직영 방식(Independent hotel)

소유자직영 방식이란 소유자인 개인이나 법인이 기업의 정책이나 경영, 그리고 재정적인 책임 등에 관해서도 다른 호텔들과 어떠한 연관도 맺지 않는 순수경영방식의 호텔을 말한다.

개별경영호텔의 유일한 장점은 자주성이 보장된다는 점이며 단점으로는 규모의 한계성이다. 이런 호텔은 호텔규모에 적합한 서비스 수준을 결정하고 이에 준한 서비스를 특정한 대상고객에게 제공하면 된다.

2. 임차경영 방식(Lease hotel)

고정자산의 주요 요소인 토지 및 건물에 투자할 수 있는 능력이 없는 호텔경영자가 제3자의 건물을 임대하여 일정한 임대료를 지불하면서 호텔사업을 영위하는 방식을 말한다. 이는 개별경영호텔 방식에 대한 단점을 보완하기 위한 호텔경영방식으로 호텔건물 안의 비품 및 가구 등에 대한 투자는 경영주체인 호텔회사가 부담하고, 임대료는 계약에 의해 결정된 액수를 경영실적에 관계없이 호텔소유자에게 지불해야 한다.

3. 체인경영 방식(Chain hotel)

체인경영 방식 또는 연쇄경영방식은 단어에서 그 의미를 알 수 있듯이 경영에 있어서 기업간에 어떤 형태로든 연결이 되어 있는 경우를 말한다. 대표적인 체인경영 방식에는 프랜차이스 방식(Franchise system)과 위탁경영 방식(Management contract system)이 있다.

1) 프랜차이스 방식(Franchise system)

프랜차이스 방식은 프랜차이저(franchisor)와 프랜차이지(franchisee)로 구성된다. 프랜차이저는 특정상품이나 브랜드가치(Name value)를 갖고, 프랜차이지는 본사 또는 본부에 혹은 본부를 말하며, 프랜차이지는 본사 또는 본부에 가입하는 가맹점을 말한다.

프랜차이저와 프랜차이지가 체인이라는 계약형태를 거쳐 관계를 갖게되는 것은 상호간에 이해관계를 충족시키기 위한 내용이 있기 때문인데 모기업인 프랜차이저는 프랜차이지에 대하여 기업이 갖고 있는 브랜드가치가 널리 인정된 상표사용권, 경영 노하우, 공동구매에 의한 원자재의 구매원가절감 등의 혜택을 주고 프랜차이지는 이에 대한 대가로 로얄티(Royalty)와 가맹비를 지불하게 된다.

프랜차이즈 방식이 위탁경영방식과 다른 점은 경영지도 등을 프랜차이저로부터 받게 되지만 경영자체는 프랜차이지가 자기 책임하에 하는 경우가 대부분이라는 점이다. 프랜차이즈경영 방식의 장점으로는

첫째, 경영과 시설의 표준화를 이룩함으로써 고객에게 신뢰감을 줄 수 있다.

둘째, 상표권의 활용으로 잠재고객들에게 널리 인식된 상호, 이미지 등 지명도가

높은 수준에서 효율적인 운영이 가능하다.

셋째, 본사 예약시스템의 활용으로 전세계적으로 분포되어 있는 가맹호텔의 예약 서비스를 받을 수 있다.

넷째, 본사가 추구하는 서비스를 제공하기 위하여 교육훈련에 관한 매뉴얼과 전문가를 파견하여 교육을 실시한다.

다섯째, 본부에서 가맹점 전체를 위한 광고와 판촉활동을 전세계적으로 광범위하게 실시함으로써 개별호텔에서 광고를 하는 것보다 효과가 크다.

단점으로는

첫째, 본부에 지불해야 하는 가입비와 과다한 로얄티가 기업경영에 부담이 될 수 있다.

둘째, 영업활동에 있어서 지역의 특성에 적합한 독자적인 상품의 개발 및 판매에 어느 정도 제한을 받게 된다.

셋째, 가맹점은 본부의 일방적인 제도와 절차 등으로 인하여 경영관리에 있어서 제한적 요소가 많다.

2) 위탁경영 방식(Management contract system)

위탁경영 방식은 경영회사가 자본도 투자하지 않으며 위험이나 손실에 대해서도 책임을 지지 않고 경영협약에 의하여 호텔의 경영을 책임지는 경영방식으로 처음으로 호텔을 운영하는 노하우가 전혀 없는 기업에 적합한 방식이다.

이 방식은 이미 호텔경영에 많은 노하우와 경영실적이 입증된 호텔경영 전문회사에 일정기간 경영을 위탁하게 되는데 자본주가 호텔의 경영에 전혀 참여하지 못하기 때문에 가끔 자본주와 경영회사간에 갈등이 일어날 수 있다.

이 방식의 장점으로는

첫째, 전문경영회사인 체인본사에서 호텔의 경영을 담당하고 전문경영인이 직접 파견되기 때문에 소유자는 특별한 경영의 노하우 없이도 운영이 가능하다.

둘째, 경영계약에 의하여 체인경영회사의 상호를 사용하기 때문에 고객으로부터 신뢰를 구축할 수 있어 명성을 유지할 수 있다.

셋째, 체인본부로부터 정기적인 교육·훈련의 지원으로 종업원의 자질을 향상시킬 수 있다.

단점으로는

첫째, 호텔의 소유자는 경영계약의 내용에 따라 일정액의 경영 수수료와 마케팅 비용을 지불해야 한다.

둘째, 호텔의 소유자는 경영권한이 없기 때문에 호텔의 경영에 참여할 수 없다.

셋째, 지역특성을 고려하지 않은 획일적인 경영으로 인하여 소유주와 경영회사 사이에 갈등이 발생될 수 있다.

4. 리퍼럴 방식(Referral system)

리퍼럴 방식은 다른 용어로는 마케팅컨소시엄(Marketing consortium)이라고 부르는데 이 방식의 발생 배경은 체인 호텔들의 증가로 위험을 느낀 소유자직영방식의 독립호텔들이 체인방식의 장점은 살리되 소유권 및 경영의 독립성을 유지하면서 공동기금 등을 조성하여 상호협조하에 공동선전, 공동예약을 하는 방식을 취하면서 나타났다.

라퍼럴 방식은 예약망을 통하여 예약업무의 편의를 제공하고, 조직에 속해 있는 호텔의 시설과 서비스의 수준을 정하며, 회원에 가입된 호텔들은 회원자격을 유지하기 위해 그 기준에 적합한 수준을 유지시키도록 노력한다.

제4장 Front Office

제4장
Front Office

Hotel Business Administration

제1절 Front Office 개요

Front Office는 현관사무실로 불리우며, 숙박고객이 실제로 숙박서비스를 처음 받는 곳이며, 동시에 최선의 서비스와 적절한 업무기능을 제공하여 손님으로 하여금 숙박기간 동안 혹은 휴식 등의 이용에 최후까지 만족할 수 있도록 유도·접대하는 곳을 말한다. 즉 front office는 호텔과 손님간의 중계적인 위치에 놓여 있으면서 한편으로는 고객의 편의와 서비스 제공을 위한 대내적인 업무는 물론이며 대외적인 업무를 맡고 있는 창구의 중심부이기도 하다.

따라서 이 부문은 고객이 도착과 출발에 있어서 영접을 하는 곳인 만큼 고객에게 좋은 인상은 물론 현관에서의 친절과 예의, 세련된 매너와 새로운 분위기는 호텔내에서 머물러 있는 동안이나 호텔을 떠난 이후에도 훌륭한 호텔이라는 좋은 이미지를 가지게 될 것이다.

아래 <표 4-1>에서와 같이 Front Office의 근무자는 고객의 요구에 관심이 있는 다른 분야의 근무자와 긴밀한 관계가 필요하다. 이에는 다음번의 여행을 위하여 계획을 가지고 있는 투숙객을 도와주기 위하여 호텔을 예약해주는 여행사직원 혹은 항공사 직원 등이 해당된다. 고객들은 여행을 위하여 여행과 이벤트, 관광지, 지역오락시설에 대한 예약과 특히 고객들에게 제공되는 정보를 항상 최신의 내용으로 변경하기 위하여 이와 같은 분야의 근무자들과 깊은 유대강화가 필요하다. 거대한 호텔들과 리조트들은 이들 건물 안에 다양한 상점을 구비하고 있으며 고객들의 쇼핑에 관한 안내문의도 있다. 뿐만 아니라 택시, 버스, 철도 등의 교통업무 관련업무도 담당한다. Front Office에 근무하는 직원들은 다음과 같은 자질이 요구된다.

- 좋은 첫인상을 가진 인물(말과 행동)
- 다양한 부류의 고객들과 자연스럽게 대화할 수 있는 능력
- 다양한 문화에 대한 이해와 외국어 구사 능력
- 고객의 요구와 기대를 파악할 수 있는 능력
- 정확성, 섬세함, 주의력
- 매력적인 목소리
- 전문인다운 서비스 수행능력과 조직인으로의 수행능력
- 지역지리, 이벤트, 오락, 교통 등의 다양한 정보 및 지식

성공적인 고객만족은 예약부터, 투숙, 객실청소, 고객안내, 식사, 퇴숙까지 팀워크에 의해 이루어진다.

조직은 서로 긴밀히 연관되어 있기 때문에 경영자들은 효과적인 의사소통과 업무에 대한 집중, 문제에 대한 예방 및 예상을 하기 위해서 타부서 직원들과 원만한 관계를 유지하는 근무자를 요구한다. 호텔의 프런트 부서에 근무하는 것은 댄스와 같다. 각 스텝은 정해져 있고 한 사람은 다른 사람을 넘어뜨릴 수 있다. 각 스텝은 여러 번의 연습에 의하여 완벽하게 연출되어지며, 관객의 만족이라는 한 가지 목표를 가지고 안무가의 조심스러운 지시에 따른다.

Front Office의 기본적인 역할은 첫째, 숙박을 하고자 하는 손님에게 객실의 예약 및 등록업무를 겸한 객실판매업무, 둘째로는 이용하는 고객이 필요로 하는 호텔의 내외적인 각종 정보제공과 통신처리에 따른 편의서비스 제공, 셋째로 조직 혹은 특성에 따라 다르지만 통상적인 신속·정확한 고객 상대의 신용제공과 재정관리로 간추릴 수 있다. Front Office의 기본적인 업무는 다음과 같다.

- 객실예약판매
- 고객의 영접
- 숙박등록 및 적절한 객실배정
- 현금 출납 및 신용카드 취급

- 각종 정보안내 및 제공
- 우편물, 전신 메시지 처리 및 전달
- 귀중품 보관 및 외화교환
- 불평, 불만의 처리 및 상담

<표 4-1> 프런트 오피스와 타부서, 외부업체와의 관계

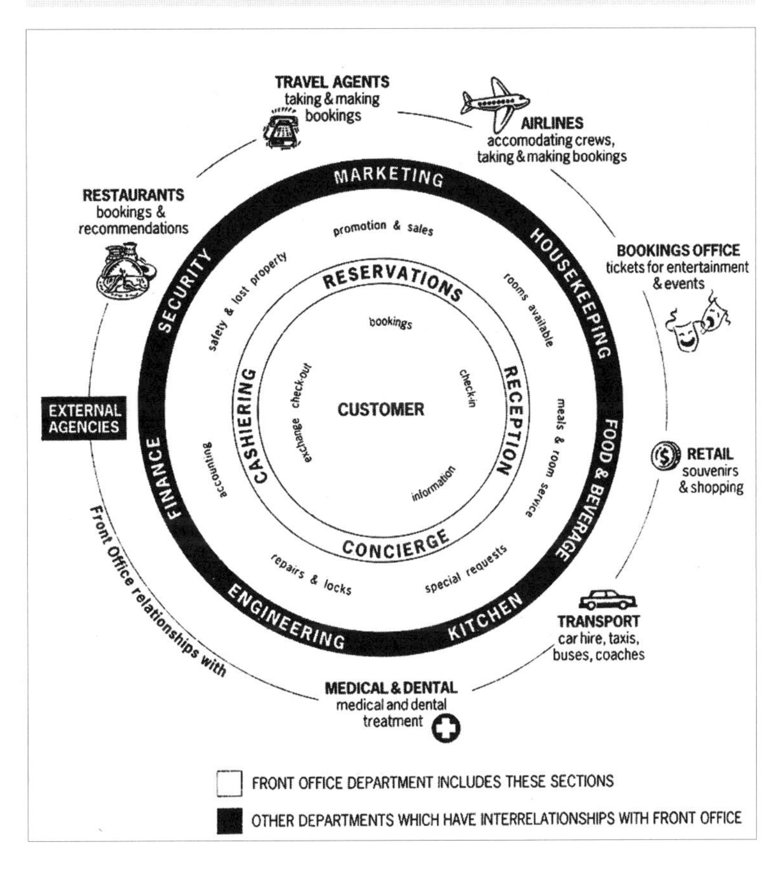

제2절 Front Office의 기능 및 구도

1. Front Office의 기능

Front Office는 호텔운영의 핵심부 역할을 하며, 호텔의 이미지 창출과도 매우 연관성이 깊다. 때문에 front office는 고객에게 좋은 인상과 안정감, 친절과 예의, 적합하고 순조로운 업무서비스가 제일이다. 호텔에 있어서 front office 부문은 단독적인 업무로서 대고객에 대한 서비스만으로 호텔사업의 활성화가 이루어지는 것이 아니고 호텔부문 전체, 특히 관련부문과의 기능적이고 통합적인 운영과 각 부문의 근무자들의 상호 협동체제에 의하여 그 활성화가 이루어지는 것이다. front office의 주요 기능을 살펴보면 다음과 같다.

① 고객을 위한 상품 판매촉진 및 안내 기능
② 고객관계에 따른 정보 및 각종 업무의 창구역할 기능
③ 고객을 위한 신속·정확한 communication 기능
④ 타부문과의 업무조정 및 협동기능

2. Front Office의 구도

Front Office의 위치는 현관에서 가까운 곳에 위치하여야 한다. 전형적인 front office의 배치도를 통해 보면 front desk와 reservation office는 벽면 하나로 경계되어 있어 상호 신속하고 능률적인 업무를 기할 수 있도록 되어 있다. 또한 front desk는 호텔의 lobby나 현관을 출입하는 모든 사람들을 한눈에 볼 수 있도록 설계되어야 만이 front office의 기능적인 역할을 다할 수 있는 것이다. 일반적으로 front desk의 중앙에 registration desk를 마련하며 현관에서 먼 쪽에 front cashier가 위치하며, 반대편에 information desk가 위치한다.

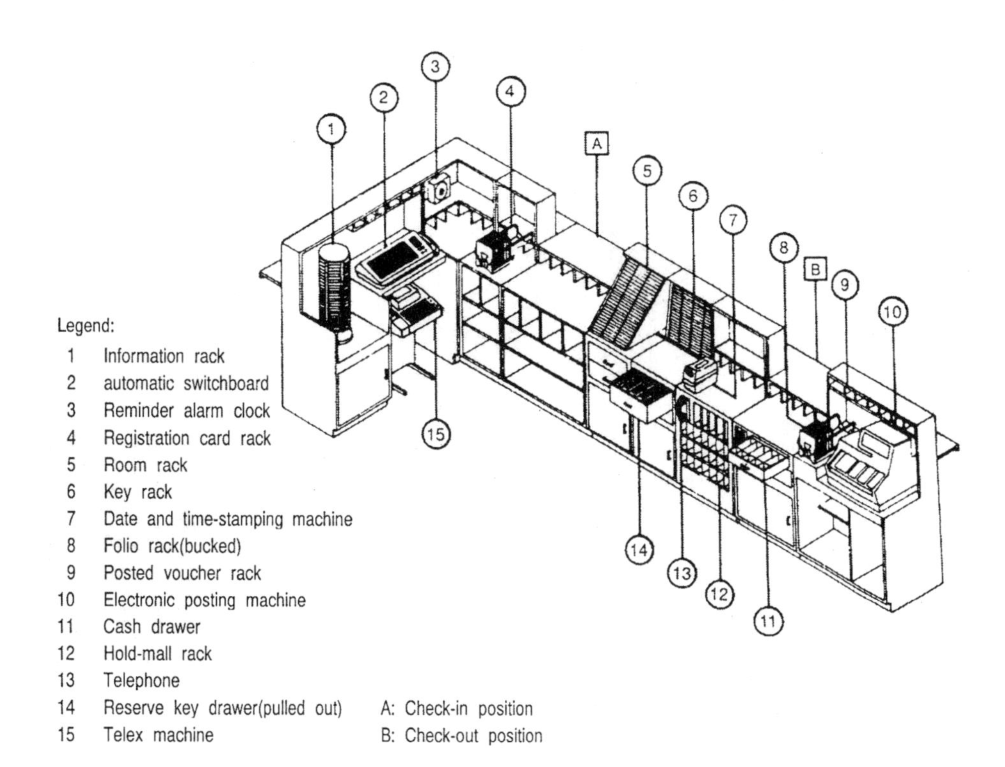

[그림 4-1] Layout Of Semi-Automated Front Desk

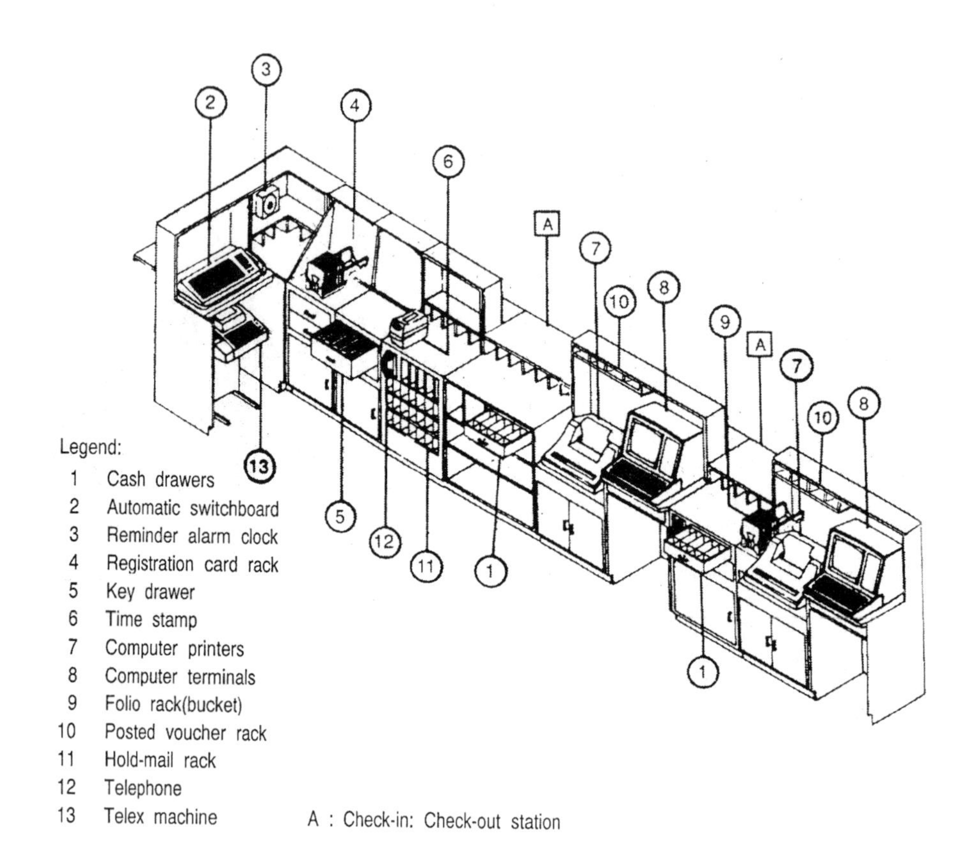

[그림 4-2] Layout of automated Front Office 조직도

제3절 Front Office 조직

Front Office의 조직은 객실부장을 부서의 최고 책임자로 하여 front office manager를 중심으로 그 밑에 front desk clerk(room clerk), reservation clerk, 교환원(switchboard operator), front office cashier, uniformed service, concierge 등으로 구성된다.

<표 4-2> Room Division Organization chart

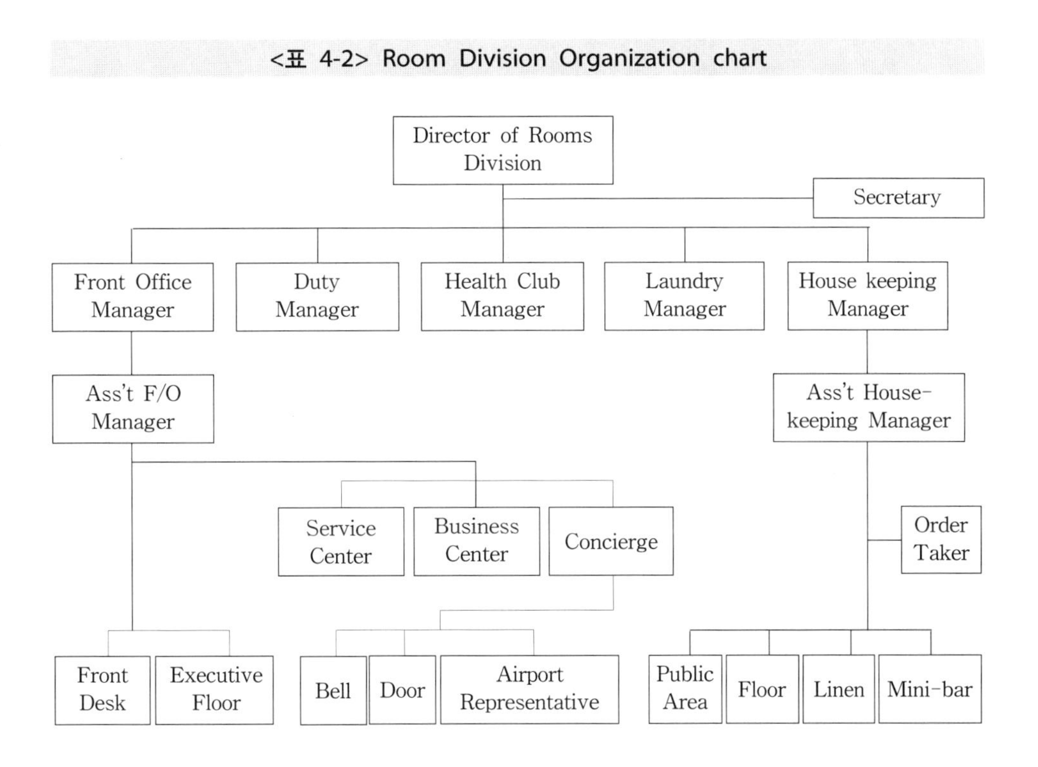

각 직책별로 업무내용을 간략히 살펴보면 다음과 같다.

1. 현관지배인(Front Office Manager)

현관지배인은 프런트 오피스의 막중한 기능을 책임지고 있는 자로 객실 및 서비스를 판매·제공하는 부문인 만큼 그의 경영 테크닉, 업무감독, 리더십의 발휘와 역량에 따라 호텔 상품생산과 수익의 증대가 좌우된다.

① 현관 종업원의 채용 및 교육담당
② 직무편성 및 업무감독
③ 예약업무의 통괄조정
④ 고객의 불평·불만처리
⑤ 일일보고서(daily report) 검토
⑥ 고객접대 안내
⑦ 현관의 청결상태 감독
⑧ 타부문과의 업무현황 파악 및 협조

2. 예약 클럭(Reservation Clerk)

고객이 호텔의 객실상품을 주문할 때에는 적절하게 응하며 사무처리를 하게 되므로 이곳은 최초의 상품전시장이나 마찬가지이므로 담당자는 실수 없이 정중하게 대해야 한다.

호텔에서 일반적으로 예약이라 하면 객실예약을 의미하나, 그 이외에도 회의예약, 연회예약, 테이블 예약 등이 있으며, 이는 호텔 규모나 특성에 따라 프런트 오피스 또는 연회예약부를 두어 각기 따로 취급하기도 한다.

① 객실 및 관련 상품의 예약접수
② 예약접수 및 완료확인 통보, 예약의 변동유무 확인
③ 룸 클럭과의 업무 조정·연결·협동

3. 룸 클럭(Room Clerk)

룸 클럭은 프런트 오피스에서 매우 중요한 직책이다. 고객이 호텔에 도착함과 동시에 업무가 발생되며, 직접 대면하여 서비스하게 되므로 고객에게는 이곳에서부터 호텔에 대한 이미지가 결정되어지는 순간이기도 하다.

룸 클럭은 check-in에서부터 check-out까지의 기간 동안 고객이 만족하게끔 하여야 하므로 업무처리에 세련된 기술(skill)과 능력이 요구된다.

① 고객의 영접
② 등록(registration)업무
③ 도착예정고객 명단 작성
④ 객실배정(room arrangement)
⑤ 객실변경(room change)
⑥ 관련부문과의 업무연결 및 협조
⑦ 주간객실판매(day use)

4. 나이트 클럭(Night Clerk)

나이트 클럭은 야간에 프런트 데스크에 근무하는 자로서 야간에 발생하는 업무만이 아니고, 프런트 오피스에서 주간에 발생하였던 업무의 연장으로 볼 수 있다.

1) 주간업무현황의 인수, 확인, 정리

① no show 처리 및 객실판매
② late check-in의 객실배정
③ 일일보고서 작성

2) 다음날의 업무준비

① check-out 현황 작성

② 도착예정자 명단확인 및 객실배정

3) 고객서비스 제공 및 불평, 불만처리

5. 프런트 캐셔(Front Cashier)

프런트 캐셔는 숙박객이 프런트에 등록을 하면 동시에 업무가 발생하게 되는데, 주로 숙박객의 객실요금 및 식음료 그리고 기타 시설이용에 따르는 모든 계산(회계처리)을 통합 · 관리 · 징수하는 곳이다. 따라서 호텔회계처리는 신속하고 정확한 처리가 되어야 한다.

① 계산서(bill)의 작성, 관리 및 수납
② 외화교환 업무취급
③ 고객의 귀중품 관리
④ 관계부문과의 상호협조

6. 나이트 오디터(Night Auditor)

나이트 오디터는 야간결산 또는 야간감사를 말하며, 프런트 캐셔와 식음료 부문, 객실부문, 기타부문의 당일 매상수입을 마감하여 최종 결산 및 검토를 하는 분야이다. 주로 나이트 클럭의 업무를 병행하면서 근무하고 있으나, 본래 회계처리의 전문성을 가진 자로서 실재 그 책임과 직분이 매우 중요하다.

1) 프런트 캐셔의 매상 검증

① 개별의 원장회계와 수취계정의 총잔액 일치여부 검증
② 포스팅(posting)의 정확성 확인 및 오기 정정

2) 전영업부문 매상의 검증

3) 당일 수입보고서 작성

제4절 현관서비스 개념 및 조직

현관서비스(front service)는 다른 말로 유니폼 서비스(uniform service)라고 부르기도 하는데, 이는 도어맨(door man), 벨맨(bellman), 페이지 보이(page boy), 로비 하우스맨(lobby houseman), 엘리베이터 안내원(elevator operator), 벨 캡틴(bell captain)이 유니폼을 입고 있는 데에서 유래된 말이다.

이들은 프런트 데스크에 접속되어 있으며, 주로 고객의 등록(registration)을 위해 프런트 데스크로 안내하며, 고객의 여행가방 등의 화물을 운반・보관하며 등록을 마친 고객을 객실로 안내하고 호텔의 시설과 서비스 안내와 로비의 청결 및 질서유지를 담당한다. 로비는 호텔 투숙객뿐만 아니라 외래객들이 빈번하게 왕래하는 장소이므로 단정한 모습과 정중하고 품위있는 말씨를 사용하여 호텔의 인상을 좋게 하여야 한다. 프런트서비스는 고객의 투숙(check-in)과 퇴숙(check-out)시 제반서비스를 제공하는 부서이다. 현관서비스의 업무내용을 요약 정리하면 <표 4-3>와 같다.

<표 4-3> Front Service의 조직도

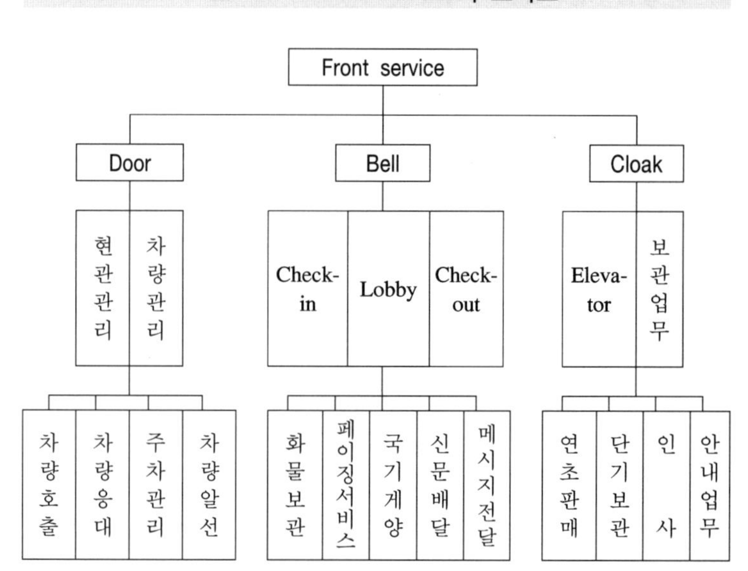

1. 현관 근무수칙

현관 근무자는 호텔에 찾아오는 모든 고객을 제일 먼저 접하게 되기 때문에 고객에 대해 호텔의 서비스와 품격의 첫인상(first impression)을 심어 주게 되고, 고객이 호텔을 떠날 때에도 전송 서비스로 마지막을 마무리하기 때문에 규정된 근무수칙을 항상 염두에 두어야 한다.

1) 근무자의 기본자세

① 모든 고객에게 차별 없이 항상 친절해야 한다.

② 모든 서비스는 미소 띤 표정으로, 즉 마음속으로 우러나오는 서비스를 해야 한다.

③ 호텔에 어울리는 정중하고 품위 있는 말씨를 습관화한다.

④ 단정하고 청결한 몸가짐을 한다.

⑤ 모든 일은 최후까지 완수하는 책임감을 갖는다.

⑥ 상사에게는 경의와 동료에게 협조하는 정신으로 직장 내의 질서를 지킨다.

⑦ 사담은 손님에게 불쾌감과 불성실을 보여 줄 따름이므로 하지 않는다.

⑧ 모든 고객에게 인사를 하며, 성의 있는 마음, 예의 바르고 절도 있는 자세로 허리를 숙여 인사한다.

⑨ 양손은 자연스럽게 앞으로 모으고 양발은 어깨 넓이로 바르게 선 자세로 근무한다.

2) 근무자의 용모

(1) 두발 및 얼굴

① 뒷머리를 짧게 깎아서 유니폼 깃을 덮지 않도록 한다.

② 스포츠형이나 외관상 보기 흉한 헤어 스타일은 피하고 머릿기름, 헤어드라이어 등을 이용하여 단정한 형의 머리모양으로 정리한다.

③ 향이 강한 머릿기름이나 향수는 사용치 않는다.

④ 세발은 자주 하고 비듬은 보이지 않게 주의한다.

⑤ 매일 면도를 해야 한다.

⑥ 귓속 손질, 콧수염을 깎는 것도 잊지 않도록 한다.

(2) 상반신

① 유니폼은 항상 깨끗이 세탁하여 착용한다.

② 명찰은 가슴위치에 평형이 되도록 한다.

③ 손은 항상 청결히 하며, 손톱은 짧게 깎는다.

④ 시계는 손목에서 흘러내리지 않도록 한다.

⑤ 근무중에는 반지를 끼지 않도록 한다.

⑥ 안경은 화려한 것이나 색이 있는 것은 피한다.

(3) 하반신

① 하의는 더럽거나 얼룩이 없도록 하며, 항상 바지 줄은 똑바로 세워서 입는다.

② 하의의 길이는 길어서 끌리거나 너무 짧은 것은 착용하지 않는다.
③ 양말은 검은 색으로 신고 무늬가 없는 것을 착용한다.
④ 구두는 검은 색으로 항상 손질하여 광택이 있어야 하며, 오래 신어서 헤어지거나 뒷굽이 닳은 것은 착용하지 않는다.

2. 벨맨(BellMAN)

1) 접객 서비스

(1) F.I.T. Check-In

① 현관 앞 영접

- 고객이 도착하면 대기중인 벨맨 2명중 현관을 향하고 있는 1명이 영접을 나가고, 1명이 우측으로 이동하며 휴식중인 1명을 좌측에 충원한다.
- 영접 나간 벨맨은 고객의 수하물을 확인, 파악시킨다. 귀중품이나 파손되기 쉬운 것(병, 유리제품 등)은 고객이 직접 들고 가도록 유도한다.
- 고객의 수하물은 cart나 trolley에 싣는다. 짐을 실을 때에는 신중히 다루고 크고 단단한 것을 밑에, 적고 부드러운 것은 위에 싣는 것을 원칙으로 하며, 무리하게 높이 싣지 말아야 한다.

② Front 안내

- 고객의 왼쪽앞에 2~3보 떨어져 고객의 보조에 맞추어 안내한다.
- 고객의 수하물 등에서 이름을 알았을 경우 룸 클럭에게 고객의 이름을 알려준다.

③ 객실 안내

- room clerk으로부터 room key를 받으면 객실번호를 확인한다.
- 고객의 성함을 부르고 객실을 안내하겠다는 뜻을 고객에게 전달하고, 고객의 좌측 1보 앞에서 안내한다.

④ Elevator 안내

- bellman은 lobby 편에서 보일 수 있는 쪽의 스위치 앞에 서서 엘리베이터를 운행한다. 이는 로비에서 오는 다른 엘리베이터 이용객을 잘 볼 수 있기 위함이다.
- 엘리베이터가 중간에 멈출 경우, "올라갑니다", "내려갑니다" 등을 밖의 고객에게 알려주고 서있는 엘리베이터의 층을 소리내어 말해 내릴 고객이 있나 확인한다.
- 엘리베이터에서 내릴 때, 고객부터 내리게 하고 이때 고객에게 좌우, 각 방향을 알려준다.
- 엘리베이터에서 내린 후 고객의 좌측 1보 앞에서 객실 쪽으로 안내한다. 이때 비상구의 방향을 알려준다.

⑤ 입 실

- 입실하기 전에 벨을 2~3회 누른 후 door open을 하고 고객을 먼저 입실하도록 한다. 야간일 경우, 벨맨이 먼저 들어가 전등을 켠다.
- 짐은 baggage stand에 가지런히 놓고 고객에게 확인시킨다.
- room key는 고객에게 직접 건네주는 것이 좋으나, writing desk 위에 놓고 나올 때에는 고객에게 "key 여기 있습니다"라고 반드시 확인시킨다.

⑥ 객실 설비의 안내

- 처음 온 고객에게는 요령있게 실내 설비를 안내한다. 설명순서는 B.G.M. table 사용방법, pay TV, safety box, mini bar, 비상구 및 업장 안내 등을 하면 된다.
- repeat guest나 호텔을 많이 이용한 듯한 고객은 자세한 설명은 역효과가 날 우려가 있으니 설비안내를 생략한다.
- 설명이 끝나면 달리 필요한 것이 없는가 여쭤보고 도와드릴 것이 있으면 bell desk로 연락해 달라고 안내한다.

⑦ 퇴 실

- 퇴실할 때에는 "즐거운 투숙이 되시기를 바랍니다"라고 door를 닫기 전에

실내를 향하여 가볍게 머리 숙여 인사한다.

- 조용히 door를 닫고 곧 돌아온다.

⑧ 기 록

- bell desk로 돌아온 후 check-in record에 기록하고 혹시 이상한 행동이 있었으면 bell captain에게 보고한다.
- 기록 후 다시 바른 자세로 근무에 임하며, 정원이 대기중인 때는 휴식을 취한다.

(2) Group Check-in

① 단체객의 수하물 취급요령

- 버스가 도착하면 bellman은 단체객을 맞아들이고, 곧 버스에서 짐을 내린다.
- 로비까지 짐을 옮기고 수량을 파악하여 guide에게 확인시키고 baggage tag을 달고 room number를 받아서 각 방에 delivery한다.
- baggage를 금방 객실로 옮기지 않을 경우는 그물망(net)을 씌워서 tour desk 앞쪽에 정돈하여 보관한다.

② Key를 Lobby에서 나누어주었을 경우

- 그 주위에서 엘리베이터쪽 방향을 알리고, 1명은 로비, 1명은 엘리베이터 입구에서 고객을 유도한다.
- 버스에서 key를 받았을 경우, 1~2명은 현관에서 엘리베이터 방향을 알리고 나머지 절차는 위와 같다.

③ Delivery의 보고

- 배달이 끝나면 check-in record에 층, 단체명, 수하물 숫자, 담당자의 이름을 기록한다.
- 배달시 짐이 남았다든가, 조금이라도 이상이 있을 때에는 즉시 캡틴에게 보고·처리토록 한다.

(3) F.I.T. Check-out

① Baggage Down

- 프런트 데스크 또는 직접 고객으로부터 짐을 객실에서 옮겨줄 것을 요청해 온다. 이때, 벨 캡틴은 객실번호, 수하물의 개수를 물어 보고 옮기도록 지시한다. baggage down을 지시받은 벨맨은 cart를 준비하여 즉시 객실로 올라간다.
- 벨맨은 지정된 객실로 간 후 고객으로부터 옮길 짐의 지시를 받는다. 짐의 개수를 복창하고 cart에 싣고 현관으로 내려온다. 이때 고객과 같이 옮길 경우와 짐만 먼저 옮길 경우도 있다. 짐은 고객이 front cashier에서 계산이 끝날 때까지 bell desk 주위에 보관하거나 check room으로 옮겨 놓는다. 이때 벨맨은 baggage tag이 달려 있지 않을 경우 잊지 말고 room number를 기록하여 다른 고객의 짐과 섞이지 않도록 한다.

② 출 발

- 고객이 짐을 찾으러 오면 벨맨은 짐을 현관 밖으로 옮긴다. 이때 벨 캡틴은 고객의 계산이 끝났는가, key는 반환되었는가를 확인한다.
- 짐을 차에 싣고 나서 고객에게 다시 확인하고 외국인일 경우 행선지를 물어 기사에게 알려준다.

(4) Group Check-out

① Baggage Down 접수

- 전날 guide 혹은 tour escorter가 baggage down 요청서에 room number 및 시간을 적어서 주면 접수자는 한곳에 모아서 야근자에게 인계하고, 야근자는 다음날 근무조가 나오면 다시 인계하여 시간별로 정리하여 짐 수량을 파악하여 미리 짐을 내려 보관할 장소를 정해둔다.

② Baggage Down 시행

- 정해진 시간에 따라 벨맨이 baggage down 요청서를 가지고 층별로 가서 층

에 나와있는 짐을 모두 싣고 남은 짐이 없나를 확인하고 로비로 내린다.

- 내린 짐은 여행사 별로 미리 정해 놓은 위치에 보관하고 수량확인 후 망을 씌운다.
- 보관 후 정확한 숫자, 시간, 여행사명, 벨맨 이름을 check-out record에 기록한다.

③ 짐 싣는 작업

- 단체객을 위한 버스가 도착하면 로비에 보관된 짐을 guide와 수량 등을 확인하여 차에 싣는다.
- 모든 단체의 짐 싣는 작업이 끝나면 bell desk의 cart를 정돈한다.

④ 미회수 Key 관리

- 단체 고객이 로비에 내려오면 프런트에서 미회수 된 room number를 받아 가이드에게 통보하여 회수토록 한다.

2) 수하물 보관 및 취급

(1) 일반적인 물품 보관

① 물품보관 요청시 baggage check에 물품의 입고 날짜, 모양, 색상, 개수 등을 상세히 기록하여 상·하단에 기입하고 취급자의 서명 후 고객에게 하단의 check를 드리고 상단의 check는 물품과 함께 잘 보이도록 보관한다.

② 보관시 얼마 동안 맡길 것인가 물어 보고, 맡기는 기간에 따라 보관장소를 구별토록 한다.

③ 깨어지기 쉬운 물건은 fragile tag을 부착하여 특별 보관한다.

(2) 특수물품 보관

① 술, 담배 등은 별도로 지정된 장소에 보관하고 반드시 물품대장에 기록한다.

② 현금, 귀중품, 여권, 부패하기 쉬운 음식 등 규정에 의한 보관금지 물품은 정중히 거절하며, 현금, 귀중품은 safety box를 이용토록 권유한다.

3) 로비 관리

(1) 로비 점검 내용

호텔 로비는 고객에게 호텔의 이미지와 직결되는 장소이므로 항상 정리정돈 되어 있어야 하고 청결해야 하므로 규칙적인 순찰을 하고, 이상 유무를 체크하여 해당 부서에 통보하여 즉각적인 조치를 취하도록 하여야 한다.

로비에 근무시 점검해야 할 사항들은 다음과 같다.

- 바닥에 얼룩 및 오물 제거
- 팸플릿 정리정돈
- 전화(telephone booth) 점검(메모지, 볼펜 비치)
- sofa set 및 재떨이 청결상태
- 화장실 내부 청결상태
- 천장 및 기타 조명등 이상 유무 확인
- 화분상자 점검
- 연회장 입구 청결상태

(2) Bellman의 근무 위치

벨맨이 로비에 근무시 근무시간과 상황에 따라 업무내용이 달라진다. 그림에서는 오전의 check-out, 오후의 check-in에 따른 배치를 나타내며 각 위치에 있는 벨맨의 부재시에는 즉시 배치하도록 한다.

"A"의 위치는 항시 대처할 수 있도록 고정 배치되어야 하며, "A"는 check-out 및 엘리베이터의 업무를 보조한다. 오전 "D", 오후 "B"는 방문객의 안내 및 check-in 손님의 접대를 한다.

배치별 업무의 비중도는 A < B < C < D의 순으로 나타낼 수 있다.

<표 4-4> Bellman의 근무위치에 따른 배치도

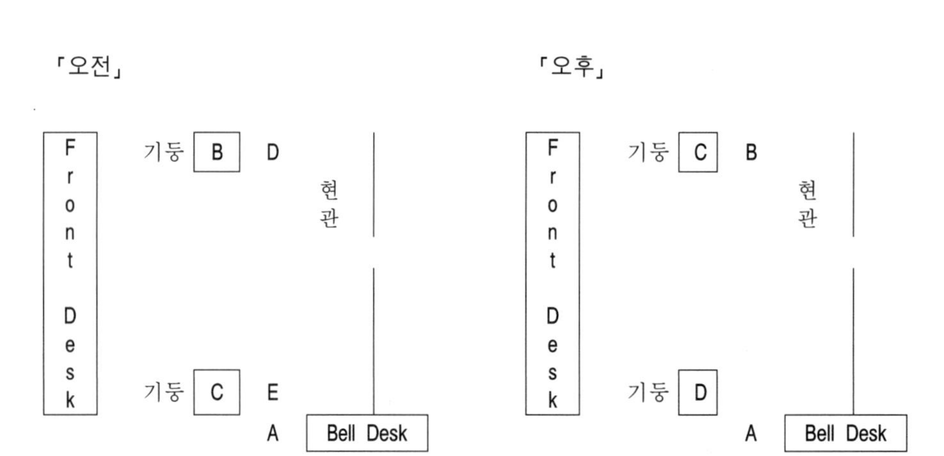

(3) 위치별 세분된 주 업무 내용

① 오전 "E", "D", 오후 "B" 근무자

■ 현관을 출입하는 모든 고객들에게 친절히 인사한다.

- 현관 밖의 상황을 항시 주시하며 고객의 짐을 들어 준다.
- 투숙객의 짐이 많을 때에는 다른 짐과 섞이지 않게 고객의 짐 숫자를 반드시 확인하고 cart에 싣고 돌아온 후 벨 데스크 옆에 가지런히 놓는다.
- 대규모 연회 등 각종 행사로 인하여 많은 인원이 동시에 현관을 출입하여야 할 경우, 회전문을 사용치 않도록 여닫이 문을 열어 주어 신속하고 편히 출입할 수 있도록 한다.
- 벨 캡틴과 가까운 거리에 있으므로 캡틴의 지시사항을 받아 신속히 처리한다.
- 자동문, 회전문의 사고에 대비하여 항시 주위를 기울인다.
- 문옆에는 여러 명이 모여서 다른 고객의 통행에 지장을 주지 않도록 한다.

② 오전의 주업무

- 로비 전체를 주시하는 한편 프런트와의 업무에 신속히 대처할 수 있도록 한다.
- 특히 “B”에 위치한 벨맨은 엘리베이터에서 나오는 고객의 짐을 받아 주도록 한다.

4) 손님에게 유의시켜야 할 사항

호텔의 로비는 공공적인 장소이며, 호텔의 분위기를 만들어내는 곳이므로 호텔 품위를 손상시키는 일이 없도록 고객들에게도 준수사항이 있는 것이다. 만일 이러한 사항들이 지켜지지 않을 경우 고객의 기분을 상하지 않도록 공손히 대처해야 할 것이다.

- 로비 내에서 슬리퍼나 장화의 착용
- 로비 내에서 졸거나 잠을 자는 행위
- 로비 내에서 음식물을 먹는 행위
- 동물을 데리고 들어오는 것
- 라디오나 카세트를 듣는 행위
- 우천시 젖은 우산을 들고 들어오는 행위
- 잠옷 차림의 보행자
- 로비나 현관 부근에서 놀고 있는 어린이
- 엘리베이터 내에서 흡연을 하는 행위
- 늦은 밤에 숙박객의 방문
- 기타 위험하다고 판단되는 물건을 가지고 들어오는 행위

5) Paging Service

외부 전화 혹은 내부 전화에 의한 호출일 경우 paging board에 고객 성명을 기입하고 종을 울리며, 고객에게 잘 보이도록 로비 지역을 돌아다닌다. 통화할 고객을 발견하면 그 장소에서 통화가 가능하도록 무선 전화기를 갖고 다닌다. 벨맨의 paging service는 로비에 국한되어 있으며, paging을 할 경우 로비의 고객에게 무엇

인가 영향을 미치게 되고 고객이 주목하게 되므로 태도 및 동작에 각별한 주의가 요망되며, 로비의 분위기를 깨지 않게 신경을 써야 한다.

6) 객실변경

객실변경(room change)은 고객의 요청과 호텔측의 사정으로 인하여 사용하고 있는 객실을 다른 객실로 바꾸는 것을 말하는데 두 가지의 경우가 있다.

(1) 재실중의 Room Change

고객이 재실중일 경우는 벨맨은 프런트 데스크로부터 새로 옮길 객실의 key와 새로운 key card를 받아들고 cart나 trolley를 준비하여 사용중인 객실로 향한다. 고객의 요청에 따라 운반구에 싣고 새로운 객실로 안내한 다음 객실 key와 key card를 전해주고 먼저 객실의 key를 받아서 퇴실한다.

(2) 외출중인 Room Change

고객의 외출 중 객실변경에 대해서는 전일 또는 당일 오전에 프런트 클럭으로부터 고객이 부재중이라도 객실변경할 뜻을 알려서 부재중에 객실을 변경해도 좋다는 허락을 미리 받아 둔다. 이때 고객에게 짐을 이동시키기 편리하게, 또 잘못이 일어나지 않도록 미리 연락하는 것이 보통이다. 벨맨은 프런트 클럭으로부터 신·구 양 객실의 key를 받아들고 cart를 준비하여 객실로 향한다. 고객 부재중 객실변경에 대해서는 housekeeping의 inspector의 입회를 원칙으로 한다. 객실에는 잊은 물건이 없도록 욕실, 서랍, 옷장 등을 주의 깊게 체크하고 짐이 정돈되지 않은 경우에는 소지품이 놓여 있던 장소를 메모해 둔다.

7) Delivery Service

각종 메시지, 우편물, 팩스, 텔렉스 등을 프런트 클럭 요청시 신속히 배달하며, 팩스나 텔렉스는 반드시 고객의 서명을 받아야 한다. 외부에서 들어온 꽃, 과일, 선물상자 등은 임의로 객실에 넣지 말고 꼭 프런트에 확인하여 지시를 받는다.

8) Door Open Service

door open은 투숙객 본인의 허락 없이는 불가능함이 원칙이다. door open 요청을 벨 데스크에서 직접 받지 않고 프런트 데스크 쪽으로 요청하도록 유도하는데, 그 이유는 투숙객 확인과정이 필요하기 때문이다. 프런트 데스크에서 요청이 있을 때 duty desk에서 master key를 받으면 신속히 요청객실로 향한다. door open 후 당직

<표 4-5> Bellman의 업무도

지배인에게 보고하고, master key 반납시간 및 반납자를 대장에 기록한다. master key 사용시는 행동을 신속히 하여 다른 비상사태에 대비하여야 하며, 목적 이외의 사용은 절대 금물이다.

9) VIP 현관 안내

(1) VIP의 범위

귀빈(VIP)의 범위는 예우적인 차원에서 규정하는 인사 및 회사에서 필요하다고 인정하는 고객을 말하는데, 일반적으로 호텔에서는 대통령, 국왕, 수상 또는 공식적인 국빈급을 A등급으로, 왕세자, 국회의장, 대법원장 등 정부요인을 B등급, 각국대사, 대학 총장, 장성 등은 C등급, 여행사, 항공사, 호텔업계의 영향력있는 인사를 D등급으로 규정하고 있으나, 호텔영업에 지대한 영향을 미칠 수 있는 인사라고 하면 이러한 등급에 관계없이 높은 등급의 VIP 예우를 한다. A등급의 국빈일 경우에는 국기 게양, red carpet service, 국가 연주, 기념사진 등의 일반 VIP 예우에서는 제공되지 않는 서비스가 제공된다.

(2) 영송 세부절차

① 도착전 준비상황

- 엘리베이터 정상작동 확인 및 매니저 대기
- 현관문 좌우에 벨맨을 각 1명씩 배치 대기토록 한다.
- 외부 현관문을 미리 열어 놓는다.

② 현관 도착

- 귀빈의 차량이 현관으로 진입해 오면 차의 정위치를 표시하여 도착위치 2m 전 도착시에 거수경례를 한다.
- 완전히 차가 정지하면 왼손으로 문을 열어 영접한다. 어린이나 부인 동반시에는 세심한 주의를 기울인다.
- 호텔경비의 협조로 일반 차량이 끼어들지 못하도록 한다.
- 귀빈이 완전히 하차할 때까지 doorman은 오른손으로 문을 잡고 안전을 확인

한 다음 문을 닫는다.

- 사전에 준비된 VIP 주차 장소에 주차를 유도한다.

③ Lobby 영접

- 귀빈이 현관 입구에 들어서면 미리 대기했던 벨맨은 문을 열면서 정중히 인사한다.
- 벨맨의 근무요령은 왼쪽에 있는 벨맨은 왼손으로, 오른쪽에 있는 벨맨은 오른손으로 문을 연다.
- 나머지 벨맨은 가급적 일반인이 통로에 끼어들지 못하도록 정중한 자세로 통제한다.
- 국빈급의 귀빈일 경우에는 전문경호요원이 경호를 담당한다.

④ VIP Elevator Service

- 벨 캡틴(혹은 매니저)은 귀빈이 도착하면 미리 대기하고 있던 엘리베이터에서 정중히 인사를 한 다음 탑승이 완료되면 다음과 같이 작동한다.
- 문이 완전히 잠기고 출발할 때까지 버튼을 누르고 있어야 하며, 해당층 버튼을 사전에 눌러 놓아야 한다.
- 해당층에 도착하면 고객 전원이 하차할 때까지 버튼을 누른다.
- 엘리베이터 서비스는 반드시 벨 캡틴이 수행해야 하며, 벨맨에게 위임할 수 없다.

⑤ 출발전 준비사항

매니저는 현관근무자 확인 후 엘리베이터에서 대기하고 현관문 좌측 바깥쪽 좌우에 벨맨을 각 1명씩 배치한다. 안쪽문은 미리 열어 놓고 도어맨은 귀빈 차량 기사에게 곧 출발할 것을 알려주어 사전 준비토록 한다.

3. Doorman

1) Doorman의 업무 개요

호텔에서 최초로 고객을 맞이하는 종업원으로 현관에서 고객을 영접 · 영송하고 차량 정리, 주차장 안내, 차량 호출, 택시 수배, 기타 간단한 안내 등의 업무를 절도 있고 예의바른 태도로 고객의 편의를 제공하며, 현관 바깥 전면에 위치한다.

2) 고객의 영송

(1) 영 접

① 숙박객의 경우

- 차가 현관앞에 도착하면 약 2m 전방에서 내리기 편하도록 차의 문을 완전히 열고 고객을 맞이한다.
- 어린이나 여성고객이 내릴 때에는 세심한 주의를 기울인다.
- 고객을 맞이하면 곧 벨맨이 나와서 고객의 수하물을 cart에 실어 안내하는데, 이때 짐이 많으면 벨맨을 도와주며, 벨맨은 짐의 개수를 확인시키고 도어맨은 차에서 놓고 내린 것이 없나 재빨리 살펴보고 조용하게 문을 닫는다.
- 벨맨이 바빠서 현관 밖으로 나오지 못할 경우에는 도어맨은 고객의 짐을 든 다음 고객을 로비로 안내하며, 그곳에서 벨맨에게 인계한다.
- 벨 캡틴으로부터 통보받은 courtesy car 이용고객이 도착할 때에는 반드시 고객의 성함을 불러 주도록 한다. 이 경우 사전에 차량번호를 기억하고 있어야 한다.

② 일반 이용객의 경우

- 숙박객 이외의 고객 즉 연회, 회의, 식사, 각종 행사 등으로 찾아오는 고객을 일반 이용객이라고 부르는데, 이같은 이용객 가운데는 단골 고객이 많으므로 고객의 이름, 차량번호 등을 알아 두는 것이 필요하다.
- 이용객의 경우에는 승용차로 오는 경우가 많으므로 주차장 안내, 차량 호출을 원활하게 처리하지 않으면 안된다.
- 이용객이 승용차로 도착하는 경우의 영접도 숙박객을 영접할 때와 기본적으로 같고, 고객을 맞이한 후 해당 운전기사에게 주차 위치를 안내하면 된다.

③ 단체객의 경우

- 단체객을 태운 버스가 보이면 즉시 벨맨에게 연락한다.

- 벨맨이 단체객의 수하물을 취급하고 있을 때에는 도어맨은 신속히 다른 차량과의 출입에 지장이 없도록 유도한다.
- 대형 버스가 현관앞에 위치하면 다른 차량의 출입에 지장이 생기므로 현관 정면을 조금 벗어난 지점으로 유도한다.

(2) 전 송

① 숙박객의 출발

- 숙박객이 떠날 때에는 고객의 요구에 의해 현관 앞 택시 승차장에 주차해 있는 택시를 부르거나 셔틀버스로 유도한다.
- 고객의 짐이 많을 때에는 벨맨과 협조하여 짐을 차에 싣는다.
- 차의 트렁크에 실은 짐은 고객에게 개수를 확인하게 한다.
- 고객의 승차가 끝날 때까지 도어를 잡고 고객의 코트 등 의류가 밖으로 나와 있지 않은가 확인하고 나서 조용하게 닫는다.
- 외국인일 경우 행선지를 물어 기사에게 알린다.
- 고객을 전송할 때에는 차에서 2보 떨어져 정중하게 인사한다.

② 일반 이용객의 전송

- 일반 이용객의 전송에서는 연회나 회의 등이 끝난 다음에는 돌아가는 고객으로 현관앞이 일시적이나마 혼잡해지므로 승용차의 호출 및 승용차의 신속한 유도가 필요하다.
- 바쁘다는 이유로 성의 없는 전송은 금물이며, 벨맨이 바쁘지 않을 경우 마이크로 호출을 맡는다.

3) 현관 앞 정리

(1) 현관 앞 교통정리

연회가 많은 날 현관 앞은 큰 혼잡을 이루게 되므로 도어맨의 유도나 처리가 서투르면 현관 앞은 교통침체를 일으키므로 항상 차의 출입상태와 주차상황을 정확히 파악하여 기사에게 신속한 유도와 주차를 지시해야 한다.

(2) 주차 위치

① VIP 차량은 현관 가까운 곳으로 한다.
② 주차 대행은 원하는 고객에게 가능한 범위 내에서 서비스하되, 셔틀기사가 하도록 하며, 도어맨은 본연의 업무에 주력한다. 단, 상황판단하여 꼭 필요하다고 인정될 때 주차대행 서비스를 제공한다.

(3) 현관 주변 정리

현관은 호텔의 얼굴이다, 그러므로 항상 깨끗이 해 두어야 한다. 호텔 현관은 고객의 출입이 빈번하므로 더럽혀지기가 쉽다. 따라서 이상이 있을 때에는 담당 직원에게 요청하여 청결상태를 유지한다. 또한 거동이 수상한 자가 발견될 때에는 그 행동에 주의를 기울이며 호텔 내로 들어가면 벨 캡틴에게 알려 감시하게 하고 당직 데스크에 신고하여 적절한 조치를 취하도록 한다.

4) 각종 안내 업무

사내 안내는 information desk로 유도하지만, 도어맨도 때때로 고객으로부터 호텔의 시설이나 시내 지리에 대해 질문을 받는 일이 있으므로 당일 호텔행사 및 호텔 시설, 시내 교통상황 등을 숙지하고 있어야 한다.

제5절 예 약

1. 예약원의 기본자세

고객이 객실을 예약하기 위해 전화를 걸었을 때 많은 경우는 이것이 그 고객들에게는 호텔과 첫번째로 대면하게 되는 것이다. 첫인상은 계속적인 영향을 미치게 된다.

따라서 친절한 서비스와 전문직업인으로서의 자세로 임하는 것은 매우 중요하며, 예약의 접수는 적절한 판매기술을 겸비하여 완벽하고 효율적으로 진행되어야 한다.

- 예약계로 걸려오는 모든 전화에 대해서는 친절하게 응답하여야 한다.
- 분명하고 명확하게 말을 하며, 확실히 들릴 수 있도록 큰 소리로 말한다.
- 녹음기를 틀어 놓은 것 같은 틀에 박힌 어투로 말하지 말고, 매 전화마다 신선하고 생동감 넘치는 목소리와 어투로 대한다.
- 고객의 성을 알았을 때에는 대화중에 적어도 3번 이상 고객의 성함을 사용하도록 한다.
- 도착 날짜, 객실종류, 체류기간은 고객이 말한 내용을 반복함으로써 정확한 예약접수가 되도록 고객에게 확인한다.

2. 예약상의 임무와 책임

흔히 호텔의 객실 예약업무나 객실 판매업무를 단순하고 용이한 것으로 생각하고 있으나, 실로 그 판단이나 조정이 결코 쉬운 일이 아니다.

호텔수입의 출발이 프런트 오피스에서 시작되고 있다는 점과 모든 상품의 판매 또한 여기서 시작된다는 점에서 예약업무의 처리부터가 무엇보다도 신중하고 풍부한 경험과 예리한 판단력이 집중되어야 한다.

호텔의 객실을 포함한 모든 상품은 당일에 판매가 되어야 하고, 특히 객실인 경우에는 그 이상의 판매를 꾀하며, 공실이 없는 만실(full occupancy)로 채워야 하는 데에 그 책임이 있다. 가장 유능한 front office manager는 호텔 객실예약의 초과예약(over booking)을 얼마만큼 적정하게 받아들여 매일 매일의 객실 판매율을 최대한으로 높이는가 하는 것과 그렇게 하기 위해서는 전문적이고 예리한 Forecast가 필요하다.

예를 들어, 2년 후의 100실에 대한 객실예약에 따른 객실할인율에 대한 문의를 받았을 때 그 부서에서는 그 시점에 예상되는 점유율에 대한 예측이 요구된다. 왜냐하면 그 시점에 정상요금으로 모든 객실 판매가 가능한데 높은 할인율에 대한 적용으로 100실을 판매한다는 것은 매우 어리석은 일이기 때문이다. 그 반면에 공실은 호텔에 있어서 불행이다. 또한 점유율이 떨어짐이 예상되는 경우에 할인은 호텔의 수입을 높이는 좋은 방법이다. 호텔에 있어서 공실은 후에 다시 판매할 수 없는 손실을 의미한다.

객실 예약원으로 업무상 지켜야 할 임무나 그 책임은 다음과 같다.

- 예약의 가부는 결정하여 반드시 예약자에게 통보한다.
- 예약의 가부는 최종적으로 반드시 객실 내부의 책임자에 의하여 처리되어야 한다.
- 예약의 가부는 꼭 예약 매니저나 프런트 오피스매니저에 의하여 결정되어야 한다.
- 예약금을 받았을 때는 즉시 상사나 프런트 오피스 매니저에게 보고한다.
- Special Request는 반드시 객실배정(Room Assignment)이 이루어져야 한다.

3. 객실예약의 업무내용

예약담당자는 객실뿐 아니라 모든 시설이나 영업상황에 대한 전문적이고 세부적인 지식을 겸비하여 고객으로부터 어떤 질문에도 답할 수 있어야 한다.

예약직원은 다음의 내용을 숙지하고 있어야 한다.

- 객실 예약카드 작성요령
- 전화응대 요령
- 국내 및 국제예약 접수
- TELEX, FAX취급요령
- 예약확인(Reservation Confirm)
- Computer 작동 요령
- 특별한 계약내용 숙지
- Voucher 읽는 법
- 예약 Source 읽는 법
- 경쟁호텔 예약상황

- VIP 리스트 파악
- VIP 인적사항 파악
- Advance Deposit 처리방법 습득
- Suite Room 예약상황 파악 및 각종 보고서 작성요령 파악

4. 예약접수

1) 예약경로

객실이란 상품은 타제품과는 다르게 예약을 거치지 않고서는 판매가 불가능하다. 왜냐하면 일반제품의 경우 직접 그 제품을 보고 거래가 성사되지만, 호텔 객실의 경우는 신용과 편리한 시설, 훌륭한 인적 서비스를 바탕으로 예약에 의해 판매가 이루어지며, 장기적이고 지속적인 영업운영을 위하여 정확한 예약처리업무가 필요한 것이다.

(1) Hotel Direct

고객이 직접 호텔로 전화나 FAX를 통하여 예약을 하는 경우이다. 이때에는 객실요금을 직접 호텔과 상의하여 결정을 하게 된다. 또는 고객이 호텔과 계약된 요금을 가진 회사나 개인인 경우는 해당요금을 적용받는다.

(2) Travel Agent

외국회사의 경우 대개 Travel Agent와 계약을 맺고 회사직원 출장시 Travel Agent에 예약을 의뢰하는 경우가 많다. 이때 호텔은 계약된 Travel Agent로부터 예약을 받게 된다.

여행사 예약의 경우 대개 Coupon을 발행하게 되어 있으며, 쿠폰에는 예약의 조건들이 세세히 기록되어 있다. 호텔은 보통 10%의 커미션을 여행사에 지급한다.

(3) Representative

Representative는 호텔의 대리인으로 공항, 터미널 등 주로 외국인이 많이 왕래하

는 곳에 근무하면서 현장에서 객실정보를 알려 주며 바로 예약을 접수받기도 한다.

이럴 경우 Representative에게는 일정한 범위 내에서 고객에게 객실요금을 할인해 줄 수 있는 권한도 주어진다.

(4) Overseas Sales Office

규모가 큰 호텔은 대개 고객의 수요가 많은 지역에 해외 판매사무소를 설치 운영하고 있다.

해외 사무소는 작은 규모로 운영되지만, 사무소가 설치된 지역은 물론 해당 국가의 여행자들에게는 여행목적국의 호텔예약이 가능하므로 이용빈도가 높은 편이다.

(5) Airline

이 경우의 예약은 빈도가 높은 것이 아니나, 항공사는 고객의 편의를 위하여 고객의 호텔예약을 대행해 주기도 하며, 항공 스케줄의 결함이나 지연으로 인한 항공사 승무원이나 승객들의 호텔투숙을 위해 호텔과 계약을 맺고 있다.

2) 예약접수시의 기재내용

호텔에는 각양각색의 사고방식을 지닌 고객과 여행형태, 국적이 다른 손님들로서 구성되어 있으나, 예약카드의 기재사항은 일률적이며 간단한 방식으로 처리되어진다.

예약시 기재사항을 보면 다음과 같다.

- Arrival Date
- Departure Date
- 투숙 인원수
- Room Type
- Source-Guest Direct, Airline, Walk In 등
- 지급방법(Payment Method)
- 예약자(Booker)
- 예약자 연락번호
- Special Request

- Guest Membership
- Airline Schedule

3) 예약의 확인(Confirming Reservation)

고객이 원하는 날짜에 예약이 이루어지면 고객에게 예약확인서를 발송한다.

이 확인서는 도착일과 출발일, 도착시간, 객실종류, 인원수 및 고객의 특별 요구사항들이 기록되어 있다.

고객은 이 예약확인서를 가지고 Check-In하게 되는 것이다.

4) VIP 고객의 예약

VIP 고객의 예약절차는 일반예약과는 다소 차이가 있게 있다.

호텔은 일정한 기준을 가지고 VIP 고객을 선정하게 되며, 경우에 따라서는 General Manager, 각 부서장, Duty Manager 등이 참여하여 VIP 고객을 선정하게 된다.

VIP 예약은 무엇보다도 다음 사항이 명시되어야 한다.

① Amenities

② Type of room-up grade

③ Arrival time-duty manager attention

④ Departure time-duty manager attention

⑤ Need of transportation

5) 단체객 예약

호텔예약에 있어서 단체객은 특별한 주의를 기울여야 한다. 단체객은 예약 접수시에 쌍방간에 명확한 처리와 그 이후에도 필요에 따라 확인되어야 하며, 특히 도착 직전에 도착 예정자수, 파티계획, 숙박일정의 변경유무가 확인되어야 한다.

단체객의 객실배정은 일반고객보다 일찍 이루어져야 한다.

단체객은 숙박요금에 Special Rate가 적용되는 등 여러 가지 특전이 이루어진다.

그러므로 단체예약은 몇 가지 점에 유의할 필요가 있다.

① 단체명과 인원수
② 숙박기간
③ 안내자의 성명
④ 지급조건의 확인
⑤ 식사예정표
⑥ 특별 수배사항

6) 특별 요구사항의 기록

예약원은 예약을 받는 동안 고객이 특별한 Request가 있는지 확인하여야 한다. 접수된 Request는 약속된 기호에 의해 입력되는데, 이는 해당 도착일 Front Desk Manager에 의해 처리되며 몇 가지 예를 들면 다음과 같은 것이 있다.

CODE	SPECIAL REQUEST
AE	AWAY FROM LIFT
EA	EARLY ARRIVAL
LA	LATE ARRIVAL
AV	AIRPORT PICK UP
CN	CONNECTING ROOM
BI	ROOM BLOCK INFORMED
NS	NON SMOKING
SM	SMOKING
RE	REQUEST SAME FLOOR
UG	UPGRADE
EB	EXTRA BED
HL	HIGH FLOOR
2A	TWIN BED
BC	BABY

제6절 Executive Club

1. Executive Club의 개념 및 특성

executive club은 regency club, executive salon, towers, grand club, executive floor 등으로 다양하게 불리워지나, 그 의미는 VIP고객을 위한 전용 객실층을 운영하는 것을 말한다. 그 유래는 1960년대 미국의 자동차 도시 디트로이트에서 처음으로 그 명맥을 찾아볼 수 있으나, 그다지 세계적인 추세로 여겨지는 정도는 아니었으며, 당시의 상용여행자들을 위해 실질적으로 도움을 줄 수 있는 설비 및 서비스 등 비즈니스 여행자들을 좀더 편리한 여건에서 업무를 볼 수 있도록 최대한의 편의를 제공하는데 심혈을 기울였다. 그러나 호텔사업의 특성화(specialization)와 유용성(utilization) 즉 호텔고객시장의 전문화나 융통성 있는 호텔경영방식 등 executive club의 운영이 세계적인 추세로 활발히 추진되기는 세계경제성장이 전반적인 호조를 이루던 1980년대에 들어서 세계적인 규모의 chain hotel에서 본격적으로 시작되었다고 볼 수 있다.

세계적으로 명성이 나있는 호텔들은 그 규모가 방대하고 부대시설 또한 완벽하게 설치해 놓았으므로 비즈니스맨들의 환심을 사기에 충분하였다.

우리나라의 경우 '86아시안게임 및 '88서울올림픽을 전후해서 세계인의 관심이 한국에 집중되면서 상용여행자의 입국이 빈번하게 되었고, 이들의 기호를 최대한 만족시켜 주기 위해 executive club 제도가 도입되기 시작하였다.

Executive club은 호텔내의 호텔로 일반객실에 비해 전문화・차별화된 서비스로 전용 lounge로 운영하고 executive club 고객들만을 위한 등록 데스크 및 상주하고 있는 receptionist들이 서비스를 제공하여 모든 사무용 기기 등을 무료로 이용할 수 있으며, 아침식사, 차와 음료, 비서업무 등을 제공받을 수 있다.

<표 4-6> Executive Club 조직

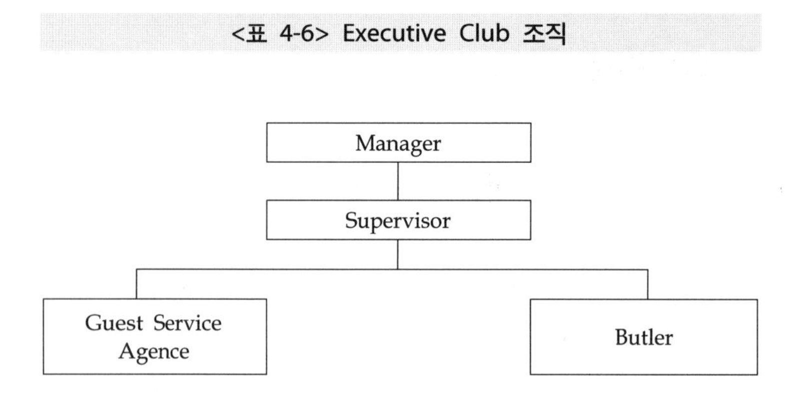

2. Executive Club의 설치여건

오늘날 많은 호텔들이 상용여행자를 유치하기 위해 executive club 설치를 적극 유도하고 있으나, 이러한 설치여건으로는 다음과 같은 상황을 고려해야 한다.

첫째, 규모가 큰 호텔이어야 한다. 객실규모가 큰 호텔일수록 특정층을 설정하여 고객을 유치하기가 적절하다. 왜냐하면 규모가 작으면 객실의 분할이 어렵고, 설령 객실을 세분화할 경우 오히려 객실 판매율의 저조를 가져올 수 있기 때문이다.

둘째, 체인호텔일수록 유리하다. 물론 호텔 투숙객은 내국인과 장기 투숙자도 그 수효가 적다고 할 수는 없으나, 호텔의 투숙자 대부분이 사업을 목적으로 한 외국인 장기투숙자가 많다는 점을 간과할 수 없다. 이것은 체인호텔의 경우 호텔 투숙자가 체인 연결된 세계 각국의 호텔을 이용할 수 있도록 전반적인 정보를 제공해 주며, 호텔간의 업무상황을 단계적으로 분기에 따라 상호 교환함으로써 고객이 좀 더 편리하고 빠르게 사무를 볼 수 있도록 뒷받침해 주기 때문이다.

3. Executive Club 이용고객의 특성

executive club을 찾는 고객은 대부분 F.I.T.(foreign independent tourist) 즉 개별여

행객들이며, 그 중에서도 비즈니스 목적의 여행자가 90% 이상을 차지하고 있다.

비즈니스 여행자들은 구매력이 높고 수요가 비탄력적이며, 일반 관광객들과 달리 업무차 여행을 하는 고객들이다. 이들은 대부분 관리직이나 전문직 종사자들이며, 관광객에 비해 까다로운 성향을 가진 것이 특징이다. 그러나 이들의 여행비용은 대부분 회사에서 지급되므로 다른 여행자들보다 경제적으로 더 여유가 있으며, 객실 요금보다 부가적인 서비스 측면에서 호텔을 결정하는 경우가 많다.

또한 executive club 고객은 재투숙률이 상당히 높다는 특징이 있다. 호텔에 따라 조금씩 차이는 있지만 40~50%의 재투숙객의 비율이 나타나고 있다. 일반적으로 1년에 2~3회 이상 같은 호텔에 투숙하는 고객을 'repeat guest'라고 하는데, executive club은 일반 객실보다 현저히 높은 repeat guest 비율을 갖는다.

우리나라의 경우 아직은 낮은 비율이긴 하지만 1970년대 이후로 여성 비즈니스 여행자들이 꾸준히 늘어나고 있으며, executive club의 시설과 서비스는 이들에게 특히 호평을 받고 있는 상황이다.

4. Executive Club의 서비스

1) Receptionist(Service Agency)

예약시 컴퓨터에 입력된 고객의 신상에 관한 사전 정보를 기초로 이에 따라 신속한 check-in, check-out 절차를 마칠 수 있으며, 고객의 편의를 위해 예약 및 확인업무, 각종 정보 제공 및 일정표 작성, 팩스와 서류 카피 등 비서업무를 대행한다.

2) Room & Rate

executive club은 소음이나 전망 등을 고려하여 고층(high floor)에 수개의 층을 설정한다. 이 층에 위치한 객실에는 고객용 소모품이나 비품 등을 고가품으로 비치하며, 간단한 회의나 업무를 볼 수 있도록 sofa set나 table의 형태도 다양하게 준비되어 있으며, 가격은 일반 객실에 비해 20~30%정도 비싸게 책정되어 있다.

3) Executive Club Lounge

고객들의 휴식 제공 및 식사를 할 수 있는 장소로 이용된다. 특히 아침식사가 제공되며, 차나 기타 음료, 칵테일 등을 무료로 이용할 수 있다. 정기 간행물, 매거진, 책자, 비디오 테이프 등이 비치되어 있다.

4) 사무용 기기

고객의 편의를 위해 각종 사무용 기기를 비치해 놓고 있다. fax, telex, xerox, personal computer 등이 있다.

5) Business Conference Room

10명 내외의 소규모 인원이 회의를 할 수 있는 소규모 회의실이 마련되어 있으며, 비즈니스 업무에 필요한 TV, VTR, Slide project, speaker telephone, white board 등이 준비되어 있다.

6) Limousine Service

공항과 호텔간을 이용할 수 있는 리무진 버스를 제공한다. 그 이외에 부대시설, 즉 sauna, pool, health club 등의 이용과 pressing service, butler service 등이 제공된다. butler service란 고객이 요구하는 사항들, 예를 들면 시원한 음료나 모닝커피를 운반한다든지 전기용품 사용방법을 설명하는 등의 서비스를 제공해 주는 것을 말한다.

제7절 프런트 데스크

1. Room Clerk의 업무

1) Check-In

(1) 고객의 영접 및 예약확인

고객이 호텔에 도착하면 도어맨이 인사와 함께 손님의 짐을 받아 벨맨에게 인계하고 프런트로 고객은 안내된다.

호텔에 도착해서 하는 등록절차는 매우 중요한 의미를 가지고 있다. 이때 고객이 느끼는 서비스의 질은 전체 투숙기간에 고객 본인이 받을 서비스의 판단기준이 된다.

손님이 프런트 데스크로 다가올 때 손님께 경의(Warm Welcome)를 표한다. 이것은 가장 기본적이면서도 가장 중요한 Step의 하나이다. 만일 Front Desk Clerk이 다른 업무로 바쁘거나, 다른 손님을 돕고 있을 때에는 손님께 눈인사(Eye Contact)를 통해 미소를 띠고 잠시 후에 도와 드리겠다는 신호를 주어 고객이 스스로 기다릴 수 있는 분위기를 만들어 주어야 한다. 바쁜 업무를 종료하면 손님을 반갑게 맞이하여 기다려 주셔서 감사하다는 표현을 한다. 그리고 곧 예약을 확인하고 예약이 되어 있는 고객은 바로 등록카드를 작성하게 하고 객실을 배정하는데, 이때 중요한 것이 몇 가지 있는데 다음과 같다.

① 흡연여부
② Room Type
③ Special Request
④ 지급보증(Maximize Guarantee)

만약 예약이 없는 고객의 경우는 Walk In Guest로 분류하여 등록을 받게 되는데, 이때에도 몇 가지 중요한 사항이 있는데 다음과 같다.

① 꼼꼼한 등록절차(Full Registration)
② 신분증 확인(Check ID card)
③ 고객의 선호도를 고객 Profile에 입력
④ 지급 방법(Method of Payment)

가끔 예약은 했으나 예약이 확인이 되지 않은 경우가 있는데, 그것은 다음과 같은 경우이다.

① 고객의 성명이 정확하게 기재되어 있지 않은 경우
② 고객의 도착일이 틀리게 되어 있는 경우
③ 예약의 중계에 잘못이 있는 경우
 - Travel Agent
 - Overseas Office
 - Time Difference

이와 같은 이유로 확인이 어려운 경우가 있을 때 어떠한 경우라도 고객에게 불안감을 주어서는 안되며, 확인하는데 최선을 다하고 있다는 인상을 주어 고객을 안심시키도록 한다.

만약 호텔 쪽의 실수일 경우는 정중히 사과하고, 외적인 요소로 착오가 있을 때에는 고객에게 충분히 납득을 시켜야 한다.

2) 등록카드 작성

등록카드(Registaration Card)는 숙박카드라고도 하며, 그 접수방법은 처음 방문고객과 단골 방문고객으로 나뉘어져 있다.

① **처음 방문고객** - 완벽한 등록을 요구한다. 이는 다음에 방문했을 때 등록절차를 최소화하기 위함이며 퇴숙시 Skipper예방에 도움이 된다.
② **단골고객** - 이 경우는 고객의 기록이 이미 준비되어 있으므로 간단히 서명만 하면 된다.

3) 객실배정과 Rooming Card 작성

객실배정(Room Assignment)이란 개개의 예약에 대하여 객실을 할당하는 것을 말하는데, VIP의 경우는 이미 모든 정보가 있으므로 미리 객실을 배정함에 있어서 이는 특별한 Room set up을 하기 위함이지만, 대개의 고객은 Check-In 하는 당시에 객실에 부여된다. 미리 객실을 배정하는 경우는 다음과 같다.

(1) VIP

(2) Special Request(Extra bed, Flower set up, Connecting)

등록을 마친 손님은 벨맨의 안내를 받으며 객실로 가게 된다.

4) Turn Away Service

고객이 호텔에 도착했을 때 객실이 없다는 소리를 듣는 것처럼 당황스러운 일은 없을 것이다. 하지만 이러한 상황은 호텔 입장에서는 불가피하다.

왜냐하면 호텔의 평균 No Show, Cancel이 일정 퍼센테이지로 일어나기 때문에 호텔 입장에서는 그 호텔의 매출을 최대화하기 위해 초과예약을 받는다. 이때 초과예약이 예상 도착고객과 일치하지 않을 경우에는 Turn Away가 발생하게 된다.

이러한 경우에 호텔측에서는 동급수준의 다른 호텔의 객실을 최대한 확보하고 있어야 Turn Away 상황에 대처할 수 있다.

손님을 Turn Away시키는 경우의 몇 가지 예와 방법은 다음과 같다.

(1) WALK-IN

- 고객에게 객실이 가능하지 않음을 설명한다.
- List에 있는 호텔들 중에서 고객에게 적합한 호텔을 찾는다.
- 예약을 하고 고객에게 연락처를 제공한다.
- 다음에 다시 찾아 달라고 공손히 인사하고 고객을 돌려보낸다.

(2) Claimed Reservation

고객은 예약을 했다고 하나 예약이 없는 경우로 객실이 가능하다면 제공을 하지만, 그렇지 못한 경우라면 다음과 같은 사항을 확인한다.

- 다른 이름으로 예약이 되어 있을 가능성
- 이름의 철자(Spelling)의 확인
- 회사의 이름으로 예약되어 있을 가능성
- Confirmation Number 재확인

그렇게 하고 나서도 객실예약이 확인이 안되는 경우는 상황을 잘 설명하고 List에 있는 호텔 중에 적합한 곳을 선택해서 고객을 안내하고 가장 빠른 시간 내 객실이 가능한 날짜를 알려주고 예약을 한다.

(3) Non-Guaranteed Reservation

4 PM 또는 6 PM Release Reservation이라고 한다. 이때에는 Late Arrival에 대한 규정을 잘 말씀드리고 List에 있는 다른 호텔로 안내하고 가장 빠른 시간 내 객실이 가능한 날짜를 알려준다.

(4) Guaranteed Reservation

예약을 확인하고 예약이 확인되면 방이 없음을 손님께 말씀드리고 이 경우는 100% 호텔의 실수이므로 모든 책임을 져야 한다.

먼저 List에 있는 호텔 중에서 한곳에 예약을 하고 다음 항목을 지급해야 한다.

① 1일 객실료와 Tax
② 다른 호텔까지의 교통편
③ 다음날 호텔까지의 교통편
④ 고객 Turn Away에 대한 Information을 Share하여 고객에게 오는 메시지나 팩스는 hold한다.

다음날 호텔에 고객이 도착할 때에는 다음 사항을 준비해야 한다.

① VIP Treatment

② UP Grade

③ 손님 Chick In 후 Manager

④ 고객 Profile에 Turn Away 기록을 남겨 다음 예약시나 투숙시에도 Attention 할 수 있게 한다.

5) Group Check-In

Front Clerk 중 그룹을 담당하는 직원은 다음날 도착할 그룹의 Name List를 준비하여 인수인계한다.

인수인계를 받은 Manager는 그룹의 룸 키를 미리 준비한다.

단체는 별도의 Group Desk를 설치 운영하여 Fit Check In에 지장이 없도록 만반의 준비를 해야 한다. 또한 그날 업무 종료시 Group Rooming List를 관련부서에 배포하여 식사인원 등이 정확히 파악될 수 있도록 해야 한다.

관련부서는 다음과 같다.

① Breakfast를 하는 레스토랑

② Front Cashier

③ Housekeeping

6) Room Change & Rate Change

Room Change는 고객이 Check-In후 빈번히 발생할 수 있다.

대략 다음과 같은 요인이 있다.

① Double 예약이었으나 Twin이 제공된 경우

② 객실 보수사유가 발생한 경우

③ Connecting Request인데 제공을 못한 경우

④ 그 외 기타 호텔사정으로 인한 Room Change 사유발생

Room Change는 당일인 경우 System이 확인 가능하므로 별도의 Slip을 만들지 않는다. 하지만, 다음날의 Room 변동사항은 Slip을 통해 확인되어야 한다.

Rate Change도 빈번히 발생할 수 있는데, 이유는 다음과 같다.

① Check-In 후 Discount의 사유가 발생한 경우
② Check-In 후 요금 적용이 잘못된 경우
③ 장기 투숙계약을 맺어 요금을 Adjust해야 하는 경우
④ 단체예약에서 투숙연장을 해서 Regular Rate를 적용하는 경우
⑤ 투숙인원의 추가로 인한 변경

이와 같이 객실요금이 변경될 경우에는 손님에게 변경되는 Rate를 알려 주어야 한다. 그렇지 않을 경우 Check-Out시 고객의 Complaint의 소지가 생긴다.

호텔 쪽의 실수로 인한 Room Change나 Rate Change는 Management에게 보고되어 고객의 불편에 상응하는 조치를 취해 주어야 한다.

Room & Rate Change Slip의 양식은 아래와 같다.

<표 4-7> ROOM & RATE CHANGE SLIP

ROOM AND RATE CHANGE

NAME ________________________ DATE ______________________
MOVED FROM ROOM ______________________ TO _____________
RATE CHANGE FROM ______________________ TO _____________

____
ROOM CLERK

7) Check-Out

투숙고객이 숙박요금을 정산하고 객실을 비우는 것을 Check-Out이라고 한다.

Check-Out 업무는 모두 전산처리되어 별도로 Front Cashier가 준비할 사항은 없다.

개인지급이 아닌 회사지급인 경우는 손님께 Bill에 사인을 받아두어 손님이 Bill의 내용에 동의했음을 근거로 남겨 두어야 한다.

왜냐하면 Bill이 회사에 의해 지급이 되므로 고객이 Bill에 동의한 흔적이 남아

있어야 하기 때문이다.

Check-Out의 절차를 보면 다음과 같다.

① Bill에 작성된 요금을 계산하여 받는다.

② Check-Out된 Folio를 Cash, Exchange는 호텔 Income Auditor에게 보내고 Card나 후불에 관련된 계정은 Credit Office로 보낸다.

③ Check-Out된 등록카드는 Cash쪽은 Cash Bill에 함께 붙여 Income Auditor에게 보내져서 별도로 보관되며, Card나 후불계정은 호텔 Credit Office로 보내져서 별도로 보관된다.

④ 고객으로부터 회수된 Key는 Key Box에 정리 보관된다.

이전에는 고객의 Check-Out과 동시에 관련 부서로 고객의 Check-Out을 일일이 알렸으나, 근래에는 System의 발달로 Check-Out을 시킴과 동시에 바로 고객이 Check-Out된 사실을 확인 가능하도록 되어 있다.

※ Non-Stop Check-Out

바쁜 일정의 투숙객에게는 Check-Out 하루 전날 프런트 데스크에 Express Check-Out을 통보하면 신속한 Check-Out을 위해서 출발 당일 아침 일찍 Bill을 올려 보내어 확인케 한 후 Front Cashier는 고객의 예상 Check-Out시간이 지나면 고객이 사인한 Credit Card로 결재하고 회계를 마감한다.

8) Group Check-Out

일반적으로 단체의 Check-In은 별도의 Desk를 설치하여 하지만, Check- Out은 프런트 데스크에서 하게 된다.

이때에는 여행사 인솔자(Guide)가 함께 단체고객의 개인 Bill을 체크하고 Check-Out이 완료되면 대기중인 버스에 승차하고 호텔을 출발한다.

9) Room Key의 관리

Room Key의 관리는 고객의 신변과 안정을 위해 대단히 중요하다. Room key가

고객에게 전달될 때에는 반드시 투숙객이 본인인지 아닌지 확인되어야 한다.

가끔 Room Key를 재발급하는 경우가 있는데 다음과 같은 경우이다.

① Room Key 분실

② 객실에 Room Key를 두고 나오는 경우

③ 투숙 연장으로 Key 유효기간을 연장해야 하는 경우

이때에도 반드시 고객의 신분을 확인해야 한다.

고객의 신분이 확인되지 않아서 일어나는 사고(도난, 고객 신변)에 대해서는 호텔이 책임을 져야 한다.

10) Information의 제공

가장 기본적이면서도 중요한 업무이다.

주된 업무는 호텔 내 시설에 대한 안내, 숙박고객에 대한 안내, 메시지 안내, 쇼핑·교통 등에 대한 안내 등이 있다.

11) Message 안내

Business Hotel에서 메시지의 안내는 중요한 업무의 하나이다. 메시지를 전달하지 못하여 중요한 계약이 성사되지 않을 수도 있다.

외부 고객이 투숙객에게 연락을 하는 경우와, 투숙객이 외부 고객에게 연락하는 경우가 있으며, 취급시 주의해야 할 메시지는 숙박고객이 확실히 확인되지 않을 경우와 Check-Out 된 고객에 대한 메시지는 가능한 한 피하는 것이 좋다.

12) Mail 처리

(1) 도착 우편물 처리

우편물은 매일 호텔로 배달되고 우체국으로 송달된다. 우편물 취급자는 숙박객에게 오는 것과 회사 내로 오는 우편물을 나누게 되는데, 이는 즉시 분류하여 우편물 접수부에 기록한 후 손님께 온 것은 프런트 데스크로 보내져 다시 한 번 투숙객을 확인한 후 손님의 객실로 보내진다.

아직 도착하지 않은 고객의 Mail은 프런트 데스크에 별도로 보관하여 고객이 도착할 때 전달된다.

회사 내 Mail은 각 부서 우편함을 통하여 배달된다.

(2) 특수우편

FEDEX Mall, UPS와 같은 Mail은 Hotel Business Center를 통해 수신되고 발송된다.

(3) 숙박객의 우편물 발송 처리

투숙고객이 우편을 발송하고자 할 때에는 우선 우편의 종류를 분류하여 소포나 등기는 Bell Desk로 FEDEX나 UPS는 Business센터로 안내되어야 한다.

일반 우편의 경우 무게를 달아 가격표에 맞게 요금을 받은 후 우편함에 보관하였다가 우편집배원을 통해 발송한다.

13) 귀중품 보관(Safety Box)

Hotel에 투숙한 고객은 소지한 물품 중에 귀중품이 있기 마련이며, 귀중품을 맡길 때에는 Front Cashier로 맡기게 된다.

귀중품을 보관받을 때에는 반드시 확인하고 보관증을 발행해야 한다. 만일 고객이 보관증을 맡기지 않고 귀중품을 분실하였을 경우 호텔은 책임을 지지 않는다.

Hotel에는 안전금고가 있어 금고 안에 고객의 귀중품을 보관하는데, 이때에는 다음을 기록받는다.

① 고객 객실번호

② 고객 주소 – 분실하거나 금고를 Close하지 않은 경우를 대비

③ 고객 서명 – 투숙 중 금고를 열 때 본인 여부 확인을 위해 필요

2. Night Clerk의 업무

1) Night Clerk의 업무절차

야간업무는 주간업무의 연장이며, 주간 근무조로부터 미결된 업무를 인계받아 정리 마감하고 총정리를 하는 것이다.

나이트 클럭(Night Clerk)의 근무시간은 저녁 10시부터 아침 7시경까지이다.

나이트 클럭(Night Clerk)은 Desk Clerk과 Night Auditor로 분류되며, 각각의 하는 일은 다음과 같다.

2) Desk Clerk

- 당일의 업무마감

- Late Check-In, Check-Out
- Message
- No-Show의 처리
- Cancelation
- Folio Update
- Guest Bill 정리
- Night Auditor 보조업무

- 다음날의 준비

- 등록카드
- Group 준비
- Early Check-In, Check-Out
- Competition Report 작성
- Exchange Rate 입력
- 연회 행사표 작성

3) Night Auditor

- 당일 매출 마감

- Room Charge Posting
- Hotel Audit(Total Audit)
- 전산실 System 마감
- 각종 Computer File 작업
- 각종 Management Morning Report 작성
- 업무 인수인계

4) Morning Report

(1) Manager's Report

이 Report는 당일 객실 판매 수, 객실 점유율, 객실당 평균가격 등이 나타나며 이것을 월별, 연별로 집계하며, 작년의 당일, 작년의 그달, 작년의 오늘까지 집계하여 작년과 올해의 매출을 비교·분석하여 향후 비즈니스에 대한 결정을 내릴 수 있는 근거가 되는 리포트이다.

(2) Market Segment Report

각각의 객실의 Market Source를 분석하여 놓은 리포트로 현재의 Market Share를 Daily, Monthly, Yearly로 분석한 리포트로서 호텔의 향후 마켓에 대한 목표를 설정하는데 도움이 되는 리포트이다.

(3) Complimentary Report

어제의 Complimentary 객실을 한눈에 볼 수 있는 리포트로서 합당한 이유로 Complimentary가 제공되었는지 볼 수 있는 리포트이다

(4) VIP Report

익일 도착하는 VIP를 각각의 VIP Level 별로 분석한 리포트로서 특별히 신경써야 하는 VIP가 있는지 알아보기 위해 필요한 리포트이다.

(5) Competition Report

경쟁 호텔의 객실 점유 수, 점유율, 평균 요금을 일별, 월별로 작성한 리포트이다.

(6) Forecast Report

당일로부터 한달 간의 예약상황과 평균요금을 나타낸 리포트이다.

3. Front Cashier

Front Cashier란 숙박객의 계산을 관리·수납하는 직원을 말하며 프런트 오피스에서 고객이 Check-In을 하고 나면서부터 현관회계는 발생하게 되는 것이다. 고객이 등록카드에 사인을 하고 나서부터 Bill이 발생하기 시작한다. 우선 객실요금과 식음료 매상을 볼 수 있다.

Check-Out할 때 고객은 투숙기간 중 발생한 모든 Bill에 대하여 프런트 캐셔에게 지급하게 된다.

일반 Business Hotel의 경우 Check-Out이 오전 8시~10시 사이에 집중되게 되어 상당히 바쁘다.

고객이 투숙하는 동안 제공되는 모든 서비스가 중요하지만 특히 Check- Out은 모든 투숙기간의 마무리이기 때문에 더욱더 중요한 것이다.

Check-Out이란 마지막 단계에서 시간이 지연되거나 계산상의 오류가 발생하여 고객의 Check-Out이 지연되어 고객이 불편을 느낀다면 그 많은 노력들이 헛수고가 되어 버리기 때문이다. Front Cashier의 업무는 호텔의 규모나 형태에 의하여 양적으로나 매상항목상으로나 그 차이가 생기게 된다.

1) Front Cashier의 업무

(1) Bill(Guest Folio)의 작성

모든 숙박객의 Bill은 컴퓨터에 의하여 자동으로 작성된다.

① 기재사항

Bill에 기재되어야 할 사항은 다음과 같다.

- 객실번호(Room Number)
- 도착일시(Arrival Date)
- 출발일시(Deparure Date)
- 고객주소(Guest Address)
- 인 원 수(Number Of Guest)
- 객실요금(Room Rate)
- 성　　명(Guest Name)
- 지급조건(Method Of Payment)

② 지급조건의 점검

Front Cashier에서 체크해 두어야 할 지급조건은 다음과 같다.

ⓐ **후불**(City Ledger) : 기존에 호텔과 후불거래가 되어 있는 회사는 Check-Out 시 계정을 후불로 처리하여 마감하면 되며, 계약이 없는 회사나 개인이 후불을 원할 경우는 다음의 사항을 기재 받아 호텔 여신과를 통해 확인되어야 한다.

- 서명
- 지급담당자의 소속과 직책
- 연락처 및 전화번호

ⓑ **여행사 지급** : 여행사 지급의 경우는 다음의 몇 가지로 나뉘어진다.

---Room Only

---Room & Breakfast

---Room & Full Board(All Meal)

ⓒ **항공사 지급** : 항공사 승무원이 체류하거나 Layover의 경우가 이에 해당된다.

ⓓ **신용카드 지급** : 이 경우는 Check-In 때 일정금액의 승인을 얻어 지급을 확보하며, 금액이 일정금액을 넘어서면 승인을 늘려 지속적으로 승인을 확보한다.

(2) 외환 교환(Currency Exchange)

외화는 각국의 각종 현금 및 여행자수표를 말하며, 외환을 바꾸어 줄 경우는 외환매각장을 작성하며, 기재사항은 날짜, 객실번호, 국적, 여권번호, 서명, 금액, 취급자의 서명 등이다.

외환업무는 비교적 단순하지만 현물거래이기 때문에 취급에 세심한 주의를 요한다.

외화는 우선 위폐 여부를 조회해야 하며, Traveller's Check의 경우 외환교환 현장에서 서명을 하도록 되어 있어 본인여부를 확인하도록 되어 있는데 이런 것을 Counter Sign이라 한다.

호텔출납계(General Cashier)는 업무 종료시 은행으로부터 다음날의 Exchange Rate를 받아 프런트 데스크로 넘겨주며, 이는 Front Desk Night Team에 의해 환율판(Exchange Board)에 고시되게 된다.

Front Cashier는 하루 업무 종료시 일일 환전보고서를 작성하여 외환과 함께 호텔 출납과에 제출한다.

(3) 귀중품 보관

호텔에 투숙한 고객들 중에는 소지한 물품 중에 귀중품이 있기 마련이며, 이 귀중품을 맡길 때에는 Front Cashier로 맡기게 된다. 귀중품을 보관할 때에는 반드시 확인하고 보관증을 발행하여야 한다. 만일 고객이 귀중품을 맡기지 않고 호텔내에서 분실하였을 때에는 호텔측에서 책임지지 않는다.

귀중품을 취급하는 방법으로는 2가지를 많이 이용하는데, 규모가 작은 호텔에서는 보통 귀중품 자루를 사용하여 보관하는 방법을 택하고 있으며, 규모가 큰 호텔에서는 대부분 안전금고(Safety Box)를 이용하고 있다. 그러나 오늘날 규모가 큰 일부 호텔에서는 안전금고는 물론 호텔 객실의 옷장내에 개인용 안전금고를 설치하여 고객의 귀중품 보관에 최대한의 배려를 하고 있다. 안전금고의 사용은 우선 금고기록서에 고객성명, 날짜, 서명을 고객이 기입하도록 한 후 담당자는 금고열쇠의 번호기입과 서명을 하고 나서 열쇠를 고객에게 건네준다. 금고사용이 끝나고 반환할 때에는 반환한 것을 확실히 하기 위하여 해당 고객의 서명을 받아둔다.

[그림 4-3] 프런트 데스크내에 있는 Safety Box

[그림 4-4] 객실내에 있는 개인용 안전금고

2) Front Cashier의 매상 항목

Front Cashier 의 매상항목은 헤아릴 수 없게 많겠으나 대표적으로 다음의 몇 가지로 크게 나뉘어진다.

① 객실요금(Room Charge)
② 식음료(Restaurant, Bar Charge)
③ 호텔 세탁실(Laundry & D교 Cleaning)
④ 전화요금(Telephone Charge)
⑤ 잡수익(Sundry, Miscellenious Charge)
⑥ 입체금(Paid Out)

이외에도 Parking Charge, Health Club, Fax Charge, Business Center, Minibar Charge 등이 있다.

3) 퇴숙시 고객 지급방식

(1) Cash

숙박기간 중의 모든 계정을 현금으로 지급하는 경우로 현금 결제시의 유의사항은 다음과 같다.

① 현금을 받으면 고객 앞에서 확인하고 얼마를 받았는지 확인한다.
② 얼마를 받았는지 확인시킨다.
③ 계산이 종료되고 거스름돈을 드릴 때까지 현금을 Drawer에 넣어서는 안된다.
④ 공금은 개인 소지금과 분리하여 보관되어져야 하며, 공금은 업무 이외의 용도로 사용해서는 안된다.

(2) City Ledger

후불거래를 말하며 다음의 몇 가지로 나눌 수 있다.

① 개인거래

어떠한 특정인과의 거래로 먼저 신원을 파악하고 책임자의 승인을 얻은 후 처리함이 바람직하다.

② 회사거래

계약이 되어 있는 회사의 경우 호텔 여신과의 계약체결시에 지급에 대한 법적 약관이 있기 때문에 후불거래를 승인할 수 있다. 담당자와의 확인만 있으면 후불거래가 성사되어진다.

계약이 없는 경우는 일정 양식을 작성하여 호텔 여신과로 넘겨 신용확인 절차를 거친 후 승인이 되면 후불거래가 성사된다.

③ 신용카드(Credit Card)

신용카드의 취급은 일상화되어 있으며, 특히 본인의 여부가 확인되어져야 한다.

주요 신용카드의 종류로는 다음과 같다.

- 은행계 카드 – 국민카드, BC, 외환 신용카드
- 기업신용 카드 – LG, SAMSUNG
- 외국계카드 – American Express, VISA Card, Master Card, JCB, Dinners Card

④ 여행사 후불

호텔과 계약이 있는 여행사는 호텔에서 발행한 Voucher를 가지고 Check-In 하도록 되어 있고, Front Cashier는 Voucher에 상세한 내용을 기록하여 여신과로 넘기고, 여신과는 그 기록을 근거로 여행사에 비용을 청구한다.

⑤ 항공사 후불

각 호텔은 항공사와 계약을 맺고 있으며, 항공사 계약요금을 근거로 하여 후불청구를 하게 되는데, 항공사가 호텔을 사용하는 경우는 크게 승무원들의 체류와 비행기 기체 결함이나 기상변화에 의한 비행불능시 Layover라는 상황이 발생하게 된다.

4) Front Cashier 업무의 보고

(1) 시제 조사

각 Cashier는 1일 2회에 걸쳐 현재 자신의 Balance를 체크하며 Over나 Short가 발생하였을 경우 즉시 지배인에게 보고하여 내용을 추적하고, 타당성을 검토하여 Report를 작성하여야 한다.

(2) 개인 Audit Balance

당일 마감된 Folio에 대해 계정별로 분류하여 Audit를 한다.

이는 잘못 처리된 계정을 바로 잡아 추후 생길 수 있는 문제에 대비하기 위함이며, Night Auditor에 의해 최종적으로 다시 한번 걸러지도록 되어 있다.

(3) 입금(Shift Drop)

Front Cashier는 당일 마감된 Cash와 Exchange를 입금봉투에 넣어 즉시 입금금고에 넣은 후 업장명, 담당자명, 시간을 기록하고 다음날 호텔 출납계 직원에 의해 수거된다.

제8절 호텔 컴퓨터 시스템

1. 호텔 전산시스템의 개요

호텔에 있어서 컴퓨터의 활용은 각 부문의 업무내용을 보다 신속하고 정확하게 많은 양의 업무를 일련의 장치로서 처리하게 되며, 매우 좋은 기능성을 가지고 있다. 또한 각종 정보나 자료를 일원화하여 컴퓨터에 수록하게 되는 기록의 통일성을 이루게 되었다. 최근에는 대부분 호텔이 프런트 오피스 부문에서는 reservation, registration, accounting, night audit, key 등에 소형 컴퓨터(mini computer)와 중앙전산처리기(micro processors)가 이용되고 있다. 아울러 호텔내 컴퓨터의 활용이 필요로 되는 업무로는 front office 부문을 우선하여 급여, 인사, 노무, food & beverage cost control, 경리, 판매부문 등 back office 부문에도 활용이 되고 있다.

일반적으로 호텔 컴퓨터시스템에는 2종류의 시스템으로 이루어져 있다.

첫째는 POS system이다. Point of Sales System이란 판매시점 정보관리시스템을 말하며, 한 영업장에서 발생된 각종 데이터가 매니저나 사용자가 원하는 시점에서 terminal, out-put report로서 즉시 집계 · 분석이 가능한 hotel front reservation용 시스템이다. 상황처리의 신속화 · 자동화를 위한 POS system의 이용은 호텔 근대화를 위한 절대적인 요소이며, 정확하게 제시된 가격은 고객에게 신뢰감을 심어 줄 수 있을 것이며, 경영자료로 제공된 각종 리포트는 경영관리는 물론 생산성 향상 및 대외 고객에 대한 서비스의 혁신을 가져오게 될 것이다.

둘째로는 PBX system이다. Private Branch Exchange System이란 외부선과 접속되어 있는 전화의 자동화를 말하며, 전화도수자동산출기의 설치로 호텔에서 통화의 신뢰성과 전화요금수납의 정확성을 기할 수 있다.

POS system의 특성을 요약하면 다음과 같다.

① billing 체계가 삼각관계로 견제와 균형이 정확하게 된다.
② 원가관리, 매출자료분석, payment 관리가 용이하다.
③ 메뉴품목에 가격을 set시켜 memory되어 있기 때문에 판매품목의 break down이 즉각 산출되어 시간이 단축된다.
④ 고객별, 시간대별, 영업장 근무자별의 매출을 산출할 수 있어 영업의 활성화가 가능하다.
⑤ 빌 발생에 따른 회수 및 수납 서비스가 계산된다.

<표 4-8> Hotel Information System

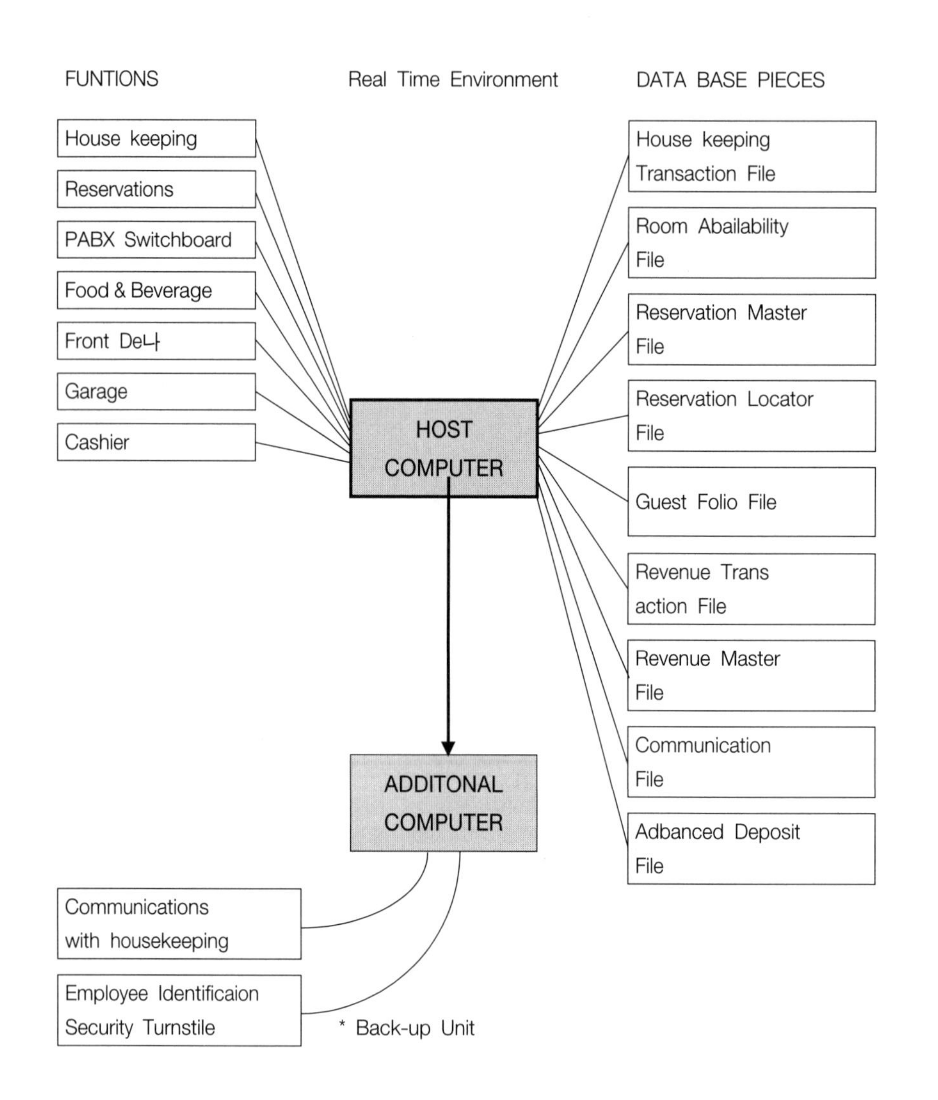

2. 컴퓨터 시스템의 운영효과

컴퓨터 시스템의 특징과 도입효과를 나누어 보면 사람이 할 수 있는 일을 컴퓨터를 이용함으로써 시간과 경비를 절감할 수 있다. 우선 여러 process(운영의 know-how)는 컴퓨터 속에 있기 때문에 작업량이 크게 감소된다. 다음으로 in-put에 대한 컴퓨터 응답이 매우 빠르기 때문에 기능향상 효과를 가져온다. 그 다음에는 호텔내의 필요한 장소에서 정보가 real time에 얻어지기 때문에 전표발행의 수고와 운반, 정리의 수고가 감소되고 정확한 정보가 얻어져서 한마디로 정보흐름의 신속성과 안정성을 가지게 된다. 그리고 정확한 데이터가 얻어짐으로써 고객과의 마찰의 감소는 물론 작성하는 자료도 안심하고 이용할 수 있다. real time이란 데이터가 발생하면 그 처리를 행하여 곧바로 결과까지 나타나는 것을 말한다.

컴퓨터 시스템의 운영효과를 정리 요약하면 다음과 같다.

- 대고객 서비스 증진
- 고객으로부터 신뢰감 조성
- 신속하고 정확한 업무수행
- 효율적인 업무처리
- 업무예측을 통한 각종 자원을 안배
- 경영정보의 제공
- 악성부채의 통제
- 다양한 정보 파악
- 영업정책의 지원

3. 부문별 업무분류

1) Front Office

① 예약(reservation)

② 입숙 및 등록(check-in & registration)

③ 퇴숙(check-out)
④ 고객회계(guest accounting)
⑤ 경영정보(management report)
⑥ 객실정비(housekeeping)
⑦ 고객조회(on-line guest)
⑧ 고객관리(guest history)
⑨ 여행사관리(travel agency)
⑩ 야간감사(night audit)
⑪ 미수금관리(account receivable)

2) Back Office

① 영업분석
② 연회예약관리
③ 판촉고객관리
④ 인사관리
⑤ 급여관리
⑥ 회계관리
⑦ 자재관리
⑧ 여신관리

3) Interface(data의 교환)

① pos
② pabx
③ mini bar
④ room movie
⑤ energy management
⑥ key service
⑦ central reservation system
⑧ guest messaging system
⑨ voice mail system

제5장
하우스 키핑

제5장
하우스키핑

Hotel Business Administration

제1절 하우스키핑의 업무 개요

1. 하우스키핑 부서의 주요 업무

하우스키핑(housekeeping)이란 원래 가사 즉 집을 관리한다는 의미이지만, 호텔에서는 객실의 관리 및 객실부문에서 행하여지는 서비스 전반을 포함하며, 보다 넓은 의미로는 호텔의 옥상에서 지하실까지 공공장소를 포함한 전지역의 청결 유지 및 안전관리를 담당한다고 볼 수 있다. 숙박객이 호텔에 기대하는 서비스는 쾌적한 거주성, 편리성, 그리고 마음놓고 휴식을 취할 수 있는 분위기가 조성되어야 한다. 청결성을 유지하기 위하여 완벽한 청소가 필요하며, 편리성을 확보하기 위해서는 설비, 가구, 비품류의 고장이나 불편함이 없도록 취급이나 점검을 철저히 하여 항상 완벽하게 정비가 되어야 한다.

1) 호텔 전역의 청결 유지

하우스키핑은 객실 청소뿐만 아니라 레스토랑, 연회장, 현관, 복도, 로비, 화장실, 주방 등의 공공지역(public area) 및 호텔 외부에 이르기까지 호텔 전역의 청결 유지를 위하여 하우스키퍼(housekeeper)라는 전문관리인의 책임하에 효율적인 관리를 하여야 한다.

2) 보수를 요하는 사항의 신속 처리

프런트 오피스가 객실상품을 판매하는 곳이라면 housekeeping은 상품을 생산하는 곳이다. 만일 기물이나 설비가 파손되었다던지 혹은 고장이 나서 사용 불가능한 객실(out order room)이 있다면 신속하고도 완벽하게 정비되어야 할 것이다. 객실의 청소와 세심한 관리로 투숙객에게 편안하고 안정감 있는 분위기가 되도록 하여 재판매를 위한 준비를 서둘러 상품판매에 지장이 없도록 하여야 할 것이다.

3) 조명기구의 청결유지 및 적당한 광도관리

객실의 전반적인 조명은 너무 밝거나 너무 어두워도 안된다. 전반적인 사물을 확인할 수 있을 정도의 밝기는 분위기 조성을 필요로 하는 조명이어야 하며, 필요에 따라서는 한곳에만 비치게 하는 조명을 사용한다. 실내 조명으로는 전반적인 조명과 부분만을 비추는 국부조명의 설비를 하는 것이 호텔조명의 공통된 점이라 하겠다. 특히 조명은 객실의 분위기 창출효과 및 호화스러운 분위기를 돋보이게 하는 중요한 역할을 한다.

4) 고객 안전을 위한 방해물 제거

사고는 고객과 종사원의 부주의로 일어나는 경우도 있지만, 완전한 시설과 철저한 경비, 순찰을 하는 가운데서도 자연적으로 발생되는 경우가 있다. 발생 원인이 어떻든 고객은 호텔을 원망하게 된다. 크고 작건 간에 사고가 발생한 후에는 인명의 피해, 정신적 피해, 재산상 피해가 따르기 마련이다. 그러므로 고객 안전을 위한 위험요소나 방해물이 발견되면 이를 즉각 제거하는 세심한 배려가 필요하다.

5) 적정 수량의 린넨 및 소모품 준비

린넨(linen)류, 유니폼(uniform), 청소용품, 고객용품 등 항상 적정 수량을 확보하여 고객서비스에 만전을 기해야 한다. 특히 린넨류는 사용 중인 것과 사용후 세탁

중인 것, 그리고 예비분을 포함해 3회전 분이 최소의 분량이다. 비상시를 대비해 4~5회전 분량의 린넨을 확보하는 것이 바람직하다고 하겠다.

6) 습득물 보관 및 처리

고객이 객실 내에 물건을 잊고 가는 경우가 종종 있다. 침대, 옷장, 서랍등 고객이 물건을 넣어 둘 만한 곳을 샅샅이 살펴서 습득물이 나오면 값의 고하를 막론하고 호텔규칙에 따라 사후관리하도록 하여야 한다.

7) 호텔 재산의 관리

호텔의 재산은 유동자산(current assets)과 고정자산(fixed assets)으로 나누는데, 건물・기계・시설 등의 고정자산이 전체 자산의 80~90%에 달하고 있다. 이는 하우스키핑이 보유한 장비 이외에도 호텔 대부분의 재산을 관리한다는 막중한 책임을 갖게 되는 것이다.

객실을 비롯해 호텔 안의 모든 비품, 설비의 관리를 책임지고 있는 하우스키핑은 무엇보다 세심한 관찰과 주의와 손질을 함으로써 비용절감이라는 목표를 실현할 수 있는 것이다.

2. 근무수칙

1) 평상시의 수칙

(1) 용모 및 복장

- 호텔 유니폼 실에서 세탁되고 수선된 유니폼을 착용한다.
- 두발은 청결하고 가지런히 손질해야 한다.
- 화려한 화장은 피하고 아이섀도, 진한 립스틱은 피한다.
- 짙은 향기의 향수는 사용을 금한다.
- 결혼 반지, 약혼 반지, 손목시계 이외의 장신구나 보석류는 착용을 금한다.
- 신발은 안전과 편안함을 위하여 굽이 낮은 것을 착용한다.

- 구두는 깨끗이 윤이 나게 하며, 발끝이 막힌 것을 신는다.
- 명찰은 정해진 장소에 달아야 한다.
- 손톱은 짧고 깨끗이 다듬어야 하며, 매니큐어는 화려하지 않은 색을 사용한다.

(2) 태 도

- 손님과 마주치게 되면 가벼운 미소를 띠고 인사한다.
- 손님이 말을 걸지 않는 한 필요 없는 말은 걸지 않는다.
- 손님과 스쳐 지나갈 때의 인사는 가볍게 고개를 숙인다.
- 인사는 반드시 멈춰서 한다.
- 손님과 대화시에는 신체부위(얼굴, 두발 등)를 만지지 않는다.

(3) 정 숙

- 서비스 구역(station)에서는 큰 소리를 삼가하고 웃거나 노래를 부르지 않는다.
- 객실 및 복도에서 작업 중에 일 이외의 대화는 삼가하며, 동료간에 근무시에는 공손한 말을 쓰도록 한다. 객실층 어디에도 손님이 있을지 모르니, 난폭한 언어는 손님에게 불쾌감을 준다.
- 객실 청소 중의 라디오, TV 점검시, 음량을 필요 이상으로 크게 하지 않는다.

(4) 비밀 엄수

- 고객의 프라이버시에 관한 일은 일절 외부에 누설하지 않는다.
- 고객의 허락 없이 어떤 외래객도 객실에 들여보내면 안된다.
- 체재 고객의 성함 등도 이유 없이 외부에 누설하면 안된다.
- door open request시에 요구객실의 실제 투숙객인지를 확인하여 이상 없을 경우에 열어 준다.

(5) 비상구, 소화전 위치 확인

- 비상구, 소화기, 소화전 등의 위치를 숙지한다.

- 소화기 취급요령을 지킨다.
- 비상시의 경우, 자기가 맡은 역할을 충실히 이행한다.

(6) 직장내 에티켓

- 직장 내의 규율을 지켜 동료간의 인화를 도모한다.
- 출퇴근 시간 및 식사, 휴식시간을 잘 지킨다.
- 공동으로 사용하는 물건은 서로 소중하게 취급하고 제자리에 둔다.

2) 근무시의 수칙

(1) 입실 및 퇴실

- 입실시에는 반드시 노크를 하고, 허가를 받아 입실한다. door의 노크는 가볍게 2~3회 천천히 두들기며, 3~4초를 기다린다. door를 천천히 여는 것은 door chain을 하고 있을 경우가 있는데, 갑자기 열면 손님을 놀라게 하거나 쉬고 있는 손님을 방해할 우려가 있기 때문이다.
- do not disturb card가 도어 핸들에 걸려 있으면 입실해서는 안된다.
- 퇴실할 경우 문이 있는 데에서 손님을 향해 가볍게 인사한 후 복도에 나가 조용히 문을 닫고 떠난다.
- make up card가 도어 핸들에 걸려 있는 것을 발견하면 우선순위로 청소한다.

(2) 전 화

- floor station에 전화가 울리면 곧 받는다. 손님으로부터의 전화인 경우, 말씨에 신경을 쓰고 복잡한 용건이면 메모를 한다.
- 객실 청소중, 객실에 전화가 울리면 전화를 받으면 안된다.
- 객실의 전화를 사용하고 외부에 전화하면 안된다.

(3) 열쇠 취급

- master key나 pass key는 엄중하게 취급에 주의한다. key를 받을 때에는 시간과 이름을 반드시 기록장부에 기입한다.

(4) 부재 손님에 대한 내방객의 처리

- 손님의 지인, 친구라고 해도 손님이 없을 경우에는 입실시키면 안되며, 상사나 프런트에 보고한다.
- 손님의 지인, 친구라 하더라도 체재객의 지시가 없는 경우는 손님의 짐을 실외로 반출하면 안된다.

(5) 호텔 관계자의 입실

- 객실에 일이 있고 입실허가를 받은 자(bellman, room service, waiter, laundry service 등)의 요청으로 객실을 열 경우에는 소정의 기록부에 입실자 성명, 입실목적, 입실시간 등을 기입한다.

(6) 객실 내에서의 주의

- 객실내 화장실을 사용하면 안된다.
- 점검 이외에는 TV, 라디오를 시청하면 안된다.
- 객실내에서 흡연을 하거나, 신문 · 잡지 등을 읽어서는 안된다.
- 객실 내에서 옷을 갈아입으면 안된다.
- 체재객실 청소의 경우도 손님 짐에는 되도록이면 접촉하지 않는다.

3) Floor Station 정비

호텔의 객실 층에는 각층에 floor station이 있다. 이 floor station에는 객실의 관리나 서비스를 행하기 위한 각종 도구류, 집기류 등이 설비되어 있고 또한 linen 등을 보관한 창고 및 냉장고 등의 시설이 되어 있다.

- 정기적으로 floor station 내부를 청소한다.
- linen창고에 보관되어 있는 린넨류는 종류별로 분리해서 정리해 둔다. 린넨류는 고객의 피부에 접촉되는 것이기 때문에 보관창고는 항상 청결을 유지해야만 한다.
- 고객용 소모품류는 소정의 장소에 정리해 놓고 이러한 물건을 개인용으로 사용해서는 아니된다.

- maid cart에 실린 물건은 정리를 잘 해 놓는다.
- maid cart나 wagon 등을 취급할 때 벽면이나 도어에 부딪히지 않도록 주의한다.

4) Housekeeper에 보고할 사항

- 고객이 아픔의 사실을 말해 왔을 때, 또는 고객이 고열의 환자, 심한 복통등 병에 걸려 있는 것이 확인되었을 때 즉시 보고한다.
- 체재객의 객실에 흉기나 마취제 등 위험물질이라고 생각되는 소지품이 발견되면 즉시 보고한다.
- 소란스러운 고객, 또는 객실 내에서 노름을 할 경우 보고한다.
- single 예약 또는 혼자서 등록한 객실에 2인이 숙박했을 경우
- 숙박객의 짐이 체재중인데도 불구하고 짐이 없거나(no baggage) 또는 짐이 적은 경우(light baggage)
- 체재객이 숙박하지 않는 경우(no sleep)
- 외래객의 출입이 많은 객실
- 객실의 설비, 집기, 비품, 벽면 등에 파손, 고장 등을 발견했을 경우
- 고객으로부터 고충이나 비평을 들었을 경우
- 객실이 무단으로 가구, 비품 등 사전연락 없이 구조를 변경하였을 경우
- 복도에서 이상한 사람을 발견했을 경우

제2절 하우스키핑의 조직과 직무

1. 하우스키핑의 조직

객실 정비업무는 그 특징이 쉽게 눈에 보이지 않으며, 작업내용이 간단한 것 같

이 생각되어 안이하게 판단하기 쉬운 업무이다. 그러나 객실정비 없이 호텔의 존립은 생각할 수 없다. 이 업무가 원만히 수행됨으로써 품격 높은 서비스의 제공이 가능한 것이다.

특히 호텔에서 타부서에 비해 종사원을 많이 확보하고 있는 부서이므로 조직적인 작업수행 및 구성원의 능력을 극대화함으로써 객실상품의 수준높은 생산효과를 나타낼 수 있으며, 이를 뒷받침하기 위하여 과학적인 호텔의 조직형성이 필요하다고 할 수 있다.

2. 직무 분류

1) 객실 정비과장(executive housekeeper)

객실, 공공지역, 종사원 지역의 청결관리, 부서 내의 원활하고 능률적인 업무진행을 위한 계획, 감독조절, 고객과 종사원을 위한 안전하고 질서있는 환경유지 노력, 각 객실 가구, 설치물, 장비를 유지 관리한다.

<표 5-1> 하우스키핑 부서의 조직도

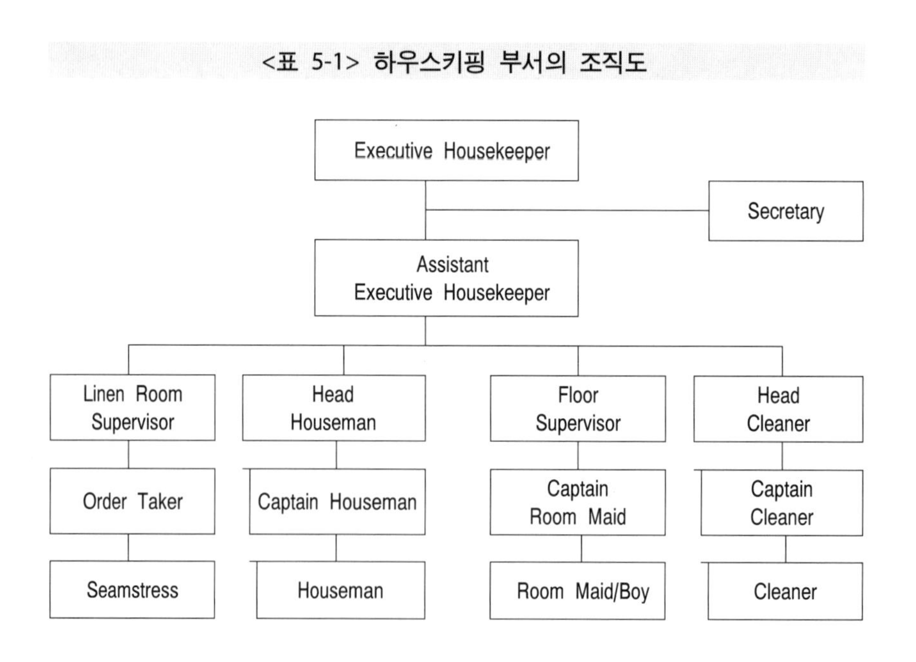

부서 직원의 좋은 업무습관을 개발하여 정착시키도록 훈련하고 이러한 직무개선이 호텔경비 절감에 이바지하며, 동시에 서비스의 질과 생산성의 극대화를 꾀할 수 있도록 부서에서 운영되는 모든 과정을 분석한다.

[주요 업무내용]

- 직원의 면접, 채용, 배치 등 작업인원 관리
- 모든 직종의 계속적인 훈련계획 수립 및 진행(방화, 도난, 산재 등의 안전교육, 위생교육, 서비스 교육 등)
- 근무 스케줄(schedule) 작성 및 조정
- 고객용 소모품, 비품 비치 및 적당량 산정 비치
- 린넨, 유니폼, 기타 물품의 심사와 기록 유지
- 린넨류 재고조사 및 저장수준 유지에 관한 감독
- VIP, long term guest에 대한 우대(treatment) 지시 · 감독
- 고객 불평 및 요구사항 파악
- 호텔 전 지역의 청결 유지 · 감독
- 분실물(lost & found) 및 보관 의뢰품 관리
- 외주업자 관리
- 연간 예산수립작업

2) 객실정비 대리(assistant executive housekeeper)

부서내의 업무진행과 정책수립을 위하여 housekeeping 업무를 계획하고 조직 · 감독하며, 부하직원을 훈련 · 상담 · 감독 · 지시한다. housekeeping 운영에 있어 모든 면으로 executive housekeeper를 보좌하고 부재시 업무를 대행하며 반드시 부서내 모든 업무에 능통하여야 한다.

[주요 업무내용]

- 부서 운영상 관련되는 문제를 책임지고, 변동사항은 사전에 executive와 상의한다.
- 직원 퇴근 전에 분담된 업무의 완료상태를 확인한다.

- 예정된 투숙률에 의거하여 인력을 조절한다.
- 모든 객실, 공공지역 및 비영업지역을 점검한다.
- 모든 열쇠, 업무배정과 특수업무 지시
- 모든 VIP 객실의 점검
- housekeeping 창고와 고객용품, 청소용품의 통제 관리

3) 층 감독(floor supervisor, inspector)

inspector는 executive housekeeper의 업무지시를 받아 배치된 층의 room maid와 houseman을 지시·감독한다. 해당 층의 모든 객실, 복도, 서비스 지역, 린넨 룸의 청결을 유지·관리하고 담당직원의 업무수행 태도, 진행 현황, 복장, 용모 등을 관리 감독한다.

[주요 업무내용]

- 객실과 회의 참석 후 지시 및 전달사항을 이행한다.
- room maid의 작업을 지시하고 감독한다.
- 배정된 층의 모든 객실, 복도, 서비스 지역, 린넨 룸의 청결과 분실물 유무를 점검한다. 만일 분실물이 있을 경우, 보고 및 정리 인계한다.
- 린넨 실을 점검하고 모든 공급품의 구입 여부를 확인하고, 필요한 것을 housekeeping 창고에서 수령 보충한다.
- maid cart를 점검하여 정돈상태, 적정량이 적재되었는지 확인한다.
- room maid가 housekeeping의 지시된 청소요령을 따르고 있는지 확인하고 이행하도록 한다.
- 고객의 불평(complaint)을 처리 보고한다.
- 세탁을 요하는 커튼, 카펫, 가구 등 기타 특별청소를 요하는 모든 사항을 점검하여 보고한다.
- room maid와 함께 VIP 객실을 준비한다.
- 특수업무를 층 하우스맨(floor houseman)에게 배정하여 준다.
- 발생 가능한 모든 비정상적인 일들을 재점검한다.
- 층에서 사용되는 key를 housekeeping 사무실에 수령 배분하고 이를 관리 감

독한다.

4) 객실 정비원(room maid)

배정된 지역이 객실을 빠른 시간 안에 고객에게 안전하며 쾌적하고, 청결한 객실을 꾸며 손님에게 서비스하며, 모든 지역을 정비하며 능률적으로 일한다.

[주요 업무내용]

- 업무배정과 함께 열쇠를 받아 배치된 지역의 정비를 한다.
- 지시된 방법에 따라 업무수행을 위한 공급품을 카트에 적재한다([그림 5-1] 참조).
- 알고 있는 객실 현황과 상이한 점을 발견했을 경우, inspector에게 보고한다.
- 규정된 방법으로 모든 습득물을 신고, 제출한다.
- 린넨실을 항상 청결히 하며 잠궈둔다.

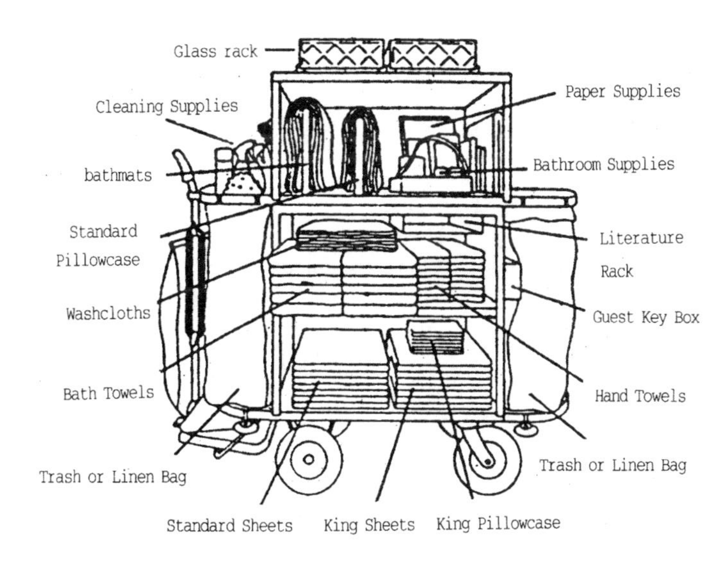

[그림 5-1] Maid Cart

- 객실 내의 보수나 수선을 요하는 일들을 inspector에게 보고한다.
- 객실 청소 완료시마다 보고서를 작성한다.
- executive housekeeper나 inspector가 지시하는 업무를 수행한다.

5) Housekeeping Order Taker

housekeeping의 전반적인 업무진행상 마치 중추신경과도 같이 긴요한 역할을 담당하며, 부서 운영 전반에 큰 영향을 미칠 수 있는 업무를 맡는다.

유선통신을 매개로 다양하게 접수되는 모든 정보의 적정처리, 부서 주사무실에 위치하며 부서 운영상 전반 업무의 연락담당자로서, 수시로 변하는 우선 처리업무의 순서를 판단해 가면서 효율적으로 신속하고 정확하게, 또한 누락됨 없이 전달과 확인업무로 모든 영업지역의 원활한 서비스가 이루어지도록 노력한다.

[주요 업무내용]

(1) 마스터 키(master key)의 관리

- 각 층의 마스터키는 출·퇴근시에 층 감독(inspector)에게 지급, 회수한다.
- 공공지역의 열쇠 관리는 청소관리상 혹은 긴급한 개폐를 요할 때 담당자의 서명으로 지급, 회수를 확인한다.

(2) 고객 요구 및 문의 응답

- housekeeping service 의뢰에 응대한다.
- 호텔의 외부 혹은 외국으로부터의 lost & found 문의에 응대한다.
- 고객 세탁 및 다림질(pressing) 의뢰에 응대한다.

(3) front와의 업무 협조

- 하루 3회 객실 현황보고서(room status report)를 작성하여 넘겨줌으로써 업무진행에 협조한다.
- 프런트로부터 긴급히 요구되는 객실이 통보되면 해당 층으로 연락하여 우선 준비되도록 한다.

- extra bed, room change, early check-in, room show, day use, VIP room assignment과 compliment order 등 통보받는 대로 해당층 연관 부서로 통보해 줌으로써 원활한 서비스가 이루어지도록 협조한다.
- 미니-바(mini bar) 점검 의뢰, 객실 현황의 차이점 확인업무로 신속한 재확인과 결과 통보가 이루어지도록 협력한다.
- 객실에 보수요인이 발생하여 판매가 불가능케 되었을 때(out of order), 서면 통보와 컴퓨터 입력으로 보수 진행이나 판매상에 지장이 발생하지 않도록 조정 · 확인한다.

(4) 교환의 wake up call 지원

- 고객이 교환의 wake up call service에 응하지 않아 현장의 협력을 의뢰해 오면 해당 층에 연락하여 업무에 협력하게 된다.

(5) 시설부와의 업무협조

- 긴급을 요하는 시설보수는 유선으로 해당 부서로 통보하여 긴급조치를 의뢰한다.
- 시일을 요하는 시설보수는 executive housekeeper에게 알리고 서면으로 보수 내용과 보수기간을 프런트에 통보한다.

(6) 업무보고서 작성

- 당일의 층별 보고서를 종합 · 정리하여 당일의 부서 업무보고서를 작성한다.

(7) 습득물 신고접수 및 반환업무

- 객실, 복도, 혹은 공공지역에서 습득되는 모든 물품의 습득보고서를 접수하고 누가, 언제, 어디서, 무엇을 습득하였는지 그 내용을 lost & found 대장에 기록한다.
- 분실자에 관한 정보가 확인되는 즉시 연락하여 찾아가도록 조치한다.
- 반환되지 않은 습득물은 등록번호와 지정 꼬리표를 부착한 후 보관함에 수납하고 보관조치한다.

6) Room Boy

order taker를 보조하여 모든 고객서비스의 신속을 기하며, 서비스용품 제공 및 각종 서비스를 담당한다.

[주요 업무내용]

- 객실 현황보고서를 프런트로 전달한다.
- 프런트나 벨 데스크로 접수된 세탁물을 인수한다.
- VIP 객실의 imprint작업을 한다.
- 간이침대 혹은 추가침대 요구시 침대 꾸미기를 도와준다.
- room maid업무 폭주시 도와준다.
- 객실의 mini bar를 점검한다.
- 청소원, 점검원의 보고서를 처리하고, 사무실정리 및 진공청소작업을 한다.

제3절 객실정비

고객이 사용한 객실은 고객에게는 자기의 집과 같은 느낌이 들도록 아늑하고 정감이 있으며, 구석진 곳까지도 깨끗하고 말끔하게 정리가 되어야 한다. 객실부에 근무하는 직원들은 출근하여 유니폼을 갈아입는 순간부터 호텔의 근무규칙을 명심하고 근무에 임할 수 있는 만반의 준비를 갖추어야 한다.

1. 객실청소

1) 객실상황의 파악

호텔에서는 청소할 객실의 상황을 다음과 같이 분류해서 청소의 방법을 다소 바꾸고 있다.

① 공실, 전날부터 사용하지 않았던 객실(vacant room)
② 고객이 사용하고 나간 객실(check out room)
③ 고객이 계속해서 체재 중인 객실(stay room)
④ VIP 등이 사용하는 객실(special attention room)

2) 객실청소 작업기준

객실의 청소는 청소 객실수를 구분해서 그것에 의해서 청소의 정도를 정하고 있으나, 이것을 상세하게 기준화한 객실청소 작업기준을 설정하여 매일 하여야 할 일상적인 청소작업과 일정한 간격을 두고 해야 할 작업으로 구분할 수 있다.

이 기본서를 기본으로 객실정비를 함으로써 inspection을 능률적으로 행하여 객실관리에 철저를 기할 수 있다.

<표 5-2> 객실청소 작업기준

청소 장소	일상적인 작업		기간을 두고 해야 할 작업		주 기
	작업내용	사용용구	작업내용	사용용구	
Bed	Bed Making	Sheet Pillow Blanket Cover	MATRESS 교체 SPREAD 교체		1개월 2개월
Carpet	Cleaner	Vaccum Cleaner Shampooing Machine	얼룩제거	세제액	필요시
Desk 및 Table	마른걸레로 닦는다.	Duster 전용걸레	수리 또는 교체	수리기구 교체품	필요시

3) 청소작업의 기준시간

숙달된 작업능력을 지닌 room maid의 객실청소작업에 요하는 시간은 일반객실의 경우, 25분 내지 30분 정도 소요된다. 이와 같은 소요시간은 객실의 규모에 따라 달라질 수 있으므로, 객실의 종류나 규모에 따라 표준작업시간을 정하고 이 기준에 따라 객실의 할당을 고려하는 것이 바람직하다.

작업표준시간은 대형 twin room은 40분, 보통 twin room이나 double room은 30분, suite room은 60분 정도이다.

4) 청소 순서

① 입 실
② 전등의 확인
③ 커튼 레일의 점검
④ 실내 점검
⑤ 환기 조절
⑥ 의복 및 실내 정돈
⑦ 린넨(linen) 수집
⑧ 옷장 정리(closet)
⑨ 서랍 정리(drawers)
⑩ 침대 꾸미기(bed making)
⑪ 먼지 털기(dusting)
⑫ 복도 청소(floor)
⑬ 정리 정돈
⑭ 최종 점검

2. 객실 정비시의 유의점

1) 작업순서

① maid가 객실을 청소할 때, 차례대로 하는 것이 편리하겠지만, check out된 객실부터 청소해서 속히 판매할 수 있도록 하는 것이 호텔 전반적인 업무로 볼 때 바람직한 방법이라 하겠다.

check out room, occupied room, vacant room의 순서로 작업을 행하다가 고객이 요구하는 객실이 있을 경우, 우선적으로 작업에 들어간다.

② 대부분의 공실(vacant room)은 청소하지 않아도 무방한 것으로 여기고 있으나, 이것은 잘못된 생각이라 하겠다.

객실을 점검하고, 욕실의 욕조와 세면대의 물을 틀어서 녹물이 나오는지 확인하기 위하여 반드시 가벼운 점검이 필요하다. 그리고 장기간에 걸쳐서 빈 객실인 경우에는 진공청소기로 카펫에 가라앉은 먼지를 제거해야 한다.

2) Linen 사용

① 객실에 사용되는 모든 린넨류는 세탁해서 사용할 때까지 위생적으로 보관되어야 한다.

② 간혹 maid가 린넨류 및 담요를 카펫 바닥에 놓는 경우가 있는데 이것은 절대 금물이다.

③ 헤어졌거나 세탁이 잘못된 것은 사용하지 않는다.

④ 오래 사용하여 변색된 것은 새 것으로 교체한다.

⑤ 담요와 bed spread는 자주 세탁을 하도록 한다.

⑥ 대부분 호텔에서는 린넨류(sheet, towel, pillow case 등)의 전 수량을 3회전분을 가지고서는 예기치 않는 사고가 발생했을 때, maid가 작업에 들어가 사용할 린넨이 없게 된다. 따라서 4～5회전 분의 린넨을 확보하는 것이 이상적이라 하겠다.

<표 5-3> Room Maid's Report

FLOOR: ______ DATA: 200 NAME __________

Rm. 번호	A.M. 아침	Time 시간	No.P 인원	P.M. 저녁	T/D 턴다운	Remark 비고	Rm. 번호	A.M. 아침	Time 시간	No.P 인원	P.M. 저녁	T/D 턴다운	Remark 비고
01							28						
03							30						
05							32						
07							34						
09							35						
11							36						
15							37						
16							38						
17							39						
18							40						
19							41						
20							42						
21							43						
22							44						
23							45						
25							46						
26							48						

O/D –Occupied Dirty　V/D –Vacant Dirty　DNB –Do not Disturb
O/C –Occupied Clean　L/B –Light Baggage　S/O –Sleep Out
V/C –Vacant Clean　D/L –Double Locked　OOO –Out of order
NSR –No Service Required
Baby Crib ________　Extra Bed ________　Remarks ________

Supervisor Signature ____________________

3) 고장난 객실처리(out of order room)

최종 점검에서 기재된 객실점검표에 의하여 고객이 check-in 되기 전까지 신속하게 처리하도록 하며, 장시간이나 시일을 요하는 작업의 내용일 경우는 프런트에 연락하여 판매하지 않는다.

4) 출입금지(do not disturb)

door lock에 출입금지 카드(do not disturb card)가 걸려 있을 때에는 들어가서는 아니되며, 노크를 해서도 안된다. 다만, check-out 시간인 정오가 지나도록 계속 걸려 있을 때에는 사무실에 보고하고, 투숙객의 동태를 파악하여 사무실의 지시를 받는다.

5) 가구와 비품 정리정돈

모든 가구는 항상 정상으로 가동되고 비품은 충분히, 그리고 빠진 것 없이 제자리에 놓여 있나 살펴본다.

매일 같은 일을 되풀이하다 보면 자칫 소홀해지는 경우가 있다. 조그마한 실수가 고객에게는 커다란 불평이 되며 호텔의 상품에 흠집이 생기게 된다.

6) 작업시 몸가짐

① 복도에서 걷고 동료끼리 조용한 소리로 이야기해서 정숙한 분위기를 만든다.

② 작업도중 고객이 들어오면, 잠깐 하던 일을 멈추고, "늦어서 죄송합니다"라고 말한 후에 작업을 계속한다.

③ 단정한 유니폼과 앞치마, 스카프를 착용하고, 신발은 뒤꿈치를 구부리지 않는다.

④ indicator장치가 되어 있는 호텔에서는 자신이 어느 방에서 작업중인가를 알려 준다.

⑤ 막대한 호텔의 재산을 내가 책임지고 관리한다는 자부심을 가져야 한다.

7) 습득물 보고와 처리(Lost & Found)

고객이 객실에 물건을 잊고 가는 경우가 있다. 침대를 꾸밀 때 시트속, 매트리스 밑, 베개 밑, 옷장 선반, 서랍속 등 물건을 넣어 둘 만한 곳을 샅샅이 뒤져서 습득물이 나오면 값의 고하를 막론하고 호텔규칙에 따라 사후 관리하도록 한다. 이 때 습득자는 습득물 보고카드를 작성하여 습득물과 함께 제출한다.

3. Room Inspection의 주안점

inspection은 안전하고 청결한 객실을 유지하기 위해 매일 객실정비의 점검(roominspection)을 하여야 한다.

책임 받은 지역(혹은 층)의 관리자이므로 그 지역에서 발생하는 모든 사항에 대하여 철저한 책임감이 있어야 한다.

room maid에 의해 정비가 완료된 복도나 객실일지라도 구석진 곳까지도 섬세하게 빈틈없는 점검을 하여야만 완벽한 객실상품으로서 가치를 인정받게 되는 것이다.

1) Room Inspection의 주안점

(1) 설비물과 가구류의 기능상태

옷장서랍이나 화장대서랍 혹은 커튼레일이 부드럽게 열리고 움직이는지의 여부와 TV 세트나 냉장고 등의 기능이 제대로 작동되는가를 확인한다.

(2) 소모품 및 Linen류의 정돈상태

객실이나 욕실에는 수많은 종류의 소모품과 towel, sheet 등의 린넨류가 있다. 특히 침대의 정비(bed making)가 잘 되었는가, 그리고 휴지통, 컵, 각종 인쇄물 등 소모품 및 비품 등이 제 위치에 바르게 놓여져 있는가를 확인한다.

(3) 청결상태

객실의 비품이나 가구 등이 깨끗하고 광택이 나는지와 욕실의 바닥이나 벽면 등에 자국이 남았는지, 변기는 잘 소독되고 닦여 있는지 등을 확인한다.

2) 주요 점검사항

① 창문과 거울의 청결상태
② airvent(환기구)의 청결상태
③ lace curtain, drapery는 똑바로 걸려 있는지의 여부
④ 커튼의 밸런스가 맞는지 확인
⑤ 카펫의 구석진 곳에 쌓인 먼지는 없는지 확인
⑥ 의자, sofa set, bed spread에 머리카락의 여부
⑦ 창틀(window frame), 액자(picture frame)의 먼지
⑧ TV 및 받침대의 먼지
⑨ 쓰레기통 내외부의 청결
⑩ 서랍속의 밑받침 청결
⑪ 서랍고리의 움직임
⑫ 냉장고의 기능상태
⑬ 냉장고내 비치품목의 내용물의 확인
⑭ 냉장고 비치품목의 수량확인
⑮ can류의 외피청결상태(녹이나 찌그러진 상태)

4. Turn Down Service

open bed, 즉 turn down service는 투숙한 손님의 잠자리를 더욱 아늑하고 편히 잘 수 있도록 침대의 담요를 접어 넘겨 잠자리에 들기 쉽도록 개발된 아이디어로 주간에 완전히 객실정비가 되고 철저히 점검된 객실을 가능한 한 가장 좋은 서비스로 유지하기 위해서 실시한다. 간단히 spread를 걷고 정리한다든지, 담요를 접는 정도의 작업이 아니고, 주간에 미비된 것을 시정하고 고객의 투숙에 대한 환영의 표시를 남기는 것이다.

1) 준비작업

① maid cart의 정리
- 고객 인적사항의 파악 및 확인
- 주요 인수인계사항은 기록 정리한다.

② 복장과 용모를 점검하여 단정한 자세로 출입한다.

③ bed의 끝부분을 15~20cm 정도 펴서 취침시 고객 발끝이 편안하도록 한다.

④ 재떨이, 휴지통을 점검하고 테이블 위를 점검한다.

⑤ check-in 예정이거나 재실인 경우는 lamp를 켜 놓는다.

2) 작업방법

(1) Bed Room

① bed spread를 아래로부터 접어가며 벗기고 반듯하게 개어서 옷장 선반에 올려 놓는다.

② mattress를 덮은 첫째 sheet가 베개밑으로 삼각형이 되도록 담요와 시트를 밖으로 접어 넘겨 고객이 침대에 들기 편하게 한다. 보통 전화기가 놓인 쪽으로 turn down한다.

③ 2인용의 double bed나 king size 등 큰 침대는 양쪽 모두를 turn down 하고 twin room을 두 사람이 쓸 경우 중앙 night table 쪽으로 turn down한다.

④ twin bed room을 혼자 쓸 경우 보통 욕실이 가까운 침대나 TV를 보기 편리한 편의 침대를 turn down한다.

⑤ turn down한 침대쪽의 lamp를 켜 놓는다.

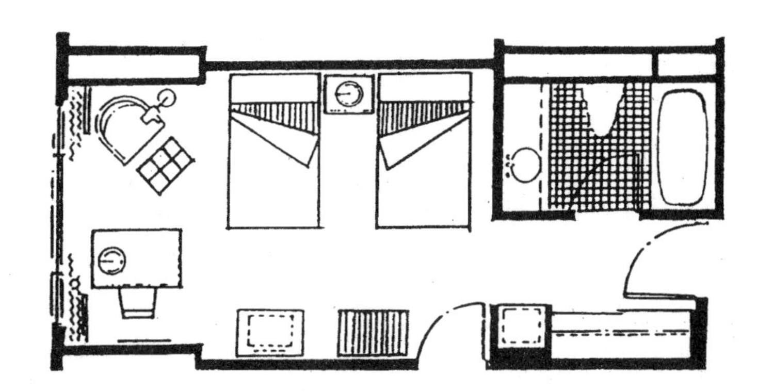

[그림 5-2] Twin Bed의 Turn Down Service

(2) Bath Room

① 사용한 린넨 및 소모품의 보충

② 휴지통 및 재떨이 점검

③ 세면대(basin)와 욕조(bath tub)의 간단한 청소

④ 거울을 닦고, 청소 후 바닥의 물기를 완전히 닦는다.

(3) 유의사항

① room maid가 청소 및 turn down시 room에 들어갈 때는 반드시 "maid is working now" card(청소중)를 부착한다.

② 고객의 세탁물이 있는 경우에 check list가 정확하게 기록되어 있으면 린넨과에 통보한다.

③ 고객의 불평 및 조언을 가능하면 신속하게 처리하고 inspector에게 보고한다.

④ 객실내에 짐승이나 새를 사육하는지를 확인한다.

⑤ 중대한 사항이나 판단하기 어려운 사항은 inspector에게 보고한다

⑥ 객실을 나올 때에는 도어의 잠긴 상태를 확인한다.

제4절 세탁관리

세탁관리업무는 linen, laundry, uniform service로 크게 나눌 수 있다. linen이라 함은 호텔의 전체 영업장, 즉 객실부문과 식음료부문에서 사용하는 모든 천 종류를 의미하며, laundry는 투숙 중인 고객의 세탁을 말한다. uniform은 모든 영업부서 직원들을 대상으로 지급·관리하며 적정 재고를 유지하는 업무를 말한다.

1. 세탁부문 업무

세탁물 서비스는 호텔의 규모나 운영 특성에 따라서 세탁전문 용역업체와 계약에 의거하여 운영되는 곳과 호텔의 자가 세탁시설로 운영되는 형태로 구분할 수 있으며, 특히 고객의 세탁물 서비스는 세탁물 수거에서 시작하여 세탁물 분류, bill의 작성, 세탁물 배달 등 일련의 세탁과정이 정확하고 신속한 서비스를 제공할 수 있도록 일상의 업무에 최선을 다하여야 한다.

1) 세탁물 수거

(1) 객실에서 고객이 세탁을 의뢰한 경우

① 객실번호를 확인하고 벨을 누른다.
② 인사를 한다(laundry service, good morning).
③ 세탁물을 수거할 때에는 다음 사항을 확인한다.
- 세탁 빌에 객실번호 및 서명 확인
- 품목 및 수량 확인
- 물세탁, dry cleaning, pressing 구분
- 정확한 배달시간 기록

④ 인사를 정중히 하고, 객실 문을 조용히 닫는다.

⑤ 수거한 세탁물 bag을 지정장소에 집결한다.

⑥ 객실 출입대장에 객실번호, 시간 등을 기록한다.

<표 5-4> Laundry Record

Date :

PICK - UP								DELIVERY					
Rm. No.	Guest Name	Time	Kind			By	L/D	Rm. No.	Kind			By	Remarks
			L	D	P				L	D	P		

(2) 외출 중인 객실의 세탁물 처리

① 세탁 빌(bill)이 작성되었는지 확인한다.

② 세탁물 bag에 빌이 들어 있어도 객실번호를 기재하지 않는 경우가 있으므로 꼭 꺼내어 확인한다.

③ 품목별 수량확인은 생략하는 수도 있다(원칙은 확인요).

④ 객실 출입시는 반드시 객실출입대장에 기록하여야 한다.

(3) 특별한 경우

① 점검원이나 room maid가 객실점검중을 발견, 통보하여 객실에서 수거하는 경우

② 점검원이나 room maid가 수거하여 각층 린넨실에 보관중인 세탁물
③ 고객이 세탁 의뢰 통보와 동시에 외출하면서 손잡이에 걸어놓는 경우
④ 고객의 통보를 받고 해당 객실에 도착하였으나 이미 고객이 외출한 경우에는 점검원이나 담당 room maid를 찾아 출입문을 열고 수거한다.
⑤ bell desk나 프런트 데스크의 통보가 있을 경우(고객이 외출하면서 맡기는 경우)

2) 세탁물 발주

① 세탁물 발주와 납품은 1일 2회로 하며, 세탁물 발주시 확인은 호텔과 용역업체 쌍방이 동시에 한다.
② 모든 세탁물은 의복 주머니에 소지품의 유무를 확인하며, 만일 현금이나 귀중품 및 기타 소지품은 바로 고객에게 전달한다.
③ 물세탁과 드라이 클리닝을 구분한다. 만일 고객이 분류하지 않은 것은 세탁주임이 분류하며, 고객이 분류하였더라도 타당하지 않은 것은 정정한다.
④ 품목별 수량을 확인한다. 만일 확인과정시 잘못된 것이 있으면 정정하고 수량의 차이(특히 부족시)가 있을 때에는 고객에게 확인하고 정정한다.
⑤ 고객이 주문한 특별사항을 확인하고 기재한다.
- 오점 부분
- 수선(재봉실에서 수선 후 세탁)
- 다림질시 주의사항(바지, 스커트 등의 주름)
- 특수한 제품 및 색상

⑥ 특수 세탁물로 정규시간 이내에 세탁이 불가능한 것(가죽종류, 짜집기 등)은 장기 투숙객이 아니면 세탁완료 예정일자를 고객에게 통보한 후 처리한다.

(1) 비정상적인 세탁물

- 세탁물 발주과정에서 이상 있는 세탁물, 찢어졌거나 색상이 바랜 것등이 발견되면, 고객에게 확인 후 처리한다.
- 공장에서 세탁전에 이상을 발견하면 호텔로 통보하고 세탁을 하지 않은 상태로 반송하여 고객에게 확인시킨 후 처리한다.

3) 계산서 작성

① 계산서(bill)는 주문명세서에 의해 발행한다.

② 계산서는 1조 3매로 발행하며 발행시 유의사항은 다음과 같다.

- 날짜와 객실번호 기재
- 품목별 수량을 정확히 기재
- 계산을 정확히 한다.
- 할인 여부 확인

4) 배달(delivery)

① 완료된 세탁물은 bill과 일치하는가 확인한다.

② 고객이 문을 열면 세탁물을 확인시킨다.

③ 외출 중인 객실은 담당 메이드에게 문을 열도록 하고 세탁물은 반드시 침대 위에 놓는다. 옷장에 걸거나 다른 장소에 놓으면 외출에서 돌아와 바로 눈에 보이지 않기 때문이다.

④ D.N.D. 표시가 걸려 있는 객실은 배달을 하지 않고 세탁소로 내려온다.

⑤ 세탁물을 배달하러 갔으나 빈 객실(완전 청소된 상태)일 경우 사무실로 가서 확인한다.

- 객실 변경(room change)인 경우 해당 객실로 확인
- check out인 경우는 세탁소에 보관

이상의 업무순서를 요약하면 다음의 도표와 같다.

■ Laundry Service Flow

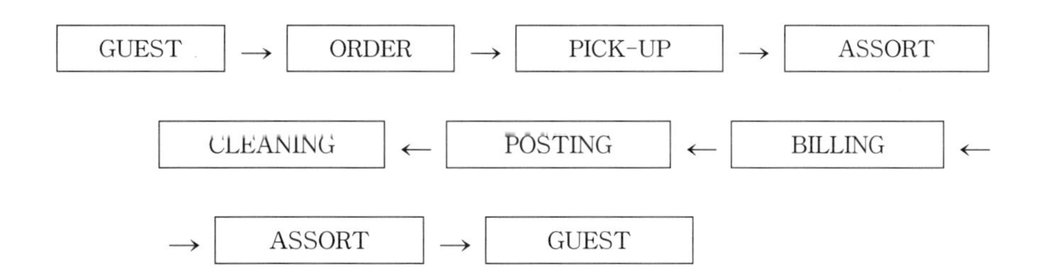

그림 5-3 The Flow Of Laundry Operation

2. 린넨 업무

린넨(linen)이란 원래 마직류를 말하는데, 호텔에서 린네이란 면(cotton)류나 화학 섬유로 만들어진 타월(towel), 냅킨(napkin), 시트(sheet), 담요(blanket), 유니폼(uniform), 커튼(curtain), 식탁보(table cloth) 등을 일컬어 말하고 있다. 이는 모두 소모품에 해당되므로 매일 세탁하여 교체하지 않으면 안되기 때문에 이를 보관하고 지급하는 장소(linen room)를 비롯한 그 관리과정이 중요하다.

1) 린넨(linen) 서비스

housekeeping 부서는 일반적으로 호텔의 linen service에 대해 충분한 책임을 지니고 있다. 게다가 housekeeping 실무자는 빌딩내의 실내장식에 대해 다양한 변화를 시도해 볼 수 있다. 그 변화의 정도는 장식물의 특수한 구조나 모양에 따라서, 그리고 housekeeping 실무자가 표현해 볼일 수 있는 능력에 달려 있다.

린넨(linen)이란 말은 호텔에서 흔히 사용되는 말이다. 린넨은 고객서비스를 위해 필요한 여러 종류의 직물을 의미하며, 호텔에서 일반적으로 사용되는 린넨은 직포 린넨이다. 그 밖의 린넨으로는 레이온, 나일론, 폴리에스테르와 같은 합성섬유나 면직물, 머슬린 등이 있다.

린넨 공급의 유지와 저장과 구매와 계산을 위해 가능한 한 많은 린넨항목에 자세한 크기의 표시를 하는 것이 바람직하다. 이 크기의 결정은 사용되는 매트리스(mattress)의 크기나 테이블의 크기에 주로 달려 있지만, 침대 가장자리의 길이, 수축도, 손님의 안락성 등의 요소도 함께 고려해야 한다. 린넨 공급에 있어서 양의 결정은 건물에 있어서 객실의 수, 각각의 손님이 필요로 하는 수, 또 린넨이 세탁되어지는 시간 등에 달려 있다.

현재 최소한으로 고려되는 린넨의 양은 3교대이다. 그러나 많은 호텔에서는 4교대 또는 5교대까지 유지하고 있다.

호텔의 린넨 서비스는 손님의 만족도를 높이는데 매우 중요하다. 깨끗하고 잘 정돈된 린넨의 적절한 공급은 손님에게 기쁨을 가져다 줄 것이다. 수선이나 대체, 또는 부적절한 세탁 등으로 생기는 린넨의 부족현상은 호텔고객의 불만의 근원이며, 관심의 결여로 인정된다. 그리고 호텔의 린넨 지출이 전체 지출에 큰 비중을 차지하기 때문에 관리부문에서 린넨투자에 엄격한 통제를 가하여야 한다. 게다가 호텔의 린넨 서비스의 결함은 호텔서비스의 다른 부문에 있어서 즉 음식(food)이나 음료(beverage)서비스 부문에 있어서의 효과를 감퇴시킨다.

린넨의 손실을 방지하기 위해 보다 중요한 조치는 현명한 린넨의 취급방법, 훌륭한 감독, 좋은 점검체제일 것이다. 린넨의 공급은 린넨을 취급하는 사람에게만 제한시키고 그곳은 자물쇠로 항상 잠궈 놓아야 한다. 각층의 재고가 보충될 때에도 추가된 양은 정확히 셈을 해 기록해 두어야 하며, 각각의 방으로부터 벗겨낸 더렵혀진 린넨의 숫자를 기록해 두어야 한다. 그리하여 각층으로부터 거두어들인 더렵혀진 린넨의 전체 숫자에 해당하는 것을 보급해야 한다. 더렵혀진 린넨의 숫자와 세탁된 숫자를 비교해보면 세탁과정에서 손실된 린넨의 숫자를 확인할 수 있다.

모든 사람들은 린넨의 재고를 자주 확인해야 한다는데 의견을 같이한다. 그러나 대부분 조직에서 이 작업이 힘들고, 비용이 많이 들기에 1년에 한두번 정도 할 따름이다.

만일 floor closet의 린넨 수준 총량이 완전하고 그 floor closet들과 중앙의 린넨 창고에 깨끗한 모포들이 일정한 수준의 정량까지 저장되어 있다면 그리고 그 공급과 수거의 조직이 분명히 체계적이고 엄격하게 감독된다면 일괄 목록을 작성하는 일은 매우 간단할 수 있다. 그런 경우에 목록을 작상하는 일은 근무시간 중에 큰 신경을 안 쓰고도 가능할 것이며, 실제로 린넨 수급을 관리하는 일도 개선될 수 있다.

2) 린넨류 수거

객실에서 사용한 린넨류는 룸메이드가 담당 객실에서 수거하여 각층 린넨실에 집결하고 린넨원은 각층 린넨실에서 세탁물을 수거하며, 수거한 수량(품목별)만큼 보급을 한다.

① 1일 2회 수거 및 보급한다.

② 품목별로 수량을 정확히 파악하여 린넨장부에 기록한다.

③ 수거시에 품목별로 구분을 하여 상태가 매우 불결한 것은 구분한다.
④ 수거한 세탁물은 세탁물 카트를 이용하여 검수 사무실에 집결한다.
⑤ 특수 linen, 즉 blanket(담요), curtain(커튼), drapery(휘장) 등은 수거시에 별도록 구분하여 그 취급에 주의를 요한다.
⑥ 린넨을 수거할 때 주의사항으로는 수량확인과 파손된 린넨의 구분, 오점의 정도 등을 파악하여야 한다.

3) 린넨류 보급

각 층에서 수거한 린넨의 품목별 수량만큼 세탁이 완료된 린넨류를 보급하여야 하며, 수거와 보급과정에서 품목별 수량을 정확히 하여 각 층에서 사용하는데 불편함이 없어야 한다.

<표 5-5> 1실당 린넨류 비치기준

ITEMS	SIZE	QUANTITY		REMARKS
		TWIN	KING	
BED SPREAD(S)	110×270×28	2		
BED SPREAD(K)	180×270×28		1	
BED PAD(S)	90×180	2		
BED PAD(K)	170×180		1	
BLANKET(S)	180×240	2		
BLANKET(K)	260×240		1	
SHEET(S)	180×280	2		
SHEET(K)	260×280		1	
PILLOW	50×70	3	3	
PILLOW CASE	50×90	3	3	
BATH TOWEL	60×120	2	2	욕실당 2매
HAND TOWEL	40×80	2	2	〃
WASH CLOTH	30×30	2	2	〃
FOOT TOWEL	50×70	1	1	욕실당 1매

① 층별 린넨보급은 다음의 양식 전표에 작성하고 보급 확인 후 서명을 받는다.
② 세탁된 린넨류는 매일 2회 린넨실에서 메이드가 수령하며, 담당 각 층별 린넨창고에 품목별로 정돈하여 입고한다.
③ 청결도를 확인한다(냄새, 불순물의 유무, 다림질 상태 등).
④ 수선 필요 여부를 확인한다. 린넨상태가 노후화되었을 때에는 세탁후 상태를 확인하기 위하여 bed spread, bed pad, sheet, curtain 등을 재봉실로 보내어 점검 후 사용하도록 한다.
⑤ 전표에 의해 매월 말에 총사용량 조사를 실시케 된다.

3. 유니폼 세탁업무

호텔의 영업 특성상 업장 분위기를 좌우하는 깨끗하며, 맵시있게 디자인된 세련된 유니폼 차림의 기민하고도 상냥한 종사원들의 모습은 고객에게 대단히 큰 인상을 심어 준다. 종사원들이 각 영업장에서 수준높은 서비스를 통하여 보다 매력있는 분위기를 연출하기 위하여는 종사원들의 유니폼을 보다 합리적으로, 알뜰하게 관리하여 영업을 지원하는 업무는 매우 중요하다고 할 수 있다.

1) 유니폼관리

① **세탁을 요하는 유니폼** ; 개인별 대장에 기록 후 수량 확인
② **수선을 요하는 유니폼** ; 고장난 지퍼(zipper)는 새것으로 교체하고 떨어진 단추는 같은 종류로 부착하며, 기타 떨어진 어떤 것도 같은 종류로 부착
③ **퇴직 사원 유니폼** ; 적정한 체형의 신입사원 유니폼으로 개조(alteration)하여 활용한다.

2) 유니폼보관

합리적인 옷걸이대 배치와 분류방법으로 한정된 공간을 유효하게 활용하기 위해 일목요연하게 보관한다.

공간의 청결관리를 위하여 주기적인 대청소와 청결유지에 노력한다.

제5절 미니-바

오늘날 고급호텔의 객실에는 미니 - (mini bar)를 설치하는 것이 보편적인 현상이다. 이는 객실 내에 칵테일의 기본이 되는 소형(적은 용량)의 양주류(hard drink)와 냉장고에는 음료 종류(soft drink) 및 안주류를 진열 전시하여 항시 고객이 스스로 기호에 맞는 음료를 선택・이용할 수 있으며, 호텔측에서는 하나의 수입원의 역할을 하는 것이다.

1. 미니-바의 물품관리

1) 품목 설정, 변경

품목별 판매자료 통계에 근거하여 새로운 품목을 추가로 비치한다든지, 혹은 고객으로부터 인기 없는 품목은 변경을 하여 상황에 따라 품목을 정리하도록 한다.

2) 구매, 공급

미니 바에 비치된 안주류와 음료수 종류는 직접 구매요구로서 구입하여 공급하며, 양주류 및 알코올음료는 식음료부 음료과에서 구매하여 음료창고에서 출고・공급한다.

3) 물품 출고

물품보고에 의하여 각 층별로 판매・소모분을 출고함으로써 층 보유분량을 보충할 수 있도록 출고한다.

2. Mini-bar 점검 업무

각 층의 미니 바 담당자들은 출근 이전에 일찍 퇴숙(check out)하는 고객을 위하여 야간근무 룸보이(room boy)와 협력하여 미니 바의 점검업무를 담당한다.

점검은 신속·정확하여야 하며, 확인 즉시 프런트로 우선 통보하므로 계산서 발생과 수납이 정확히 진행되도록 하여야 한다. 점검이 진행되는 대로 점검표에 객실별로 물품의 수량을 기재한다. 점검시 손님의 입회 여부, 점검자명, 점검시간 등은 빠짐없이 기재하며 D.N.D.객실은 캐쉬어(cashier)로 통보하여 재점검을 시도할 수 있도록 한다.

점검시의 유의사항으로는 다음과 같다.

① 객실에 고객이 투숙중인 것을 항시 가상하며, 고객이 응답할 수 있는 충분한 시간을 기다려야 하며, 급한 마음에 서둘러 객실문을 열면 안된다.

② 공손히 아침 인사를 한 후 정중하게 양해를 얻은 다음 신속히 점검을 마치고 기재한다. 상냥한 작별 인사도 잊지 말아야 한다.

③ 고객의 동반 손님이 점검 후에도 잔류시에는 판매분의 현찰지급 당부도 하고, 재점검 객실로 표시하여 둔다.

④ 퇴숙 객실(check out)은 지나치며 소등하고 열려 있는 객실문은 닫는다.

<표 5-6> Mini Bar Check List

MINI BAR (ORIGINAL)

- Items listed below are for sale. Please indicate your consumption and sign this check each day when your refrigerator is used.
- If any items are consumed, please fill out the receipt and present to the hotel front cashier. Thank you.
- 御利用された品名を伝票を御記入なさってフロント会計にて御勘定お願い致します。
- 저희 미니바의 음료를 이용해 주셔서 대단히 감사합니다.
  이용하신 수량을 기입하시고 후론트 회계에 계산하여 주십시오.

024687

No. 番号	STOCK 定数	DESCRIPTION 品名			U/PRICE 値段	CONSUMPTION 数量
1	1	PASSPORT SCOTCH	パスポートスコッチ	패스포트	W35,000	
2	2	CHIVAS REGAL	シーバスリーガル	시바스 리갈	14,000	
3	2	JOHNNIE WALKER BLACK	ジョニウオーカーブラック	조니워커 블랙	12,000	
4	2	JOHNNIE WALKER RED	ジョニウオーカーレッド	조니워커 레드	10,000	
5	2	JIM BEAM	ジムビーン	짐 빔	9,000	
6	2	COGNAC VSOP	コニャクーVSOP	꼬냑 VSOP	12,000	
7	2	BEEFEATER GIN	ビーピータージン	비피터 진	7,000	
8	2	SMIRNOFF VODKA	ウォッカ	보드카	7,000	
9	2	BACARDI WHITE RUM	バカディラム	바카디럼	7,000	
10	2	KAHLUA	カルワ	깔루아	9,000	
11	2	COINTREAU	コインツユリー	콘트류	9,000	
12	1	MAJUANG WHITE WINE	マジュアンホワイトワイン	마주앙	10,000	
13	1	SPARKLING WHITE WINE	スパクリンホワイトワイン	샴페인	12,000	
14	2	BEER (O.B Super Dry)	OBスーパードライ	오비 수퍼드라이	4,500	
15	1	BEER (O.B Sound)	OBサウンド	오비 사운드	4,000	
16	2	BEER (Carlsberg)	カルスバーク	칼스버그	5,000	
17	2	BEER (Budweiser)	バドワイザー	버드와이저	5,000	
18	2	BEER (Heineken)	ハイネケンビール	하이네켄	6,000	
19	2	BEER (Kirin)	キリンビール	기린	7,000	
20	1	SODA WATER	ソーダウォーター	소다수	3,000	
21	1	TONIC WATER	トニックウォーター	토닉 워터	3,000	
22	2	PURIFIED WATER	ミネラルウォーター	생수	3,000	
23	2	COCA COLA	コカコーラ	콜라	3,000	
24	1	DIET COKE	ダイエットコーラ	다이어트 콜라	3,000	
25	1	7-UP	セブン・アップ	세븐-업	3,000	
26	2	JUICE (Tomato)	トマトジュース	토마토 쥬스	3,200	
27	2	JUICE (Orange)	オレンジジュース	오렌지 쥬스	3,200	
28	2	LIPTON ICE TEA	マイスティ	립톤 아이스티	3,200	
29	2	MIERO FIBER	メローファイバー	미에로 화이바	3,200	
30	2	POCARI SWEAT	ポカリスエット	포카리 스웨트	3,200	
31	2	YOUNG BI CHUN	ヨンビチョン	영비천	3,500	
32	2	SWISS CHOCOLATE	スイスチョコレート	초코렛	5,500	
33	2	MIXED NUTS	ミックスナッツ	땅콩	5,500	
34	2	ALMOND NUTS	アーモンド	아몬드	5,500	
35	2	DEER JERKY	ホシジシ	육포	6,000	
36	1	SOUVENIR	おみやげ品	기념품	12,000	

DATE:	CHECKED BY:	SUB TOTAL
		10%TAX
ROOM NO. 客室番号	PRINTED NAME お名前	GRAND TOTAL 合計

3. 재고 조사

1) 일일 결산

전일 재고 분량에서 당일의 판매분을 출고 후에 빈 카드의 수량과 현품을 대조·확인한다.

2) 월 결산

월 재고 실사일을 다음달 1일로 자재과와 미니 바 담당이 협력하여 진행한다. 각 층별 창고의 보유량, 객실에 설치된 분량을 확인한다. 전월 말일까지의 객실비치분, 층 창고의 재고량을 합산하여 집계된 자료를 실사보고서(inventory report)를 작성하여 자재과로 제출한다.

3) 전월의 미니-바 손실

스키퍼(skipper), 본래의 의미는 계산을 하지 않고 퇴숙한 고객을 의미한다.

그러나 이러한 경우 이외에도 미니 바 체크를 지연시킨 후 check out을 하던지 또는 점검후에 손실이 발생하는 경우도 있다. 흔한 경우는 아니지만, 간혹 음료나 양주류의 내용물을 마시고 이물질을 넣는 경우도 발생하므로 내용물의 점검을 철저히 하여야 하며, 스키퍼 처리분을 품목별로 체크하여 자재과로 제출한다.

제6장
식음료 관리

제6장 식음료 관리

Hotel Business Administration

제1절 식음료의 중요성

호텔에서의 영업부문은 크게 두 부분으로 설명되는데, 흔히 front of house와 back of house로 구분하는 경우가 많다. Front of house란 글자 그대로 호텔의 전면 부문으로 최초로 고객을 맞이하고 투숙기간 중 모든 서비스를 제공하며 고객의 제반 편의를 항상 지체없이 마련해 주어야 하는 부서이기 때문에 그 직무의 중요함이 어느 부서보다 높이 평가될 수 있는 것이다. 이에 반하여 back of house는 일명 식사와 음료를 준비하는 케이터링 부서(catering department)로 이는 front of house 부문의 직무의 중요도에 비해 무엇인가 덜 중요하다는 이미지를 풍겨 주고 있기 때문에 지금껏 이 부문의 직무가 다소 등한시되었던 것이 사실이다. 그 이유는 종래까지 호텔경영의 역점을 객실 부문에 두었고 식음료 판매에 대해서는 투숙객의 편의제공 수단으로 간주한 데에서 연유한다고 볼 수 있다.

그러나 오늘날 호텔경영은 수익의 극대화라는 측면에서 볼 때 객실보다 식음료 판매에 보다 깊은 관심을 보이고 있다. 객실판매는 객실이란 제품의 한정 때문에 수익확대에 제약이 적은 식음료 판매에 의존하지 않을 수 없기 때문이다.

미국호텔협회(American Hotel Association)의 다음 평가는 식음료부문의 중요성을 가장 잘 적절히 언급하고 있다. "한 호텔에 있어서 최대의 진보의 기회는 음식의 준비와 이의 서비스에 달려 있다. 이 부문이 호텔의 명성을 좌우하게 되며 아무리

기술을 더해도 항상 부족함을 보이는 곳이기도 하다."

원래 "cater"라는 단어는"supply"의 뜻이다. 이 단어가 갖는 의미와 마찬가지로 호텔의 catering부문은 곧 호텔의 심장으로서 제품을 창조해내는 거대한 조직의 핵으로서 그 기능을 보여주고 있는 것이다. 이 부문의 직무내용은 다음과 같이 요약될 수 있다.

- **식음료의 구매 및 저장**(Purchasing and storing of food and beverage)
- **식사의 준비**(Preparation of food)
- **식음료의 제공**(service of food)
- **식음료의 관리**(food and beverage control)

제2절 식음료부문의 역할

1. 새로운 고객의 창출

호텔 식음료 서비스 역할은 새로운 고객을 꾸준히 발생시키고 유지시키는데 있다. 새로운 고객을 이끄는 것은 매우 중요하다. 호텔은 숙박과 음식 제공뿐만 아니라 각종 모임 등의 집회기능, 예술 공연이나 세미나 등의 문화기능, 상담, meeting, 전시회 등의 비즈니스 기능과 같은 매우 다양한 방면의 역할을 지니고 있다. 이러한 여러 가지 이유로 말미암아 많은 고객들이 호텔의 식음료 식당을 찾게 되는데, 바로 이 이유 때문에 호텔의 식음료부문에서는 모든 서비스와 품격있는 식사가 되도록 부단히 노력하여 고객들로 하여금 좋은 인상을 주도록 해야 한다. 한번 찾아온 고객에게 깊은 인상을 심어 준다는 것은 그 고객뿐만 아니라 구전을 통하여 더 많은 사람에게 전달되어 호텔 식음료 부문의 명성을 쌓을 수 있는 것이며, 식당 경영자들은 식사와 음료서비스가 매우 가치 있는 마케팅도구라는 것을 인식하여야 할 것이다.

2. 고객 기대에 부응

식당경영자들은 호텔의 고급 식당의 단골이 될 고객이 무한정하지 않고 어느 정도 제한되어 있다는 사실을 인정하면 단골고객 유지의 중요성을 이해할 것이고, 왜 고객들이 특별한 식당만을 이용하는가 하는 주요한 이유들을 발견하고 그 문제점을 개선하려 노력할 것이다. 식당의 식음료 서비스를 효과적으로 계획하기 위해서는 첫째로 회원이 기대하는 것이 무엇인지를 이해하여야만 한다. 호텔식당의 식사서비스에 대한 고객들의 기대는 고객들의 그러한 서비스에 대한 만족을 측정하는데 도움을 준다. 호텔식당의 이용 고객은 호텔 식음료부문의 서비스에 대한 기대가 매우 높은 경향이 있기 때문에 식당경영자들은 식당의 식음료 서비스에 대한 높은 표준을 세워야만 한다. 만약 기대에 미치지 못하면 고객들은 매우 실망할 것이다. 모든 고객들이 그 도시에서 최고의 식사를 제공하리라 기대하지는 않을지라도 그들 모두는 자신들이 이용하고자 하는 호텔의 식당이 높은 표준을 세우기를 바라고 또한 지속적으로 접대 받기를 원할 것이다.

호텔의 명성은 식음료 서비스의 일관성 있는 질에 의해 크게 좌우된다. 바른 기준을 세우고 스텝진들의 훈련을 통한 지속적이고 성실하며 수준높은 식음료 서비스의 질을 유지해야 한다.

3. 연회와 만찬

대부분의 호텔에서 연회는 가장 중요한 수입원천이 된다. 연회는 매우 중요한 수입원이면서 마진율이 높기 때문에 호텔의 식음료부문에 있어 보다 중요한 파트로 인식되고 있다. 식음료 경영자는 서비스 종사원과 주방 직원들에게 호텔연회의 중요성을 일깨워 주어야 한다. 판매하는 연회가 고수익임에도 불구하고 어떤 호텔들은 그들이 외부에 판매하는 연회의 수를 제한하기도 한다. 왜냐하면 그들은 그러한 행사를 너무 많이 주최하는 것은 호텔의 이미지를 나쁘게 한다고 느끼기 때문이다.

4. 호텔기업에 재정적 기여

호텔수입이 극대화에 가장 크게 이바지할 수 있는 부문이 바로 식음료부문이다. 호텔의 대표적인 상품은 객실과 식음료로 구분되는데 객실은 객실수의 제한 때문에 수요에 대한 판매탄력성이 매우 낮아 한정된 수입으로 만족할 수밖에 없지만, 식음료 상품은 수요에 대한 판매탄력성이 매우 높기 때문에 객실에 비하여 호텔수입의 극대화에 대한 공헌도가 높다. 오늘날에는 대규모의 호텔일수록 식음료 업장이 다양화되고 규모화되는 것을 볼 수 있다.

제3절 식음료부문의 조직

1. 식당조직의 기능

일반적인 조직원칙에 견주어 볼 때 영업부서인 식음료부문은 최고 경영자로부터 하위 말단조직 구성원에 이르기까지 파이프라인과 같은 지휘계통을 유지하고 있는 조직으로써 신속한 의사소통과 일사불란한 명령, 지휘가 유지되는 라인조직(line organization)이 적합하다. 이러한 영업부서의 영업활동에 있어서는 지원하는 인사(personnel), 회계(accounting), 정비(maintenance), 판촉(sales), 안전(safety), 감사(control) 등의 행정관리부분은 전문적 기능과 직능을 가진 참모조직(staff organization)의 형태이다.

호텔의 거대한 식음료부문의 영업을 원활히 하기 위해서는 부단한 지시와 통제가 명령계통을 따라 신속하게 조치되어야 하므로 라인조직의 필요성이 요구되며, 동시에 보이지 않는 윤활유의 역할을 담당할 전문적 두뇌의 필요성이 참모조직을 수반하게 만드는 것이다. 그러나 호텔기업도 다른 기업과 마찬가지로 최대의 이윤추구를 위한 기업임에 비추어 점차적으로 경영합리화의 한 방향으로 전문직 직능제의 도입과 위원회 조직 등 여러 가지 병합된 조직의 형태로 변모하게 될 것이다.

표 6-1 대규모 호텔의 식음료부 조직도

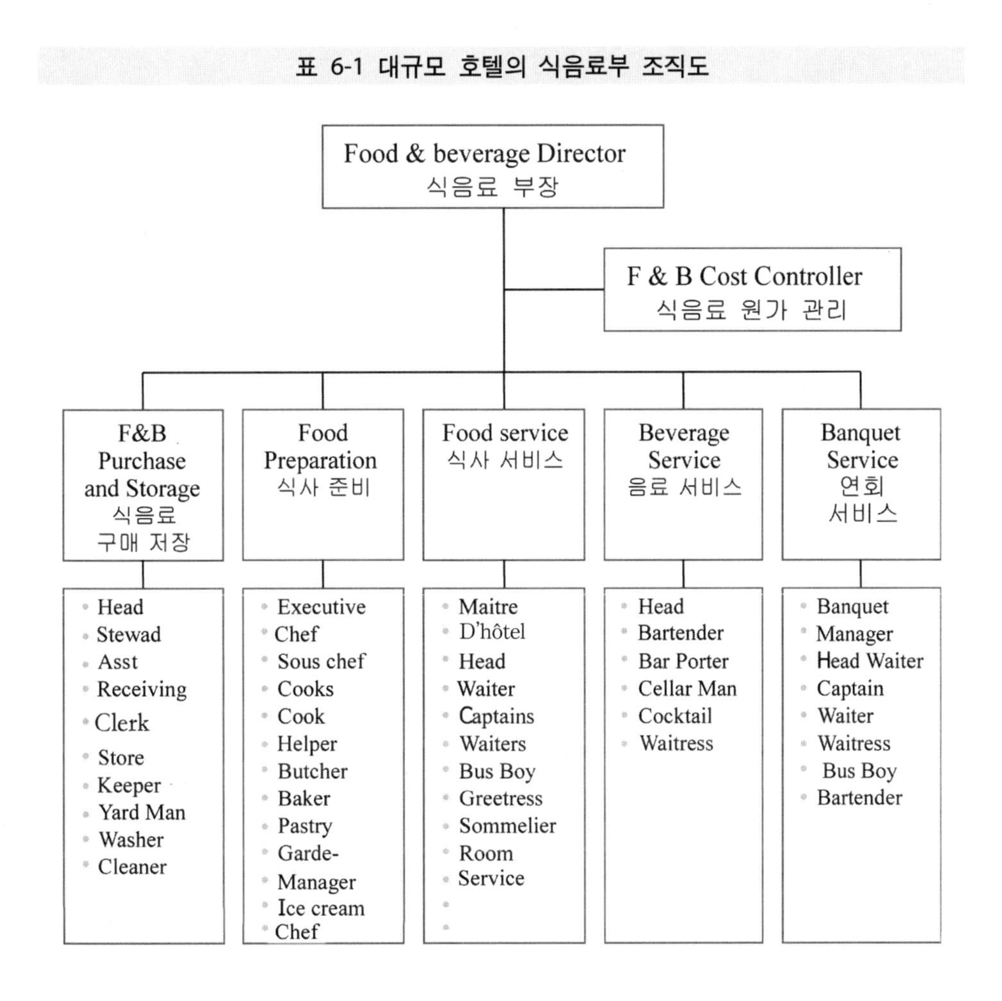

2. 식당 종사원의 직무

1) Restaurant Manager

오늘날 호텔에서 식음료 판매에 의한 수입증대로 인한 식음료부서의 중요성이 점차 증대되고 있기 때문에 restaurant manager는 원가관리, 메뉴작성, 불평불만 해소, VIP고객접대, 외국어 구사능력, 교육훈련 등에 충분한 경험이 있어야 한다. 또한 용모단정하고 인격을 갖춘 자로 부하 직원들을 통솔할 수 있는 리더십이 있어야 한다.

2) Captain

대형 식당에서는 부지배인격으로, 중소규모의 식당에서는 지배인격으로 업무를 수행하는 것이 보통이며 restaurant manager가 갖추어야 할 요건과 동일한 자질을 갖추어야 한다.

캡틴의 업무는 고객영접 및 안내, 지배인 보좌, 작업지시, 비품 및 기물 관리, 불평불만 처리 등의 업무를 담당하며, 부하 종사원들의 작업 및 근무태도를 수시로 점검하여 서비스에 차질이 없도록 해야 한다.

3) Waiter

Waiter는 고객으로부터 주문을 받고 주문한 요리가 신속하고 정확하게 제공되도록 하여야 한다. 특히 판매하고 있는 메뉴에 대하여 숙지하여 매상이 증가될 수 있도록 준비한다.

Waiter의 업무로는 고객으로부터 식사와 음료의 주문, 식사와 음료 제공, table setting, 비품 및 기물정리 등이 있다.

4) Restaurant Cashier

Cashier는 근무장소는 식당이지만 소속은 accounting 부서에 속해 있다. 기본적인 업무는 식사요금의 수납, 전표기입 및 계산, credit 카드전표 정리, 보고서 작성 등이 있다.

5) 그 밖의 종사원

(1) Bus Boy

웨이터의 보조업무자로 대개 근무경험이 짧은 실습생을 말한다. 일반적으로 주방에서 side table로 식사를 가져오고 식사 후 기물 철거, 테이블 및 의자 정돈, 물컵에 물 채우기, butter나 bread를 서브한다.

(2) Sommelier

와인전문가로 식사와 잘 어울리는 와인을 추천하여 주문을 받고 고객에게 직접 와인을 서브하는 종업원으로서 식당의 음료 매상증진에 큰 영향을 미친다. Sommelier가 없는 식당에서는 wine waiter가 대신하기도 한다.

(3) Bartender

음료(beverage)에 대한 충분한 지식을 갖고 칵테일을 조주할 수 있는 종업원이다.

(4) Celler Man

와인 보관창고에서 와인의 상태를 체크하고 관리하는 종사원을 말한다.

(5) Baker

주방에서 roll, bread, cake 등을 전문적으로 구워낸다.

(6) Steward

식당기물 및 비품의 정리를 담당한다.

제4절 호텔식당의 분류

1. 명칭에 의한 분류

1) Restaurant

일반적으로 식당의 대명사로 인식되고 있으며, 식탁과 의자가 마련되어 있고 웨이터나 웨이트리스에 의해 식사와 음료가 주문되고 제공되는 고급 서비스가 이루어지는 식당을 말한다.

2) Coffee Shop

커피숍은 고객의 왕래가 많은 장소에서 음료와 경식사를 제공하는 식당의 일종이며 월별, 계절별로 각종 이벤트를 마련하고 그 시즌에 맞는 스페셜 메뉴를 준비하기도 한다.

3) Dining Room

식당을 운영하는 시간이 한정되어 있고 lunch와 dinner를 정해진 시간(lunch : 12:00~15:00, dinner : 18:00~21:00)에 주로 정식(table d'hôte)을 제공하는 식당으로 매우 정중하고 격조높은 서비스가 이루어진다.

4) Grill

일반적으로 일품요리(àla carte)를 제공하는 식당으로 breakfast, lunch, dinner를 제공하며 고객의 기호와 편의를 고려하여 그날의 특별요리(daily special menu)를 준비한다.

5) Lunch Counter

식탁대신 긴 카운터에 앉아서 고객이 요리사에게 직접 음식을 주문하고 주문한 음식이 준비되는 과정을 볼 수 있는 일식당의 Sushi counter가 그 대표적인 예에 속한다.

이상의 식당들이 호텔내의 주요 식당들이며 식당은 아니지만 음료와 간단한 음식이 제공되는 lounge, bar, night club, 그리고 빵이나 제과를 판매하는 delicatessen 등이 있다.

6) Cafeteria

레스토랑의 한 종류로써 진열되어 있는 음식을 선택하여 고객이 직접 날라다 먹기 편하도록 Counter Table이 설치되어 있어 직접 요금을 지불하고 이용하는 Self-service식의 간이 식당 으로 인구가 많은 도시나 산업기관에 적합한 식당 형태이다.

7) Refreshment Stand

시간이 바쁜 고객들이 간단히 이용할 수 있는 간이식당을 만들어 진열ㅇ장에 미리 진열하여 놓고 손님의 요구에 의하여 판매하는 식당이다.

8) Drive In

자동차 여행자를 위한 식당으로 교통이 편리한 도로변에 위치해 있으며 숙박을 겸한 영업을 하기도 하며 넓은 주차장을 필요로 한다.

9) Dining Car

기차를 이용하는 여행객들의 편의를 위하여 식당차를 여객차와 연결하여 그곳에서 음식을 판매하는 식당으로 메뉴는 다양하지 않다. 미국에서는 1850년 이후에 영업이 성행 하였다.

10) Snack Bar

서서먹는 간이식당을 말하며 주로 Counter Service 와 Self Service 형식으로 제공된다.

11) Industrial Restaurant

회사나 공장 등의 구내식당으로 비영리 목적의 식당이다. Feeding Facility라고도 하며 학교, 병원, 공장, 기업체, 기관, 교도소, 군대 등의 식당으로 구내에 위치하며 Self-Service 형태로 운영된다.

12) Department Store Restaurant

백화점이나 대형 할인매장을 이용하는 고객들을 대상으로 쇼핑 중 간이식사를 할 수 있는 식당의 형태로 Self-Service형태로 운영되며 회전이 빠른 특징이 있다.

13) Automatic Vending Machine

자동판매기 형태로 기계 속에 동전을 넣고 필요한 품목을 누르면 음식이 나오는 것을 말하며 주로 음료를 대상으로 판매되고 있다.

2. 제공 상품에 의한 분류

1) Italian Restaurant

이탈리아 요리는 면 종류의 요리를 총칭하여 Pasta라 하여 수프를 대신하여 주요리 전에 먹는 것이다. 이탈리아 요리는 지중해 연안의 풍부한 해산물과 올리브유를 많이 사용하며 마늘을 좋아하는 우리나라 사람들의 식성에도 잘 어울리며 스파게티, 피자, 라자냐, 라비올리 등이 유명하다. 최근에는 특급 규모의 모든 호텔에서는 이탈리아 식당을 운영하고 있는 실정이다.

2) French Restaurant

프랑스 요리는 전세계적으로 유명하여 오늘날 고급 레스토랑의 대명사로 인식되어 있으며, 규모가 큰 고급 호텔에서는 이 식당을 운영하고 있다. 요리에 사용되는 소스 종류만해도 수백가지가 넘으며 Chateaubriand, lobster, snail, oyster 등 고급의 많은 요리와 wine이 제공되며 우아한 실내장식과 요리의 높은 수준과 어울리는 정중하고 품격있는 서비스가 팀워크를 이룬 웨이터와 웨이트리스에 의해 제공된다.

3) American Restaurant

미국인들의 식사는 실질적이고 영양위주의 메뉴로 구성되는데, 대표적인 음식으로는 beef steak가 있으며 barbecue, hamburger 등과 egg, bread, fruit, vegetable 등 다양한 재료가 이용된다. 미국 요리의 특성은 요리의 체제나 구성보다는 맛과 영양, 그리고 풍성함에 있다.

4) Korean Restaurant

한식의 특유한 요리는 무엇보다도 옛 궁중요리를 비롯한 불고기, 신선로, 전골요리 등이 있으나, 최근에는 대형 호텔에서 한국 음식의 표준식단을 개발하여 예전의 한정식의 복잡한 상차림의 개념에서 벗어나 간단한 코스로 구성된 set menu로 대중화하고 맛과 향도 부드럽게 함으로써 외국인들의 입맛에도 맞도록 개발되고 있다.

5) Chinese Restaurant

중국은 지역이 광대하여 음식의 종류와 맛, 조리법 등도 매우 다양하며 요리의 수준도 세계 제일이라 할 수 있다. 중국 요리의 특징은 첫째, 식재료가 가금류, 야생조류, 야수, 어패류, 해조류, 야채류, 과실류, 계란, 콩 등 온갖 모든 재료가 무궁무진하다. 둘째, 조리기구는 간단하고 사용하기가 쉬우며 기름을 이용하여 볶거나 지지거나 튀기는 요리가 많다. 셋째, 조미료와 향신료가 풍부하여 음식의 모양이 화려하고 풍요롭다. 넷째, 중국은 넓은 영토로 인하여 지역적으로 특색있는 요리도 발전하였는데 북경요리, 남경요리, 광동요리, 사천요리로 구분된다.

6) Japanese Restaurant

일본은 계절 변화가 뚜렷하고 사방이 바다로 둘러싸인 특수성 때문에 주로 어패류를 중심으로 하는 요리가 발달하였고 신선한 생선을 재료로 하는 요리가 발달하였으며, 신선한 생선을 재료로 하는 생선회, 초밥, 튀김요리 등이 주요 메뉴로서 깔끔하고 세련되게 장식되어 제공된다.

일식당은 다른 식당에 비하여 여름철에는 비수기(off-season)를 맞이하게 되는 특징이 있다.

제5절 식사서비스 형식에 의한 분류

1. French Service

French service는 주방에서 접시에 음식이 담겨져 나오지 않으며 silver platter에 담겨져 테이블로 옮겨져 고객이 보는 앞에서 gas나 alcohol lamp를 이용하여 요리를 준비한다. 생선요리는 가시를 추려내고, 소스를 만들어 서브한다. Steak는 flaming하여 제공하고 dessert는 gueridon에서 직접 조리하여 제공한다.

French service는 Chef de rang, Commis de rang, Chef de vin 등의 숙련된 웨이터들에 의해 팀을 이루어 효율적이고 격조높은 서비스를 제공할 수 있다는 것이 가장 큰 특징으로 꼽을 수 있다. French service는 고객의 빠른 식사를 요구해서는 안되며, 천천히 여유를 가지고 요리나 서비스를 즐길 수 있도록 해야 한다.

Gueridon을 이용하는 서비스는 주요리나 디저트 코스에 주로 사용되며 flaming할 때 사용하게 된다. Flaming은 식사 분위기를 한층 더 화려하게 만들며 고객에게 강한 인상과 식욕을 돋구어 주는 역할을 하게 된다. 고객 앞에서 flaming하고 있는 웨이터의 모습을 다른 여러 고객들로부터 주목을 끌고 또한 다른 고객들도 같은 요리를 주문하는 경우가 많기 때문에 숙달된 솜씨로 아주 멋있고 우아하게 서비스해야 한다.

2. American Service

American service는 기능적이고 실용적이며, 효율성 · 신속성 등 서비스의 대부분이 독특한 미국적인 특징을 갖고 있다. 예전에는 유럽인들에게 있어서 미국식 서비스에서 강조되고 있는 효율적이고 신속한 서비스에 놀랍게도 생각되었으나, 오늘날에는 snack bar, coffee shop, counter service에서 일반적으로 사용되고 있다.

American service는 French나 Russian service보다 화려하지는 않지만, 식당에서 일반적으로 이루어지는 서비스 스타일로 음식은 주방에서 접시에 담겨져 tray나 cart에 싣고 테이블까지 와서 신속하게 고객에게 서브된다. 또는 tray를 사용하지 않고 직접 손으로 들고 가서 식탁에 직접 제공하기도 한다. 이 서비스의 가장 큰 특징은 주문받은 요리를 빠른 시간에 제공할 수 있다는 것이며 웨이터의 숙련도가 그다지 요구되지는 않는다. 따라서 고급 식당보다는 고객 회전이 빠른 식당에 적합한 서비스방법이다.

3. Russian Service

Russian service는 일명 platter service로 French service와 유사한 점이 많으나, 다른 점은 요리의 서비스를 웨이터가 혼자 한다는 것과 모든 요리는 주방에서 서브되기 전에 완전히 준비된다는 것이다.

주방에서 silver platter에 우아하게 담겨진 음식을 테이블 근처의 side board에 놓고 platter만을 들고 고객의 왼쪽에서 요리를 보여준 후 적당량을 서브한다.

이 서비스의 특징은 전형적인 banquet service이며 웨이터 혼자서 우아하고 멋있는 서비스를 할 수 있고 특별한 기물의 준비가 필요 없다.

4. English Service

English service는 일명 family service라고도 불리며 American service를 일부 변경한 서비스 방법이다. 요리는 주방에서 완전히 이루어지며 bowl이나 platter에 담겨져 식탁 중앙에 놓이게 된다. 요리가 놓이면 고객 스스로가 적당량을 덜어서 먹거나 때로는 웨이터가 이를 도와서 서비스하는 방식이다. 이 서비스 방법의 특징은 서비스 방법이 단순하여 숙달되지 않은 웨이터도 담당할 수 있고, 웨이터 혼자서 많은 고객을 서비스할 수 있으며 좋은 서비스도 제공할 수 있다.

제6절 식사의 종류

1. 식사의 시간적 분류

1) Breakfast

서양에서의 아침식사는 하루 식사 중에서 가장 가벼운 메뉴로 구성되어 있으며 유럽에서의 아침식사는 더욱 간단하여 breads와 coffee정도로 제공되는 경우가 많다.

(1) American Breakfast

계란 요리를 중심으로 하여 fresh fruit, fresh juice, cereal, cake, beverage, bread 등이 제공되는데, 메뉴 작성에 따라 한두 가지 생략될 수도 있다.

① Fruits

Apricots, Apples, Cherries, Nectarines, Peaches, Pears, Plums, Oranges, Grapefruit, Lemons, Limes, Strawberries, Raspberries, Blueberries, Grapes, Melons,

Mangoes, Kiwi, Papaya, Pineapple, Banana

② Fresh Juices

Orange juice, Apple juice, Pineapple juice, Grapefruit juice, Strawberry juice, Mango juice 등의 과일주스와 Tomato juice, Vegetable juice가 제공된다.

③ Cereal

주로 아침식사에만 제공되는 곡물죽 종류로서 뜨겁게 제공되는 Hot cereal이 있다. 차가운 cereal은 cornflake나 puffed rice와 같이 건조한 상태의 재료이므로 Dry cereal이라고도 하며 차가운 우유가 제공되며 cold cereal은 oatmeal, cream wheat와 따뜻한 우유가 제공된다.

④ Egg

계란은 계절에 관계없이 경제적이고 가장 널리 알려진 요리이다. 계란은 요리에서 이용되는데 음식재료를 응고시키거나 발효시키는데 사용되며 슈크림이나 반죽 등에 탄력을 제공하는데 사용되기도 한다. 이것은 맛과 향기를 증가 시키고 음식물을 코팅하여 황금색이 나도록 한다.

■ ■ ■ ■ ■ 계란 요리 ■ ■ ■ ■ ■

American breakfast에서는 계란 요리가 main dish로 제공되는데 조리방법에 따라 그 명칭이 다르다. 그러므로 주문시에 정확하게 주문을 받아야 한다.

- Plain Egg : 날것으로 제공되기 때문에 매우 신선하고 위생적으로 처리된 위생란을 사용한다.
- Boiled Egg : 계란을 껍질째 끓는 물에서 삶는 것으로 soft boiled와 Hard boiled가 있다. Soft boiled는 노른자가 흐르지 않을 정도로 고정되어야 하고 흰자위는 완전히 불투명한 상태로 익어야 하지만, 크림같이 부드러운 상태여야 한다. Hard boiled는 흰자와 노른자가 단단해질 때까지 완전히 익도록 삶는 것을 말한다. 그러나 너무 오래 끓이게 되면 노른자가 너무 단단해지고 푸르스름한 회색빛이 나타나게 된다. Boiled Egg는 고객으로부터 주문을 받을 때 조리시간을 물어보는 것도 좋을 것이다.
- Poached Egg : 서서히 끓는(not boiled) 물 또는 기타 용액에서 3~5분간

계란의 껍질을 깨어 익히는 조리방법이다. 만일 계란이 신선하지 않다면 흰자가 노른자 주변에 응집되지 않고 넓게 퍼지게 되어 실패하게 될 것이다. Simmering하는 용액은 물뿐만 아니라 milk, soup, tomato juice, vegetable cocktail juice, broth 등이 사용될 수도 있다. 계란이 다 익고 나면 국자로 건져낸 후 paper towel로 물기를 제거한 후 melba toast 위에 얹어 서브한다.

- **Scrambled Egg** : 계란을 깨어 밀크, 크림, 물을 섞어 가끔 휘저어가며 익힌다. 이때 너무 자주 휘저으면 너무 작은 조각으로 되고 건조하고 부스러지게 된다. 밀크와 크림을 넣으므로 보송보송하고 더욱 부드러운 요리가 된다. 이것도 역시 melba toast 위에 제공될 수 있다.
- **Fried Egg** : 계란 껍질을 깨고 프라이팬에서 한쪽 면만 익히는 것으로 흰자의 가장자리는 바삭바삭하고 단단하며 노른자는 뜨겁지만 완전히 익지는 않은 상태를 말하는 것으로 sunny side up이라고 불리우며, 양쪽면 다 흰자는 익혔으나 노른자는 덜 익힌 것을 over easy라고 하며, 노른자까지도 완전히 익힌 것을 over hard라고 한다.
- **Baked Egg** : 2개의 계란을 껍질을 깨어 ramekin이라고 하는 작은 용기에 늘러 붙지 않도록 버터를 바르고 오븐에서 구워내는 것이다. 소금, 후추, 파프리카 등으로 간을 맞추고 15분 정도 조리하는데 계란 흰자는 완전 불투명해질 때까지 익혀야 하고 노른자는 부드러울 정도로 익혀 제공한다.
- **Omelette Egg** : 계란을 깨어서 우유, 양파, 버섯 등 기타 양념을 넣고 잘 섞어서 omelette pan에서 적당한 낮은 온도로 조리해야 한다. Omelette은 완성되면 지체 없이 서브돼야 하며 고객이 원하는 재료를 첨가해서 주문받는 것도 좋은 방법이다.

⑤ Cakes

계란요리 대신에 cake 요리가 제공되기도 하는데, 그 종류로는 pan cake, waffle, french toast 등이 제공되며 cake 제공될 때에는 honey나 syrup이 제공된다.

⑥ Breads and Roll

아침식사에 빼놓을 수 없는 것이 빵 종류이다. 여기에는 toast용 식빵과 roll 빵이 제공된다. Roll에는 Croissant, Brioche, Danish pastry, Muffin 등이 제공되며 bread

가 제공될 때에는 butter와 jam, mamalade 등이 곁들여 제공된다.

⑦ Beverages

아침식사시 제공되는 음료는 coffee, tea, milk 등이 있는데 주로 커피를 가장 많이 애음하며 coffee serve는 고객의 요구에 따라 식사 전부터 서브하는 경우가 많다.

⑧ Bacon, Ham, Sausage

미국식 아침식사에서 계란요리가 제공될 때 곁들여 제공되는 요리로서 고객의 선택에 의해 위의 3가지 중 1가지가 계란요리와 함께 제공된다.

(2) Continental Breakfast

유럽식 또는 대륙식이라고도 하는 Continental Breakfast는 주로 유럽에서 성행하고 있는 아침식사 형태로 American Breakfast에 비해 매우 간단히 제공되며, 계란 및 육류가 제공되지 않고 juice, bread, coffee 정도로 간단한 메뉴로 구성된다. 이 식사는 매우 간단하여 시간이 없는 고객이나 객실에서 룸 서비스를 통하여 식사를 제공받는 것이 보통이다.

2) Brunch

Brunch라고 하는 식사는 Breakfast의 Br과 Lunch의 unch로 만들어진 합성어로써 늦게 일어났거나 아침식사를 놓친 고객을 위해서 낮 12시 이전에 제공되는 식사를 말한다. 주로 donuts, sandwich, egg 요리 등이 제공된다.

3) Lunch

Lunch 혹은 Luncheon이라고도 하고 점심식사를 의미하며, 저녁식사에 비하여 메뉴가 3~4 코스 정도로 간단히 제공되며 soup, entree dessert, beverage 정도로 구성된다.

4) Afternoon Tea

Tea time이라고도 하며 이는 영국의 전통적인 식사습관으로 tea에 milk를 섞어 마시는 Milk tea와 Melba-toast를 함께 점심과 저녁 사이에 먹는 간식을 말한다. 이는 영국뿐만 아니라 전세계적으로 오후의 tea time을 즐기는데, 독일, 오스트리아, 미국 등지에서도 Jause(야우제) 혹은 Pan-cake house 같은 곳에 많은 고객들이 애호하고 있다.

5) Dinner

동서양을 막론하고 하루의 식사 중 저녁은 충분한 시간을 갖고 여유있게 성찬으로 메뉴를 구성한다. 양식에 있어서 dinner는 보통 5~6코스로 제공되며 정식 디너(Table d'hôte)는 full course로 구성된다.

6) Supper

Supper란 원래 격조 높은 만찬, 정찬을 의미하였으나, 오늘날에 와서는 늦은 시간에 제공되는 식사를 의미한다. 대개 2~3 코스의 가벼운 메뉴가 제공된다.

2. 메뉴 구성에 의한 분류

1) Table d'hôte 메뉴

정식 식사를 제공하는 식당에서 코스별로 구성되어 있는 메뉴를 식사 순서에 의해 서브하게 되는데, 보통은 가격이나 메뉴의 내용에 따라 각 코스로 나뉘어 구분하기도 한다. 일명 full course라고도 하며 기본적으로 appetizer, soup, fish, main dish, roast, salad, dessert, beverage로 구성되어 있으나, 상황에 따라 한두 코스를 생략하여 제공할 수도 있다. 정식 메뉴의 특징으로 첫째, 가격이 정해져 있으며 à la carte 메뉴에 비해 가격이 저렴하며, 둘째, 원가절감 효과와 조리과정이 일정하여 효율적이다. 셋째, 음식제공이나 회계처리가 간편하다. 넷째, set menu이기 때문에 주문이 용이하고 매출에 대한 기여도가 높다. 다섯째, 메뉴구성에 식재료나 소스 혹은 조리방법이 중복되지 않도록 해야 한다.

2) Á la carte 메뉴

à la carte는 일품요리(一品料理)로서 정식과 같이 이미 짜여진 메뉴에 의해서 식사가 제공되는 것이 아니라 고객의 주문에 의해서 개별로 요리를 제공하는 것을 말한다. à la carte 메뉴는 호텔의 grill에서 제공되며, 특징으로는 고객의 기호에 맞는 메뉴를 주문할 수 있고, 자유롭게 먹고 싶은 메뉴만을 선택할 수 있다는 장점이 있으나, 가격면에서 정식에 비해 다소 비싸다.

3) Buffet

뷔페는 우아하고 멋있게 장식된 요리를 고객의 기호에 따라 일정한 가격을 지급하고 마음껏 먹을 수 있는 형식으로 제공되며, self service 형식으로 운영된다. 그러나 wine, whiskey, 기타 음료 등 별도로 주문해서 마시는 음료는 별도 계산하도록 되어 있다. 일반적으로 호텔의 상설 뷔페 레스토랑에서 일정한 가격만 지급하면 이용할 수 있는 뷔페를 open buffet라고 하고, banquet room에서 행사에 초대된 고객에 한해서 이용할 수 있는 뷔페를 closed buffet라고 한다. 요즈음은 보통 커피나 음료 등은 웨이터의 서비스를 통해 제공되며 생선회, 생선초밥, 갈비 코너 등은 항상 조리사가 직접 조리하여 제공함으로써 고객의 욕구를 충족시키는 방향으로 운영되고 있다.

제7절 양정식 메뉴

1. 정식 메뉴의 내용

메뉴의 내용은 국가나 지역별로 그 내용과 순서가 다를 수가 있으나, 보통은 전채(appetizer)로부터 후식(dessert)까지의 내용으로 구성될 수 있으며, 이것은 정식

(table d'hôte) 또는 full course라고도 부른다.

원래의 정식 메뉴는 종류가 매우 다양하여 set menu로 구성하기에는 양이 너무 많아 중복되는 요리는 생략하거나 통합하여 정리되어 사용되고 있다.

1) 세분화된 정식 메뉴

① 냉전채(cold appetizer)

② 온전채(hot appetizer)

③ 수프(soup)

④ 생선(fish)

⑤ 더운 주요리(hot main dish)

⑥ 찬 주요리(cold main dish)

⑦ 가금류 및 엽조류(poultry or games)

⑧ 더운 야채(hot vegetable)

⑨ 생 야채(salad)

⑩ 더운 후식(hot dessert)

⑪ 찬 후식(cold dessert)

⑫ 생과일(fresh fruit)

⑬ 치즈(cheese)

⑭ 음료(beverage)

⑮ 식후생과자(pastry)

2) 정리된 메뉴

제 1 코스 : 전채(appetizer)

제 1 코스 : 수프(soup)

제 3 코스 : 생선(fish)

제 4 코스 : 주요리(main dish)

제 5 코스 : 야채(salad)

제 6 코스 : 후식(dessert)

제 7 코스 : 음료(beverage)

* 격식을 갖춘 정찬일 경우 roast 코스가 추가되기도 함.

2. 정식 메뉴의 구성

1) 전채요리(appetizer : hors d'oeuvre)

전채요리는 dinner 코스에서 제일 먼저 제공되는 요리로서 식욕을 촉진시키는 역할을 하는 것과 동시에 조리 기술을 최대한 발휘하여 아름답게 제공하면 우아하고 멋있는 식사분위기를 연출할 수 있다. 전채요리를 영어로는 "appetizer", 불어로는 "hors d'oeuvre", 러시아에서는 "zakuski" 라고 부른다. 이 요리는 주요리와 잘 어울려야 되며, 맛이 있고 식욕을 촉진시키기 위해서 몇 가지의 특성을 지니고 있어야 한다.

- 한 입에 먹을 수 있도록 양이 적어야 한다.
- 맛과 영양이 풍부하고 주요리와 조화가 잘 되어야 한다.
- 타액분비를 촉진시켜 소화가 잘 되도록 짠맛, 신맛이 곁들여져야 한다.
- 메뉴 구성시 계절적 요소와 지방색을 곁들이면 더욱 좋다.
- 시각적인 면에서 색감이나 체재가 아름다우면 좋다.

(1) 찬 전채 요리(cold appetizer)

① Goose Liver(거위간) : 거위의 간으로 만든 전채요리는 세계적으로 유명한데, 이는 각종 향신료와 야채, 와인과 브랜디 등을 넣어 묵과 비슷한 pate형식으로 제공된다. 거위 외에도 오리나 닭의 간을 이용한 pate도 많이 제공된다.

② Caviar(철갑상어 알젓) : 세계적으로 희귀한 철갑상어의 알로 만든 것인데, 자연산은 요즈음 거의 멸종상태에 처해 있기 때문에 양식에 의존하고 있으며, 철갑상어의 알과 비슷한 대체용을 사용하기도 한다. 이 요리는 chopped onion, chopped egg white & yolk, lemon clip, melba toast 등과 같이 제공되며 음료로는 차갑게 냉각된 white wine이나 vodka가 잘 어울린다.

③ Smoked salmon(훈제 연어) : 훈제 연어는 색깔도 아름다울 뿐 아니라 맛도

뛰어나고 영양가도 높아 매우 인기있는 전채요리 중의 하나이다. 시각적인 면, 짜고 새콤한 맛 등이 식욕을 돋구며 white wine과도 잘 어울린다.

④ Fresh Oyster(**생굴**) : 생굴요리는 영양이 풍부하고 맛이 상큼하여 식욕촉진 요리로 인기가 높다. 생굴은 껍질에 놓인 채로 잘게 부순 얼음 위에 올려져 lemon slice와 함께 차갑게 제공된다.

⑤ Shrimp Cocktail(**새우 칵테일**) : 크기가 중간 정도의 새우를 삶거나(boiling), 혹은 steaming 하여 익히고 꼬리 부분의 2~3마디의 껍질은 남기고 몸통부분은 껍질을 벗겨서 lemon slice, celery 등과 같이 차갑게 제공된다.

⑥ Stuffed egg(**스터프드 애그**) : Stuffed라는 요리는 삶은 계란이나 토마토 등의 내용물을 제거하고 빈 속에 다른 내용물을 채워 만드는 요리이다. 모양도 아름답고 다양한 맛을 느낄 수 있다.

그 외에 차가운 전채요리로서 crab meat(게살), anchovy(멸치젓), smoked trout(훈제 송어), fresh fruit(생과일), ham, cheese 등도 많이 이용된다.

(2) 더운 전채 요리(hot appetizer)

① Snail(**식용 달팽이**) : 달팽이 요리도 고급요리로서 French restaurant에서 단골메뉴이다. 이 요리는 뜨겁게 제공되는데 보통은 껍질째로 요리하므로 칸막이가 되어 있어 달팽이가 구르지 못하도록 되어 있는 snail plate에 담아서 제공되며 snail tong(달팽이 집게)와 white wine도 함께 서브된다.

② Boiled lobster(**구운 바닷가재**) : 바닷가재는 맛이 담백하고 영양이 풍부하여 미식가들로부터 각광받는 요리이다. 가격이 비싸므로 전채요리로 제공될 경우 적은 양이 서브되고 주요리로 주문할 경우에는 통째로 제공된다. 바닷가재는 껍질이 워낙 단단하므로 조리시에 고객이 먹기 편하도록 껍질을 갈라놓는다. 또한 다리부분의 살을 발라먹기 편하도록 가늘고 뾰족한 lobster pick을 setting하여 놓는다. 바닷가재는 구울 때 표면에 버터를 발라 구워 소스를 곁들여 먹으면 더욱 맛있게 먹을 수 있다.

③ Coquilles St. Jacques(**가리비**) : 가리비는 패류의 일종으로 맛과 영양이 풍부하

고 양이 적어 식욕촉진 요리로서 적합하다. 가리비 껍질을 이용하여 그 안에 가리비를 잘게 썰은 후 양송이, 양파 등을 다져 넣고 그 위에 버터와 치즈가루를 뿌리고 오븐에서 구워낸다.

그 외에 더운 전채요리로서 baked oyster(구운 굴), fried mushroom(튀긴양송이), fried sole(넙치), frog leg(개구리 다리) 등이 있다. 또한 전채요리로 사용되는 재료로서 과실류(fruits)가 있는데, 생(fresh)으로 차게 서브하거나 굽거나 후라이하여 따뜻하게 제공할 수 있으며, 주스류(juices)로 과일이나 야채를 이용할 수 있다. 칵테일(cocktail) 종류로는 fruit cocktail이나 seafood cocktail 등이 있고, 카나페(canapes)와 딥스(dips) 등이 있다.

2) 수프(Soup : Potage)

수프는 본격적으로 요리를 먹기 위한 처음의 코스가 되는 것이며, 양이 적어 위에 부담을 주지 않으며 영양이 풍부하여 건강에 좋은 요리가 되어야 한다.

수프는 일반적으로 응용이 가능한 요리로서 육류, 생선, 과일, 야채 등 어느 재료를 이용하더라도 맛있는 수프를 만들 수 있다. 그러나 수프는 특히 겨울철에 광범위하게 응용될 수 있는데, 예를 들어 머그잔으로 한 컵 정도의 수프는 간식으로 적당할 수 있으며 따뜻한 브이옹(bouillon)과 같은 맑은 수프는 추운 날씨에 음료로 매우 적합하다.

수프를 제공할 때 가장 중요한 것은 뜨거운 것은 뜨겁데 제공되어야 하고 차가운 수프는 차갑게 제공되어야 하며 미지근한 상태로 제공되는 수프는 아무런 의미가 없다.

수프의 종류는 일반적으로 육류, 생선, 가금류를 재료로 하는 스톡 수프(stock-base soup)와 크림 수프(cream-base soup)로 나뉘는데, 흔히 stock로부터 다양한 종류의 수프가 만들어진다. 스톡(stock)은 고기와 뼈 등을 넣고 오랫동안 천천히 끓인다. 이때 육류의 특유한 냄새나 생선의 비린내를 제거하기 위하여 야채와 각종 향신료를 넣고 함께 끓여 낸다. 육류와 뼈를 삶은 스톡은 진한 갈색이 되고 송아지 및 닭고기, 생선의 스톡은 조금 옅은 색으로 된다. 이렇게 삶아낸 국물이 브이옹(bouillon)과 꽁소메(consomme)로 나뉘어지는데, bouillon은 흰색 스톡(white stock)을 기본으로 하여 거기에다 고기덩어리를 넣고 다시 삶아낸 국물인데, 이 국물을 미세한 천으로 여과시켜 위에 뜬 기름을 제거한다. bouillon을 기본으로 맑은 수프(potage clear : clear soup)와 짙은 수프(potage lie : thick soup)가 만들어진다.

오늘날에는 일반 가정이나 식당에서 스톡이 필요할 때 통조림을 사용하는 것이 일반화되어 가고 있어, 예전과 같이 육류를 넣고 거품을 내며 육수를 끓이던 시절로 되돌아가기 어렵게 되어가고 있다. 육류와 맛좋은 야채를 넣고 끓여낸 국물(bouillon)을 밀봉한 제품이 육수(stock) 대신 사용되고 있다. 이러한 인스턴트 bouillon의 맛을 높일 수 있는 방법은 양파, 당근, 샐러리, 월계수 등의 생 야채와 인스턴트 bouillon을 혼합하는 것이다.

(1) 수프의 종류

① **맑은 수프**(Potage clear)

맑은 수프는 주재료가 부이용이나 마찬가지이며 육류, 생선, 가금류 등 한가지 재료를 넣고 끓인 진한 스톡을 맑게 한 것으로, 수프를 만들 때에는 부이옹에 고기를 잘게 썰어 넣어 야채 및 향신료를 첨가하여 서서히 끓이면서 계란 흰자를 넣고 빠른 속도로 저은 다음, 1~2시간 정도 끓인 후 백포도주나 sherry wine을 넣어 아주 좋은 맛을 낼 수 있으며, 완성된 후에는 2중 용기에 담아 식지 않도록 보관한다. 이렇게 만들어진 맑은 수프를 꽁소메(consomme)라 부르는데, 이 수프의 명칭은 수백가지에 달하며 대표적인 것으로는 꽁소메 부르노와즈(consomme brunoise), 꽁소메 셀레스텐(consomme paysanne), 꽁소메 로얄(consomme royal) 등이 있다.

② **짙은 수프**(Potage lie)

뽀따주 리에(potage lie)는 짙은 수프를 말하며 bouillon을 기본으로 야채, 녹말, 생선, 육류, 가금류 등을 주재료로 해서 양념을 첨가하여 농도가 진한 걸쭉한 수프를 말하는데, 이러한 진한 수프에는 다음의 세가지 기본적인 수프가 있다.

- Potage Puree(Puree soup) : 대표적인 것으로 야채 수프가 있으며, 각종의 야채를 익혀서 진하게 만드는 수프로 모든 종류의 스톡으로부터 만들 수 있다.
- Potage Cream(cream soup) : 밀가루를 버터로 볶아 우유를 넣어 만드는 수프로 white stock을 사용하거나 기타의 스톡으로 만들 수 있는데, 어느 것이

든 베샤밀 소스(Bechamel sauce : white stock+milk+향신료+Onion)를 기본으로 하여 만든다.

Cream soup에는 mushroom soup, pea soup 등이 있다.

- Potage Veloute(Velvet sausce) : Potage Veloute도 크림 수프의 경우처럼 화이트 루(white roux : 밀가루를 버터에 볶은 것)를 기본으로 하여 여러 종류의 스톡을 넣어 만드는 것이다.

  이상의 세가지 기본적인 수프에서 발달하여 오늘날 세계적으로 만들어진 수프의 종류는 수백 종에 달하며, 그 중에 유명한 것으로 다음과 같은 종류가 있다. 이 수프는 마시는 것이 아니라 식사의 한 코스로 먹는 것이다.
- Bisque : 새우, 야채, 화이트 와인, 쌀, 치킨 브이옹(chicken bouillon), 그리고 향신료를 넣고 크림을 첨가하여 만든 수프.
- Onion Gratin : 와인을 넣은 육수에 슬라이스한 양파를 볶아서 넣은 후 French bread에 치즈를 얹고 오븐에서 구워낸다.
- Shrimp Chowder : 육수에 새우, 치즈, 큐브 감자, 밀크를 넣고 끓인 후, 잘게 다진 파슬리로 장식하여 제공한다.
- Mulligatawny : Chicken bouillon에 베이컨과 야채를 넣고 끓인 수프로 커리향이 강하며 rice를 얹어서 서브한다.
- Minestrone : 전통적인 이탈리아 야채 수프로 콩, 호박, 토마토를 넣어 끓인 야채로 가루 치즈를 함께 제공한다.

3) 생선(Fish)

생선요리는 원래 격식을 갖춘 정식(Table d'hôte)메뉴에서 수프 다음에 제공되는 것이 원칙이나, 약식의 메뉴에서는 생략되는 경우가 많다. 그러나 생선요리는 지방분이 육류에 비해 적고 비타민과 칼슘이 풍부하여 건강식이나 기호식으로 찾을 뿐만 아니라, 수프, 샐러드, 주요리, 통조림 등 많은 종류의 요리에 이용되며 여성 고객들이나 노인, 혹은 종교적인 이유로 주요리로 제공되는 경우가 많다.

일반적으로 생선은 육류보다 섬유조직이 연하여 소화흡수가 용이하나, 그 신선도가 요리의 맛에 절대적 영향을 미치므로 구매와 저장에 각별한 주의를 요한다.

(1) 생선의 분류

생선은 크게 나누어 바다생선(sea fish), 민물생선(fresh water fish), 어패류(shell fish)로 구분할 수 있다. 또한 생선의 색에 의한 분류로는 흰색 생선, 황색 생선, 붉은색 생선으로 나눌 수 있으며, 지방분의 많고 적음에 따라 구분할 수가 있다. 색에 의한 분류에서 흰색의 생선은 대구, 가자미, 넙치, 도미 등이 있고, 황색의 대표적인 생선으로는 정어리, 멸치, 송어 등이 있으며, 붉은색 생선으로는 연어, 새우, 바닷가재, 게 등이 있다. 지방이 많은 생선으로는 연어, 고등어, 송어, 청어 등이 있으나, 이러한 생선들도 지방 함유량이 15%를 넘지 않고 있으며, 지방이 적은 생선은 대구, 가자미, 넙치 등으로 2～5%의 지방을 함유하고 있다. 이 생선들의 지방분은 대부분 고도 불포화지방이다.

(2) 생선 선별방법

① 색이 선명하고 탄력이 있어야 한다.

첫째, 생선의 눈알이 막이 덮인 듯이 뿌옇고 탁하면 신선도가 떨어지는 것이고 맑고 투명하고 볼록하게 튀어나와 있으면 신선한 것이다.

둘째, 내장이 들어 있는 배 부분이 팽팽하게 탄력이 있고 눌렀을 때 단단한 느낌이 든다면 신선한 것이고 그 부분이 물렁하다면 신선도가 떨어지는 것이다.

셋째, 아가미를 보아 선홍색이면 신선한 것이고 어두운 적갈색으로 변한 것은 신선도가 떨어진다.

넷째, 생선에서 비린내가 심하고 역겹게 나는 것은 오래된 것일 가능성이 높다.

② 포장해서 파는 생선은 기울여 본다.

포장해서 파는 생선은 토막 낸 생선을 통째로 구입할 때보다 신선도를 가늠하기가 어렵다. 비닐 랩으로 포장해 놓았기 때문에 광택을 살피기 어렵고 상점 내부조명 때문에 색을 관찰하기도 쉽지 않다. 이럴 때 손쉽게 알아보는 방법은 용기를 기울여 보는 것이다. 오래된 생선은 생선살에 배어 있는 즙이 흘러나와 용기에 고여 있게 되므로 용기를 기울였을 때 물이 흐르게 된다. 포장된 비닐 랩의 안쪽에 김이 서려 있으면 물이 생긴 생선을 다시 냉동한 것일 수도 있으니 주의해서 사도록 해야 한다.

③ 게나 새우는 껍질모양을 본다.

게나 새우는 단단한 껍질에 쌓여 있지만 껍질 속의 조직이 약해 쉽게 상할 수 있다. 되도록 살아 있는 것을 구입하는 것이 신선하다. 어쩔 수 없이 냉동된 것을 구입할 때에는 껍질을 먼저 살핀다. 껍질이 단단하고 관절부분을 구부려보아 탄력이 있고 머리나 다리가 제대로 다 붙어 있다면 신선한 것이다. 게는 냄새가 어떤지 우선 맡아 보고 비린내가 심하면 피하는 것이 좋다. 조개와 같은 패류는 껍질사이로 벌어진 틈을 건드려서 곧 껍질을 다물면 신선한 것이다.

(3) 생선의 저장

생선은 매우 부패하기 쉬운 식재료이므로 다양한 저장방법이 이용되고 있으나, 대표적인 방법으로는 냉동(frozen), 절임(cured), 통조림(canned), 건조(dried), 훈제(smoked) 등의 방법이 있다.

바로 구입한 신선한 생선은 당일에 요리하는 것이 좋으며 냉동된 생선은 냉동장치에 저장되어 있던 생선이므로 즉시 사용하지 않아도 된다. 주의할 점은 일단 냉동된 생선을 녹인 경우에 다시 얼려서는 안된다.

냉동 저장기간은 지방분이 적고 두껍게 자른 생선, 예를 들어 대구, 가자미, 넙치 등은 6개월 정도 보관이 가능하며, 지방분이 많고 두껍게 자른 생선으로 고등어, 농어, 연어 등은 3개월 정도 보관이 가능하다. 냉동된 생선을 녹이는 최상의 방법은 포장된 상태 그대로 냉장실에서 녹여 쉽게 나이프로 자를 수 있는 상태가 가장 이상적이다. 냉동된 생선을 실내 온도에서 녹일 경우 생선이 눅진눅진해지고 조직이 상하여 맛을 망치는 원인이 될 수도 있다. 해동된 생선은 수분이 많으므로 종이 타월을 이용하여 수분을 빨아들여 건조하게 해야 한다.

(4) 생선 조리방법

생선의 조리방법은 여러 가지 생선의 모양, 조직과 그 밖의 요소에 의해 결정된다. 어떤 생선의 가장 적합한 조리방법을 결정하는데 있어서 생선의 지방 함유량을 참고하여 결정한다. 지방이 많은 생선은 직열 또는 베이킹하는 것이 좋은 조리법이며, 지방이 적은 생선은 건열 조리법을 사용하고, 습열 조리법은 모든 생선 종류에 사용될 수 있다. 또한 생선은 섬유질이 육류에 비해 연하므로 너무 조리하면 단백질이 너무 응고되어 질겨지고 생선이 갖고 있는 특유의 향미도 잃게 되므로 적당한 조리시간을 지켜주는 것이 매우 중요하다.

① Broiled or Grilled Fish

Broiler에서 굽는 스테이크나 생선은 두께가 약 1인치 정도가 최상의 조건이다. 두꺼운 고기나 생선은 표면이 갈색이 되는 동안 속이 적당하게 익는데 얇은 고기나 생선은 너무 빨리 건조해진다. Broiler에 굽기 전에 녹인 버터나 마가린, 또는 오일을 발라준다. 두꺼운 생선은 구우면서 가끔 뒤집어준다. 생선 구이는 대략 10~15분 정도 시간이 소요되며, 이 조리방법에는 육질이 단단한 생선인 넙치나 연어, 고등어 등이 적합하다.

② Oven-Fried Fish

생선에 빵가루를 골고루 묻히고 450°F로 미리 가열된 오븐에서 굽는다. 약간의 샐러드 오일과 버터를 바른 팬에서 10~15분 정도 익히는데 생선살이 포크로 쉽게 들어갈 때까지 조리한다. 이 조리방법은 생선을 뒤집거나 기름을 바르는 것은 필요치 않으며, 생선에 빵가루를 입히는 것은 생선의 독특한 향미를 보존하기 위한 방법이다.

③ Pan-fried Fish

살코기나 얇은 스테이크 등의 조리에 이 방법이 많이 쓰여진다. 생선은 보통 frying하기 전에 빵가루를 입힌다. 생선이 익어가면 도중에 한번 뒤집어 준다. 누께에 따라 다르지만 조리시간은 대략 8~10분 정도 소요된다.

④ Deep-Fried Fish

빵가루나 반죽을 입힌 살코기, 스테이크 등은 재료가 기름에 잠기도록 깊이가 깊은 팬에서 조리가 가능할 것이다. 빵가루를 입힌 생선은 빵가루가 떨어지는 것을 방지하기 위해 잠시 선반에서 건조시킨 후 350°F로 가열된 깊은 프라이팬에서 익혀낸다. 생선튀김은 황금색이 되어 충분히 익은 상태에서 건져내어 종이 타월을 이용해 기름을 제거한다. 조리시간은 보통 3~5분 정도 소요된다.

⑤ Baked Fish

생선의 살코기나 스테이크는 350°F로 예열된 오븐에서 구울 동안에 생선을 뒤집을 필요는 없다. 생선을 굽는 동안에 생선의 표면이 마르는 것을 방지하기 위하여 버터나 오일, 혹은 소스를 발라준다. 3파운드 정도의 생선은 조리시간이 약 30분 정도 소요되며, 스테이크는 12~15분 정도이며 만일 냉동된 상태에서 조리한다면 시간이 조금 더 걸리게 될 것이다.

⑥ Poached Fish

생선을 뚜껑이 있는 팬 또는 스튜 냄비 속의 천천히 끓는 스톡에서 조리하는 방법으로 이 액체는 우유, 화이트 와인, 소금, 물의 혼합물 또는 생선 소스 등이 이용될 수 있다. 이 조리법에서 주의할 점은 스톡이 끓게 되면 생선조직이 질기게 되거나 생선 살이 부스러지게 되므로 적당한 온도를 유지하는 것이 매우 중요하다.

⑦ Steamed Fish

모든 생선 종류에 많이 사용되는 조리방법으로 선반이 있는 깊은 팬이나 steam cooker에서 증기를 이용하여 생선을 익히는 방법이다.

⑧ Braised Fish

이것은 팬에 버터나 오일을 바르고 야채를 깐 다음, 그 위에 생선을 올려 놓고 와인과 스톡을 넣고 뚜껑을 덮어 오븐에서 익혀내는 방법이다.

4) 주요리(Main Dish : Entree)

주요리는 앙뜨레(Entree)라고도 하며 주로 육류요리를 의미한다. 육류요리는 쇠고기(Beef), 양고기(Lamb), 돼지고기(Pork), 송아지고기(Lamb) 등으로 정식에 있어서 중심 요리를 의미하는데, 오늘날에는 주요리로 제공되는 모든 요리를 Entree라고 한다. Entree로 제공되는 육류요리는 종류나 조리방법에 관계없이 1인분의 중량을 제공하고 있다.

육류는 흰색 육류(white meat)와 붉은색 육류(dark meat)로 구분한다. 흰색 육류에는 송아지고기, 새끼 돼지, 새끼 염소, 가금류 등을 들 수 있고, 붉은색 육류는 쇠고기, 돼지고기, 양고기 등을 들 수 있다.

그 밖에 우리가 Entree로 사용할 수 있는 것은 어패류, 생선, 계란 등을 들 수 있고, 이 외에도 커리(curry), 파스타(pasta), 스파게티(spaghetti), 샐러드도 포함시킬 수 있다.

(1) 육류요리의 종류

① Beef Steak

정식에 있어서 가장 대표적인 Entree 요리로 쇠고기를 두껍게 잘라 구워낸 요리로 고기의 부위에 따라 명칭도 다양하게 불려진다.

- 안심 부위(Tenderloin)
  Chateaubriand, Filet steak, Tournedos, Filet mignon, Filet goulash
- 등심 부위(Sirloin)
  Sirloin steak, Club steak, Porter house, T-bone steak, Rib steak
- 허벅지 부위(Round)
  Round steak, Swiss steak, Ground round steak
- 궁둥이 부위(Rump)
  Rump steak, Roast rump steak
- 배 부위(Flank)
  Flank steak, Potted flank steak

■ 안심 부위(Tenderloin)

- Chateaubriand : 안심 부위의 가장 굵은 부분(head)을 4~5cm의 두께로 두껍게 잘라 베이컨을 감아 broiling하거나 grilling하여 표면이 과도하게 조리되지 않도록 오븐 속에서 마무리하여 익혀낸다. 이것은 프랑스의 귀족 샤또브리앙이 즐겨 먹던 것으로 그의 주방장인 몽미레이유(Montmireil)에 의해서 고안된 것으로 최고급의 스테이크이다.
- Filet mignon : 휠레 미뇽은 소형의 스테이크라는 의미로 안심 부위의 꼬리 부분의 고기를 잘라 베이컨에 감아서 구워낸다.

■ 등심 부위(Sirloin)

- Porter house steak : 포터 하우스 스테이크는 등심 부위의 고기로서 안심에 비하여 부드럽지는 않지만, 지방이 많아 맛이 고소하므로 구미인들이 즐겨 먹는 스테이크이다.

■ 배 부위(Flank)

Flank는 배 부위의 스테이크로서 지방과 살이 겹겹이 되어 있어 다른 부위에 비해 매우 고소한 맛을 가지고 있다.

② **송아지**(Veal)

송아지 고기는 어미소의 젖으로만 기른 것으로 지방층이 적고 수분을 많이 함유하고 있어 육질이 매우 부드러운 것이 특징으로 생후 12주 이내의 것이 좋다. 좋은 육질의 송아지 고기는 단단하고 좋은 조직을 지니며 크림색에서 연한 핑크 색을 띤다. 흐늘흐늘하거나 너무 밝은 색의 고기는 피한다. 송아지 고기는 지방이 적고 매우 연하기 때문에 조심스럽게 적당한 온도에서 요리해야 한다. 너무 오래 굽거나 요리하면 쉽게 단단해지고 금방 수분이 줄어든다.

- Scaloppine : 송아지 다리 부위에서 잘라낸 작고 얇은 고기로 소금과 후추로 양념한 후 밀가루를 뿌린 후 살짝 튀겨내어 소스를 곁들여 제공한다.
- Veal cutlet : 뼈를 제거한 송아지 고기를 얇게 저민 후 소금과 후추를 뿌리고 계란, 빵가루를 입인 후 버터에 튀겨 소스와 함께 제공한다.

③ **양고기**(Lamb)

양고기는 종교상의 문제로 중동지역이나 유태인이 즐겨 찾는데 1년 이하의 어린 양고기는 부드럽고 담백한 반면, 다 자란 양고기는 질기고 맛도 담백하지 못하다.

- Lamb chop : 양의 등심부위의 고기를 약 2.5cm 두께로 잘라 소금과 후추, 향신료를 발라 구워 내는데, 고기 속은 핑크 색이고 표면은 갈색이 될 때까지 Medium 정도로 익힌 것이 맛과 향이 좋다.
- Leg of Lam : 와인, 오일, 마늘, 소금, 후추, 로즈마리 등의 양념과 향신료를 섞어 2시간 정도 재운 후 구워낸다.

④ **기타 앙뜨레**

- Croquettes : 가금류나 생선 등을 갈아서 잘게 다진 야채 등을 섞어 원추형으로 모양을 만든 다음 밀가루, 계란, 튀김가루 등을 순서대로 묻혀 표면에 황금색이 될 때까지 튀겨서 익혀낸다.
- Cotelettes : 영어의 cutlet을 말하며 육류를 얇게 썰어 표면에 계란과 튀김가

루를 묻혀서 튀겨낸 음식이다.

- Coquilles : 가리비(scallop) 껍질 안에 해산물과 크림소스를 넣고 그 위에 버터, 치즈 등을 얹은 다음 오븐에서 구워낸다.
- Bouchees : Bouchees는 가금류, 생선 등을 소금, 후추, 와인, 향신료와 배합하여 갈아서 한입에 들어갈 만한 크기의 볼 형태로 만들어 황금색이 될 때까지 튀긴 다음 표면에 소스로 코팅하여 삶은 야채와 함께 제공한다.
- Brochettes : 꼬챙이 구이를 말하는데 주로 가금류나 송아지, 새끼 돼지 등의 간을 적당히 잘라 베이컨, 야채와 함께 꼬챙이에 끼워 소스를 발라가며 구워낸다.
- Fricassee : 주로 가금류를 많이 이용하며, chicken stock에 dry white wine과 각종 향신료, 밀가루를 넣어 걸쭉한 크림 소스를 만들고 그 곳에 chicken을 넣어서 익혀낸 요리이다.
- Blanquett : White stock에 송아지 고기를 넣고 야채와 향신료를 첨가하여 익힌 다음 whipping cream을 넣어 걸쭉한 크림 소스가 되면 소스를 위에 얹고, 준비해 두었던 면 종류나 rice, 혹은 mashed potatoes와 함께 제공한다.

⑤ 스테이크 소스

- Bechamel sause : White stock에 우유, 소금, 후추, nutmeg, onion, cloves, bay leaf, roux(밀가루에 버터를 넣어 볶은 것)를 잘 혼합하여 끓여서 마든 소스로 각종 소스의 기본이다.
- Espagnol sauce : Brown stock에 onion, mushroom, celery, carrot을 버터로 볶아 넣고 갈색의 루(roux)를 만든 다음 토마토 퓨레를 넣고 끓여 만든 것이다. 이것은 갈색 소스의 기본이 된다.
- Veloute sauce : Stock에 roux와 mirepoix(각종 야채를 적당한 크기로 썰어 기름에 볶은 것), 향신료 등을 넣고 끓인 것으로 stock의 색이나 재료에 따라 명칭이 정해진다.

⑥ 스테이크 서비스

스테이크는 정확한 분량으로 조리되어야 하고 주문을 받을 때에는 스테이크의 굽는 정도를 고객에게 정확히 물어 보아야 한다. 경우에 따라서는 스테이크와 함께 제공되는 garnish(삶은 야채)의 종류와 조리 방법에 대해서도 설명할 필요가 있다.

스테이크의 조리 시간

스테이크 굽는 정도	시 간(분)	상 태
Rare(Saignant)	10	붉은 육즙이 보일 정도로 겉만 살짝 익힌다.
Medium(point)	15	겉은 갈색이나 속에는 붉은 육즙이 있을 정도로 익힌다.
Well done(Bien Cuit)	20	속까지 완전히 갈색이 되도록 익힌다.

5) 로스트(Roast : Rotis)

로스트 코스는 일반적으로 가금류(poultry)나 엽조류(game)를 재료로 하여 긴 꼬챙이에 끼워 숯불이나 직열(direct heat)로 구워내는 것으로 되어 있으나, 요즈음에는 거의 오븐에서 구워내고 있다. 가금류도 물론 다른 것과 마찬가지로 여러 가지의 영양분을 가지고 있지만, 어떠한 것은 지방질이 유난히 많이 함유되어 있어 많은 고객들이 즐겨 찾는데, 특히 철분과 인이 많이 함유되어 있다.

가금류의 범위는 1파운드의 암탉에서부터 무게가 24파운드가 넘는 큰 칠면조까지 다양하다. 가금류에는 대표적으로 칠면조, 닭, 오리, 거위 등이 있으며, 사냥을 해서 얻은 엽조류에는 꿩, 산비둘기, 메추라기 등이 있다. 가금류는 서양에서 전통적으로 휴일과 축제일에 애용되는 요리이다.

① 가금류의 선택

가금류를 선택할 때 외형, 중량, 나이가 중요한 요소이다. 가금류의 나이는 유연함을 결정짓는데 어린 가금류는 부드러운 육질을 가지고 있어 직접 불에 굽거나, 튀길 수 할 수 있다. 나이가 많은 가금류는 농후하고 맛이 있는데 반해, 그 고기는 덜 부드러워 오랫동안 익히거나 약한 불로 액체에서 상당한 시간을 두고 끓여야 한다.

② 가금류 녹이기

냉동실에 보관했던 가금류는 냉장실 안에서 서서히 녹는다. 그러나 급하게 빨리 녹이길 원할 때에는 흐르는 차가운 물에서 녹일 수 있다. 냉장고 안에서 서서히 녹이기를 원할 때 정확한 녹는 시간은 가금류의 크기와 냉장고 안의 온도에 의존하기 때문에 다음의 표를 참조할 수 있다.

냉동된 가금류를 냉장상태로 해동하는데 걸리는 시간

무 게 (pound)	녹는 시간 (hour)	무 게 (pound)	녹는 시간 (day)
1~2	12	6~12	1.5~2
2~4	12~24	12~20	2~3
4~6	24~36	20~24	3~3.5

③ 가금류 요리

- Roast Turkey : 칠면조의 물기를 닦아낸 다음 올리브 오일과 로즈마리향을 바르고 안쪽과 바깥에 소금과 후추를 뿌리고 몸통 안쪽에 레몬과 허브 등 향신료를 넣고 몸통을 묶은 다음 grill의 cover를 덮고 익히는데 중간중간에 버터를 발라준다. 조리시간은 대략 2시간 30분 정도 소요된다.
- Herb Roasted Chicken : 소금, oil, 각종 향신료를 혼합하여 만든 소스를 chicken의 몸통의 표면과 속 안에까지 골고루 잘 바른 후 적어도 12시간 내지 하루밤 정도를 냉장고에서 재운 후, 3시간 정도 구워 내는데 굽는 동안 가끔씩 버터를 발라준다.

그 외에 roast goose, roast duck, roast game 등이 있다.

6) 야채(Salad : Salada)

샐러드란 싱싱한 야채를 의미하며 이것은 라틴어의 'sel', 즉 소금이라는 뜻에서 비롯된다. 따라서 야채를 주원료로 dressing을 가미하면 되는 것이다. 야채는 계절적으로 많은 것들이 있는데, 양배추류, 식물의 어린 싹, 푸른 잎, 종자류, 뿌리 구근류, 야채 과일, 감귤류, 열대 과일, 허브류, 향신료, 딸기류, 해조류, 종자의 싹 등 그 종류가 다양하다.

① 샐러드의 종류

ⓐ 양배추류(Brassicas)

- Broccoli : 영양가 많은 야채이며 식생활의 한 부분을 차지한다. 요리방법은 날것으로 먹을 수도 있으며, 만일 브로콜리를 요리할 때 살짝 데치거나 강한 불에 빨리 볶는 것이 영양가를 보존할 수 있고, 바삭바삭한 감촉과 밝은 녹색이 나오도록 한다.
- Cauliflower : 밝은 녹색 잎에 크림색의 꽃잎이 둘러싸여 있는 모양으로 날것으로 먹거나 굽거나 약간 데쳐 먹을 수 있으며 많은 영양가를 얻을 수 있다. 꽃양배추는 토마토와 향신료에 결합되어 부드러운 맛과 상쾌한 향을 가지는데 지나치게 삶는 경우에는 유황냄새와 같은 불쾌한 향이 나므로 주의해야 한다.
- Cabbage : 너무 지나치게 요리할 경우가 있는데 양배추는 날것이나 연할 정도로 요리해 먹는 것이 가장 좋다. 양배추는 강한 맛을 가진 주름진 잎으로 가득 차 있는데 조각조각 찢어서 날것으로 샐러드로 사용하거나 프라이팬에 센 불로 볶아서 사용하기도 한다.
- Brussels sprouts : 이것은 기본적으로 양배추와 같은 작은 모양을 하고 있으며 강한 견과향을 낸다. 브르셀은 약간 굽거나 데치거나 센 불에 볶으면 녹색을 띠며 바삭바삭한 느낌이 나는데 비타민과 미네랄을 많이 함유하고 있다.

ⓑ 식물의 어린 싹(Shoot)

- Fennel : 짧고 뚱뚱한 구근은 샐러리와 비슷한 조직을 갖고 있고 잎은 잘고 길게 갈라져 있으며 식용으로 사용할 수 있다. Fennel은 날로 먹었을 때 순한 애니스(Anise) 향이 난다. Fennel을 날로 먹을 때 그것을 얇게 저미거나 잘게 다져서 샐러드에 곁들인다.
- Asparagus : 로마시대로부터 식용으로 높은 가치를 갖게 되었으며 17세기부터 상업적으로 재배되었다. 두 가지 종류로 구분되는데 흰색의 아스파라거스는 그것이 흙 위로 싹이 트자마자 바로 채취한 것이며, 푸른색의 아스파라거

스는 싹이 지표를 뚫고 나와 태양빛을 받고 자란 싹을 채취하는 것이다. 요리방법은 약간의 소금을 넣은 스튜냄비에서 살짝 데치거나, 혹은 녹인 버터에 마요네즈, vinaigrette dressing과 함께 제공하면 더욱 맛있다.

- Endive : 이 야채는 길고 단단하게 잎으로 쌓여 있으며 흰색과 붉은색의 두 종류가 있다. 붉은 endive는 좀더 향이 강하고 흰색의 endive는 바삭바삭한 잎을 갖고 있다. 이 바삭바삭한 조직과 약간의 쓴 향은 특별히 그것이 샐러드에 좋다는 것을 의미한다.
- Celery : 아스파라거스처럼 샐러리도 처음에는 약용으로 재배했으나, 지금은 날로 먹거나 데쳐서 제공하거나 기름으로 살짝 튀긴 후 끓여서 제공된다. 샐러리의 잎은 맛이 싸하고 또한 stocks의 향을 더해준다.
- Artichokes : 속이 꽉 차고 솔방울 모양의 둥근 모양이며 자주빛의 엷은 색조의 잎은 맛있는 향을 갖고 있다. 칼과 가위를 이용하여 줄기를 잘라내고 잎의 가장자리에 있는 가시를 잘라낸다. 이것은 손가락으로 각각의 잎을 따서 마늘 버터나 vinaigrette dressing에 찍어 먹거나 삶아서 bearnaise sauce와 곁들여 먹는다.

ⓒ 푸른 잎사귀(Salad Green)

- Watercress : Watercress의 매운 후추향이 잎의 부드러운 맛을 보완해 주며, 그 향은 신선한 오렌지와 잘 어울린다.
- Mache : 콘 샐러드로 잘 알려진 이 작은 양상추는 부드러운 맛의 작고 둥근 벨벳느낌의 잎사귀를 가지고 있다. 이것은 자체만 제공되거나 다른 salad green과 함께 섞어 제공된다.
- Radicchio : Chicory류의 일종인 radicchio는 짙은 붉은색이며 조금 매운 맛을 가진 잎들이 빽빽이 들어 차 있다.
- Lettuces : 천년 동안 경작되어온 양상치는 로마시대에 야채 샐러드로 처음 먹었다. 영양학적으로 양상치는 날것으로 먹는 것이 제일 좋지만 볶거나 찌거나 하여 먹을 수 있다.
- Butterhead Lettuces : 부드러운 잎의 이 양상치는 평범한 맛을 가졌고 샌드

위치의 내용물로 아주 적합하다.

- Romaine Lettuce : 이 양상치는 길고 억센 잎, 그리고 강한 맛을 가졌다. 속은 빽빽하게 작은 잎들로 싸여져 있다.
- Iceberg Lettuce : 이 양상치는 둥글고 바삭바삭한 엷은 녹색의 잎과 단단한 원형 모양으로 되어 있다. 이것은 butterhead 양상치와 같이 부드러우며 조금 쓴맛을 가지고 있고 장식하는데 이용되기도 한다.
- Oak Leaf : Oak 잎은 붉은 빛과 부드러운 잎사귀, 그리고 약간 쓴맛을 가진 인기 있는 양상치이다. 샐러드에서 맛과 색감을 위해서 그린 양상치와 섞는다.
- Chicory : Chicory는 못처럼 뾰족하고 찢어지고 다 헤어진 잎을 가지고 있는데 겉쪽의 색은 짙은 녹색이고 중심부부터는 색이 바랜듯한 연두색이다. 강한 맛의 드레싱과 곁들여 먹으면 chicory의 독특한 쓴맛을 높일 수 있다.

ⓓ 콩 꼬투리와 종자류(Pods and Seeds)

- Peas : 완두콩은 얼렸을 때 맛이 좋은 몇 안되는 야채들 중 하나이다. 왜냐하면 완두콩을 수확하면 바로 얼리기 때문에 얼린 완두콩은 신선할 때보다 더 영양적 가치가 있다. 또 다른 이점은 완두콩은 일년 내내 쉽게 구할 수 있다. 어린 완두콩은 꼬투리 채로 샐러드에 날로 또는 약간 데쳐서 제공한다. 완두콩은 purees나 soup에 맛을 더해 준다.
- Fava Beans : 어리거나 신선할 때 맛이 좋으며, 작은 꼬투리는 통째로 먹을 수 있다. 다 자란 콩은 요리한 후에 껍질을 벗기는 것이 좋다. 이 콩은 날로 먹거나 약간 조리해서 먹을 수 있다.
- Green Beans : 그린 색이며, 껍질에 골이 패여 있고, 연한 어린 콩은 껍질째 먹을 수 있다. green bean은 간단히 손질하여 살짝 익히거나 데친다. 이것은 뜨겁거나 또는 차갑게 제공하며 레몬주스 혹은 vinaigrette dressing과 함께 제공한다.
- Corn : 옥수수는 낟알이 굳어지기 전, 즉 천연당분이 녹말로 변하기 지전에 먹는 것이 당도도 높고 부드럽다. 녹색의 겉잎을 제거하고 통째로 요리하든가, 날카로운 칼을 이용해서 낟알을 떼어내서 요리한다. 어린 옥수수는 날것

으로 먹을 수 있으나, 살짝 볶아 먹으면 더욱 좋다.

ⓔ 뿌리와 구조류(Roots and Tubers)

- Turnips : 이 뿌리야채는 건강에 도움을 주는 특성을 많이 가지고 있으며, 순무의 녹색상부는 특히 영양가가 많다. 순무는 날것으로 먹을 수도 있고 찌거나 굽는 방법으로 요리할 수도 있다.
- Radishes : 매운맛을 지닌 이 야채는 겨자과에 속하며 진홍색이나 빨간색의 둥근 모양을 하고 있다. 무는 샐러드로 이용되며 아삭아삭 씹히는 맛이 있다.
- Horseradish : 혀와 코를 얼얼하게 하는 이 뿌리는 야채로는 결코 사용할 수 없으며, 보통 갈거나 크림 혹은 오일 그리고 식초를 함께 섞어 사용한다. 이것은 요리의 첨가제로 사용된다.
- Jesusalem Artichokes : 작고 울퉁불퉁한 모양의 뿌리는 견과류의 향기와 단맛을 가지고 있다. 껍질 벗기기가 어려우므로 문질러 세척하고 깍는 것만으로 충분하며, 감자와 같은 방법으로 사용되며 이것은 크림 수프의 좋은 원료로 이용된다.
- Potatoes : 수많은 감자 종류들은 그 특성에 따라 다양하고 특별한 요리방법이 있다. 감자는 부드러운 감촉을 가지고 있으며, 요리 후에도 그 모양이 계속 유지되며, 전형적으로 샐러드에 많이 이용된다. 감자는 지방분이 적기 때문에 치즈와 같은 것을 추가하여 그 성분이 더해지도록 한다. 끓이는 것보다 찌는 것이, 그리고 프라이하는 것보다 굽는 것이 가치 있는 영양분을 계속 유지시켜 줄 수 있다.

ⓕ 야채 과일(Vegetable Fruit)

- Tomato : 토마토는 색깔, 모양, 크기에 의해 다양하게 선택한다. 잘 익은 토마토와 체리 토마토는 달고 샐러드나 요리되지 않은 소스에 좋다. 토마토는 비프스테이크의 맛을 내는데 사용하며 샐러드에도 좋다.
- Chile Peppers : Chile peppers는 미국이 원산이며 고추의 일종으로 인도, 타이, 멕시코, 남미를 비롯한 많은 나라에서 여러 종류의 요리법으로 중요한 부분을 차지하고 있다. 이 고추는 200가지의 여러 종류가 있으며 그 모양 또한

여러 가지이다. 고추는 속이 꽉 찬 것이 맵고 맛이 좋다.

ⓖ 감귤류(Citrus Fruit)

- Orange : Orange는 껍질을 벗기자마자 바로 먹어야 좋으며, 껍질을 벗긴 순간부터 비타민C를 잃기 시작한다. 얇은 껍질의 오렌지는 수분을 가장 많이 함유하고 있다. Navel(꽃이 질 때 오렌지에 볼록하게 단추모양의 점이 있어 붙여진 이름)과 같은 품종은 달고 수분이 많아 인기가 있으며, Jaffa와 Valencia와 같이 신맛이 강한 오렌지는 마멀레이드를 만드는데 쓰인다. 오렌지의 얇은 껍질은 달거나, 혹은 달지 않은 모든 음식에 좋은 향을 풍기게 하는 오렌지만의 독특한 향이 나는 오일을 함유하고 있다.
- Grapefruit : Grapefruit의 과육은 맑은 핑크빛, 진홍색, 흰색으로 구분되며 핑크빛과 진홍색의 품종이 더 달콤하다. Grapefruit를 주스로 서브할 때 grapefruit를 2등분하거나 슬라이스로 썬다. grapefruit는 상쾌하게 하루는 시작할 수 있게 해주며 또한 청량감을 주기 위해 샐러드에 첨가하거나 음식을 돋보이게 하기 위해 첨가한다. 요리를 하거나 끓일 때에는 맛이 시큼해지는데 영양소가 파괴되지 않게 요리시간을 최대한 짧게 한다.
- Lemons : 요리재료로 없어서는 안되는 레몬즙, 껍질 모두 샐러드 드레싱, 채소, marinades에 생기를 돋우기 위해 쓰여진다. 또한 레몬 주스는 몇몇 과일과 야채를 잘랐을 때 변색되는 것을 막기 위해 쓰여진다. 레몬은 짙은 노랑색을 띠며 단단하고 껍질에 녹색점이 없는 묵직한 것이 좋다.
- Limes : Lime juice는 레몬주스보다 더 강한 향을 갖고 있어 음식에 레몬 대신 라임을 사용한다면 좀 적은 양을 사용해야 한다. 라임은 아시안 요리에 많이 쓰이며 껍질은 curry, marinades에 맛을 내기 위해 쓰인다.

ⓗ 열대 과일류(Tropical Fruit)

- Pineapples : 독특한 외관의 파인애플은 달콤하고 과즙이 많으며 황금색의 과육을 갖고 있다. 대개 다른 과일과 달리 파인애플은 수확한 이후에는 더 이상 익지 않는다. 만약 설익은 파인애플이 있다면 며칠 놓아두면 그것의 산성이 감소할지 모른다.

- Papaya : Paw paw로도 알려진 파파야는 배 모양의 과일이다. 익었을 때 초록색 표면에 노란색의 반점이 있으며 과육은 빛나는 오렌지 핑크색이다. 건조하였을 때 먹을 수 있는 많고 작은 검은씨는 톡 쏘는 맛이며, 날카로운 칼이나 야채 껍질 벗기는 도구를 사용하여 껍질을 벗긴 후에 사랑스러운 아로마 향기와 달콤한 맛의 부드러운 과육을 즐길 수 있다. 익은 파파야는 그냥 먹는 것이 가장 좋고, 익지 않은 것은 요리를 해 먹을 수 있다.
- Mango : 감미롭고 향기로운 망고의 표면은 노란색, 오렌지색, 또는 붉은색에서 초록색까지로 분류할 수 있다. 망고의 모양도 역시 매우 다양하다. 진한 초록색을 가진 망고는 덜 익은 것이지만, 아시아에서는 이것을 종종 샐러드에 사용한다. 망고는 슬라이스 혹은 주스로 서브하고 아이스크림이나 셔벳의 기본으로 사용한다.
- Banana : 에너지 덩어리인 바나나는 귀중한 영양소로 가득 차 있다. 부드럽고 크리미한 바나나는 요거트와 섞어 짓이기거나 달콤하고 부드러운 드링크와 혼합할 수도 있으며 구울 수도 있다.

④ 드레싱의 종류

- French dressing : 식용유에 식초, 소금, 후추, 레몬주스, 겨자, 계란 노른자, 다진 양파를 혼합하여 만든다.
- Thousand Island dressing : 마요네즈 소스에 삶은 계란, 토마토 케첩, 양파, 피클, 핫소스 등을 넣어 만든다.
- English dressing : 소금, 후추, 겨자, 그리고 식초를 넣고 오일을 식초의 2배로 부어 만들고 약간의 설탕으로 맛을 낸다.
- American dressing : English dressing과 거의 같은 것으로 기름과 식초를 혼합하여 만들고 설탕을 첨가하여 달게 만든 것이다.

7) 후식(Dessert : Dessert)

후식은 Entree 코스 후에 제공되는 감미로운 것으로 찬 것(cold dessert), 더운 것(hot dessert), 치즈류(cheese), 과실류(fruits) 등이 있다.

(1) 찬 후식(Cold dessert)

① Ice cream

우유, 설탕, 향료를 첨가하여 미세한 거품을 만들어 냉각시켜서 그 맛이 매우 부드럽다.

② Sherbet

Sherbet는 과즙에 수분과 설탕을 넣어서 냉각시킨 것으로 부드럽지는 않지만 아이스크림보다 시원한 청량감을 느낄 수 있다. 첨가되는 과즙에 따라 strawberry sherbet, pineapple sherbet, orange sherbet 등으로 명명할 수 있다.

③ Mousse

계란과 whipping cream을 혼합하여 만든 것으로 차갑게 하여 제공한다.

(2) 더운 후식(Hot dessert)

① Souffle

Mousse와 만드는 방법이 비슷하다. Whipping cream에 egg white를 기본으로 넣는 향의 재료에 따라 chocolate souffle, lime souffle, orange souffle 등이 있다.

② Pudding

밀가루, 설탕, 계란 등을 넣어 만든 반유동체의 과자로 부드럽고 달콤한 맛이다.

③ Crepes Suzette

보리, 설탕, 계란, 우유 등을 넣어 구워낸 케익으로 고객식탁 앞에서 orange liqueur로 flaming하여 제공하는 것이다.

(3) 치즈(Cheese)

치즈는 세상에서 가장 다양한 종류의 미묘한 맛을 지닌 음식 중의 하나이다. 치즈는 담백한 맛, 버터 맛, 상큼한 맛, 풍성한 맛, 크림 맛, 자극적인 맛, 쏘는 맛, 짠맛, 미묘한 맛 등 많은 다양한 맛을 느끼게 해 주는 음식이다. 부스러기가 나올 정도로 딱딱한 치즈도 있으나, 너무 연해서 숟가락으로 떠먹어야 하는 치즈도 있다.

건장한 사람의 속도 뒤틀어 놓을 정도로 역겨운 냄새를 가진 치즈도 있으나, 실제로 향이 있는지조차 느끼기 힘들 정도로 은은한 향을 지닌 치즈도 있다. 치즈는 포도주와 어울리는 최상의 음식이며 용도가 많은 음식중의 하나이다. 이것은 스낵이나 주요리, 또는 코스와는 별도로 샌드위치 속에, 혹은 샐러드나 모든 종류의 요리에 곁들여 먹을 수 있다. 치즈는 우유의 영양분의 대부분이 함유되어 있거나 육류나 생선, 달걀과 같은 질 좋고 높은 단백질이 모두 모아진 음식이다.

치즈를 후식으로 할 때에는 보다 많은 영양을 흡수하는데 그 목적이 있으며 soft cheese에는 Mozarella, Camembert와 hard cheese에는 Parmesan, Edam, Gouda, Emmental 등이 있다.

① 치즈의 선택

치즈를 선택함에 있어 치즈를 어떻게 사용할 것인가에 맞추어 치즈를 구입해야 한다. 치즈를 선택하는데 있어서 치즈는 종류가 매우 다양하기 때문에 가능한 많은 종류의 치즈를 맛을 보거나 경험을 통해서 알 수 있다.

치즈는 두 가지로 구분되는데 자연 치즈와 저온 살균 치즈이다. 자연 치즈는 우유에서 직접 만들어진 것인데 어떤 것은 숙성되어진 정도에 따라서 특유의 향과 조직이 형성되고 순한 맛과 매운 막과 같은 표시와 치즈가 익혀진 온도, 유통기한이 라벨에 표시되어진다. 반면에 어떤 자연 치즈의 경우는 덜 숙성되어진 것도 있다. 같은 방법에 의해 만들어진 치즈는 'family'처럼 그룹화되어 있으며 비록 조직과 매운 맛 정도의 변화는 있지만 family의 향은 기본적으로 비슷하다. 기본적인 치즈 family에는 9가지가 있다. Cheddar, Dutch, Provolone, Swiss, Blue, Parmesan, Fresh, Surface-ripened, whey 치즈이다. 자연 치즈는 또한 농도와 조직에 따라 분류되는데 Parmesan처럼 곱게 간 것, Cheddar와 Swiss 치즈처럼 딱딱한 것, Brick와 같이 부드러운 것, 그리고 Cottage와 Racotta 치즈처럼 부드럽고 덜 성숙된 것으로 분류된다. 저온 살균 치즈는 여러 농도의 자연 치즈를 한가지 이상 빻고 섞어서 만들어진다. 그리고 열처리 또는 더 숙성되는 것을 막고 획일화된 치즈의 생산과 일관된 향과 조직을 위해서 저온 살균처리한다.

② 치즈의 제공

치즈는 항상 제공되기 전에 냉장고에서 꺼내어 최소한 30분 내지 1시간 정도 포장을 벗겨 놓는다. 이것은 실내 온도에 놓아두면 치즈의 향이 풍부하게 형성되기 때문이다. Cottage, Cream, Neufchtel 등의 치즈는 예외이다. 이것은 냉장고에서 꺼낸 직후 바로 먹는 것이 좋다. Camembert 치즈와 같은 몇몇의 치즈는 그것이 점성이 될 때가 최상이다. 따라서 제공하기 한두 시간 전에 상온에 두어야 한다. 아침부터 저녁까지, 식사와 간식 사이 또는 와인파티, 만찬 등 치즈는 하루의 어느 시간에 제공되어도 적당하다. 특히 와인은 치즈와 완벽한 조화를 이룬다. 만일 치즈를 식사 후에 제공할 경우에는 치즈를 와인과 함께 제공하는 것이 좋다.

③ **과 일**(Fruit)

생과일로 제공될 경우에는 나이프와 포크를 따로 제공해야 하며, 이 때에는 핑거볼(finger bowl)도 함께 내야하며 미리 껍질을 벗겨 내야 할 경우에는 서브되기 직전에 껍질을 벗겨 제공해야 한다. 그 밖에 Apricot(살구), Peach(복숭아), Grape(포도) 등의 절임과일을 내기도 하고 fruit cocktail 같이 여러 가지의 과일을 혼합하여 제공하기도 한다.

그 외에 dessert로 제공되는 메뉴로 pie, torte, meringue, beignet, cookies, candy 등이 있다.

8) 음료(Beverage)

정식에 있어서 마지막 코스로서 음료를 제공한다. 음료는 얼음처럼 차가운 한잔의 우유에서부터 매우 세련된 향과 감촉을 가진 것까지 어느 것이라도 이용될 수 있다. 일반적으로 겨울은 따뜻한 음료를 마시는 계절이고 여름은 기분을 상쾌하게 해주는 차가운 음료를 마시는 계절이다. Coffee와 tea와 같은 것들은 식후에 마시는 가장 대표적인 음료로서 이것은 1년 내내 마실 수 있으며 뜨겁거나 차갑게도 즐길 수 있고 그냥 마시거나 다른 향을 가진 것들과 같이 마실 수도 있다. 그리고 칵테일에서 알코올이 들어간 음료까지 있다.

식사가 끝나면 충분히 쉬면서 대화를 나눌 수 있는 분위기를 제공해야 하며 커피잔, 물컵, 재떨이 등은 고객이 식탁을 떠날 때까지 치우지 말아야 한다.

(1) 커피(Coffee)

① 커피 저장 및 만들기

신선한 커피만이 좋은 향을 낼 수 있으며 개봉하지 않은 진공 포장된 가루 커피는 1년이 넘는 동안 상온에서 신선하게 보관될 수 있다. 한번 개봉되면 그 향은 즉시 사라진다. 따라서 개봉된 커피는 일주일 이내에 사용하는 것이 좋다. 커피 원두는 구워지자마자 향을 잃기 시작하므로 3주내에 사용하도록 해야 한다.

커피를 끓이고 난 후에 남는 오일 찌꺼기는 불쾌한 냄새가 나며 커피의 향을 앗아가 버리므로 커피 메이커가 항상 깨끗한 상태를 유지하도록 해야 한다. 커피를 끓일 때에는 항상 신선하고 차가운 물, 그리고 신선한 커피를 사용해야 최상의 커피 맛을 즐길 수 있다. 커피는 바로 끓였을 때 가장 맛이 좋으며 한 시간 이내에 마실 양만을 끓이는 것이 좋다. 만일 커피를 데우려면 항상 낮은 온도에서 시작한다. 센 불로 끓이면 쓴맛이 더욱 강해진다.

② 커피 제공방법

식후 음료로 커피를 제공하는 것이 일반적이며, 커피 제공시 컵을 따뜻하게 하여야 한다. 정식 후에 제공되는 커피는 보통 커피 잔보다 적은 demi-tasse로 no cream, no sugar의 black으로 제공되는 것이 보통이나, 고객의 기호에 따라 설탕이나 크림을 사용하여도 무방하다.

커피 속에 있는 카페인 성분은 위산의 분비와 위의 활동을 돕는 작용을 하므로 식사 마지막 순서에서 커피를 제공하는 것이다. 커피 제공시 적정온도는 약 80℃이며 마시기에 적당한 온도는 대략 60～65℃이면 알맞고 맛과 향도 이 때가 가장 좋다.

③ 커피상품의 종류

- Cafe au Lait : 보통 커피의 농도보다 진하게 추출하여 큰 컵에 우유와 커피를 동시에 반씩 따라서 거의 같은 양이 되도록 한다. 설탕은 별도로 제공한다.
- Irish Coffee : 6～8 온스 가량의 stemmed glass에 설탕과 Irish whisky를 넣은 다음에 뜨거운 커피를 채우고 설탕이 완전히 녹을 때까지 휘젓는다. 컵의 끝까지 whipping cream으로 가득 채워 제공한다.
- Cappuccino : 계피향이 독특한 조화를 이루는 이탈리아의 대표적인 커피로

진하게 추출된 커피에 설탕을 넣어 녹인 후 계피가루를 뿌려서 제공한다.

- Vienna Coffee : 추출된 커피를 컵에 넣고 설탕을 용해시킨 후 whipping cream을 채워서 제공한다.
- Cafe Royal : 진하게 추출된 커피를 컵에 따른 후 스푼을 컵에 걸치고 그 안에 각설탕과 브랜디를 넣고 불을 붙이면 브랜디에 젖은 각설탕이 타면서 파란 불꽃과 브랜디의 향이 퍼진다. 이 브랜디의 향이 커피에 스며들어 독특한 맛을 낸다.
- Espresso Coffee : 압축에 의한 방법으로 커피를 추출하는 것으로 맛이 진하고 보통 black으로 마시지만 생크림을 제공하기도 한다.
- Coffee Frappe : 잘게 부순 얼음, 커피, 설탕, 그리고 hazelnut syrup을 넣고 믹서에서 부드러워질 때까지 믹싱한 후 글라스에 붓고 whipping cream을 채운다.

제8절 연회서비스

1. 연회서비스의 개념

연회란 많은 사람들, 혹은 주빈에게 경의를 표하거나 어떠한 행사를 기념하기 위해 격식을 갖춘 공식만찬으로 정의할 수 있다. Webster 사전에서는 연회를 "a formal dinner for many people often in honor of someone" 이라 설명하고 있다. 연회는 동일한 목적을 위하여 별도로 준비된 장소에서 단지 식사만을 위한 목적이 아닌 그 이외의 부수적인 목적을 함께 행하는 것을 말한다

연회 서비스는 일반적인 식음료 서비스보다는 차원 높은 좀더 조직적인 서비스로 table set up과 요리 제공은 식당서비스와 같은 방법으로 준비되고 서비스된다. 오늘

날의 연회는 경제가 발전하고 사회의 구조와 형태가 확대됨에 따라 연회행사의 형식도 다양화되고 보다 확대되고 있다. 따라서 오늘날의 연회는 얼마나 효율적인 아이디어로 조직하고 구성하느냐에 따라 호텔의 식음료 부문에 있어서 또하나의 매출증진의 기회가 될 수 있다.

연회서비스의 성공적인 열쇠는 사전에 정확하고 빠른 스케줄에 의하여 완전히 준비되는 것이다. 연회부서나 그 담당자에 의하여 예약판매가 이루어지면서 연회의 목적, 일시, 메뉴, 서비스의 형태, 연회의 성격, 인원수, 기타 요구사항 등을 세밀히 기록하여 호텔의 모든 연관부서에 필요한 사항이 무엇인가를 사전에 협조하고 의뢰하여야 한다. 일반적으로 연회는 크게 국가적인 행사 및 국제적 대규모의 행사와 작게는 일반적인 국내의 행사를 모두 포함한다. 무엇보다도 연회담당자는 연회의 예약부터 진행마무리까지 완벽한 행사를 치룰 수 있도록 준비해야 한다.

2. 연회의 종류

1) 식음료 판매 중심의 행사

① **정찬 파티**(Table Service Party : Breakfast, Lunch, Dinner)

정찬 파티란 식음료의 full course를 제공하는 파티로서 가장 비용이 많이 든다. 주로 사교상의 목적을 지니고 있으며 주최자의 요청에 따라서 메뉴를 결정하고 좌석 배치 및 name card를 배치하기도 한다. 주최자는 초대장을 보낼 때 연회의 목적과 성명, 장소, 일시 등을 기재하고 복장에 대한 사항을 언급할 수 있다. 정찬 파티에는 통상적으로 정장을 갖추고 참석하게 되며 place card가 식탁에 배치하면 지정된 좌석에 앉는다.

정찬 파티는 breakfast, lunch, dinner가 모두 포함되는데 연회 진행의 혼잡을 피하기 위해 연회장 입구에 좌석배치도를 설치하고 고객이 효율적으로 좌석에 배치되어 착석할 수 있게 서비스해야 하며, 또한 연회의 목적, 참석자의 수, 지위나 연령에 따른 좌석 배치, 주빈에 대한 예우 등을 잘 고려하여 치밀한 계획하에 분주하지 않게 이루어져야 한다.

② **칵테일 파티**(Cocktail Party)

칵테일 파티란 각종 알코올 음료와 주스를 갖추어 놓고 hors d'oeuvre을 곁들이면서 입식형태(standing party)로 이루어지는 연회를 말한다. 칵테일 연회는 정식 파티에 비하여 비용이 적게 들고 복장이나 시간에 제한을 받지 않고 참석할 수 있으며, 자유롭게 이동하면서 담소할 수 있는 공간에서 이루어진다.

이 때 칵테일 파티에 서비스하는 종사원은 수시로 음식과 음료의 잔량을 체크하여 부족함이 없는 서비스로 연결되도록 해야 하며, 고객들에게 직접 칵테일이나 음료의 주문을 받아 서비스하기도 한다.

③ **뷔페 파티**(Buffet Party)

뷔페는 고객의 요청에 의하여 일정한 금액의 뷔페용 음식형태로 마련되며, 입식으로 행해지는 칵테일 뷔페 형식과 같은 standing buffet와 일반적인 뷔페 식당의 setting으로 이루어지는 sit down buffet로 나누어 볼 수 있다.

뷔페는 단일 종류의 메뉴에서부터 여러 형태의 요리법으로 만들어진 다양한 식사가 제공된다. 일반적으로 연회에서의 뷔페는 주최자의 사전 예약에 의해 참석자의 수에 맞추어 음식이 준비되므로 호텔내의 일반 뷔페식당과 다르게 그 양에 있어서 한정적이다.

④ **티 파티**(Tea Party)

일반적으로 break time(3～5시 사이)에 간단하게 개최되는 파티를 말하는데, 주스나 커피 또는 tea 종류와 함께 과일, 샌드위치, 케익, 디저트류가 곁들여져 제공되는 파티를 말한다. 이 때 제공되는 다과는 양식과 한식을 구분하여 한 종류만을 제공하거나 이 두 종류를 함께 섞어 제공하는 경우도 있다.

⑤ **출장 파티**(Outside Catering)

고객의 요청에 의하여 원하는 시간에, 고객이 원하는 장소로 음식을 싣고 가서 제공하는 파티를 말하는데 요리, 각종 식기, 테이블, 글라스, 린넨, 그 밖의 관련 집기 비품들이 함께 지정장소에 운반된다. 출장연회 담당자는 사전에 고객이 원하는 장소에 직접 가서 점검하여 그 장소에 부합되는 행사계획을 마련해야 한다. 특히 야외에서 이루어지는 행사일 경우 우천시 발생할 문제나 주변 환경 등을 꼼꼼히 고려해야 할 것이다.

출장연회는 현대의 호텔에 있어서 매출과 시장성을 확대하는 중요한 부문으로 부각되고 있다.

⑥ **가족모임**(Family Party)

가족모임은 글자 그대로 가족들과의 행사를 호텔에서 행하는 것이다. 보통 가족모임이라 하면 약혼식, 결혼식, 돌잔치, 회갑연, 칠순, 생일파티, 결혼기념파티 등이 있는데, 가정에서 직접 가족행사를 행했던 종전과는 달리 최근에는 호텔에서 가족모임을 갖는 경우가 현저히 증가하였다.

2) 연회장 판매 중심의 행사

전시회(exhibition), 패션쇼(fashion show), 각종회의(conference), 국제회의(convention), 세미나(seminar), 강연회, 간담회, 연주회, concert, 상품설명회 등을 행하기 위해 주로 장소를 판매하는 것을 주목적으로 것을 말한다. 이러한 행사시의 호텔 식음료 판매는 부수적으로 이루어지며 행사의 형태에 따라 다소 차이가 있으나, 식음료 서비스를 벗어나는 경우는 극히 드물다.

3) 개최 시간에 따른 행사

조찬 파티(Breakfast Party) 06:00~10:00
브런치 피티(Brunch Party) 10:00~12:00
런치 파티(Lunch Party) 12:00~15:00
디너 파티(Dinner Party) 17:00~24:00
만찬 파티(Supper Party) 22:00~24:00

4) 국제회의

(1) 국제회의의 의미

국제회의에 관한 용어 개념을 살펴보면 우선 영어의 “Con” 이란 단어는 “반대” 라는 뜻이 포함되어 있으며 “Vent” 라는 단어의 뜻은 감정을 나타낸다”로

Convention은 합성어로 회의라는 뜻으로 사용되고 있다. 과거 1660년 영국의 의회가 '국왕의 승인을 받지 않고 회의를 소집하는 것'을 "Convention" 이라고 부르기도 했다.

이러한 Convention의 본질은 Meeting, Information, Communication, Social Function 등으로 볼 수 있다.

국제회의란 공인된 단체가 정기적으로 주최하고 3개국 이상의 대표가 참가하는 회의를 말하는데, 회의내용에 있어서는 국가간의 이해조정을 위한 교섭회의, 전문분야의 연구결과 토의를 위한 학술회의, 참가자간의 우호증진을 위한 친선회의, 국제기구나 민간단체의 사업에 대한 검토회의 등 그 종류가 다양하다.

그리고 개최지는 일반적으로 각국의 유치경쟁과 순번 등에 의해서 결정된다. 그러나 때때로 정치적인 이유나 지리적 특성 때문에 특정 국가에서 개최되는 경우도 있다.

보통 국제회의에서 발표자는 microphone을 사용해서 발표한 내용을 말하고 이것을 통역자가 수신하여 각국어로 번역하여 다시 보내면 참석자는 수신기의 채널에 의하여 자국어로 선택하여 듣게 된다.

따라서 국제회의에는 각 나라와 관련한 booth와 통역자의 인원도 사용 국어수에 따라 결정된다.

오늘날 세계 국제회의 시장의 국제규모는 매년 확대되고 있으며 각국의 정부 국제회의 전달 기구에서는 국제회의 사업의 중요성 및 효과를 깊이 인식하고 각종 국제회의 뿐만 아니라 같은 범위에 속하는 전시회, 박람회, 학술 세미나, 각종 문화행사, 스포츠행사 등의 유치에도 관광적인 측면에서 전력을 기울이고 있다.

이처럼 국제회의산업(International Convention Business)은 새로운 신흥 산업인 뉴비즈니스이며, 회의의 준비작업에 온갖 정성을 기울여야 하는 종합예술산업이고, 회의 준비와 발표자 선정을 제외하고 일체의 업무를 전문가에게 맡겨야만 하는 종합서비스산업이라 할 수 있다.

따라서 호텔에 있어서 국제회의의 장소 제공 및 진행, 효과적으로 계획된 식음료 서비스는 무엇보다 중요한 부문이며, 오늘날 호텔의 중요한 개발과제로 볼 수 있겠다.

(2) 국제회의의 종류

① 규모별 회의

- Convention : 주로 특정 안건을 심의하여 어떠한 결론을 유도하는 모임(gatherings)으로서 축제적 분위기 속에서 이루어지며 주로 미국식 영어로 사용하고 있다. 이러한 집회는 형식적이 되어 만장일치의 의안 통과가 관례이며, 그 대신 각급 분과위원회의 깊이 있는 토의, 심의가 심도 있게 이루어진다.
- Congress : Convention과 같은 의미, 같은 규모의 행사 중심의 국제회의로서 다만 대륙식 영어로 사용한 것이 다르다. Convention이나 Congress는 본회의와 사교행사, 그리고 관광행사 등의 다양한 프로그램으로 편성되며 참가인원은 보통 수천명에 이른다. 연차로 개최되며 상설 국제기구가 주체가 된다.
- Conference : 회의를 기본으로 하는 구제적 집회로 미국에서 주로 사용되며 프랑스어계 국가에서는 외교적 성격의 국가적 회의에 이 용어를 많이 사용하고 있다. Conference는 Annual을 수반하여 그 규모를 크게 나타내고 있다. 다만, 작은 규모의 회의중심의 모임은 conference로만 표기하고 있다.

② 토론중심의 회의

- Seminar : 교육목적으로 개최되는 회의로서 발표자와 참가자가 난일 논제를 가지고 발표와 토론을 갖는데, 이는 발표자와 참가자가 같은 위치에 있는 것이 아니라 발표자의 우월적 지식전달이 위주가 된다.
- Symposium : 특정문제를 놓고 연구 검토하기 위한 전문가의 토론장으로서 토론주제는 전문가들의 연구를 거쳐 상호 의견을 나누며 이들이 모임 종결부에서 관련된 주제에 대한 건의사항과 제반 문제점을 정리하여 보고서를 작성하게 된다.
- Forum : 고대 로마시대의 공회용 광장에서 나온 용어로서 자유토론의 광장의 성격을 띠고 있다. 비교적 격식은 자유로우며 토의 주제에 대하여 상반된 입장에서 자기 주장과 질의를 할 수 있다. 그러므로 사회자의 역할이 더욱 기대된다. 심포지엄이 격식을 갖춘 토론형식이라면 이는 자유로운 토론형식

이다.

- Panel Discussion : 방청인들을 중심으로 장내를 메우고 발표자의 제목 발표와 해당사항의 전문가들 간의 상호 질문, 답변 등의 토론을 갖는 형식의 모임이다. 청중의 참여보다는 전문가끼리의 토론의 비중이 크며, 여기에 참가하는 발표자와 토론자는 완벽한 준비를 사전에 가질 수 있어 보다 효과적인 토론이 가능하다.

3. 연회업무의 진행

1) 연회의 예약

연회업무에 있어 가장 먼저 이루어지는 것은 연회의 예약이다. 이는 연회담당자 및 호텔의 판촉관련 부서의 협력으로 연회예약의 능률이 최대한 발휘될 수 있도록 해야 한다.

적극적인 판촉활동과 홍보활동으로 고객을 유치해야 하며 유치된 행사는 좋은 시설, 특징있는 요리, 최고의 서비스 등의 최선의 노력으로 고객만족을 이끌어내어야 한다. 연회예약시 유의해야 할 사항으로는 다음과 같은 항목들이 있다.

- 날짜와 시간(Date & Time)
- 주최자와 초청받은 손님(Organizer & Gust Honor)
- 연회의 성격(Type of Function)
- 참석인원(Number of Guest)
- 1인당 예산(Price per Person)
- 장소 및 장식(Room & Decoration)
- 차림표(Menu)
- 식탁 배치(Table Arrangement)
- 좌석 배치(Seating Arrangement)
- 연회장 도면(Function Room Ray-Out)
- 서비스 방법(Method of Service)
- 가격 안내(Price Information)

- 기타 특기사항(Other Special Requirement)
- 지급방법(Payment)
- 견적서(Quotation)

2) 서비스 인원 확보

서비스방법에 따라 다소 차이는 있으나 모든 업무에 숙련된 웨이터가 접객할 수 있는 인원은 보통 10~15명 정도이며 정식 파티인 경우에는 4~8명이다. 지배인은 연회 성격에 따라 종사원을 확보 배치하여야 한다. 연회부서 인원만으로 부족할 경우에는 식음료부 또는 인사과에 협조 의뢰하여 지원받도록 한다.

3) 서비스의 준비

지배인은 연회가 시작되기 전에 연회의 성격, 메뉴 내용, 테이블 배열, 진행 순서 등을 종사원에게 설명해 주고 서브가 일관성이 있도록 교육을 하여야 하며 사전에 준비할 내용은 다음과 같다..

- 연회장의 청소(카펫, 가구, 비품)
- 비품의 파손 확인
- 린넨류의 점검
- 메뉴와 일치된 table setting의 점검
- Ice carving 등의 장식
- 실내온도, 조명, 음향관계
- 음악
- 안내판
- Flower
- 좌석배치도
- Menu Set-up
- 접수 테이블
- Place Card
- Name Card

4) Attending Service

연회가 시작되기 20분전에 종사원은 각자 맡은 구역에서 대기자세를 취하며, 지배인, 캡틴은 연회장 입구에서 고객영접을 준비한다. 연회장에 입장하는 고객에게 착석 보조 등 모든 제반적인 서비스를 할 수 있도록 마음의 자세를 취한다.

5) Table Service

연회의 메뉴는 식당처럼 일품요리(à la carte)를 서브하는 것이 아니라 동일한 요리(set menu)를 서브하기 때문에 연회책임자는 특히 서비스 연출에 있어 특히 고려를 해야 한다. 또한 연회장의 전반적인 업무의 흐름을 보아 진행사항 등에 관해서도 주방과의 긴밀한 협조가 이루어질 수 있도록 한다.

6) 연회중의 서비스

연회 중에는 늦게 도착한 고객을 위한 서비스와 또는 예정시간보다 먼저 퇴장하는 고객을 위한 서비스에 주력하게 되며, 그 이외에도 전화서비스, 실내의 온도상태, 음향, 조명, 식음료의 추가 제공 등에 불평불만이 발생하지 않도록 노력해야 한다.

7) 연회 종료 후 서비스

연회가 끝나면 연회에 서비스한 직원들은 연회장 출구에 정렬하여 고객을 환송하며 주최자측으로부터 요리 및 서비스에 대한 의견을 취합하기도 한다. 또한 파티에 반입된 각종 물품의 누락 및 고객의 분실물을 확인하다.

8) Billing

연회예약 담당자는 예약과정에서 지급조건에 관한 방침결정을 주최자와 충분히 협의한 후 event order에 기입하며, Cashier는 연회 당일에 Bill을 작성한다. 연회의 Bill은 호텔의 다른 업장과 비교하여 볼 때 복잡하고 금액이 높으므로 예약된 요리나 음료에 비해 추가되는 사항이 발생할 경우에는 반드시 지배인이나 캡틴의 확인과정을 거친 후 가산한다. 또한 지급방식에 있어서 현금, 신용카드, 후불 등을 정확하게 체크하고 후불인 경우에는 주최자의 성명, 연락처, 회사명 등을 파악해 두는 것을 잊어서는 안된다.

9) 최종 작업

모든 연회행사가 끝나고 고객들이 퇴장하면 입구에 설치되었던 접수 테이블과 그 밖의 부대장치를 철거하고 각종 집기류 및 장비 등의 관리상태를 점검한다. 또한 다음날의 업무에 대한 서비스 일정과 event order를 점검한다.

제9절 음 료

음료(beverage)는 알코올 성분을 함유하고 있는지 그렇지 않은지에 따라 크게 두 가지로 분류한다. 알코올을 함유한 음료는 알코올성 음료(alcoholic drink), 혹은 하드 드링크(hard drink) 즉 술을 의미하며, 제조방법에 따라 양조주(fermented liquor)와 증류주(distilled liquor), 혼성주(compounded liquor)로 나눌 수 있다. 알코올을 함유하지 않은 음료를 비알코올성 음료(non alcoholic drink) 또는 소프트 드링크(soft drink)라고 하는데, 이에는 청량음료, 영양음료, 기호음료 등으로 구분할 수 있다.

음료의 분류

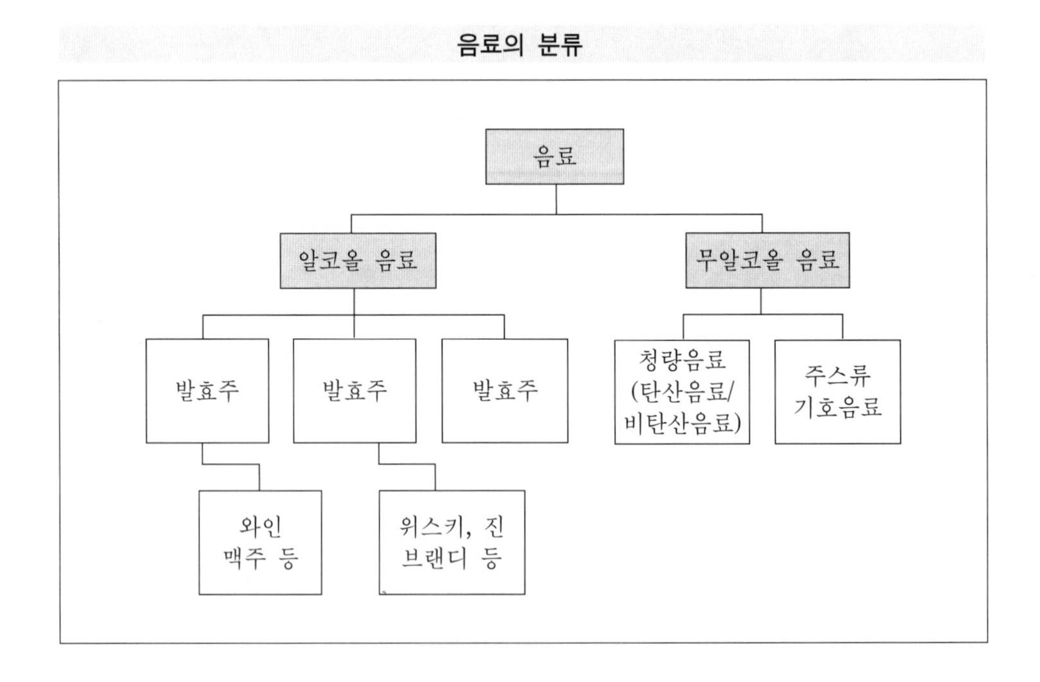

1. 알코올성 음료

1) 양조주

양조주는 곡류와 과실 등을 원료로 하여 양조한 술로서 당분이 함유된 원료를 이용하여 단순히 발효에 의해서 만들어지는 술로 포도에서 만들어진 wine, 사과에서 만들어진 cider, 배에서 나온 perry 등이 있으며, 전분을 원료로 하여 전분을 당화시켜 주정을 얻어내는 발효과정을 요하는 것으로 맥주(beer)와 우리나라에서 전통적으로 전해져 오는 약주가 이에 속하며, 양조주의 알코올 도수는 다른 술 종류에 비해 낮다.

2) 증류주

증류주는 곡류와 과실 등을 원료로 하여 1차 양조한 양조주를 증류하여 보다 강한 알코올 성분이 함유되어 있는 술을 말한다. 증류는 알코올과 물의 끓는점의 차이를 이용하여 고농도의 알코올을 만드는 과정으로, 양조된 술을 서서히 가열하면 끓는 점이 낮은 알코올이 먼저 증발하는데 이 증발하는 기체를 모아서 냉각시키면 고농도의 알코올을 분리해 낼 수 있다. 증류할 때의 알코올 도수는 약 80 정도이지만 병에 넣을 때에는 40 정도로 도수를 낮추며, 처음 증류할 때에는 무색이나 oak 통에서 저장과 숙성을 시키는 동안 색, 향기, 특성 등이 형성된다.

증류주에는 위스키(Whiskey), 브랜디(Brandy), 보드카(Vodka), 럼(Rum), 진(Gin), 데낄라(Tequila) 등이 있다.

3) 혼성주

혼성주는 증류주에 방향성 초목이나 과실의 향미 등을 착향시키고 착색료를 첨가하여 만든 술로서 주로 식후주(after drink)로 많이 사용되며, 주방에서 요리를 만들 때 맛을 돋우기 위하여 많이 애용되는 술이다. 이와 같은 혼성주는 사용되는 식물의 원료에 따라 약초, 향초류(herbs & spices), 과실류(fruits), 종자류(beans &

Kernels) 등으로 분류할 수 있다. 혼성주에는 Gin과 Sloe Gin, Cointreau, Kahlua 등의 Liqueur 종류는 수없이 많다.

2. 비알코올성 음료

1) 청량음료

청량음료는 칵테일을 조주할 때 많이 사용되는 부재료로서 마실 때 청량감을 주는 음료이다. 청량음료는 탄산음료(carbonated drink)와 비탄산음료(non-carbonated drink)로 나누어지는데, 탄산음료는 탄산가스가 포함된 음료를 말하며 Cola, Soda water, Tonic water, Cider, Gingerale 등이 있으며, 무탄산음료는 자연수로서 무색·무취·무미의 음료로서 Mineral water, Vichy water, Evian water 등의 생수가 있다.

2) 영양음료

영양음료(nutritious drink)는 영양성분이 함유된 음료를 말하는데 우유 종류와 주스 종류로 나눌 수 있다. 주스 종류에는 신선한 생과일(fresh fruits)로 만든 각종의 주스류와 야채 주스(vegetable juice)가 있다.

3) 기호음료

기호음료(favorite drink)는 식사전이나 식사 후에 즐겨 마시는 커피나 차를 말하며, 커피는 일반커피와 카페인이 없는 커피로 나누어지며, 차에는 홍차, 녹차, 인삼차 등이 있다.

3. 맥 주

맥주는 대맥아(melted barley)와 호프(hop)를 주원료로 발효시켜 만든 것으로 알코올 도수는 약 4~6% 정도이며 병맥주와 생맥주로 구분된다. 병맥주(lager beer)는 저온 살균과정을 거쳐 병에 넣어 장기간 보존할 수 있게 만든 것이며, 생맥주(draft beer)는 효모가 살아 있어 맥주 고유의 맛은 병맥주보다 우수하나 살균되지 않은 것이므로 운반이나 저장에 저온을 유지해야 하기 때문에 저장관리에 상당히 신경을 써야 한다. 병맥주는 살균되어 있는 상태이므로 실내의 저장온도에 따라 맛과 성질이 유지된다. 그러나 그 신선도를 무난히 유지할 수 있는 것은 아니다. 너무 장기간의 저장이나 혹은 단기간일지라도 직사광선이나 고온에 노출되는 것은 맛의 변화를 가져올 수 있다.

맥주를 서브할 때에는 맥주의 거품이 2~3cm정도 덮이도록 따르는 것이 맥주의 신선한 향을 느낄 수 있고 또한 탄산가스가 오래 보존되어 청량감을 맛볼 수 있다. 맥주의 서브온도는 여름철에는 5~7℃, 겨울철에는 8~10℃가 적당하며, 맥주 글라스는 사용 전에 반드시 깨끗이 세척해야 한다. 만일 글라스에 기름기나 이물질이 묻어 있으면 맥주의 맛과 향기, 그리고 거품이 감소된다.

4. 와 인

현대인들에게 와인은 식욕을 돋구고 소화작용을 돕는 알칼리성 술로서 건강을 위한 알코올 음료일 뿐 아니라 아름다운 색깔과 조화된 맛과 향기를 지닌 예술품으로서 미적 가치와 함께 격조높은 술로 사랑을 받고 있다. 와인은 특히 저녁식사와 매우 밀접한 불가분한 관계에 있으며 전세계적으로 생산지역도 광범위하고 그 종류도 수없이 많다.

1) 와인의 제조

와인은 포도를 발효시켜 만든 양조주이다. 포도에는 천연 당분이 함유되어 있으며 효소 또한 자연적으로 만들어지는데 포도 껍질 위에 흰색가루로 덮여있다. 잘 익은 포도를 으깨어 포도즙을 만들고 이 포도즙이 효소와 작용해 와인으로 숙성되어 가는 과정을 발효라고 하는데, 이를 공식으로 표시하면 다음과 같다.

Sugar + Yeast = Alcohol + Carbon Dioxiode($CO^{2)}$) ↑

포도즙 속의 모든 당분이 알코올로 변화됨으로써 발효과정은 끝나게 되는데, 이때 효소는 다 소진되고 알코올 농도가 대략 15% 정도의 수준에 이르게 된다. 발효과정이 끝나게 되면 탄산가스는 더 이상 발생되지 않는데, 샴페인이나 Sparkling wine은 특수한 공정을 거쳐 탄산가스를 함유하게 하는 방법을 사용한다.

품질이 좋은 와인이 만들어지기 위해서는 다음과 같은 기본적인 조건들이 있다.

① Geographic location

② Soil

③ Weather

④ Grapes

⑤ Vinification(the actual wine making process)

2) 와인의 성분

와인 1병(700～750mL)을 만드는데 들어가는 포도의 양은 1,000-1,200g이므로 와인 1병을 마시는 것은 포도 1,000～1,200g을 먹는 셈이다. 그렇지만 와인은 발효과정을 거치는 동안 포도의 성분이 다른 물질로 변하여 포도의 성분과는 다르지만 알코올과 수분, 그 외 비타민과 무기질 성분 등 어느 종류의 술보다도 영양적인 성분을 많이 가지고 있다. 그러나 와인은 취하기 위해 마시는 술이 아니고 식사와 함께 식욕을 돋구는 역할을 하는 술이다. 와인은 대략 12% 정도의 알코올과 85% 정도의 수분, 그리고 나머지 3% 내외의 극소수 성분이 와인의 맛을 좌우하고 건강을 돕는 데 커다란 역할을 한다. 이 3% 중에는 당분, 유기산, 탄닌 성분, 비타민, 아미노산, 그리고 무기질인 나트륨, 칼륨, 마그네슘, 인 등 여러 성분들이 많이 들어 있다.

3) 와인의 분류

와인은 여러 가지 기준에 의하여 다음과 같이 분류할 수 있다.

(1) 색깔에 의한 분류

① Red wine : 적포도로 만드는 레드 와인은 화이트 와인과는 달리 색깔이 중

요하므로 포도 껍질에 있는 붉은 색소를 추출하는 과정에서 씨와 껍질을 함께 넣어 발효시키므로 붉은 색소뿐만 아니라 씨와 껍질에 있는 탄닌 성분까지도 함께 추출되므로 화이트 와인과는 달리 떫은 맛이 강하다. 레드 와인의 일반적인 알코올 농도는 12~14% 정도이며 화이트 와인과는 달리 상온(섭씨 18~20℃)에서 맛과 향이 풍부하다.

② White wine : 화이트 와인은 잘 익은 청포도는 물론이고 일부 적포도를 이용하여 만드는데 포도를 으깬 뒤 바로 압착하여 나온 즙을 발효시킨다. 이렇게 만들어진 화이트 와인은 탄닌성분이 매우 적어서 맛이 깔끔하고 순하며 황금색이나 연녹색을 띠기도 한다. 화이트 와인의 일반적인 알코올 농도는 10~13% 정도이며, 마실 때에는 7~10℃ 정도로 차게 해서 마셔야 화이트 와인 본래의 맛을 즐길 수 있다.

③ Rose wine : 핑크색을 띠고 있는 로제와인의 제조과정은 레드와인과 비슷하다. 레드와인과 같이 포도 껍질을 같이 넣고 발효시키다가 어느 정도 색이 우러나오면 껍질을 제거한 채 과즙만을 가지고 발효시킨다. 숙성기간이 짧으면서 오래 보존하지 않고 마시게 되는 로제와인은 레드 와인보다 화이트와인에 가깝다.

(2) 용도에 따른 분류

① Aperitif wine : 아페리티프 와인은 본격적인 식사를 하기 전에 식욕을 촉진시키기 위해 마시는 와인으로 한두잔 정도 가볍게 마실 수 있게 산뜻한 맛이 나는 와인이 좋은데 달지 않은 Dry sherry가 유명하다.

② Table wine : 보통 '와인'이라고 하면 테이블 와인을 의미하는데, 테이블 와인은 식욕을 증진시키고 분위기를 좋게 하는 역할 외에도 음식의 맛을 잘 느낄 수 있도록 식사 중 입안의 음식냄새나 기름기 등을 제거시키는 역할을 하므로 입안을 개운하게 하고 음식 고유의 맛을 느낄 수 있도록 해 준다.

③ Dessert wine : 식사 후에 입안을 개운하게 하기 위함이고 또한 식후 소화를 돕기 위해 마시는 와인으로 약간 달콤하고 도수가 약간 높은 와인으로 Port wine이 유명하며 샴페인도 Sparkling wine으로 소화 촉진에 좋다.

(3) 탄산가스 유무에 의한 분류

① Sparkling wine : 일명 발포성 와인이라 불리는 스파클링 와인은 발효가 끝난 와인에 당분을 첨가해서 와인 속에 탄산가스가 생성되도록 만든 와인이다. 세계적으로 프랑스 샹파느 지방에서 생산되는 샴페인이 유명하며 알코올 도수는 9~14% 이다.

② Still wine : 스틸 와인은 비발포성 와인이라고 부르는데, 발효가 끝나 탄산가스가 완전히 제거된 정숙한 와인이며 대부분의 와인이 이에 속한다. 알코올 도수는 10~12% 정도가 보통이다.

(4) 알코올 첨가 유무에 의한 분류

일반적인 스틸 와인에 알코올이나 브랜디, 또는 향료 등을 첨가하여 알코올 도수를 보강한 와인을 의미하며 Sherry wine이나 Port wine이 이에 속하는데 이를 fortified wine이라고 하며, 알코올 도수를 보강하지 않은 와인을 unfortified wine이라고 한다. 또한 스틸 와인에 여러 가지 향료를 착향시킨 와인으로 Vermouth를 들 수 있다.

(5) 맛에 의한 분류

① Sweet wine : 단맛을 가지고 있는 와인으로 주로 dessert 코스에 적합하며 Port wine, Cream sherry 등이 유명하다.

② Dry wine : 단맛이 없는 와인으로 주로 aperitif용으로 적합하며 Sherry, Dry vermouth 등이 있다.

4) 와인 테스팅

와인을 맛보는 데는 기본적으로 다섯 가지 방법으로 나눌 수 있는데, 색(color) 잔을 돌림(swirl), 냄새(smell), 맛(taste), 향(savor)이 있다.

(1) Color

와인의 색을 감상할 수 있는 제일 좋은 방법은 흰 냅킨이나 흰 테이블 클로스를 이용하는 방법으로 글라스에 담긴 와인을 흰 배경에 두는 것이다. 그러나 이러한 방법으로 볼 수 있는 색깔의 범위는 한정되어 있다.

다음의 표에서 레드 와인과 화이트 와인의 색깔들에서 많은 다양한 색깔을 찾아낼 수 있는데, 그 예로 화이트 와인은 오래될수록 색을 더 얻게 되며 레드 와인은 오래될수록 색을 잃어간다.

White wine	Red wine
Pale yellow-green	Purple
Straw yellow	Ruby
Yellow gold	Brick red
Gold	Red-brown
Old gold	Brown
Yellow-brown	
Brown	

(2) Swirl

왜 와인잔을 빙빙 돌릴까? 이 방법은 와인을 돌림으로써 와인에 산소를 주입시키는 작용을 한다. Swirling은 에스테르, 에테르, 알데히드 등 방향성 물질을 방출하게 하면서 산소와 결합되어 와인의 특유한 향기를 내게 한다. 즉, 와인을 흔들 경우 와인이 산소와 결합되어 더 좋은 풍만한 향기를 내게 된다.

(3) Smell

와인을 테스트하는 순서에서 중요한 부분이다. 일반적으로 사람들은 단맛, 신맛, 쓴맛, 짠맛 등 네 가지 맛밖에 감지하지 못할 것이다. 그러나 평균적으로 2,000여 가지의 여러 가지 냄새를 맡을 수 있다고 한다. 와인을 빙빙 돌리고 난 후 향기가 방출되면 적어도 3번 이상은 맡아보아야 한다. 3번째 맡는 향기에서 어떤 와인에서 나는 어떤 종류의 nose인지 알 수 있기 때문이다. “nose” 란 와인을 감별하는 사람들이 사용하는 용어로 특수한 향기나 달콤한 향을 의미한다. Smell은 와인을 맛보는 순서 중 제일 중요한 부분이지만, 냄새 맡는 것을 너무 간단히 생각하는 사람들이 많다. 정확히 말해서 nose란 어떤 와인이 갖고 있는 특유한 것들을 확인시켜 주는 것이다. 와인의 냄새를 설명할 때 공통적으로 사용되는 단어들이 있는데 대략 500여 가지로 알려져 있다.

와인의 냄새를 묘사하는 단어

A/B	C/D/E/F/G/H	L/M/N/O/P/R	S/T/V/W/Y
Acetic	Character	Legs	Seductive
Aftertaste	Corky	Light	Short
Aroma	Delicate	Maderized	Soft
Astringent	Developed	Mature	Stalky
Austere	Earthy	Metallic	Sulphury
Baked-burnt	Finish	Mouldy	Tart
Balanced	Flat	Nose	Thin
Big-full-heavy	Fresh	Nutty	Tired
Bitter	Grapey	Off	Vanilla
Body	Green	Oxidized	Woody
Bouquet	Hard	Ptillant	Yeasty
Bright	Hot	Rich	Young

와인 제조과정에서 이산화 유황(sulphur dioxide)은 많은 용도에서 사용되는데, 이는 박테리아를 죽이며 불필요한 발효작용을 억제하기도 한다. 그러나 좋은 와인은 절대 sulphur dioxide를 사용해서는 안된다. 이는 코에서 와인을 마실 때 타는 듯한 강렬한 냄새와 가려운 느낌을 가져오기도 한다.

(4) Taste

많은 사람들은 와인의 맛을 볼 때 한 모금 마신 후 즉시 삼키는 것으로 생각한다. 그러나 이것은 맛을 본다고는 할 수 없다. 맛을 본다는 것은 혀의 중간, 혀끝부분의 양측 미각부분에서 이 맛을 느낄 수 있어야 하며, 이 미각은 목구멍 끝까지 느껴져야 한다. 한 모금 쭉 마시는 것은 모든 중요한 미각을 지나쳐 버리기 때문에 와인의 맛을 본다고 할 수 없다. 와인에서 쓴맛이 느껴지는 것은 대부분 높은 알코올 함유량과 높은 탄닌(tannin) 성분에서 생겨난다. 단맛은 와인을 발효시킨 후 residual이라는 설탕을 첨가해서 생기는 맛이며, 신맛은 acidity(tart로도 사용됨)를 가리키는 것이다.

① Sweetness : 혀 끝쪽에서 느껴진다.

② Acidity : 혀 측면쪽에서 느낄 수 있으며 빰 부분, 또한 목구멍 귀쪽에서도 느껴질 수 있다.
③ Tannin : 탄닌부분은 혀 중간 부분에서 시작된다. 레드 와인에서는 대부분 함유되어 있으며 화이트 와인에서는 나무로 만든 통에서 숙성 때 나타난다.
④ Aftertaste : 와인에 천부적인 맛과 균형이 잘 조화되어 있는지를 평가하는 상태로 좋은 와인일수록 뒷맛이 오래간다. 좋은 와인은 1분에서 3분까지 뒷맛이 이어진다. 이 와인들은 조화가 잘 되어 있는 와인이라고 말할 수 있다.

5) 와인 서빙

Appetizer wine은 차갑게 서브해야 하고 농도가 진해야 하며 얼음을 넣지 않는다. 모든 화이트 와인은 차갑게 제공되고, 레드 와인은 상온에서 적당한 맛이 나므로 실내 온도에 맞게 서브된다. 또한 대부분의 디저트 와인들도 차갑게 제공되고 종종 특별한 경우에 제공되는 스파클링 와인도 항상 차게 서브되며 어떠한 상황이나 음식에도 잘 어울린다. 전통적으로 화이트 와인은 가금류, 생선, 해산물과 같이 육질이 흰색인 음식과 잘 조화되며, 레드 와인은 붉은색의 육류와 잘 어울리고, 로제 와인이나 스파클링 와인은 어떤 음식에나 무난하게 제공된다. Sweet dessert 와인은 디저트와 함께 제공되는데 저녁식사 후나 가벼운 음식 사이에 마시게 된다. 일반적으로 맛이 가벼운 와인은 가벼운 음식과 함께 하고, 보다 무거운 와인은 조미료나 향신료가 들어간 음식(스테이크 등)에 함께 제공되도록 한다.

6) 와인과 조리

사용하기 간편하고 가격도 저렴한 와인은 수프를 만들 때나 생선을 구울 때, 또는 굽거나 끓이는 요리를 할 때 그 맛을 향상시킨다. Cooking 와인은 약간의 간이 있기 때문에 마셔서는 안된다. 수프에 맛을 내기 위해 와인을 첨가하기도 하는데, 보통 콩소메(Consommé)에는 스페인산 백포도주인 Sherry를 넣고, 야채 등을 넣는 수프에는 적포도주인 Burgundy 또는 Claret를 넣어 요리한다. Rhine 와인은 버터가 녹아 있거나 생선을 굽거나 조리하기 전에 생선위에 와인을 바른다. 그리고 해산물을 데칠 때 Sherry를 넣는다. 가금류 등을 구울 때에는 프랑스산 백포도주인

Sauterne을 조금 첨가하면 맛을 향상시키고 거위나 오리를 굽거나 요리할 때 Burgundy나 Chianti를 첨가하면 깊고 풍부한 맛을 즐길 수 있다. 또한 레드와인은 쇠고기에도 특별한 맛을 더한다.

7) 와인 글라스

와인과 식사를 집에서, 혹은 레스토랑에서 즐기든 간에 silverware, chinaware, linen, glassware 등의 식사시에 필요한 기물들이 아름답고 좋은 것이라면 식사의 기쁨을 증대시켜 줄 것이다. 가장 적당한 와인 글라스의 조건은 투명한 유리에 빙글빙글 돌릴 수 있는 만큼의 공간을 가지고 있는 것이 좋다. 화이트 와인이나 레드와인은 10온스가 담길 수 있는 글라스가 좋으며 풍선 모양의 큼직한 글라스는 레드와인을 마실 때 적당하다. Champagne 글라스는 튜립(tulip)형태와 champagne flute형이 많이 사용되며, 이 폭이 좁은 글라스들은 4온스에서 8온스 사이의 크기이며 기포가 한쪽에서 솟아 오르도록 하며 또한 tulip형은 향기를 집중시키는데도 아주 좋다. Port형과 sherry형은 적은 양을 담을 수 있다.

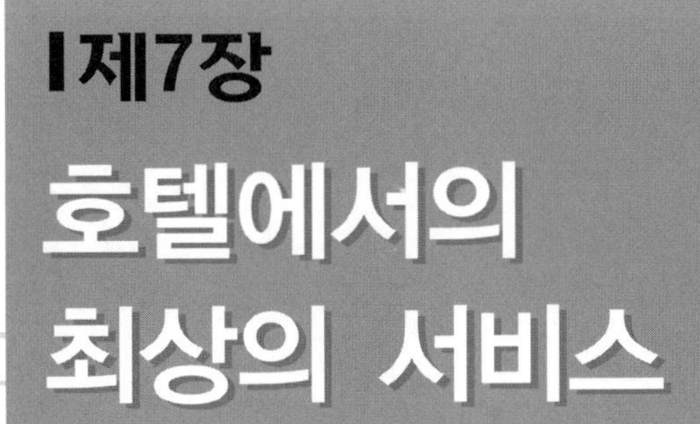

제7장 호텔에서의 최상의 서비스

제7장
호텔에서의 최상의 서비스

호텔매니저들의 가장 중요한 직무는 호텔고객들이 호텔에 머무는 동안 긍정적인 경험을 갖도록 하는 것이다. 만약 매니저들이 그렇게 하지 못한다면, 시간이 지남에 따라 어떤 고객들은 호텔에 방문하는 횟수가 줄어들고, 결국에는 호텔을 방문하지 않게 된다. 극도의 경쟁세계에는 고객들의 욕구를 만족시키고 그들에게 쾌적함을 제공해 주고자 하는 다른 편의 시설들이 많이 있다.

특별한 서비스란 단순히 미소를 짓고, 고객들의 이름을 기억하는 것이 아니다(물론 그런 것은 좋은 출발이 된다). 그것은 서비스의 모든 양상에 스며들여 있어야 하는 태도이다. 이 태도는 양질의 서비스의 제공을 위한 열의에 찬 제너럴매니저, 호텔의 서비스 계획 등 헌신적인 노력에서 시작된다. 이것들이 없다면 실패하고 말 것이다. 특별한 서비스의 제공은 오늘날 호텔기업의 중요한 목적이다. 우수한 제너럴매니저들은 이것을 이해하고 여기에 대한 그들의 생각을 고객들에게 전달한다.

제1절 서비스의 역할에 대한 이해

서비스란 무엇인가? 유감스럽게도 서비스에 대한 명확하고 간결한 정의는 없다.

"Total customer service : The ultimate weapon" 이라는 책에서 Davidow and Uttal은 서비스의 정의를 "제품이나 서비스의 핵심적인 잠재적 가치를 깨달을 수 있도록 고객의 능력을 증대시키는 모든 요소나 행동, 정보를 말한다." 서비스에 대한 또다른 정의는 "훌륭한 서비스란 미와 같이 눈으로 보여지는 것"이기 때문에 서비스를 받는 자는 불완전하다는 인식을 갖는 것이다.

호텔고객들에게 눈에 띠는 서비스를 제공한다는 것이 중요한 의무라고 해서 호텔이 모든 제너럴매니저들이 그 제공방법을 알아야 할 필요는 없다. <표 7-1>에는 특별한 서비스를 제공하기 위해 사람들이 가져야 하는 7가지의 성질에 대해 나타나 있다.

성공적인 제너럴매니저들은 이 성질을 구체화하여야 하며, 그들은 서비스에 대하여 공부하고, 호텔 안에서의 서비스 향상을 위해 항상 노력하여야 한다. 만약 제너럴매니저들이 서비스에 대해서는 이해하고 있으나, <표 7-1>에서 언급된 개인적인 특성을 다 갖추지 못했다면, 그들은 그 특성을 지닌 직원을 고용해야 한다. 이것은 일반적으로 자신의 결함을 보충하는 것이다. 호텔의 제너럴매니저들은 <표 7-1>의 모든 것을 지닌 사람이 불가능하기에 자신의 장점과 단점을 이해하고 자신의 단점을 보완해 줄 수 있는 직원을 고용해야 한다.

<표 7-1> 서비스의 7가지 특성

S-ociable	사람을 대하는데 있어서 성실하고 정직하여야 하며, 호텔의 고객들에게 실질적인 관심을 기울여야 한다.
E-ffervescent	자신의 생활, 자신이 가진 가능성, 만나는 사람, 그리고 자신이 하는 모든 일에 열성적이어야 한다
R-egard	만나는 모든 사람을 존중해야 한다. 그들이 원하는 대로 예의, 존경, 공손함 그리고 관심을 갖고 그들은 대해야 한다.
V-alues	처음부터 끝까지 정직하고 신용을 지켜야 한다.
I-nvolvement	그들과 함께 일하고, 그들을 돌보고, 그들의 방식에 따르며, 그들의 일에 참여한다.
C-reative	겉모습과 보이는 것만 믿지 않는다. 입으로 말하지만 말고, 무엇이 진정 필요한 것인지를 본다.
E-nergetic	모든 업무와 관계에 힘과 열정을 쏟는다.

고객들에게 특별한 서비스를 제공하는 것은 쉽게 할 수 있는 것이 아니라 신중한 계획이 필요하다. Albrecht and Branford는 “The service Advantage”란 그의 저서에서 일반적으로 좋은 서비스를 위한 세 가지 요소를 설명하였다.

- 잘 계획된 서비스전략
- 고객 응대법에 대한 철저한 훈련
- 고객에게 친근한 시스템

고객의 편의를 위해 직원을 채용하고 교육시키고 고객을 위하도록 교육시키는 것은 모든 제너럴매니저들의 서비스에 대한 이상이다. 이 모든 것은 고객을 기준으로 하는데 있다.

1. Moments of Truth

호텔은 고객들의 가정의 연장선상에 있기 때문에, 호텔의 직원들은 그들이 호텔에 있는 동안 호감을 느끼도록 노력해야 한다. 호텔의 직원들의 목적은 부드러운 환경 속에서 훌륭한 음식이나 편안한 휴식을 제공함으로써 고객들의 기분을 향상시키는 데 있다.

만약 고객들이 호텔을 떠날 때까지도 그들의 감정이 좋아지지 않는다면 직원들은 실패한 것이다. 파티를 열거나 회의를 하던지 간에 고객들이 호텔에 들어올 때마다 직원들은 양질의 서비스를 제공할 많은 기회를 갖는다. 그리고 많은 고객들이 직원들과 접촉하는 매시간마다 “ Moments of Truth”가 발생한다. 이것은 고객들이 호텔의 어떤 면에 접촉하는 순간에, 그들이 호텔의 질과 호텔의 생산성 그리고 서비스에 대한 의견을 형성하는 것이다. 각각의 Moments of Truth가 호텔의 성공을 좌우할 것이다.

2. The Service Encounter

성공적인 호텔의 매니저들은 고객들의 만족을 보장하기 위해 직접적인 서비스를 조정할 수 있는 방법을 안다. 과거에는 호텔의 최신시설에 의해서 Service

Encounter가 결정되었다. 그러나 오늘날에는 서비스에 대한 올바른 견해를 가진 호텔은 호텔의 시설 등 물질적인 요소만으로 고객들은 만족시킬 수 없다는 것을 안다. 오히려 고객들의 만족은 호텔의 직원들이 그들에게 제공하는 서비스의 질로부터 결정된다는 것이다. 호텔의 물리적인 시설부터 깨끗한 그릇에 이르기까지 서비스의 환경을 개선하는 것까지 호텔의 직원들과 다른 간부들은 고객들의 요구를 수렴하는 데 중점을 두어야 한다.

1) Service Encounter를 조정하기 위한 전략

Andrew Szpekman는 "Quality Service Sets You Apart" 라는 논설에서 어떤 방법으로 조직되는 서비스가 훌륭한 서비스를 보장할 수 있는 환경을 만들 수 있는지에 대한 조사내용을 제공하였다.

- 직원들에게 권한을 준다.
- 적당한 기술과 장비를 제공한다.
- 직원을 중요한 고객처럼 대하고 그들의 노력에 대해 보상한다.

(1) 직원들에게 자격 부여

이 문구는 경영잡지나, 경영학 책이나, 경영에 관련된 사항에 빠지지 않고 등장한다. 이것은 모든 직원들의 자신의 일의 역할수행에 있어 결정을 내리는데 작용한다. 그 결과는 직원들이 최상의 생산성과 최상의 질을 위해 봉사한다는 말속에 나타난다.

간단히 말해서, 직원들에게 권한을 주게 되면 그들의 호텔내에서 호텔의 고객들에게 서비스를 제공하는데 독창력과 진취성를 갖도록 한다.

호텔의 매니저들이 호텔이 제공하는 모든 서비스에 직접 참여하는 것은 불가능하기 때문에 그들은 매니저들의 감독 없이 일을 잘 수행할 수 있는 직원을 모집하고 선택하고 고용해야 한다. 지원자를 고용하게 되면, 매니저들이 그들의 교육과정에 주의를 기울여야 한다. 직원을 교육하는 사람은 견습생들에게 새로운 일에 대한 기능적인 면보다는 호텔의 의무와 서비스 철학에 대하여 설명하도록 해야 한다. 그리고 새로운 직원은 그들의 행동이 고객들에게 미치는 영향을 이해하고 궁극적으로 그것이 호텔의 성패를 결정하는 것을 알아야 한다. 새로운 직원들에게 호텔의 서비스 정신에 대해 자세히 설명한 후, 호텔의 매니저들은 서비스 enconter를 어떻게 조정하고 책임감 있는 결정을 하는 방법에 대해 교육한다.

(2) 권한의 위임

직원들에게 자격을 준다는 것은 권한을 그들에게 위임하는 것이다.

만약 권한을 적절하게 위임한다면, 긍정적인 많은 이점을 낳는다. 권한을 위임하는 과정에서 생기는 신뢰감과 존경이 직원과 지도자와의 관계를 향상시키며 호텔의 매니저들은 자신들만의 일에 더 많은 시간을 들일 수 있다. 무엇보다 가장 중요한 것은 직원들이 고객들의 요구에 따라 즉시 행동하게 되면서 고객들의 만족감이 증가한 것이다. 많은 호텔들이 이 방법을 채택하고 실제로 여기에 맞도록 규칙을 개정한다. <표 7-2>를 보면 호텔의 우선은 서비스를 제공받는 호텔의 고객에게 있으므로 이들은 호텔조직표의 맨 위를 차지하며, 다음은 고객들과 직접 접촉하는 직원들이고, 그 다음이 이 직원들을 지원하는 간부 직원들이다. 호텔의 매니저들은 직원들이 고객들에게 최고의 서비스를 제공하기 위해 어떤 도움이 필요한지 알기 위해 노력한다.

<표 7-2> 잘 짜여진 서비스 구조표

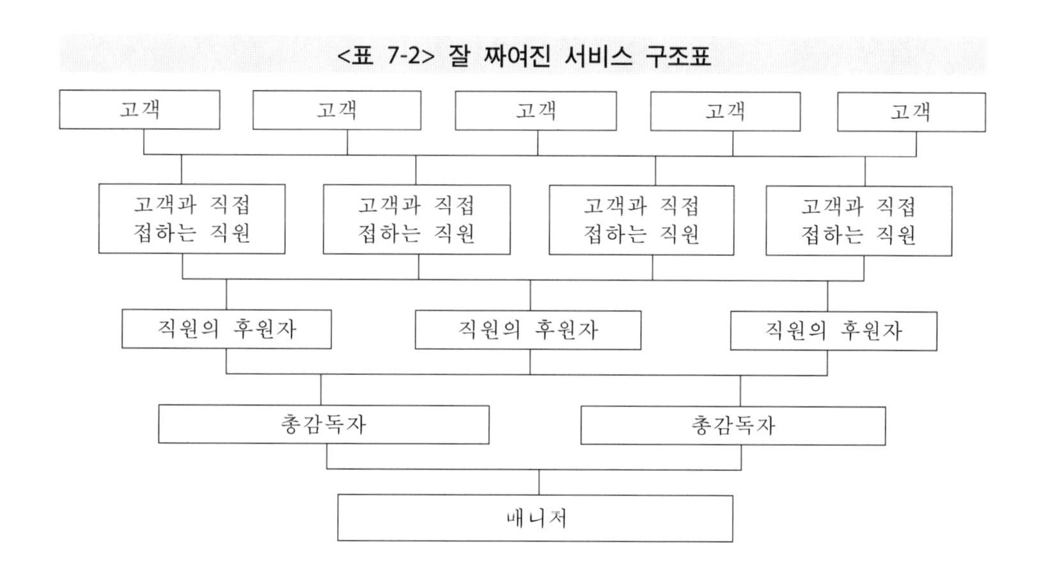

(3) 적절한 기술과 장비의 제공

직원들을 교육하고 그들에게 자격과 권한을 주기 위해서는 적절한 기술과 장비를 제공하는 것이 효과적이다. 많은 호텔들은 기술의 중요성을 알고 컴퓨터, 소프트웨어, 그리고 서비스 향상을 위한 훈련 프로그램에 투자한다.

그러나 최신장비라고 해서 더욱 많은 수와 더욱 새로운 컴퓨터를 사는 것만을 의미하지는 않는다. 호텔들은 많은 시설문제에 접해 있다. 예를 들어 어느 호텔의 1층에만 주방이 있어서 여기로부터 각 층의 식당으로 음식이 제공된다. 직원들은 접시를 들고 주방을 나와 좁고 가파른 계단을 통해서 각 층에 가야 한다. 이것이 직원들의 변함없는 일이다. 매니저들은 이 배달체제를 향상시킬 방법을 찾고 있다. 왜냐하면 이로 인해 직원들의 사기가 낮아지고 고객들이 받는 서비스의 질이 낮아지기 때문이다.

(4) 직원을 중요한 고객과 같이 대하고 그들의 노력에 보상

서비스를 제공할 직원수가 감소하고 고객 손실이 증가하는 상황에서 호텔의 매니저들에게는 직원 보유율을 증가시킬 정책이 필요하다. 대부분의 호텔에 있어 이를 위한 가장 성공적인 방책이 바로 직원을 중요한 고객이나 호텔의 고객과 같이 대하는 것이다. 이것의 전제는 호텔의 매니저들이 그들의 직원을 잘 대하면 직원들도 호텔의 고객을 잘 대하게 되고 직원과 고객 모두 호텔에 오래 머물게 된나는 것이다. 그리고 여기에는 매니저들이 직원들에게 그들이 호텔에 얼마나 필요한지를 설명하고 보상하는 시스템을 포함한다.

제2절 고객들의 요구와 기대확인

호텔의 매니저들은 만장일치로 자신들의 최우선 목표를 최고의 서비스 제공이라고 말한다. 그러나 그 방법에 대한 대답은 매우 다양하다. 그 부분에서 호텔과 호텔 간의 견해차는 매우 크다. 초창기에 최상의 서비스는 서비스를 받는 사람에 의해서 평가된다고 생각했다. 그래서 호텔의 고객들은 나름대로 서비스를 정의했다. 이것은 고객들의 요구와 기대를 서비스라는 용어 내에서 찾으려는 호텔 매니저들의 도전과제가 되었다. 일반적인 호텔의 고객들은 호텔의 매니저나 직원들과 많은 시간동안 대화하지 않는다. 대부분의 고객들은 자신의 의견이나 서비스에 대한 기대들을 그들끼리 주고받는 경향이 있다. 고객들의 호텔에 대한 좋고 싫음이 단지 금전등록기를 통해 나타나기 때문에 매니저들은 소득경향을 고객들의 만족도 측정계로 이용한다. 매출의 감소는 매니저들이 호텔문제에 대한 생각을 바꾸도록 하나 그 문제를 확실히 파악하도록 하지는 못한다. 그러므로 호텔의 매니저들은 고객들의 서비스에 대한 의견에 귀를 기울이고 앞으로의 서비스 방향을 제시해야 한다.

호텔의 매니저들이 호텔의 서비스에 대한 고객들의 기대, 요구, 의견들을 얻는 방법은 매우 다양하다. 어떤 직원들은 조사된 고객의 요구를 잘 받아들이고 잘 실행하는 새로운 회사를 찾는 반면, 어떤 매니저들은 건의함이나 불편 신고 카드들의 사용을 제안한다. 다음에는 호텔의 매니저들이 고객들에게 서비스에 대한 의견을 얻어내는 방법에 대해 간단히 설명되어 있다. 대부분은 정중한 권유를 통한 것이며, 그 양이 중요한 것이 아니라 그것을 얼마나 실행하느냐가 중요하다.

1. 건의함과 불편신고카드

잘만 이용하면 건의함과 불편신고카드는 고객들의 반응을 알 수 있는 좋은 자료이다. 최대의 효과를 얻기 위해 호텔의 매니저들은 다음의 사항을 따라야 한다.

① 고객들에게 이것은 무엇이며 어떻게 실행되는지 호텔회보 등을 통해 전달해야 한다.

② 건의함과 불편신고 카드는 호텔 내 눈에 가장 잘 띄는 장소(객실내, 현관 레스토랑)에 배치해야 한다

③ 건의함은 자주 점검해야 한다.

2. Focus group

Focus group은 피드백 작용의 원천이다. Focus group은 특별한 문제에 대해서 논의하는 모임으로 호텔에 의해서 만들어지며 일반적으로 5명에서 8명의 고객으로 구성된다. 이 모임의 리더는 호텔의 간부는 아니며 문제를 제기하고 토의를 진행한다. 이 때의 모든 내용은 녹음되거나 비디오로 녹화되거나 또는 기록된다.

Focus group은 호텔의 매니저들에게 고객들이 호텔에 대해서 생각하는 것과 느끼는 바를 제시하며 강한 피드백 작용을 한다. 그러나 이 모임에서 모아진 정보들을 호텔 전체의 문제로 일반화할 필요는 없다. 예를 들어서 단지 6명이나 8명의 Focus group고객이 호텔식당 내부의 벽을 핑크색 페인트로 칠해야 한다고 해서 호텔의 매니저가 그 일을 추진해야 하는 것은 아니다. 매니저들은 고객의 일부인 Focus group의 의견에 기초해서 행동을 취하는 것이 아니라, Focus group의 의견이 전체 고객의 의견을 어느 정도 반영하는지 좀더 조사해야 한다.

다음은 호텔의 매니저들이 Focus group의 의견에 대해 어떤 입장을 가져야할지 제시하고 있다.

1) 문제의 확인

Focus group이 주장하는 문제를 확인한다. 그리고 간부 고객들이나 또다른 Focus group을 시켜서 그 문제를 심도있게 검토하고 조사하도록 한다.

2) Focus group의 수 결정

이것은 호텔의 고객을 대표하는 중요한 모임이므로 여러 개의 Focus group을 형성하여 다양한 고객집단(성실한 고객, 사교적인 고객 등)을 나타내도록 하거나 휘트니스나 테니스 같은 특정 홍미를 가진 고객을 대표하도록 한다.

3) 구성체제의 향상

호텔의 매니저들은 Focus group의 활용방법에 있어 그 기본적인 체제나 고객지도 방법을 향상시켜야 한다(만약 따로 외부 고문관을 고용하지 않는다면). 그리고 모든 Focus group에 있어서 이 체제는 일치해야 한다.

Focus group의 리더는 문제 제기를 요구하고 의견을 수렴하고 모임을 이끄는 등의 자신의 업무를 이해해야 한다.

4) 기록방법의 선택

다음으로 호텔의 매니저들은 Focus group의 의견을 기록하는 방법을 결정해야 한다. 가장 일반적인 형태는 비디오 카메라를 이용해서 녹화하는 것이다. 이것은 시각적인 정보를 주는 장점이 있으나, 많은 사람들이 녹화를 불편해하고 부담스러워한다. 두번째로 많이 사용되는 방법은 녹음이다. 참가자들의 말만을 전달하므로 비디오보다 전달효과가 적다. 끝으로 모임의 회의가 진행되는 동안 서기가 그 내용을 기록하는 방법이 있으나 효과는 제일 낮다. 이 경우 발표자의 말에 대한 책임감이 감소되므로 모임의 리더는 토론을 잘 이끌어야 하며 회의과정에 관심을 가져야 한다.

5) 고객모집

Focus group에 참여할 고객을 모집하는 방법에는 여러 가지가 있다.

가장 일반적인 방법은 자원자를 모집하거나 고객명단에서 무작위로 뽑는 두가지 형태가 있다. 만약 자원자를 받는 경우 매니저들은 귀에 거슬리는 소리만 듣게 될지 모르며, 무작위로 선출하는 경우는 좀더 호텔의 고객을 고루 대표하는 Focus group을 갖게 된다.

6) Focus group의 운영

이미 설명했듯이 모든 Focus group은 일관되게 운영되어야 한다. 그리고 Focus

group의 리더는 새로운 어떤 가치가 드러날 경우를 생각해 불확실한 문제에 대해서도 조사를 해야 한다.

7) 결과를 보고 받는다.

호텔의 매니저들은 Focus group의 회의 직후에 모임의 리더를 만나서 그 날에 제기된 문제나 특이한 정보에 대해 보고 받아야 한다.

8) 결과를 보고한다.

호텔의 매니저들은 호텔의 임원에게 그 결과를 보고해야 한다.

이 보고서를 통해서 Focus group이 제공하는 정보에 대한 진실성에 대한 것이 아니라 고객들의 중심생각을 정확하게 전달할 수 있는 내용만을 보고해야 한다.

Focus group의 가치는 호텔의 매니저들이 특별한 문제나 안건에 대해 고객들의 의견을 알도록 하며, 또한 고객들의 요구에 대한 전망도 가능하도록 한다.

3. 고객들의 요구에 대한 전망

이것은 최근에 매우 인기있는 영역이다. 아마 호텔이 좀더 서비스에 관심을 갖게 되었기 때문이다. 그러나 유감스럽게도 고객들의 요구를 전망하는 것은 매우 어려우며 많은 시간이 걸린다. 여기서의 의도는 호텔의 매니저를 여기에 대한 전문가로 만드는 것이 아니라, 올바르게 고객들의 요구를 전망하도록 믿음직한 정보를 제공하는 데 있다.

호텔의 매니저들이 고객들의 요구를 전망하고자 하는 데는 3가지 이유가 있다. ① 매니저들은 호텔의 고객들이 현재의 호텔의 시설, 제공물, 서비스에 대해서 어떻게 생각하는지 알고자 한다. ② 매니저들은 호텔이 제한하고 있는 현재의 시설과 제공물 그리고 서비스에 대한 변화에 대해 고객들의 의견을 궁금해한다. ③ 매니저들은 특정 문제에 대해서 호텔의 고객들을 설득하고 그들에게 영향을 주길 원한다.

다음에는 고객들의 요구를 수집하는 5단계가 있다. 첫 단계는 전망을 계획하는 단계이다. 여기에는 매니저들이 원하고 필요로 하는 정보가 무엇인지, 목적은 무엇인지, 그 전망은 어떻게 이용되는지에 대한 내용이 확실히 포함되어야 한다. 만약 호텔이 외부의 조사기관을 이용하려 한다면 그 선택은 계획단계 동안에 내려져야 한다. 조사기관들은 호텔의 형태에 따라 전망을 내린다. 사업의 종류에 따라 각 호텔은 차이가 있기 때문에 적당한 평가수단을 마련해 줄 수 있는 조사기관을 선정해야 한다. 조사를 위하여 하는 질문은 적절해야 하나, 호텔의 고객들의 요구는 대부분 일관적이어서 호텔에 대한 특정 요구로 자연스럽게 이어진다.

두번째 단계는 목적에 맞고 객관적인 전망을 위한 조사기구 자체의 개발이다. 만약 호텔이 자체적으로 전망을 한다면 바른 전망에 대한 가치있는 정보를 제공해 줄 수 있는 관할 도서관의 서적을 이용하면 된다.

세번째 단계는 가장 중요한 단계로 자료를 수집하는 것이다. 만약에 고객들이 조사를 위한 설문지를 모두 채우지 못하거나 송환하지 않는다면 그 방법이 아무리 좋더라도 쓸모 없게 된다. 많은 호텔은 고객들이 설문지에 모두 답할 수 있도록 동기를 부여한다.

다음은 수집한 결과를 처리하는 네번째 단계이다. 이 과정에서 호텔의 매니저들은 최초로 난관에 부딛히게 된다. 그래서 대부분의 경우 백분율이나 단계별 점수나 필요한 정보를 줄 수 있는 방법으로 통계처리를 한다.

자료를 수집하고 분석한 후에 흥미있는 부분에 대해서 결과를 보고하는 단계가 있다. 조사자들은 자신들이 전망하는 부분에 대한 최종 결과를 복사하여 제공한다. 어떤 호텔의 경우 결과에 대한 요점을 호텔의 회지에 기록하기도 한다.

이렇게 분석된 결과는 호텔의 매니저들이 고객들의 요구 관심사, 호텔의 문제나 잠재적인 문제에 대해 조치할 때 기본자료로 이용된다. 그리고 매니저들은 이런 문제에 대한 호텔의 태도를 고객들이 어떻게 생각하는지 조사해야 한다.

4. 청취력의 결여

사실 호텔의 매니저들은 고객들의 의견을 알기 위해 형식적인 조사를 할 필요가 없다. 호텔의 매니저나 직원들은 고객들의 말에 귀를 기울여 고객들의 불평속에서 경영적 요구나 기대를 발견할 수 있다.

모든 것이 고도의 기술을 요하고 간섭받기를 싫어하는 오늘날의 급변하는 사회속에서 호텔의 운영자 등이 고객을 위해서 할 수 있는 가장 최선은 그들이 말하는 것을 잘 듣는 것이다.

듣기란 매우 힘든 것으로, 매니저들은 직원들에게 청취기술을 가르친다. 다음이 그 내용이다.

- 말을 멈춘다.
- 포기하지 않는다. – 만약 이해하지 못했다면 다시 질문한다.
- 고객들의 말에 집중한다.
- 감정을 버린다.
- 화내지 않는다(고객들이 화가나서 불평을 하더라도 같이 화를 내는 것은 좋지 않다).
- 고객들의 의견에 동의하도록 노력한다.
- 의미를 잘 파악한다.
- 성급히 결론에 도달하지 않는다.

그밖에 고객들에게 감정 이입하는 것도 매우 중요하다. 이것은 단순히 그들의 말을 듣는 것만이 아니라 그들의 몸동작과 억양에도 주의를 기울여야 가능하다. 만약 고객들의 목소리가 불만스럽다면, 그들이 원하는 것은 자신들의 의견이 알려지고 이해되는 것이다. 많은 고객들의 불만의 대부분이 처음 제기된 문제에 대해서 호텔의 어떤 간부도 관심을 갖고 응답해주지 않는 점이다. 매니저들이 직원들이 고객들에게 호감을 갖도록 지도하는 방법 중 하나는 먼저 자신들이 직원들에게 좋은 감정을 갖는 것이다. 그래야 직원들도 같은 방법으로 고객들에게 귀를 기울이고 잘 대한다.

5. 고객에게 제공하는 서비스에 대한 기준 향상

호텔의 매니저들이 서비스를 향상시키기 위해서는, 먼저 고객들의 요구를 알고 이것을 반영해야 한다. 이것은 다음과 같은 단계로 진행된다.

① 포괄적인 고객만족도 평가를 통해서 특정고객의 요구사항, 희망, 기대등을 파

악한다.

② 호텔 고객들의 요구, 기대, 희망을 반영할 수 있도록 호텔의 목표와 목적을 개정한다.

③ 호텔의 간부들이 고객들의 요구, 기대, 희망을 쉽게 파악할 수 있도록 호텔의 기본적인 운영절차를 향상시킨다.

④ 호텔의 직원들이 고객들의 요구, 기대, 희망에 대처할 수 있도록 계속해서 훈련시킨다.

⑤ 고객들의 계속적인 피드백을 기초로 호텔직원의 작업수행 평가를 한다.

호텔의 고객들의 요구, 희망, 기대를 파악하고 이것을 서비스에 반영하고, 직원들이 최상의 서비스를 제공하도록 교육하는 것으로 모든 것이 끝나는 것은 아니다. 매니저들은 호텔의 고객들로부터 계속해서 평가를 받고, 끊임없이 피드백을 유도하는 시스템을 마련해야 한다.

그래야만 호텔이 자주 바뀌는 고객들의 요구사항을 반영하여 서비스의 방향을 계속 수정할 수 있다.

제3절 서비스문화 창조

호텔이 적극적이고 활기찬 서비스문화를 만들기 위해서는 호텔내 구성원들의 시간과 노력이 필요하다. 호텔에 있어서 고객, 직원들, 매니저들이 여기에 해당하나.

여기에는 매니저들이 서비스문화를 창조하는 4단계에 대한 설명이 있다.

① 모든 호텔 구성원들의 가치를 안다.

② 그 기본적 가치를 바탕으로 전체적인 호텔의 의무를 정의한다.

③ 모든 호텔의 구성원들에게 그 내용을 말한다.

④ 호텔의 고객들과 직원들 사이에서 서비스를 제공하는 시스템을 구축한다.

이와 같이 정리된 내용은 간단하나, 실제적인 실행과정은 매우 복잡하다.

서비스문화는 일반적으로 조직구성원의 가치에 기초를 둔다(호텔에서는 고객, 직원, 매니저가 있다). 만약 호텔의 가치가 모든 구성원이 아닌 특정 고객에게만 있다면 갈등이 계속 일어나게 된다. 그러므로 호텔의 매니저들이 구성원의 가치를 정하는 것은 매우 중요하다.

많은 호텔에 있어서 일반적인 그 가치들은 정직, 신뢰, 직위, 질, 가치, 개인적인 의무와 책임감, 동료, 자랑거리, 전문성, 훌륭한 서비스, 권리 등으로 제한이 없다. 호텔은 고객과 직원 매니저들을 유지하고 매니저들은 그들에게 가치를 인식시키며 호텔의 생존과 성공을 위한 중요한 문제를 함께 하고 계속 토의해야 한다. 이렇게 해서 알려진 일반적인 가치를 통해서 매니저들을 호텔의 구성원의 요구에 알맞는 경영철학을 형성할 수 있다.

호텔의 일반적인 가치들을 확인한 후에는 <표 7-3>과 같은 호텔에 대한 진술문을 작성한다. 이것은 호텔의 중심가치와 호텔의 목적이 무엇인지 설명한다. 그리고 이것은 호텔에 권한을 가진 구성원들이 인정하는 절차에 의한 것이어야 그 가치를 가진다. 만약 이 진술이 호텔의 고객, 직원, 매니저에 의해 발전되고 신뢰된다면, 명시된 목적과 목표는 즉시 가치를 가진다.

다음단계는 위의 내용을 명백하고 간결하게 호텔 내 모든 이에게 전달하는 것이다.

이 진술은 주로 고객 자료, 직원시침서 그리고 호텔의 회지에 인쇄되어 전달된다. 어떤 호텔에서는 벽보나 장식판에 이 내용을 인쇄해서 호텔내에 걸기도 하며 또는 명함이나 문구류 등에 인쇄하기도 한다.

<표 7-3> 호텔에 대한 진술문의 예

Oakbrook ○○ 호텔은 모든 고객에게 정찬과 사회활동 그리고 휴식을 제공하는 안락하고 훌륭한 시설을 갖춘 ○○지역 최고의 호텔이다.

그러므로 모든 문제에 있어서 호텔의 매니저들과 직원들은 이 진술문을 생각하면서 호텔에 목표를 이룬다.

서비스문화를 창조하는 또다른 중요한 요소는 호텔의 고객과 직원들의 요구를 반영하여 서비스제공 시스템을 향상시키는 것이다. 이 시스템은 양질의 서비스를 고객에게 제공하기 위한 구체적인 절차와 정책을 가져야 하며 이 과정에서는 서비스의 특수성을 알고 장비, 설계표, 물적 자원의 준비가 필요하다. 서비스 제공의 표면적인 목적은 앞의 도구를 이용해서 고객들의 요구가 얼마나 충족되고 있는지 살피는 것이다. 그리고 서비스를 제공하는 내적인 목적은 ① 직원들이 어떻게 고객들이 원하는 서비스를 제공하는지, ② 직원들에 대한 전문성과 개인적 역량을 평가하며, ③ 직원들이 개인의 만족과 직업적 만족을 어떻게 실현하는지 살피는 데 있다.

1. 서비스 격차

지금까지 호텔의 고객을 위한 최상의 서비스란 무엇이며 어떤 방법으로 실현되는지 살펴보았다. 호텔의 고객들이 원하는 것을 이해하고 그것을 만족시키는 것은 호텔 매니저의 분명한 목표이다. 그러나 고객들의 기대와 직원들의 수행 사이에는 큰 차이가 있다. 이것을 서비스격차라고 한다. 이것은 호텔의 제공하는 서비스 질과 고객들이 기대하는 서비스의 질 차이에서 시작되며, 매니저들은 신속하게 이 차이를 메워야 한다.

다음은 서비스격차가 발생하는 3가지 일반적인 이유이다.

① 호텔은 고객들의 요구에 직면했을 때, 초창기 때의 태도를 갖지 못한다.

호텔의 직원들은 종종 고객들과 긴밀한 관계를 가지게 되므로, 직원들 스스로 자신이 제공하는 서비스에 만족하게 된다. 호텔의 매니저들과 직원들이 고객을 편하게 생각하고 자신들이 제공하는 서비스가 훌륭하다고 생각한다면 서비스격차가 생길 수 있다.

② 호텔이 잘못된 서비스에 대한 기준을 유지한다.

종종 호텔이 성장하고 고객들이 바뀜에도 불구하고 이전에 형성된 서비스 질에 대한 기준이 개정되지 않는 경우가 있다. 시대에 뒤지거나 불필요한 것은 바뀌어야 한다.

③ 서비스에 대한 이론과 실질적인 제공에는 차이가 있다.

호텔이 새로운 서비스 제도를 실행할 때 직원들 사이에서 종종 내키지 않아 하거나 참여하지 않는 부분들이 나타나 결국 계획을 바꾸기도 한다. 이 경우는 새 제도를 충분히 검토하지 않았거나 직원들의 반응을 고려하지 않은 것이다. 그러므로 시스템을 향상시킬 때에는 직원들만을 염두에 두어서는 안되며, 매니저들만이 원하는 내용이어서도 안된다. 이런 문제를 피하기 위해서 매니저들은 서비스 향상과정에 직원들을 참가시키고 광범위한 실습을 통해서 직원들의 반응을 살핀다.

2. 서비스의 질적 회복

호텔의 직원들과 매니저들의 유능함과는 상관없이 항상 서비스에 대한 문제는 발생한다. 모든 사람들은 만족할 수 없으며 의도와는 상관없이 오해가 발생하기 때문이다. 매니저들은 호텔의 서비스에 대한 고객들의 반응을 끊임없이 점검하여야 한다.

고객들이 제공받은 서비스에 대해서 만족하지 못한다는 사실을 모른다면 호텔의 서비스는 개선될 수 없다. 최상의 서비스를 제공하기 위해서는 호텔의 고객들을 잘 알아야 한다. 그래야 매니저들이 잠재적인 문제를 예상하고 문제의 발생을 미리 막을 수 있나. 예를 들면 정찬담당 매니저는 도요일 지녁마다 특별 메뉴를 원히머, 준비된 메뉴가 없을 때에는 실망한다는 것을 알고 토요일마다 특별메뉴를 준비하도록 지시한다.

매니저들은 종종 호텔의 고객들이 불쾌감을 갖고 호텔을 떠났을 때 나타날 손실을 과소 평가한다. 만약 매니저들이 아침 일을 시작하면서 간밤에 발생한 문제들과 고객이 호텔에 만족하지 못하고 떠난 사실을 알았다면 모든 일을 제쳐두고 고객에게 연락해서 상황을 설명하고 사과해야 한다. 그러나 유감스럽게도 이미 공적인 관계에 손해를 입었을 수도 있다. 그 고객은 자신이 겪은 일을 10명 정도 넘는 사람에게 말했을 것이다. 그러므로 매니저들은 서비스 문제는 즉시 해결하도록 직원들에게 지시한다. 서비스문제와 이에 대한 실수를 평가하는 시스템을 마련하고 이것에 대해 직원들을 지도하여 서비스격차를 극복하여 고객들이 호텔에 만족하도록 해야 한다. 서비스격차가 발생했을 때 대부분의 고객들이 원하는 것은 직원들이 자신의 의견을 듣고 진심어린 사과를 하며 자신들의 기분을 이해하고 거기에 동조해주는 것이다. 그리고 적절한 보상을 받는 것이다.

호텔의 고객들이 경험하는 모든 문제는 호텔이 고객에 대한 약속을 증명할 수 있는 좋은 기회이다. 적절히 계획되고 수행되는 서비스의 질적 향상은 고객들을 영원히 호텔에 묶어 놓는다. 직원들은 호텔이 서비스에 고객들이 100% 만족하고 있는지 결정할 수 있는 단서를 찾아야 한다. 만약 고객들의 기분이 좋지 못하다면, 직원들은 고객들이 기뻐할 수 있도록 예를 갖춰 상황을 조정해야 한다. 호텔에 의해 발생한 문제가 아니더라도 자진해서 고객을 돕는 것은 고객들에게 지속적인 좋은 인상을 남긴다. 예를 들어 자동차 열쇠를 잃어버린 고객을 돕거나 자신들의 실수로 곤경에 처한 고객을 도움으로써 우수한 서비스를 제공하는 것이다. 서비스격차를 성공적으로 메꾸기 위해서 재빨리 문제를 파악하고 고객들이 화를 내기 전에 대처해야 한다. 만약 적절히 대처하지 못하면 이 문제는 매우 빠르고 강하게 제기되며 전체 고객에게 퍼지게 된다. 서비스 제공에 대한 실수를 만회하기 위해서 필요한 것은 직원들이 신속한 대처가 최선이다. 그러므로 직원들은 이런 문제에 항상 대비하고 있어야 한다. 이것은 직원들이 새로운 도전과제에 직면해서 적절한 방법을 선택할 때도 마찬가지이다. 그리고 고객뿐 아니라 직원들의 요구에도 호텔은 즉시 대처해야한다. 이렇게 함으로써 호텔은 서비스 우위를 차지할 수 있다.

최상의 서비스를 제공하는 것은 호텔 매니저들의 최상의 임무이다. 그러나 최상의 서비스란 쉽게 정의되지 않으며 항상 변하고 발전하기 때문에 여기에 답하기란 쉽지 않다. 호텔의 매니저들은 스스로 연구하여 훌륭한 경영자가 되려고 노력한다. 또한 호텔의 고객들의 요구사항과 서비스에 대한 기대를 알기 위해 부단히 애쓴다. 게다가 그 내용들을 직원들에게 교육하고 직원들이 양질의 서비스를 제공할 수 있도록 훈련시킨다.

호텔의 매니저들은 '완벽한' 서비스제도라도 때로는 실수할 수 있다는 것을 알고 포괄적인 서비스 질 회복 시스템을 준비하여 호텔이 서비스 우위를 되찾도록 한다.

결과적으로 매니저에게 있어 최상의 서비스란 존경과 호감을 가지고 고객들을 대하고 진실로 그들을 이해하는 것이다. 만약 매니저들이 이같은 생각을 기초로 호텔의 분위기를 개선한다면 그들의 고객들은 최상의 서비스를 경험하게 될 것이다.

제4절 서비스 윤리

도덕성이 없다면 어떤 훌륭한 서비스라도 완성될 수 없다. 서비스의 질과 도덕성 사이의 관계는 매우 깊다. 호텔의 고객들은 호텔에 들어오면서 어떤 직업을 갖더라도 동등한 대우를 받을 권리를 가진다. 그리고 호텔의 직원들은 경영진들에게 공정하고 윤리적인 대우를 받을 권리를 갖는다. 매니저들과 직원들에게 윤리적으로 강한 규약과 함께 호텔의 목적과 목표를 가르치는 것은 결과적으로 호텔의 성공을 이끈다. 호텔의 매니저들은 도덕성의 중요함을 이해하고 윤리적 처신을 약속할 수 있는 규약을 정하고 발표해야 한다. Robert Solomon과 Kristine Hanson는 "It's good business"란 책에서 매니저들이 윤리적인 문제의 딜레마에 빠졌을 때 도움이 될 10가지를 설명했다.

① 무엇이 진정한 문제인가?
② 문제는 어떻게 발생했는가?
③ 반대자의 입장은 무엇인가?
④ 당신은 누구를 옹호하고 있으며 당신의 책임은 어디에 있는가?
⑤ 당신의 행동이 누구에게 어떻게, 얼마나 심하게 상처를 주는가?
⑥ 당신은 협상할 수 있는가? 절충안은 있는가? 당신은 누구와 말해야 하는가?
⑦ 이 결론은 지금부터 1년간, 아니면 5년간 유효한가?
⑧ 당신은 당신의 행동과 의도를 고용주와 호텔의 임원진에 설명할 수 있는가? 당신은 당신의 의견을 심하게 왜곡하거나 빠뜨리지는 않았는가? 그렇다면 무엇이 잘못되었는가?
⑨ 당신은 당신의 행동을 가족에게 말할 수 있는가? 그리고 당신의 아이들이 당신의 행동을 모범으로 삼도록 할 수 있는가? 그리고 그것을 거리낌없이 방송에서 얘기할 수 있는가?
⑩ 어떤 개인적인 이해관계가 당신의 행동을 유발했는가? 어떤 이타주의적 목적이 작용했는가? 당신의 동기가 어떻게 잘못된 해석과 오해를 낳았는가?

매니저들은 윤리적인 딜레마에 직면했을 때 이같은 문제들을 생각해보면서 윤리에 어긋나는 결정을 피해야 한다.

제8장
호텔마케팅

제8장
호텔마케팅

Hotel Business Administration

더 나은 제품을 만드는 것은 시장이 기업을 향해 문을 활짝 열어두는 것이라고 오랫동안 여겨져 왔다. 실제로 기업은 그들이 발견한 획기적인 발명품으로 성공을 맛보지 못할 수도 있다. 세상이 더 좋은 발명품을 필요로 하지 않고 새로운 발명품에 대해 인식하지 못할 수도 있고 새로운 상품의 가격이 그것의 사용에서 나오는 이득 만큼에 가치가 없다고 볼 수도 있고 또 상품이 필요할 때 언제, 어디서나 즉시, 편리하게 그 상품을 살 수 없다면 말이다. 시장이 기업을 향해 문을 활짝 열어두지 않을 것 같으면, 기업은 새로운 훌륭한 발명품을 팔기 위한 마케팅으로 방향을 바꾸어야만 할 것이다.

이러한 사항들이 호텔산업과 무슨 관계가 있는가? 그것들은 호텔 같은 서비스사업을 운영하는 데에 있어서의 마케팅에 대한 정의와 역할에 대한 잘못된 이해된 것 중의 하나를 시사한다. 경쟁이 심화되고 법적・사회문화적・경제적 압력들이 호텔 고객들과 수익에 서서히 압력을 가하기 시작할 때까지, 호텔산업에 있어서 마케팅은 논의의 주제가 된 적이 거의 없다. 반면 성공적인 제품이나 기업 또는 산업에서는 미래의 수익감소에 대비해서 마케팅은 항상 소유자와 경영자간의 큰 관심사가 된다. 마케팅이란 무엇이고, 현재 직면한 환경에서 성공적인 호텔을 경영하는데 마케팅은 어떤 역할을 할 수 있을까?

제1절 마케팅의 역할

마케팅이란 단어가 뜻하는 바는 많은 사람들은 마케팅을 판매 혹은 광고와 동일시한다. 마케팅이란 말은 자본주의 자유경제에서 상품의 유통과 판매를 말하는 것으로 기업과 시회에서 종종 잘못 사용되고 있다. 미국 마케팅연합은 마케팅을 이렇게 정의한다.

"마케팅은 개인과 조직의 목적을 만족시킬 교환을 창출하기 위해서 아이디어와 상품, 그리고 서비스에 대한 계획을 세우고, 계획을 실행하며, 가격을 결정하고, 판매를 촉진하고 유통 분배하는 과정이다."

마케팅의 가장 기본적 기능은 구매자와 판매자가 서로 교환을 하게끔 하는 것이다. 호텔에서는 고객들은 호텔으로부터의 서비스와 상품과 돈을 교환한다. 고객들은 그들이 내는 돈의 양보다 더 보기에 가치있어 보이는 것들을 받아야 하며 그렇지 않으면 호텔의 고객들은 곧 불만스러워 할 것이다. 그리고 고객들을 만족시키는데 실패한 호텔은 문을 닫게 될 것이다.

시장은 실제 구매자와 그리고 잠재적인 구매자들의 집합으로 정의된다. 어떤 시장에서건 비슷한 수요를 갖고 마케팅에 대한 비슷한 반응을 보이는 구매자들의 집단이 특정적으로 있을 것이다. 이 동종의 집단들은 세분시장이라고 불린다. 세분시장들을 이해하는 것은 중요한데, 세분시장들은 호텔이 추구해야할 특별한 마케팅 목표, 전략 그리고 전술을 규정해주는데 도움을 주기 때문이다. 호텔지배인들은 모든 사회구성원이 다 잠재적으로 호텔의 고객이 되는 것은 아니라는 것을 오래 전부터 인식했다. 그들은 사회구성원들은 수입과 생활스타일 등등에 기초해 세분시장들로 구분해서 호텔고객이 될 것 같은 가장 좋은 세분시장만을 취하는 법을 배웠다.

시장을 나누는 데는 많은 방법이 있다. 잠재적으로 고객들을 지역적, 인구통계학적(성별, 나이)으로 나누는 것이다. 일단 시장은 세분화하는데 필요한 기초가 선택되면 호텔 매니저들이 주된 타깃마켓으로 삼을 표적시장을 우선적으로 가려내는데 도움을 줄 자료들을 모을 수 있다. 타깃마켓은 최우선마켓, 2차마켓, 3차(중요하지 않거나 주변적인)마켓으로 분류될 수 있다. 호텔의 고객이 되는데 가장 관심있을 것 같은 지역사회 거주자들이 호텔의 주요 타깃마켓으로 여겨지게 된다.

1. 마케팅전략

잘 짜여진 마케팅전략은 호텔이 독보적이고 유효한 마켓포지션을 획득하기 위해 자원을 분배하는 것을 좀더 쉽게 해준다. 이 마켓포지션은 호텔이 갖는 장점들과 약점들에 영향을 받으며, 예견되는 환경의 변화, 그리고 경쟁상대의 움직임에 영향을 받게 된다.

호텔의 마케팅전략은 장기적이어야 하고 단기적인 마케팅활동을 이끌 수 있는 것이어야 한다. 잘 짜여진 마케팅전략의 모든 요소들은 상호 연관되어야 한다. 잘 고안된 마케팅전략이 부재된 호텔은 단기적인 마케팅활동계획의 실행에 이끌려 다니기 쉽다. 그렇다고 해서 일단 호텔이 마케팅전략을 만들어 냈다면 그것은 돌과 같이 불가변적으로 되서는 안된다. 오히려 반대로 호텔의 내적·외적환경이 변화함에 따라서 호텔의 시장전략도 바뀌어야 한다.

대부분의 시장전략은 그 성향에 따라서 시장지향적 전략의 중점에 기여하는 마케팅지향적 개념에 따라 나눠진다. 시간이 지남에 따라 비즈니스 마케팅에서 다섯가지 지향점이 인식되었다.

호텔의 마케팅노력으로 위 개념들의 두 가지 이상을 합하려고 할 수도 있지만 주로 하나가 우선하게 된다.

1) 생산지향

생산지향적 마케팅이란 고객에게 가능한 가장 싼 가격에 물품을 공급할 수 있는가에 기초한다. 맥도날드가 퀵 서비스 레스토랑산업에서 이러한 접근방식을 취하는 것을 예시할 수 있다. 맥도날드의 상품들은 표준화되어 있고 상품들은 빠르고 최고의 가격효율성으로 생산하는데 강조점을 둔다. 만약 고객이 아주 조금의 추가메뉴로 주문한다고 하더라도 그 추가 아이템이 따로 생산되는 데에는 시간이 더 들게 된다. 만약 맥도날드가 손님들이 메뉴의 샌드위치에 각자 취향대로 주문할 수 있게 했다면 그 생산시스템은 끼익하고 멈출 것이다. 한 개당 가장 낮은 생산가로 생산한다는 것이 맥도날드가 가장 싸구려를 판다는 것을 의미하는 것은 아니다. 오히려 그것은 맥도날드가 각각의 아이템에서 추가이익을 얻을 수 있고 그 이익은 그 상품을 마케팅하는데 더욱 효율적으로 쓰고 그에 따라 시장 점유율을 높인다고 볼 수 있다.

2) 상품지향

모든 고객이 다 똑같은 규격품을 원하는 것은 아니다. 어떤 고객은 돈을 더 주고서라도 자신이 선택권을 행사할 수 있기를 바란다. 이것이 상품지향적 마케팅의 기초이다. 웬디스는 퀵서비스의 기본을 취하면서도 기본적인 햄버거에 256가지의 다른 옵션을 제공한다. 고객이 자신의 요구에 따라 이용가능한 이 넓은 범위의 선택들은 가능해졌지만, 그런 생산시스템이 웬디스의 마케팅 전략의 주요 강조점은 아니다. 그 대신 웬디스는 그 고객들에게 매우 제한된 메뉴에서 거의 끝이 없어 보이는 선택을 제공한다.

3) 판매지향

판매지향적 시장접근법을 갖는 조직은 판촉인들을 상품구매를 촉진하기 위해 내보낸다. 판촉인들의 목적은 첫째, 잠재적인 수요자로 하여금 조직의 생산품과 서비스를 알게 하는 것이고, 둘째 그들 중 일부를 상품을 구매하도록 설득하는 것이다. 불행히도 많은 고객들이 이 시장접근법을 부정적으로 보고 있다. 왜냐하면 그것은 때로는 고압적인 판매전술을 그리고 비윤리적인 접근을 부르기 때문이다. 많은 사람들이 판매원의 판매에 붙여진 오명 때문에 전체 마케팅에 대한 견해를 좋지 않게 하고 있다. 그런 오명은 있을 필요가 없다. 거의 대부분의 판매인력을 이용하는 성공적인 조직들은 매우 윤리적이고 강압적인 전술을 쓰지 않는다. 대부분의 호텔이 매우 전문적인 판매진을 갖고 있다. 호텔의 판매원들은 특히 음식 서빙하는 사람, 바텐더와 같은 판매지향적인 위치에 있는 호텔의 직원들이다.

4) 마케팅지향

제2차 세계대전 직후는 군수물자 보급 때문에 소비재를 적게 생산한 것이 모든 사람에게 여러 가지가 부족했으므로 미국에서는 엄청난 경제성장이 있었고 생산할 수 있는 모든 것은 팔기가 매우 수월했다. 그러나 1950년대 중반에는 경제가 안정되기 시작하고 수요가 지체되면서 마케팅에 대한 새로운 접근법이 개발되었다. 오늘날 비즈니스를 지배하는 이 방법은 마케팅지향적이며, 곧 이것이 마케팅이라고 알려져 있다. 이 개념은 시장이 뭘 필요로 하는지 가장 먼저 결정하고 그런 다음 그런 수요를 대충 충족시킬만한 상품과 서비스를 개발하는 것이 최선이라는 전제에 기초하고 있다. 이것이 사업을 하는데 있어서 가장 수지맞는 방법이다. 자원의 낭비가 거의 없고 수요를 촉진하기 위한 판매가 거의 필요 없으며 손님들은 그들이 원하는 것을 정확히 얻는다.

5) 사회지향적

이 다섯번째 시장접근법은 마케팅지향적 방법에서 발전되어 나왔다. 사회 지향적인 마케팅의 예는 환경을 위해 좋은 것 또는 저지방 그리고 고객의 건강을 위해서 좋다고 일컬어지는 것들의 생산을 포함한다. 사회지향하에서는 만약 고객에게의 이익이 사회에 발생시키는 비용보다 많다면 그 상품은 팔만한 것이 된다. 일회용 기저귀는 고객의 요구를 확실히 충족시키는 상품으로서 마케팅 지향하에서 도입되었다. 그러나 만약 마케팅하는 자들이 사회지향적 방법을 사용했다면, 환경적으로 그리고 얼마되지 않아서 닫아야 하는 매립장으로 나타나는 사회적 비용 때문에 일회용 기저귀는 결코 시장에 도입되지 못할 것이다.

원래 사회지향적 마케팅은 마케팅하는 사람들로부터 의심쩍게 받아들여졌다. 결국에는 도입되었고 지금은 미생물로 분해가능한 플라스틱과 아무거나 재활용가능한 것이 마케팅에서 유리한 것으로 인식되는 상황에서 남용될 위험까지 있다. 소비자들은 혼란스러워하고 어떤 상품이 사회를 위해서 좋으며 좋지 않은가와 동시에 자신을 위해서 좋은가와 좋지 않은 것인가를 이해하려고 노력하고 있다.

2. 상황분석

호텔이 생산, 상품, 판매, 마케팅 또는 사회지향적인 접근법 중 어느 것을 택하는가 하는 것은 호텔 스태프들의 능력과 호텔이 직면한 위험과 기회에 따라 다를 것이다. 이러한 요소들은 상황분석을 실행함으로써 인식가능하다.

<표 8-1>은 포괄적인 상황분석의 공통적 요소들을 포함하고 있다. 상황분석은 호텔의 총지배인이 마케팅전략과 궁극적으로 마케팅계획을 개발하기 위해 준비하는데 맞닥뜨릴 수 있는 주위환경들을 규정한다.

상황분석은 자주 SWOT(장점, 단점, 기회, 위험)분석이라고 불리워진다. 글자의 앞머리를 딴 SWOT는 무엇이 호텔의 장점, 약점, 기회, 위험인지 분석하고 규정하는 것을 의미한다.

만약 상황분석상 성장적 전략이 타당하다는 결과가 나온다면 대부분의 호텔들이 성장에 초점을 맞춘 마케팅전략을 고를 것이다. 그러나 그런 전략이 항상 합당한 것은 아니고 그리고 내부적 제약들로 인해 삭감전략을 택할 수밖에 없거나 심지어는 호텔이 문을 닫거나 다른 조직과 합병될 때 정리하고 떠나는 정책을 택하게 될 수도 있다.

만약 호텔이 발전하길 원하고 상황분석결과가 호텔에 발전가능성이 있다고 나타난다면 수개의 성장전략 중 하나가 호텔의 마케팅계획을 세우는데 안내가 되도록 선택된다. <표 8-2>는 성장전략을 위한 분류계획을 표시한다. 상품과 관련된 결정이나 마케팅과 관련된 결정들 혹은 이 둘다와 관련된 결정들에 따라서 4가지의 성장전략이 있을 수 있다. 상품관련 결정들은 현재의 상품의 공급에 머무르느냐, 아니면 새로운 상품을 개발하는가와 관련이 있다. 마케팅과 관련한 결정들은 현재 존재하는 시장에 집중하느냐, 아니면 아직까지 만족할 만한 상품이 개발된 적이 없는 새로운 시장을 발견하고 도달하려고 노력하느냐와 관련이 있다.

위의 4가지 성장전략은 다음과 같이 정의된다.

① **시장점유율 확장** – 현재 공급하는 상품으로 현재의 시장에서 시장점유율을 확대함으로써 수입을 늘리는 것.

② **시장개발** – 현재의 상품을 새로운 시장에 내보냄으로써 수입을 증가시키는 것.

③ **상품개발** – 현재의 시장에 새로운 상품을 도입함으로써 수입을 증가시킨다.

④ **다각화** – 새로운 상품이나 서비스는 새로운 시장에 제공해서 수익을 늘린다.

표 8-1 상황분석의 구성요소

내부적 제약요인	
강점(Strengths)	약점(Weaknesses)
다양한 품종과 최신식에 이르는 상품라인	협소하고 또는 구식의 상품라인
어느 정도의 시장점유 능력	제한된 시장점유능력
가격경쟁력	가격상승 또는 비효율적인 가격대 제품
마케팅기술	조잡한 마케팅계획
정보획득에 있어서 경쟁력	적절치 못한 정보시스템
훌륭한 인적자원	적절치 못한 인적자원
명성있는 브랜드	브랜드 가치의 하락
비용과 금융에서의 이점	재정적으로 불안정함
수준높은 관리기술	적절치 못한 관리기술
효율적인 통제시스템	통제가 없어 문란함
잘 개발된 전략	부적절한 조직구조
위치상의 장점	지리상 분리함
외부적 제약요인	
기회(Opportunities)	위협(Threats)
핵심사업의 확장	핵심사업의 도전
새로운 시장부분의 개척	직접·간접적 도전의 증가
생산되는 상품의 폭을 넓힘	소비자 취향의 변화
비용과 재정적 유리함을 극대화	새로운 상품이나 대체상품의 등장
새로운 사업으로 전환	인구학적 요소의 이동, 변화
수직적 통합(결합)(전방결합/후방결합)	경제적 환경의 변화
경쟁자들 사이에 경쟁의 감소	규제의 증가
이익이 나는 취득	현재의 조직에 대한 법적 문제
브랜드명을 새로운 지역에서 사용하기	노동비용의 상승
빠르게 성장하는 시장을 찾기	시장발전의 둔화, 시장의 퇴화
새로운 기술의 실현	

<표 8-2> 대체적인 성장계획

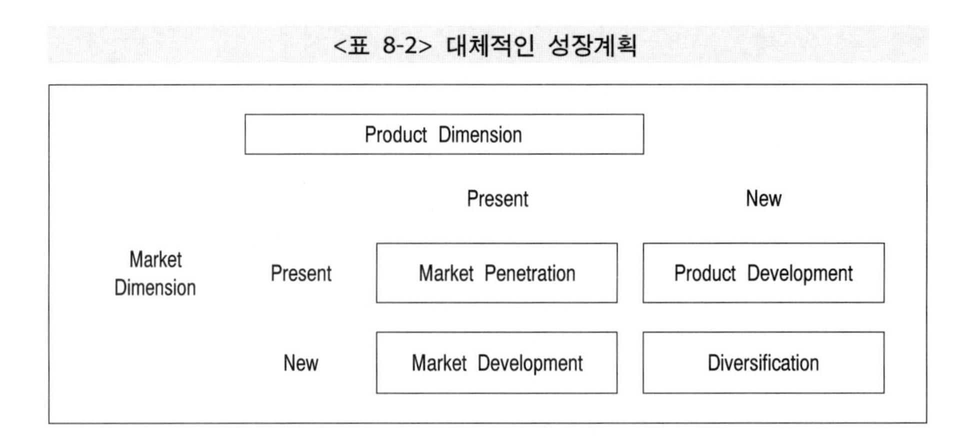

어떤 성장계획이 선택되던 간에, 5개의 마케팅방법의 1개와 합쳐질 때, 호텔이 고객과 임의의 소비를 위해 경쟁하는데 사용하려하는 기본적인 길잡이로써 제공할 것이다.

3. 서비스 마케팅

서비스를 파는 것, 호텔이 그들의 고객에게 제공하는 그런 서비스들은 제조된 상품을 파는 것과는 상당히 다르다. 필리는 것 서비스—는 무형의 것이고, 매우 소멸하기 쉽다.

유형의 상품은 광고하는 것과 창고의 재고품을 옮기는 것을 강조한다. 서비스 마케팅은 반면에 구매의 빈도와 구매의 평균량, 그리고 소비자의 만족을 모두 최대화 시키고자 시도한다. 전통적으로 작은 외부적 마케팅—광고 같은—이 사용되고, 개인적 판매와 독특한 서비스 같은 사람지향적인 마케팅의 측면이 더 강조된다.

4. 내부적 마케팅

호텔들은 그들의 서비스를 시장에 내놓고, 호텔 고용인들은 그러한 서비스의 제공자이기 때문에, 고용인들은 종종 호텔운영자의 부분에 고유한 마케팅 활동의 주축이 된다. 고용자들을 직원으로 생각하는 것 대신에, 운영진은 고용인들의 직업의 중요성과 호텔에 대한 고객들의 만족의 단계에 기여하는 가치에 고용인들을 파는 것이 필요하다고 인식한다. 손님으로써 고용인에 대한 그리고 생산품으로써의 그들의 직업에 대한 이러한 강조는 내부적 마케팅이라고 말할 수 있다.

호텔운영자들은 고객의 욕구를 만족시키고 호텔을 성공하는데 중요한 역할을 하는 고용인들과 대화하는 것이 필요하다. 이것이 달성되지 않으면, 운영은 형편없는 서비스와 형편없는 태도로 고객들에게 때때로 불만족스러움을 표출할지도 모르는 불만족스러운 고용인들을 낳게 된다.

제2절 구매자행동의 이해

더 잘 그들의 호텔을 시장에 팔려면, 호텔운영자들은 구매자행동에 대해 이해해야만 한다.

구매자행동은 소비자들이 구매결정을 하는데 사용하고 구매한 상품과 서비스의 이용과 배치를 하는데 사용하는 과정들로써 정의된다.

호텔은 그들이 표방하는 그룹이나 조직으로 구매하는 개인들을 다루고, 게다가 소비자 자신 스스로 호텔상품이나 서비스들을 사는 개인들을 다룬다. 이 부분에서 우리는 먼저 소비자-구매자행동의 두 가지 형태를 살펴보고, 그리고 조직적인 구매자행동을 살펴보자.

1. 소비자 – 구매자행동

우리가 설명할 두 가지 소비자-구매자행동은 가족단위의 주기이고 소비자 구매결정과정이다.

이 두 형태는 호텔운영자가 호텔의 고객들의 구매행동을 어떤 힘이 이끄는가를 이해하는데 도움을 줄 수 있다.

1) 가족생계 주기

고객의 성과 나이를 아는 것은 고객의 구매행동을 설명하는데 충분하지 않다. 종종 같은 성과 나이를 가진 고객들 사이에서 구매와 소비양상의 차이는 서로 다른 가족생계 주기에 따른 것이다. 가족생계 주기는 나이와 혼인상태, 그리고 집에 아이들이 있고 없고가 합해진 것에 의해 결정되는 가족에 관한 일련의 장이다. 호텔사업에서 그것은 고객의 구매행동을 이해하는데 가장 가치있는 도구일 것이다.

가족생계 주기는 호텔운영자들에게 어떻게 가족의 욕구, 수입, 자원 그리고 지출이 각 단계에 따라 다르냐에 대한 통찰력을 제공한다. 예를 들어 아이를 가진 젊은 기혼자 단계에 있는 사람들은 전형적으로 매우 적게 자유재량의 현금을 가졌고, 좋은 음식과 음료수를 호텔에 빚을 지면서 제공할 수 없기 때문이다. 그들은 호텔의 쾌적함에 많은 요구를 할 것인데, 풀장이나 다른 스포츠기능 같은 것들을 반대로 독립된 아이 없는 중년단계에 있는 사람들은 여분의 돈을 가지고 있고 호텔의 음식과 음료수를 주로 사고 또 다른 수익센터를 이용하는 고객이 되는 재정적 안정을 보여준다. 이러한 그룹은 여가기능에(골프코스 이외) 아이를 둔 젊은 사람만큼 많은 요구를 하지 않는다.

2) 소비자 구매결정 과정

<표 8-3>은 소비자 구매결정 과정을 단순화한 형태를 보여 준다. 이러한 형태는 구매자의 구매결정이 역동적인 과정이란 것을 보여준다. 호텔의 잠재적인 새로운 고객은 호텔을 선택하기 전에 복잡한 의사결정과정을 거칠 것이다. 고객은 가능한 대체제를 평가하는 것을 돕는 데에 많은 원료로부터 정보를 찾으려 할 것이다. <표 8-3>에서 보여지는 단순화된 형태는 5단계를 가진다. 이 단계들의 각각은 추측되는 혹은 직접적으로 관찰되는 요인들 중에 하나 혹은 다수에 의해서 영향 받는다. 이러한 요인들은 <표 8-4>에서 소비자 구매결정 과정의 확장된 형태로 요약된다.

3) 추측된 영향들

<표 8-4>의 위 3개는 간접적인 소비자행동에 대한 3가지 영향들이나, 추측된 영향들이다. 심리적 요소들, 외부적 사회적 요인들 그리고 상황적 요인들 이다.

심리학적 요인 중의 하나인 동기는 목적에 직접적으로 향한 행동으로 정의될 수 있다. 동기화된 상태는 긴장감의 결과이고, 이것은 채워지지 않은 욕구를 불러일으킨다. 사람들은 그 욕구를 만족시킴으로써 긴장을 감소시키려고 한다. 그러므로 그 욕구는 동기화되는 과정에서 비판적인 요소이다. 욕구가 발생하면 행동을 자극하도록 조정하거나 그 동기가 된다.

동기를 유발하는 욕구들은 거의 주로 1930년대와 40년대에 아브라함 마슬로우가 한 작업에 기초해서 분류된다. 마슬로우의 이론에선 가장 낮은 수준의 욕구들은 더 높은 수준의 욕구를 개인이 만족시키도록 동기화되기 전에 해결 돼야 한다. 마슬로우는 가장 기본적인 신체적인 욕구에서 가장 높은 심리적인 욕구 –자아실현이나 자기만족– 까지 욕구를 분류했다. 안전과 안심에 대한 욕구들 사이에서, 사회적 혹은 감정적 욕구들, 그리고 자아욕구가 있다.

<표 8-3> 소비자 구매결정과정을 단순화한 보기

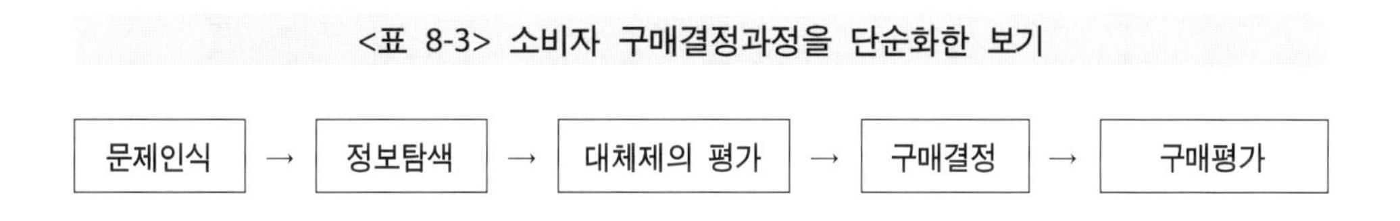

모든 사람들은 적어도 항상 해결되어야 하는 한 단계의 욕구는 가지고 있다. 그것의 상품과 서비스를 통해서 호텔은 마슬로우의 모델에 있는 모든 단계에서 그것의 고객들의 욕구들을 만족시키고자 시도한다.

2. 조직적인 구매행동

조직적인 구매행동은 소비자행동과 다르다. 왜냐하면 구매의 본질이 다르고, 그리고 바이어는 주로 개인들의 그룹이며 실질적인 소비와는 그다지 관련이 많지는 않다. 조직적인 바이어는 일반적인 목적을 가진 서비스상품의 구매자로서 정의된다. 조직적인 바이어들의 예는 사업이나 조직체의 구성원들, 사회적 호텔, 혹은 기관; 특별한 행사를 위해 상품과 서비스를 구입하는 사람들(결혼이나 축하연 같은); 그리고 서비스상품과 용역들을 필요로 하는 그룹들의 대표이다. 모든 기본적인 요인들－관찰되고 추론되는 영향들－은 소비자 바이어처럼, 조직적 바이어들에게도 같음에도 불구하고 조직적인 바이어들은 다른 사람들을 위해 구매한다. 조직적인 바이어들은 다른 사람의 욕구와 필요를 만족시키려 애쓴다.

1) 구매센터

호텔운영자들은 주로 조직적인 바이어는 개인이 아니라, 구매중심으로 알려진 개인들의 그룹이란 것을 이해해야 한다. 구매중심을 구성하는 개인들 각각은 실행해야 하는 특별한 역할을 가지고 있다. 몇몇 사람들은 같은 역할을 차지하고 있을지 모르고 어떤 사람은 동시에 몇 개의 역할의 책임을 지고 있을 수 있다. 다음은 전형적인 구매중심에 있어서 5가지 역할이다.

(1) 이용자

이 개인은 실제적으로 상품과 서비스를 이용하고 소비한다. 많은 경우들에서 그 이용자는 구매과정을 시작한다. 주로 이용자는 구매평가에 포함된다.

(2) 영향자

이 구매중심 고객들은 구매기준을 발전시키거나, 대체제를 평가하는데 사용되는 정보를 제공할지도 모른다. 구매과정에 그들의 영향은 직접적 혹은 간접적이다.

(3) 구매자

이 개인은 실질적으로 구매할 회사를 선택하고 구매기간을 정하는 외형상의 주체이다. 그 구매자가 협상하는 데에 책임이 있는데도 불구하고, 구매자는 구매 중심의 다른 고객들에게 강제로 위치를 선정한다.

(4) 결정자

이 사람은 금전출납을 통제하고, 결정자로 불리우는데, 그 이유는 그들의 상품이나 서비스에 돈을 쓰도록 결정하는 위치에 있기 때문이다. 그들의 결정이 종종 바이어가 추천하는 것에 좌지우지됨에도 불구하고 말이다. 구매중심의 이 고객들은 종종 자본제공자로 일컬어진다. 자본제공자로써의 역할에서 결정자는 그 구매를 완료하도록 바이어에게 허용한다. 크게, 형식적으로 설립된 조직들에서는 바이어와 결정자는 구매중심의 두 개의 다른 고객들이다. 작은 비형식적 조직에서는 이러한 두 역할이 종종 같은 사람에 의해 실행된다.

(5) 문지기

이 사람은 구매중심으로 가는 정보의 흐름을 관리한다. 문지기는 비서나 구매요원 같은 고정적인 위치를 가지고 있을 수 있는데, 종종 그들의 역할은 상당히 비고정적이다.

구매중심 개념은 간단한 예를 통해서 가장 잘 이해될 수 있다. 스미스 부부의 딸은 봄에 결혼하려고 하고 있다. 스미스 부부는 호텔에서 하는 결혼피로연에 참여할 것이고, 음식과 음료를 마시고 호텔이 제공하는 다른 서비스도 즐길 것이다. 따라서 그들은 사용자로 정해진다. 스미스 부인의 엄마는 주제에 대해 어떤 확실한 생각을 가지고 있고, 피로연의 특성에 대해서도 잘 안다.－그녀는 영향자의 역할을 한다. 스미스의 딸, 로렌은 호텔운영자와 그 피로연의 특징에 관해서 실질적으로 협상을 할 것이다. 그리고 그녀는 바이어의 역할을 한다. 그녀는 또한 분명히 사용자이고 영향자이다.

스미스씨는 합리적으로 그 계약을 체결하고, 그 호텔에 지불해야만 한다. 이것은 그의 역할이 결정자란 것을 보여준다. 스미스씨에게 주어진 정보는 그의 딸, 부인, 그리고 호텔운영자에 의해서 정확하게 관리된다. 이런 개인들 각각은 문지기의 역할을 한다.

2) 구매부문

모든 조직적인 구매들이 구매중심고객들의 같은 복잡한 상호작용에 종속되는 것은 아니다.

조직에 의해서 이루어지는 그 다양한 유형의 구매결정은 구매부문이라고 불리운다. 구매부문은 그 그룹에 대한 문제의 새로운 면과 알려진 구매결정을 하는데 필요한 정보의 양과 대체제가 어느 정도 고려되었는가에 기초하고 있다. <표 8-4>는 구매부문의 3가지 유형을 보여주는데 새로운 일, 변경된 재구매, 일관된 재구매를 말한다.

새로운 작업상황에서, 그 그룹은 전에는 일어나지 않았던 요구나 문제를 직면한다. 그 그룹은 구매경험이 거의 없거나, 관련된 기존의 구매경험이 없어서, 많은 양의 정보가 필요하고, 대체적인 공급자를 주의해서 고려해야 한다. 로렌 스미스의 결혼은 만약 부부가 전에 결혼식을 계획해 본 일이 없다면 새로운 작업상황이 될지도 모른다. 변경된 재구매상황에서, 그 구매는 일반적이고 되풀이되어 발생되지만 공급자는 바뀔지도 모른다. 만약 스미스 부부가 호텔에서 그들의 처음 세 딸을 위한 결혼피로연을 가졌었는데, 로렌이 그들에게 지난해에 문을 연 새로운 호텔에서 할 것을 요청한다면, 변경된 재구매 상황의 한 예가 될 것이다. 스미스부부는 호텔로부터 가격을 요청하고, 음식담당 직원을 만나서 새로운 기존호텔의 제안과 호텔의 제안을 비교할 수 있을 것이다.

일관된 재구매상황은 매우 일반적이고 되풀이되는 구매를 포함하고, 보통 일관성의 원리에 의해 조정된다. 허용되는 상품과 서비스자원의 목록이 존재하고, 어떠한 새로운 공급자가 고려되지 않는다.

<표 8-4> 조직적인 구매 과정에서의 구매부문

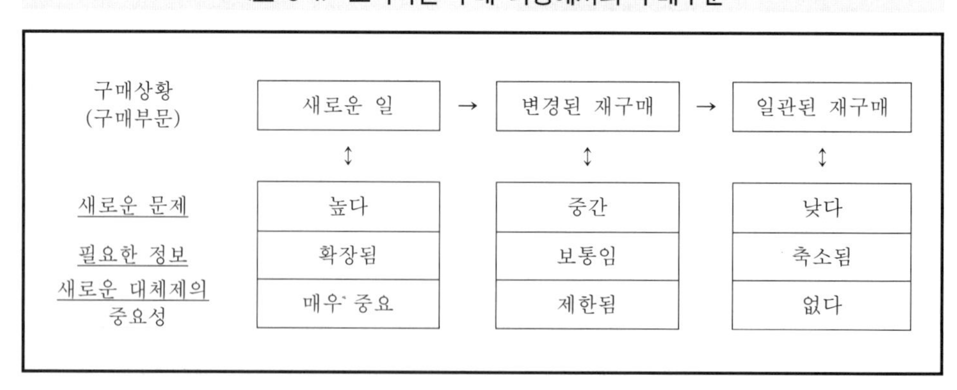

구매상황 (구매부문)	새로운 일 →	변경된 재구매 →	일관된 재구매
새로운 문제	높다	중간	낮다
필요한 정보	확장됨	보통임	축소됨
새로운 대체제의 중요성	매우 중요	제한됨	없다

제3절 마케팅 믹스

시장은 호텔운영자가 개념들과 계획들로부터 세부적인 시장계획의 더 실제적인 면으로 이동할 때 훨씬 더 현실적이 된다. 마케팅계획은 직접적으로 호텔고객들에게 영향을 준다. 그것은 호텔마케팅의 4Ps, 마케팅믹스로 불리우는 Product, Promotion, Place, Price로 호텔마케팅계획의 완성을 보여준다.

1. 상품개념

Marketing Mix(통제가능한 마켓팅 구성요소를 유기적으로 통합하는 것) 의 요소 가운데 최고로 그리고 가장 중요한 요소는 상품 자체이다. 즉, 이 부분에 있어서의 C호텔 마켓팅경영은, 호텔이 제공하여야만 하는 서비스와 각종 상품들 내부 식당 메뉴의 품질과 종류, 요리, 호텔의 실제적인 외형, 그리고 식당연회 예약이나, 휴식공간 제공에 대한 정책이나 절차들과 관련이 있을 것이다. 호텔상품과 상품관련 마케팅경영이 호텔고객들의 만족과 호텔의 경제적 이익에 대해 미칠 영향에 대해 이해하기 위해서는 상품개념에 대해 고찰해 보는 것이 도움이 된다.

상품개념은 다음과 같은 것으로 이루어진다.

- 상품분류
- 상품배치
- 상품차별화
- 상품의 수명

1) 상품분류

상품이란 마케팅을 목적으로 한 것으로, 외형적으로 심리학적으로나 구매자들의 필요와 수요를 충족시켜 주는 이익의 덩어리라고 정의될 수 있다. 상품에는 다양한 종류가 있고, 상품분류의 기술은 호텔의 상품이 어떻게 하면 가장 잘 팔릴 수 있는가를 이해하려고 할 때 유익한 것이다. 상품분류의 방법 가운데 가장 일반적인 것 중의 하나가 상품을 소비재, 선택재, 특수재로 나누는 것이다.

소비재란 최소의 시간과 노력으로 살 수 있는 상품을 말하는 것이다. 스낵 바에서 사 마시는 음료수는 소비재의 예이다. 가격이 일반적으로 상당히 저렴하고 가격자체가 구매에 필요한 노력에 대한 잣대가 되지 못한다. 게다가 구매자들은 대부분 그 상품과 그 효용에 대해 아주 잘 알고 있다. 소비재를 구매하는 사람들은 일반적으로 상표를 거의 따지지 않는다. 예를 들어, 목이 마르다면, 그들은 대부분의 경우 상표를 따지지 않고 음료수를 사서 마시는 것이다. 소비재에 대한 마케팅의 열쇠는 바로 편리함에 있다. 즉, 소비재는 반드시 구매자들이 그것을 원할 때 바로 얻을 수 있어야 한다는 것이다. 이는 상품의 배치수준이 아주 중요하다는 것을 의미한다.

선택재란 구매자의 입장에서 비교구매가 필요한 상품이다. 소비자들은 구매결정을 하기 전에 가격, 상품의 질, 상품의 유형을 비교할 수 있다. 구매자들은 상품에 대한 불완전한 지식을 가지고 있기 때문에 확장적인 정보를 필요로 한다. 선택재는 소비재만큼 자주 구매되는 것은 아니며, 일반적으로 소비재 보다 비싸다. 그 예로는 식당의 와인메뉴에서 고객으로부터 구매되는 와인 한 병을 들 수 있다. 이러한 유형의 상품은 판매촉진활동이 더한 중요성을 지닌다. 소비재보다는 개별 취향에 따르는 구매가 중요하고, 상품의 가격이 구매의 결정을 내리는데 도움을 주는 기준으로 작용하는 경우가 많다. 가격이 별로 중요하지 않은 음료와는 달리, 와인은 가격이 곧 품질을 나타내는 것으로 이해된다. 예를 들어, 상등품인 Bordeaux 와인의 가격은 국내 상표의 와인보다 비쌀 수밖에 없는 것이다.

대체재가 존재하지 않는 상품을 특수재라고 한다. 구매자들은 이러한 특수재를 사기 위해서 대단한 시간과 노력을 감수한다. 구매자들은 일반적으로 상표에 아주 민감하며 특수재를 위해서 일반적인 상품에 비해 더 많은 대금을 지급하려 한다. 특수재의 예로는 유명한 요리사가 만든 자신의 이름을 건 해물 요리나 일류의 고급 레스토랑을 들 수 있다.

2) 상품배치

상품배치는 호텔의 목표시장에 있어서 호텔이 경쟁자들과의 관계에 있어서 어떠한 존재가치를 가지는지를 확인시켜 주기 위해서, 호텔의 상품, 서비스의 제공, 또는 호텔의 이미지 자체를 설계하는 것을 위한 전략을 발전시키는 과정을 말하는 것이다. 주어진 시장에 있어서 몇몇의 경쟁호텔이 있을 수 있다. 호텔의 경영자가 호텔을 시장 내에서 최고로 만들려고 한다면 고객들에게 또는 시장의 일반적 성원들에게 최고의 이미지를 만들고 유지하는데 노력을 기울여야 한다.

3) 상품차별화

상품차별화는 호텔경영자가 상품배치 전략을 수행하기 위한 활동에의 노력과 과정을 말하는 것이다. 상품포장과 호텔의 외형적 변화는 경쟁자들로부터 호텔을 차별화하는데 도움을 줄 수 있다. 호텔을 차별화하기 위해 선택된 상품이나 특색이 중요하고 시장의 구성원들에게 믿을 만한 것이라면, 이 전략은 수입을 늘이는데 도움을 줄 것이다.

상품차별화는 자주 이익 극대화를 위한 시장분석의 방법과 함께 쓰인다.

4) 상품수명

상품은 정해진 수명의 단계를 거치게 된다. 상품의 수명은 상품을 통한 소득과 수입 증가율에 의해 측정되어진다. 호텔이 처음 준공되어서 시장에 진입하게 되면, 소득은 비교적 낮고 비용은 비교적으로 높아, 경영적자를 낳게 된다. 이것은 상품수명 싸이클(PLC) 중의 진입단계라고 일컬어진다. 똑같은 각본이 호텔의 새로운 메뉴의 아이템이나 각종 프로그램에 적용될 수 있을 것이다. 상품이 시장에 소개되고, 조금 더 인기를 얻게 됨에 따라 제품은 상품 수명 싸이클에 있어서 성장단계에 이르게 된다. 소득은 급격히 증가하고 비용은 낮아지게 되고 호텔은 상품이 인기를 얻게 됨에 따라 가격에 프리미엄을 붙일 수 있게 된다. 늘어난 소득과 낮아진 비용은 결과적으로 이 상품에 의한 많은 이윤을 가져온다. 이 단계는 상품수명 싸이클에 있어서 아주 바람직한 단계이다. 이윤 초과분은 진입단계에 있거나, 더 나중의 단계에 있는 상품들을 위해 쓰여진다.

호텔이 상품의 증가하는 인기도에 수반되는 소득의 증대를 향유하게 됨에 따라, 상품은 경쟁자들의 이목을 끌게 된다. 경쟁자들이 시장에 진입함에 따라 그 상품으로 인한 소득은 줄게 되고, 이것은 상품이 성숙단계에 이르렀음을 의미한다. 성숙기 동안에는 이윤이 감소하기 시작한다. 경쟁자들은 상품의 성공적인 면들을 모방하게 되고, 결국 경쟁호텔의 상품들은 더 비슷하게 되고 차별성이 떨어지게 된다. 이 단계에는 가격경쟁이 일반화되고, 상품의 이윤이 더 낮아짐으로 인해 총수입이 감소하게 된다.

쇠락단계는 상품의 수명 싸이클에서 가장 마지막 단계이다. 호텔의 쇠락 단계에 있는 상품의 예로서 지방을 많이 함유한 메뉴를 들 수 있다. 기술의 발전과 고객들은 취향과 생활습관의 변화와 경쟁업체로부터의 공격 등이 상품이 쇠락단계로 이르게 되는 이유이다. 상품의 판매량과 이윤이 급격히 감소하고 비용문제가 심각해진다. 쇠락해 가는 상품은 성장단계에 있는 상품으로부터 자원과 노력을 갈취하게 된다.

때때로 쇠락기에 있는 상품은 단순히 생산 자체가 중단되기도 한다. 쇠락기에 있는 상품에 대한 또다른 방안은 재조직해서 새로운 상품수명 싸이클이 생겨나도록 하여, 쇠락을 막는 것이다. 세번째 방안은 발전된 경영과정을 통해서 혁신적으로 비용을 줄임으로 인해서 상품의 제공을 계속하고 여전히 그로부터 이익을 창출하는 것이다. 예를 들어 식당에서 지방 함유량이 높은 품목을 일주일에 하루 밤만 제공할 수 있을 것이며 따라서 그러한 상품을 여전히 원하는 고객들은 필요를 충족시켜줄 수 있다. 그렇다 하더라도 그러한 상품을 하룻밤만 제공하도록 하는 것은 막대한 비용효율성을 위한 차별화인 것이다.

상품의 수명 싸이클은 계획수립의 도구로써 가장 유용하다. 그러나 상품 수명 싸이클에 기반한 전략을 무소선석으로 적용해서도 안된다. 상품수명 싸이클을 이용하는데 있어서 하나의 위험성은 독단적인 예측이다. 상품이 쇠락기에 접어들었다고 의심하게 되는 호텔경영자는 그 상품에 드는 자원의 투자를 과감히 줄일 수 있다. 그 상품은 실제로 쇠락기에 접어들이 않았음에도 불구하고 경영자가 장려를 멈추고 자원을 제공하지 않는다면 시기상조의 쇠락을 초래하게 되는 것이다.

2. 촉진개념

호텔이 고객들에 대한 상품의 제공에 대해 어떻게 정보를 주고받는가 하는 것에 영향을 주는 경영의 일환을 일반적으로 촉진경영이라 한다. 호텔의 Marketing Mix

에 있어서의 촉진적인 요소는 개별판매, 발행물, 판매촉진, 어떠한 경우에는 광고 등을 포괄한다. 이러한 요소나 활동들은 고객들이 호텔과 그 상품들에 대해 기억을 되살리고 인식할 수 있게 하는 역할을 한다.

1) The Promotional Mix

고객들과의 의사소통을 위해 쓰이는 다양한 촉진요소들은 호텔의 Promotional Mix 라고 불린다. 어떠한 Promotional Mix가 옳은 것인가에 대해서는 정답이 없다. 왜냐하면 모든 촉진적 경영의 요소들이 서로 필수적인 대체재 또는 강화재가 될 수 있기 때문이다. 효과적인 Promotional Mix는 호텔의 촉진과 의사소통의 목표를 달성할 수 있는 어떤 것이라도 괜찮다.

효과적인 Promotional Mix를 만들어 내는 것은 과학이라기보다는 예술이다. 또한 일반적으로 경영자가 조심스레 각각의 방법들을 시도하고 실패를 경험함으로써 비교한 결과를 필요로 한다. 호텔경영자가 효과적인 촉진의 방법을 발견해 낼 수 있도록 하는 요인은 다음과 같은 것이 있다. ① 활용 가능한 자원, ② 호텔의 특성, ③ 호텔 고객들의 특성, ④ 호텔의 상품으로서의 수명 싸이클 내의 단계, ⑤ 호텔 정책 등이다. 대부분의 호텔경영에 있어서 개별판매, 개별 편지, 호텔 소식지 등이 가장 많은 자원을 쓰게 되고 가장 괜찮은 결과를 가져옴에 비해 광고는 작은 역할을 할 뿐이다. 촉진전략에 관한 모든 결정은 호텔의 이미지를 염두에 두고 이루어져야 하며, 호텔의 전체적인 판매전략에 부합되어야 한다.

다음과 같은 항목들에서 호텔의 Promotional Mix에 포함되는 것으로 여겨질 수 있는 일시적인 시장활동들에 대한 논의점을 찾을 수 있다.

- 개별판매
- 개별 편지
- 소식지
- 메뉴의 상품화
- 판매촉진
- 광고

(1) 개별판매

아마 시장에 있어서의 의사소통에 대한 어떤 다른 요소도 개별판매만큼이나 호텔의 상품의 판매촉진에 중요한 역할을 하고 있지는 않을 것이다. 호텔에서는 개별판매가 서비스 직원들에 의해서 가장 자주 행해지고 있다. 양질의 서비스는 대체로 고객이 필요로 하는 것이 무엇인지를 결정한 뒤 호텔의 상품 제공을 통해 그러한 필요를 충족시켜 주는 것을 포함한다. 따라서 양질의 서비스란 개별판매와 같은 뜻을 갖는 것이라고 볼 수 있다. 개별구매는 호텔경영자와 직원들이 활용가능한 1대1 마케팅 의사소통의 가장 활동적이고 유연하며, 효과적인 형태이다.

(2) 개별 편지

호텔이 고객들을 향한 마케팅에 쓰는 가장 일반적인 방법 중의 하나는 개별 편지를 보내는 것이다. 개별 편지는 많은 이유로 호텔에서 자주 이용된다. 그 중 중요한 이유는 쉽게 사용할 수 있고, 비용이 적게 든다는 것이며, 이것이 경영측이 이 방법을 직접적으로 선호하는 이유이다. 예를 들어 호텔은 호텔에서 자주 식사를 하지 않는 고객들을 접촉해서 호텔의 저녁 식사에 대한 광고를 할 수 있다. 개별 편지에 의한 촉진방법에 담겨져 있는 생각은 호텔에서 식사하는 경험은 자주 식사하러 오지 않던 고객이 호텔의 식당을 자주 이용하고 더 정기적으로 구매하도록 하는 긍정적인 역할을 한다는 것이다. 호텔의 영수 데이터 베이스를 이용해서 일정 최소량 이하의 음료와 식사를 구매하는 소비자들을 특정하여 마케팅전략을 세울 수 있다. 역으로 단골고객들에게는 무료 식사 쿠폰을 호텔 애용의 감사의 표시로 제공할 수 있는 것이다.

개별 편지의 시스템의 정수는 바로 메일링 리스트에 있다. 호텔의 고객 목록과 영수증 데이터 베이스는 즉시 사용할 수 있고, 최신의, 비용이 저렴한, 호텔경영자가 필요한 고객들에게 또는 전 고객들에게 개별 편지를 보낼 수 있게 하는 메일링 리스트를 작성할 수 있게 한다.

(3) 소식지

거의 모든 호텔이 소식지를 그들의 고객들과 의사소통하는 수단으로 쓴다. 소식지는 고객들에게 곧 있을 특별 이벤트나 식장의 영업시간의 변화와 혁신 계획 등에 대해 알려줄 수 있다. 뿐만 아니라 호텔의 소식지는 고객들에게 상품을 소개하는 란을 반드시 가지고 있어야 한다. 고객들의 인식은 고객들의 만족을 위한 가장 효과적인 방법 중의 하나이다. 고객들로부터 참여를 유도하는 편집자에게 란 등은 상호 의사소통의 멋진 방법 중의 하나이다.

부가적인 난에는 직원에 대한 특별한 것들(직원 변화와 이전의 소식지 이후 바뀐 점), 조리법이나 저녁 식사에 새로이 제공되는 와인과 같은 식사와 음료에 대한 정보, 호텔 고객들에게 유용한 지역정보, 호텔의 사용을 촉진하고 상품 판매를 늘리기 위한 서비스 제공 등의 정보를 포함할 수 있다. 소식지를 꾸며야 할 때 유의해야 할 다른 사항은 <표 8-5>를 참조하기 바란다.

<표 8-5> 효과적인 호텔 사보에 대한 조언

- 출판물에 대한 목표를 세우고 정보를 제공하고자 하는 상대방을 파악한다. 모든 사람을 목표로 하지는 말아야 한다.
- 전문적인 통보자는 사보를 생산하는 것에 책임을 져야 한다는 것을 명심해야 한다.
- 호텔 고객들을 설득하는데 사보를 사용하지 말라. 그것은 상품을 팔기 위한 단순한 도구 이상이어야 한다. 그것은 호텔과 고객들 사이의 진실한 대화를 교환하고, 즐겁게 하고, 자극하여야 한다.
- 독자들이 반응할지도 모를 곳에 포럼을 제공한다. 그들에 의한 반응을 요청함으로써 고객들에게 출판의 소유주가 된 것 같은 느낌을 갖도록 한다.
- 정보를 제공하기 위해서 쓴다. 감동시키기가 아니다. 의사를 분명하게, 완고하게 전할 수 있는 말들을 사용한다. 짧은 문장과 문단을 사용하고 모든 고객에 의해 쉽게 이해되지 않는 특수용어는 사용을 피한다.
- 알기 쉬운 형식으로 써서 고객들이 그 출판물에 쉽게 접할 수 있고 쉽게 정보를 찾을수 있도록 한다.
- 일정한 기간으로 스케줄을 작성하라. 고객들은 사보의 도착을 미리 알고 스케쥴에 따라 계획을 세울 수 있어야 한다.
- 잘 계획된 사진과 작품을 사용한다. 독자들은 전형적으로 우선 흥미로운 사진들을 본다.
- 서체를 선택할 때 독자들을 고려한다. 그들은 일반적으로 크고 읽기 쉬운 타입을 원한다. 각 장에 너무 많은 것을 넣으려고 하지 말자. 덜 말할수록 당신은 더 많은 것을 말해주는 것이다.

(4) 메 뉴

메뉴는 단지 팔기 위해 제공된 음식과 음료수의 리스트가 아니다. 그것은 고객들에게 좋은(욕구 만족에 의하여), 호텔에도 좋은(이득의 측면에서) 특별한 아이템을 판매하고자 사용될 수 있는 마케팅도구이다. 호텔메뉴에서 가장 눈에 끌리는 부분을 아는 것은 호텔운영자들이 그 식당의 특징과 가장 이득이 남는 아이템을 위치시키는데 도움을 줄 것이다(<표 8-6>). 예를 들어, 2장 짜리 메뉴에선 오른쪽 페이지가 가장 눈길을 끌고, 3장에선 가운데 장이 가장 시선을 끈다. 호텔운영자들은 또한 이득이 많이 남는 아이템들을 다른 것과 구별시키기 위해서 그것들을 목록의 제일 위에 위치시키거나, 박스속에 집어넣거나, 밑줄이나 화려한 글자체를 사용할 수 있다. 규칙적으로 각각의 메뉴아이템들의 인기나 이익을 분석하는 것은 계속되는 메뉴들의 발달과 디자인과 가격에 도움이 될 것이다.

<표 8-6>의 차트는 다양한 스타일의 메뉴들에 대해서 전형적인 눈의 움직임을 간략히 보여 주는 것이다. 메뉴공간을 가장 효과적으로 이용하기 위해선 높은 이익이 되는 아이템들은 가장 시선을 많이 받는 곳에 위치해야 한다.

설계, 내용, 가격 외에 또다른 메뉴에 대한 고려는 사용할 스타일과 그 종이의 무게와 질, 메뉴 겉 표지, 미술작품의 활용에 대한 결정을 포함한다. 그 메뉴는 그 호텔의 마케팅전략을 반영하고 호텔 고객들의 기대와 일치되어야 한다. 예를 들어 타이핑된 종이에 사진이 카피된 메뉴는 하얀 테이블보의 미식가용 룸에는 어울리지 않는다.

(5) 판매촉진

호텔 판매촉진은 주된 고객과 물건 판매촉진에 책임을 지고 있는 고용자들의 즉각적인 반응을 유도하기 위한 어떠한 행동이나 자극적인 디자인된 것들이다. 판매촉진은 고객에게 샘플을 제공하는 것을 포함한다. 고객들을 향한 판매촉진은 끌어당기는 기술이라고 일길어진다. 그 이유는 그들은 고객이 그 상품을 찾도록 어떤 동기를 부여해야 하기 때문이다. 호텔직원들에게 판매 촉진은 미는 기술이라고 불린다. 그 이유는 그들이 직원들이 고객들에게 그 상품을 더 적극적으로 팔도록 고양시켜야 하기 때문이다.

(6) 광 고

많은 호텔관리자들은 호텔의 선전용 혼합물에는 광고를 할 자리가 없다고 말하려 할 것이다. 그러나 전시용광고를 사는 것 외에 신문이나 라디오나 방송국의 30초짜리 선전에서 광고를 할 수 있는 다른 방법들이 있다. 호텔광고는 고객들이 그 호텔의 최상의 안심스페셜을 매주 수요일 밤에 먹을 수 있도록 장려하는 회사사보의 페이지처럼 간단해야 할 것이다. 선전용 종이들은 또한 각 고객들의 월별 계산서와 함께 가득 동봉될 수 있어야 한다.

<표 8-6> 메뉴와 눈의 이동

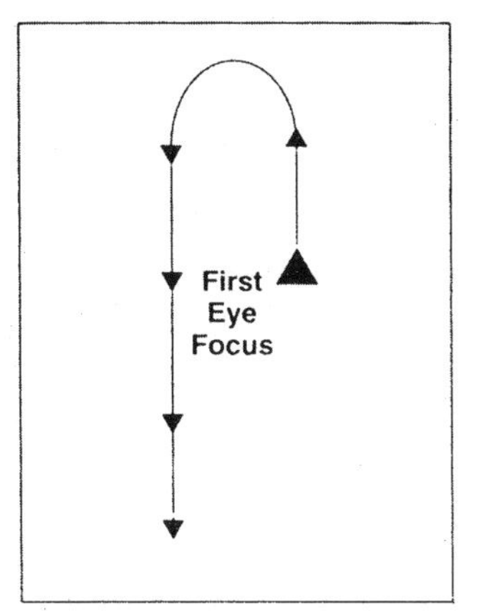

Eye movement across a one-page menu.

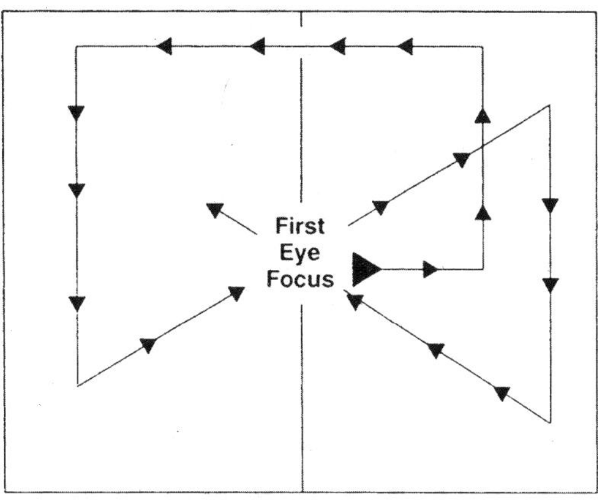

Eye movement across a two-page menu.

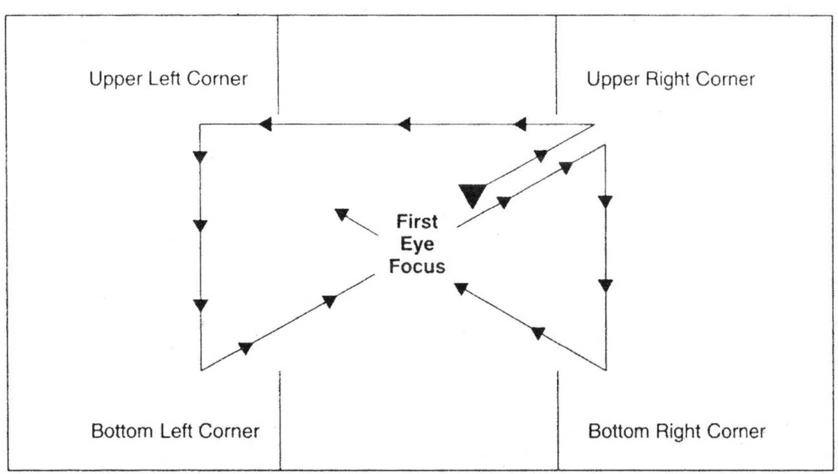

Eye movement across a three-page menu.

This chart details typical eye movement over various styles of menus. In order to make the most effective use of menu space, high-profit items should be placed in those locations where they will receive the most notice.

(7) 홍 보

선전은 매체에 의한 상품이나 회사에 대한 무료의 언급을 말한다. 선전은 주로 호텔홍보결정과 노력의 산물이다. 홍보활동은 긍정적이거나 부정적으로 성격지어질 수 있다. 예를 들어, 호텔은 새로운 상품에 관한 것이나 요리대회에서 우승한 요리 지배인의 1등에 관한 얘기를 내보낼지도 모른다. 좋은 뉴스 선전의 중요한 면은 얼마나 효과적으로 글을 써야 하느냐를 알아야 하는 것이고, 누구한테 그것을 보내야 할 것인지 알아야 하는 것이다. 그 호텔은 그 호텔의 선전에 관한 노력의 모든 것에서 최대한의 홍보와 효과를 확실시하기 위해 광고회사의 서비스를 끌어들이기를 원할 것이다.

부정적인 선전활동은 전형적으로 호텔에 관한 잘못을 지적하는 표현이나 손상을 입히는 기사를 다룬다. 호텔고객 혹은 직원에 대해 기존의 고용인이 성추행에 관해 소송을 건 뉴스는 이러한 도전적인 홍보의 종류의 한 예이다. 만약 당신이 무슨 일이 일어났는지 설명하기를 거절한다면 , 보통 많은 비공식의 이야기들이 생겨난다. 최상의 대책은 뉴스를 빨리, 정확하게 그리고 완전히 내보내는 것이다. 지시된 호텔의 대변인이 그 사건에 관련된 모든 정보의 근원이 되어야 한다. 나쁜 선전을 다루는 중요한 두번째 면은 부정적인 것을 긍정적인 것으로 바꾸라는 것이다.

3. 장소나 유통개념

마케팅 용어에서 장소나 유통은 생산물과 고객을 함께 하는데 사용되는 전략과 기술이라고 언급된다. 유통문제는 이득을 남기기 위해 가격을 매기는 금전적인 목적을 이루면서 제때에 생산물에 대한 수요와 공급과 관계된다. 특히 마케팅 유통결정은 생산자에게서 구매자들에게까지 상품과 재화의 흐름에 참가하고 있는 개인이나 기업들을 조정하는 것을 의미한다.

1) 상품 대 재화

전형적인 만져서 알 수 있는 생산품의 제조자가 그 생산품을 어떻게 하면 최종

구매자에게 보낼 수 있을까에 관해서 결정할 때, 그 결정들은 유통의 경로들에 초점이 모아진다. 생산점과 구매점 사이에 얼마의 그리고 어떤 종류의 중계자들이 개입되어야 하는가? 중계자들의 종류는 브로커, 대리인, 모든 판매자들, 작은 소매점들이다. 모든 유형의 생산물이 같은 방법으로 유통되는 것은 아니다. 가능한 선택의 자유가 무한하게 다양하다.

무형이나 서비스, 호텔에서 보여지는, 기반의 생산물의 경우엔 유통의 선택의 자유 또한 많이 있다. 그러나 서비스 기반상품의 고유한 특징 때문에 유형상품의 유통계획과 서비스 기반계획 사이엔 근본적인 차이가 있다. 한 서비스를 구매하고 소비하기 위해선, 구매자가 서비스 제공자에게 나타나야 한다. 예를 들어 호텔의 직원에 의해 제공되는 서비스로부터 나온 호텔수익은 단지 직원과 고객이 일을 하고 있을 때만 인식된다. 만약 목요일 아침에 식당에 아무도 없다면, 그 호텔이 인식할 수 있는 수익은 누군가가 목요일 아침에 식당에 오기까지 영원히 없어진다. 서비스들은 매우 소멸하기 쉽고 동시적으로 생산과 소비를 포함하기 때문에, 서비스를 제공하는 조직들의 유통계획은 보통 구매자들을 생산점에 오게 하는데 초점이 맞춰져 있다.

서비스업의 유통경로는 생산물에 대한 물질적 소유를 취하고, 그것을 더 늦은 시간에 최종소비자에게 파는 독립된 도매상이나 소매상을 거의 가지고 있지 않다. 호텔은 소매상이 아닐 뿐 아니라 또한 그것의 생산물의 제조상도 아니다. 따라서 문제는 소매상에게 그 호텔의 생산물을 어떻게 분배하느냐가 아니라, 그 소매상에게서 고객들이 어떻게 그 호텔의 상품을 얻을 수 있느냐이다. 이 문제는 특별한 종류의 유통시스템에 대한 필요를 일으키게 한다. 생산물이 쉽게 소멸되고, 생산과 소비가 동시에 일어나는 사업에서는, 호텔이 고객들이 호텔을 더 쉽게 방문하고 호텔생산물과 서비스를 구매할 수 있도록 하는 유통의 선택을 고려하는 것은 부득이한 것이다.

2) 다양하게 구성되어 있는 호텔에 대한 유통 선택

많은 호텔들이 단일체제산업인 반면에 호텔들의 그룹을 만들거나, 체인점 같은 것들이 유행하는 흐름이다. 다양한 구조로 되어 있는 호텔사업에게는 유통에 관한 결정은 호텔체인의 범위를 어떻게 확장시킬 것인가와 체인에서의 호텔에 대한 증가된 인식과 눈에 보이는 것을 통해서 고객의 사용을 촉진시킬 수 있다. 이러한 목표는 맥도날드가 가졌던 목표와 유사한데, 맥도날드는 시장의 가장 좋은 거리의 코너들의 모든 곳에 체인점을 원했다. 체인으로 확장하려는 단일 호텔에 있어서나, 유통선택은 독립된 호텔의 미니 체인을 형성하고, 호텔들에 독점판매권을 주거나, 다른 호텔들을 합병하는 것을 내포한다.

4. 가격개념

가격은 그것이 처음 나타난 그런 단순한 개념이 아니다. 일반적으로 가격은 상품이나 서비스에서 구매자가 받을 수 있는 효용에 대해 상품이나 서비스의 생산자가 금전적인 가치를 두는 것으로 정의된다.

순수한 경제적 관점에서 생산품과 서비스에 금전적인 용어로 가격을 매기는 것은, 가격이 상대적인 가치를 만드는 기능을 하고, 복잡한 거래를 가능하게 하기 때문에 중요하다. 더 실용적인 단계에서 가격은 호텔이 팔 수 있는 생산품의 양에 영향을 주고, 사업을 하는 비용을 커버할 수 있는 수익의 양에도 영향을 주기 때문에 호텔에 중요하다. 만약 가격이 너무 낮으면 호텔의 서비스에 대한 수요가 너무도 많을 것이고, 운영자금을 커버하는 데도 불충분한 수익을 가져올 것이다. 이러한 상황은 가격이 이득이 되는 단계의 위에 있도록 조정되지 않는다면 쉽게 파산이 될 정도로 굉장한 실속없는 인기를 낳게 되는 결과를 초래한다. 가격은 고객들에게도 또한 중요한데, 그 고객들은 그것을 그들의 생활에 드는 비용의 척도로써 사용한다. 만약 호텔의 생산물의 가격이 너무 비싸고 그것을 구매할 수 없을 때 고객들은 화가 날 것이고 이는 욕구 불만족으로 이어지는 결과를 낳는다. 만약 고객들이 생산품의 가격을 합리적으로 본다면 그들은 그것에 지급하는데 더 기쁠 것이다. 호텔의 기능으로 얻는 수익을 증가시키는데 대해서 만족스러운 고객들은 그들이 호텔고객임에 더 높은 가치를 두고 미래에 더 많이 호텔을 찾는 고객이 될 것이다.

호텔에게 가격의 중요성은 합리적인 혹은 감정적인 가격책정의 하나를 이행하려고 시도하기 전에 호텔운영자들이 일련의 가격정책을 발전시키는 것을 지시한다.

가격정책은 전형적으로 수요, 비용, 경쟁적이고 선전적인 요인들이 합쳐진 것에 바탕을 두고 있다. 가격정책은 상대적으로 낮은 가격에서부터 호텔이나 호텔상품이 더 좋은 질과 독창성을 가지고 있다고 말해주도록 의도된 상대적으로 더 높은 가격까지 그 범위가 있다.

가격에 있어서 가장 중요한 면 중의 하나는 수요에 대한 탄력성의 개념이다. 수요에 대한 탄력성은 가격을 변동에 수요가 어떻게 민감하게 반응하는지를 측정하는 방법이다. 일반적으로 생산품의 판매가격이 낮아짐에 따라서 요구되는 수량은 많아진다. 상품에 대한 수요가 가격의 변화에 굉장히 민감하게 반응할 때, 가격이 증가함에 따라 전체 수익이 감소하게 되는 그런 것, 그 수요는 탄력적이라고 말해진다. 생산품에 대한 요구가 가격의 변화에 덜 민감할 때, 가격에 있어서의 증가가 그 상품으로부터 나오는 전체 수익의 증가를 일으키는 그런 것, 그 수요가 비탄력적이라고 말한다. 만약 정확한 수요의 성격이 가능한 가격들의 모든 범위로 알려져 있다면 수학적으로 어떤 상품에 대한 수요의 탄력성을 계산하는 것도 가능하다. 상품의 수요의 탄력성을 아는 것은 가격결정을 이끄는 호텔운영자들에게 도움이 될 것이다.

만약 호텔상품에 대한 수요가 탄력적이면, 조심스러운 가격정책이 요구된다.

제4절 시장조사

대부분의 사설기업으로서의 호텔에서는 수십년 동안 비형식적인 시장조사를 행해왔다. 고객들은 필요와 수요를 좀더 잘 이해하기 위한 노력의 일환으로 호텔경영자들은 정기적으로 고객들의 의견을 물었다. 자주 이러한 의견을 물어보는 방법은 고객 의견 카드나 1년마다의 고객조사의 형태로 이루어 졌다. 경영자들은 호텔에서 제공되는 그 날의 또는 그 주의 스페셜 요리에 고객들이 어떻게 반응하는지를 물어보기 위해 주별 모임에서 식당에서 서빙하는 직원들과의 모임을 가지기도 한다. 직원들을 그러한 반응이 효과적으로 표출되어 수집하게 훈련시키는 것은 잘 정비된 마케팅정보 수집시스템의 한 요소라고 할 수 있다. 뿐만 아니라, 경영자들은 비즈니스 정보지나 호텔에 영향을 미치는 동향에 관한 발행물을 읽기도 한다. 이러한 시장과 호텔의 상품에 대한 자료를 수집하고 가공하는 모든 노력은 시장조사와 관련이 있다. 그러나 대부분은 비형식적으로, 자료의 중요성과 적정성에 대한 고려는 거의 없이 이루어진다.

정식의 시장조사의 노력은 체계적이고, 믿을만한 정보를 제공하기 위한 순차적인 절차를 따른다는 점에서 비형식적인 방식과 구별된다. 시장조사는 시장의 문제와 기회를 밝히고 정의하며, 그 문제와 기회를 설명하기 위해 필요한 자료를 상술하고 모으며, 그 결과를 검토하고, 정보를 정책결정자에게 전달하는 과정으로 정의된다.

위험이 많고 활동적인 시장을 접하게 된 호텔경영자는 시장정보 시스템이라 불리는 체계에 의해 작성된 최신의, 믿을만한 시장정보를 필요로 하게 된다. 시장정보 시스템은 체계적이고 상호 협력하는 사람들의 단체이며, 호텔의 내외의 자료로부터 적절한 시장정보를 제공하도록 정비된 설비이다. 정보는 현재의 정책결정과 시장전략을 처방을 하고, 구매자의 태도를 조사하며, 효과적인 Marketing Mix를 개발하는데 관련한 미래의 계획수립 둘 다를 위해 제공된다.

1. 조사의 유형

두 개의 큰 시장조사의 유형이 있다. 시장정보 수집의 주관적인 방법을 흔히 질적 조사라고 하며, 객관적인 방법을 양적 조사라고 한다.

1) 질적조사

질적 조사는 특정의 호텔 고객들의 태도와 행태를 조사하는 것과 관련이 있다. 가장 일반적인 질적 조사의 유형은 포커스 그룹 조사법이라고 불리운다. 전형적인 호텔의 포커스 그룹은 호텔과 그 상품과 서비스에 대해 잘 알고 있는 6명에서 10명의 구성원으로 이루어져 있다. 이 호텔구성원들이 훈련된 사회자와 함께 호텔의 상품에 대해 토의하게 된다.

포커스 그룹을 통한 조사법은 호텔이 새로운 메뉴를 선보였을 때 자주 이용된다.

포커스 그룹은 호텔의 숙소나 음식 또는 음료부서 직원이거나, 일반 고객들로부터 선택될 수도 있다. 호텔경영자는 앞으로 나올 메뉴의 초안을 만들어 포커스 그룹에게 소개하고 1시간에서 2시간 동안 그에 대해 토의하게 하는 것이다. 경영자 자신의 편협한 의견으로 인해 방해받는 것을 피하기 위해 경영자는 포커스 그룹을 이끌어 갈 수 있고 고객들의 의견을 충분히 검토할 수 있는 수련된 사회자를 고용해야 한다. 수련된 사회자는 그룹의 성원들과 조화를 이루어서 그들의 솔직한 기분이나, 태도와 믿음을 공유하도록 유도하여야 한다. 그룹의 토의는 기록될 수 있고 그 후에 정책결정자들에 의해 분석될 수 있다.

질적조사법은 사회자가 상품의 소비자로부터 직접 정보를 얻을 수 있도록 하여, 새로운 아이디어와 개념으로의 발전을 가능하게 한다는 점에서 유용하다. 이 방법의 조사의 가장 큰 약점은 경영자가 오직 조사의 결과물에 대해 포커스 그룹에만 확실히 적용되는 것으로 신뢰할 수 있을 뿐이지 전체 일반 고객들의 적용될 수 있는 것으로 생각할 수 없다는 점이다. 어떤 호텔들은 이러한 어려움을 한 포커스 그룹 이상의 그룹을 조사함으로써 고객들의 더 나은 샘플을 조사하면서 해결하려 한다.

2) 양적조사

양적 조사법은 수량에 대해 연구하는 것이다. 양적 조사법의 한 유형은 기술 조사법이라 일컬어진다. 기술법은 어떤 것을 좋아하거나 싫어하는 고객들의 수를 기술하고 고객들의 나이와 평균과 빈도, 다른 확률 등으로 대표되는 다른 인구통계학적인 특징들을 가진다. 기술법이 경영자에게 얼마나 많은 고객들이 어떤 방향으로 느끼고 행동하는가를 말해 줄 수 있는 반면에, 그것은 왜 고객들이 그러하게 느끼고 행동하는지에 대해 말해 줄 수 없다.

기술법의 예로는 매년마다의 고객조사를 들 수 있다. 고객조사는 호텔 고객들에게 가능한 대답과 함께 질문의 목록이 인쇄된 조사형식에 답할 것을 요구한다. 질문들은 나이와 수입, 성별과 가족관계와 같은 인류통계학적인 질문을 할 수도 있다. 부가적인 질문은 호텔에서 제공되는 서비스의 질이라던가, 이용의 편의성, 특정 상품 가격의 적정성에 대해 물어볼 수 있다. 이러한 자료들은 통계적인 요약으로 가공되어 호텔의 직원들에게 심층적인 분석을 위해 제공된다. 두 개 이상의 변수들이 동시에 어떻게 상호작용을 하는지에 대해 연구하는 기술들이 존재한다. 예를 들어 저지방의 메뉴 선택에 호의적인 답변을 하는 고객들이 답변자들의 성별과 나이에 연관되어질 수도 있다. 이 분석의 결과는 언제 어디서 저지방 식품들이 제공되어야 하고 얼마나 많은 저지방 상품들이 앞으로의 메뉴에 제공되어야하는가에 대해, 제의를 해줄 수 있는 것이다.

2. 정보의 출처

시장조사에 쓰이는 두 가지의 기분적인 정보의 출처가 있다. 간접정보는 다른 목적으로 이미 수집된 정보를 말한다. 이미 수집되어 있는 정보이기 때문에 간접정보는 직접정보보다 더 빨리, 적은 비용으로 얻어질 수 있다. 간접정보의 특이한 점인 이미 존재한다는 것은 중요한 장점이며 중요한 단점이기도 하다. 왜냐하면 간접정보는 다른 목적으로 수집된 것이기 때문에 경영자에게 그가 현재의 결정을 위해 필요로 하는 정확한 정보를 제공할 수 없기 때문이다. 뿐만 아니라 정보는 이미 새로운 상황을 담지 못한 구식의 것일 수 있고, 경영자에게 거의 쓰이지 않는 형식으로 이루어져 있는 것일 수도 있다. 간접정보의 가장 큰 출처는 내부기록과 기업들의 자료와 정부자료이다. 기업연합의 자료는 사기업의 자료나 기업인들로부터 수집되고 분석되거나 얻어졌으며, 대금을 치루고 이용가능한 정보를 말한다. 이러한 유형의 간접적 자료들의 출처는 PRIZM 시스템을 통해서 이웃의 마케팅자료를 수집하는, 개인 신뢰도를 판정하는 부서를 기반으로 한다. 정부자료는 거의 비용이 들지 않거나 공짜로도 얻을 수 있다. 왜냐하면 세금을 통해 얻어진 자료들이기 때문이다. 불행하게도 정부자료는 곧바로 유용한 형태도 이루어져 있는 경우가 드물다. 어떤 자료분석을 업으로 하는 이들은 정부자료를 이해하거나 사용하기 쉽게 가공하여 팔기도 한다. 반면에 직접자료는 지금 현재의 문제를 해결하기 위해 수집된 정보이다. 직접자료를 모으는 데는 항상 비싸고 시간이 걸리므로, 직접자료를 모으는 것은 간접자료가 소진되었을 때에만 거론된다. 직접자료의 출처는 직접조사와 전화 인터뷰, 개별 인터뷰 등이다. 포커스 그룹 조사도 질적인 직접자료를 얻는 하나의 예이다.

❙제9장
인적 자원관리

제9장 인적 자원관리

Hotel Business Administration

최근 몇년간에 인적자원 관리에 있어서 변화가 있어 왔다. 얼마전까지만 해도 대부분의 조직들은 인적 자원관리에 별로 관심을 두지 않았다. 한때 호텔들과 다른 서비스기업들은 일할 노동자를 구하는 것이 쉽다고 알았다. 그것은 오늘날 사실이 아니다. 이제 많은 기업체들은 능력 있는 직원들로 빈자리를 채우기 어렵다는 것을 안다. 결과적으로 기업체들은 고용, 훈련, 직원 보유의 방법에 더욱 정교해져야 한다는 것을 필요로 한다.

이번 장에서 인력 보충, 선발, 적응, 훈련, 평가 등에 관련된 인적자원 문제들에 대해 살펴보기로 하자.

제1절 신규채용

직업의 증가는 높은 반면에 유용한 노동력의 공급이 원활하지 못하다는 사실은 채용을 매우 힘든 작업으로 만든다. 고용자들에게 그들 기업에서의 좋은 일생의 경력기회가 된다는 확신을 시키는 호텔을 포함한 많은 서비스기관들의 무능은 그 문제에 이바지한다.

채용작업은 노동력의 노화 때문에 또한 더 힘들어질 것이다. 많은 호텔들은 이미 요즘에 채용하는 좋은 고용자들을 유지하는데 특별한 노력을 요구한다는 것을 깨닫고 있다. 결과적으로 이 호텔들은 고용자들 때문에 경쟁하는 호텔들에게 신경을 곤두세우고 있다.

1. 채용과정

채용은 과정으로써 생각되어져야 한다. 채용의 많은 작업들이 실제로 어떤 채용광고를 하기에 앞서서 이루어진다. 채용과정은 직무분석, 직무기술, 직무설계서에 포함된 정보를 검색하는 것으로 시작된다. 이 형태들에 나타난 정보를 관찰한 후에 (그리고 만약 필요하다면 그것들을 갱신하고) 그 과정은 이상적인 선출자가 확인되고 지원하도록 용기가 북돋아질 때까지 계속된다. 그 과정에서의 마지막 과정은 호텔의 채용방법을 평가하는 것이다. 모든 채용비용, 계약성사 수, 그리고 동의-제안 비율은 모두 호텔의 채용과정의 효율성을 측정하는 방법들이다.

호텔의 관리자들은 외부충원(호텔 밖의 충원)이나 내부충원(이미 호텔을 위해 일하고 있는 고용자들로부터)으로부터 채용할 수 있다. 각각의 접근에는 이익과 불이익이 있다. <표 9-1>에서 살펴볼 때, 만약 호텔경영자들이 적당한 기술목록, 교체차트, 그리고 계승 차트를 유지한다면 내부채용은 더 쉽다. 왜냐하면 관리자들은 어느 유동 고용자들이 비어있는 직무에 필요한 기술을 수행할 수 있는지 그리고 누가 그런 위치에 관심이 있는지 더 잘 알고 있기 때문이다. 많은 호텔들은 유동 고용자들이 비어있는 위치에 대해서 알 수 있도록 게시판에 구인광고를 이용한다. 전형적으로 이 벽보는 직무기술의 상세화를 포함하여서 관심 있는 고용자들이 그 작업의 책임과 필요한 기술에 대해서 읽을 수 있도록 한다.

어떤 호텔관리자들은 유동 고용자들에게 내부채용을 안내하게끔 부탁한다. 이것은 관리자가 친구나 유동 고용자의 아는 사람을 위치시키는 것을 도와준다. 이 잠재적 채용자는 종종 다른 곳에서 일하는 것보다 호텔에서 일하는 것에 대한 이익과 불이익에 대한 더 현실적인 관점을 갖는다. 이 방법의 장점은 유동 고용자들은 전형적으로 그들이 믿기에 좋은 노동자가 될 것 같은 사람에게만 언급한다는 것이다. 몇몇의 호텔은 그 호텔에서 일할 친구나 아는 사람을 설득하도록 도와주는 유동 고용자에게 보너스를 지급한다.

외부채용에 대한 출처가 지역환경에 따라서 다른 반면에 <표 9-2>에 열거된 것들은 많은 호텔들에게 좋은 출처를 제공한다.

<표 9-1> 내부와 외부 채용의 이익과 불이익

【내부채용】

이 익

- 승진된 고용자의 의욕을 증진시킨다.
- 자기 자신에 대한 미래의 기회를 보는 다른 고용자들의 의욕을 증진시킨다.
- 관리자들은 내부채용자의 능력을 더 잘 이용할 수 있는데, 그들의 수행이 시간에 걸쳐 관찰되기 때문이다.
- 감독이나 관리직에 대한 내부채용은 내부경력 사다리를 보강시키는 승진의 계속(각각의 빈자리를 메우는 사람)의 결과를 낳는다.
- 내부채용의 비용은 외부채용의 비용보다 싸다.

불이익

- 내부채용은 내부갈등을 야기한다.
- 내부채용은 승진에서 제외된 고용자들의 사기문제에 영향을 끼칠 수 있다.
- 내부채용은 정치적인 함축을 가져 올 수 있다. 어떤 고용자들은 내부승진을 관리자와 감독관과의 친분의 탓으로 돌린다.
- 내부채용을 통해서 한 부서의 빈 자리를 메우는 것이 다른 부서의 더 심각한 교체를 창출할 수 있다.

【외부채용】

이 익

- 외부채용은 회사에 새로운 수혈을 하게 하고 새로운 아이디어를 불러일으킨다.
- 외부채용은 새로운 생각뿐 아니라 경쟁자들이 무엇을 어떻게 하는지에 대해서도 종종 제공한다.
- 외부고용은 당신의 호텔에 때때로 유동 고용자가 당신을 위해서 일하는 이유를 강화시키는 신선한 관점을 제공할 수 있다. 예를 들어서 "당신의 주방을 내가 일 하던 곳인 XYZ호텔에서 하던 것보다 더 깨끗하게 유지한다." 혹은 "여기의 친절한 근로자의 태도는 내전 직장에서보다 이곳을 확실히 더 즐거운 장소로 만든다." 같은 외부채용의 가치에 대한 말들을 고려할 수 있다
- 외부고용은 때때로 내부고용과 연관된 정치적인 문제들을 피할 수 있다.
- 외부고용은 호텔에 대한 선전의 형태가 되기도 한다(신문광고, 포스터, 게시판, 기타 등등).

불이익

- 외부에서 고용할 때 호텔의 문화와 관리철학과 잘 맞는 사람을 찾기가 더 어렵다.
- 유동 근로자가 그들이 조직의 위로 올라갈 기회가 없다고 느끼면 내부의 의욕문제가 커질 수 있다.
- 내부채용보다 외부채용이 적응하는데 시간이 더 오래 걸린다.
- 외부채용은 단기간에 걸쳐 생산성을 저하시킬 수 있는데 외부채용이 대게 내부채용만큼 신속하고 효율적으로 창출하지 못하기 때문이다.

<표 9-2> 외부채용 출처

- 학교-고등학교 직업박람회, 안내 상담자들의 안내서, 선생님과 감독과의 개별 접촉
- 대학교-직업박람회, 배치상담가와의 접촉

• 아파트 소식지	• 여성단체
• 전문적이고 상업적인 시사지	• 도서관
• 공예교실	• 운동교실
• 판매, 공급, 구매대표	• 지역사회 행사에 참여
• 중견 시민단체	• 정부의 노인분리단체
• 장애자를 위한 대리자들	• 기술훈련과 직업배치를 제공하는 도시
• 상업회의	• YMCA나 YWCA같은 사회/건강조직
• 적십자나 군인 같은 사회서비스 조직	• 자원자모임

- 열린 직업박람회
- 식사, 쇼핑, 혹은 다른 하루하루의 활동을 할 때 만나는 다른 서비스회사나 서비스지향의 조직의 근로자들

• 호텔과 모텔연합	• 식당연합

2. 채용광고

호텔을 포함한 많은 서비스기관들은 그들은 고용광고에서 차별방지법을 깨는 죄를 범하고 있다. 외국의 한 연구소에서 출판된 거의 40000신문광고에서 밝혀낸 증거에 기초한 연구서는 서비스업종들이 비록 그 산업이 총 광고 중에 고작 4%정도

를 올리는데도 불구하고 대략 19%의 불법적이고 의문이 가는 채용광고를 올리고 있는 것으로 밝혀졌다(이와 유사한 어떤 연구도 호텔 산업에 대해서 상세하게 이루어지지 않았다). 성별과 나이를 상세화하는 것은 여전히 가장 흔한 남용이다. 성차별은 소녀, 남자, 여자, 미혼여자, 여종업원, 남자종업원 같은 성상세화 어구가 서버, 버스운전수, 남자종업원/여자종업원 같은 포괄적인 어구대신 사용될 때 가장 자주 광고에서 나타난다. 다른 차별의 형태는 대학생에게 최고의 기회, 취직자를 위한 시간제 직업 같은 특정 나이 그룹으로부터의 동등한 자격의 지원자들을 낙담시키기 때문이다.

제2절 선 발

직업에 맞는 사람을 선발하는 것은 호텔관리자가 수행하는 기능에서 가장 중요한 기능 중 하나이다. 올바르게 수행된다면 선발은 호텔에 호텔이 필요로 하는 탁월한 인재를 제공할 것이다. 하지만 함부로 혹은 부적절하게 수행된 선발은 대개 낭비된 관리시간과 노력 그리고 고용된 근로자에 대한 고객의 불만을 초래할 수 있다. 관리자들이 선발과정을 신중하게 취하는 것이 중요하다. 관리자들은 선발과정에서 지름길을 택하거나 미훈련된 관리자나 근로자에게 선발권한을 위임해서는 안된다.

1. 선발과정의 요소

<표 9-3>은 선발과정의 기본적인 단계를 보여준다. 법적으로 호텔은 각각의 적용을 받아들이고 의무적으로 고려해야 하는 반면에, 만약 그들이 불만족스럽다고 느끼면 과정의 이른 부분에서 지원자를 배제시키는 호텔의 정책을 세우는 것 또한 합법적이다.

1) 지원공란

지원공란의 목적은 지원자가 과거에 무엇을 했었는지를 배우는 것이다. 지원공란은 전형적으로 지원자에게 교육적 기반, 근무경력 조회, 개인적 조회, 그리고 다른 개인의 자료들을 제출할 것을 요구한다.

지원공란은 너무 길어서는 안된다. 과도하게 길거나 복잡한 지원서는 잠재적 지원자를 낙담시키고 그 형식의 모든 질문에 과연 직업과 관련된 것인지에 대한 걱정을 유발한다.

반면에 너무 짧은 지원공란은 그 작업을 수행할 지원자의 능력을 평가하기 위해서 필요한 정보를 수집하는데 실패할 수 있다.

지원공란에 있는 질문들은 보나 파이드 직업 자격 제한과 관련이 있어야 한다. 그러므로 그들의 성별, 나이, 출생지, 인종, 결혼의 혹은 가정의 지위, 성적 선호, 종교, 군 기록, 유죄판결 혹은 직업에 직접적으로 관련되지 않은 질문은 모두 불법이다.

<표 9-3> 선택과정에서의 기본단계

1. 직무기술서를 관찰한다.
2. 지원자가 갖고 있어야 할 자격을 확인하는 직무명세서를 관찰한다.
3. 지원자를 확인한다.
4. 지원자를 관찰한다.
5. 인터뷰 환경을 선택한다.
6. 인터뷰 전략을 선택한다.
7. 인터뷰 동안에 물어 봐야 할 질문들을 개발한다.
8. 인터뷰를 시행한다.
9. 인터뷰를 마감한다.
10. 선발자를 평가한다.
11. 선발자의 신원을 체크한다.
12. 선발자를 선택한다.

많은 지원공란들은 과거에 “어떤 만성적인 병을 가지고 있는가?” 그리고 “일을 하는 동안에 심각한 사고를 당한 적이 있는가?” 같은 질문들을 포함했었다. 어떤 지원공란들은 지원자들에게 그들이 가지고 있는 어떤 장애(청각, 시각 등등)를 확인하기 위해서 물어보는 부분을 포함한다. 어떤 기관들은 여전히 이런 종류의 질문을 포함하는 지원공란을 사용하는 반면에 그런 질문들은 만약 그것들이 특별히 직업과 관련있는 것으로 증명되지 않는다면 장애자법령의 조항에 따라 불법이다. 대부분의 경우에 이것은 매우 증명하기 어렵기 때문에 대체로 호텔들은 지원서에서 그런 질문들을 제거해야만 한다.

2) 고용 전 검사

고용 전 검사는 그것들이 선출자를 비교하는 쉬운 방법이기 때문에 관리자들에게 매력적인 선택방법을 제안할 수 있다. 한 테스트에서 90점의 점수를 얻은 선출자는 같은 테스트에서 80점을 얻은 사람보다 더 매력적으로 나타날 것이다. 하지만 선출자를 평가하기 위해 테스트를 사용하는 것은 종종 차별행위를 이끌 수 있다.

테스트, 특히 일반 지능과 기술적 이해력 테스트는 선택방식으로써 1950년대와 60년대에 널리 사용되었다. 이후에 테스트는 많은 차별소송의 주 관심사가 되었다. 최초의 검사 화제는 그 테스트의 직업과의 관련도에 대해 증명하는 것이었다. 많은 경우에 테스트들은 직업과 관련이 없었다. 두번째 문제가 된 화제는 테스트의 유효성이었다. 많은 법정 재판에서 선택도구로써 테스트를 사용한 회사들은 그 결과가 직업에서의 성공도에 대한 예상이란 것을 증명할 수 없었다. 고용 전 테스트는 만약 고용주가 그 검사들이 직업수행에 대한 정확한 예상도구라는 것을 증명 할 수 있을 때에만 사용될 수 있다.

3) 고용 인터뷰

지원자와 인터뷰를 하는 것과 관련한 몇 가지 문제들이 있다. 관심을 받는 것 중 하나는 한번의 인터뷰에서 지원자가 직업의 모든 기능을 수행할 수 있고 조직의 문화와 잘 맞는지에 대해서 결정할 수 있는 면담자의 무능력이다. 이 문제는 때때로 각 시간마다 다른 면담자와 두 번의 분리된 인터뷰를 하는 체재를 이용함으로써 극복될 수 있다. 이 체계는 호텔이 지원자의 두 가지 견해를 얻을 수 있도록 한다. 불행하게도 이 체계 역시 문제가 있다. 두 번의 인터뷰에 대한 중요한 문제는 상호 측정자의 신뢰도의 화제와 관련되어 있다. 만약 두 면담자가 같은 선출자와 인터뷰를 한다고 하면 그들이 같은 결론에 도달할 수는 없을 것이다. 인터뷰의 신뢰도와 관련된 몇몇의 다른 문제들은 <표 9-4>에 나타나 있다.

4) 인터뷰 준비

인터뷰 동안에 호텔관리자가 유용한 정보를 수집할 가능성은 사실상 다음 몇 가지의 법칙에 의해 강화된다.

① 인터뷰 전에 지원자의 지원서나 이력서를 완전히 파악하라.
② 알맞은 환경을 조성한다.
③ 인터뷰 도중에 방해받지 않도록 한다.
④ 지원자의 재능에 대해서 면접관에게 말하도록 함으로써 지원자를 편안하게 한다.
⑤ 그 직무와 관련된 세부사항을 파악하여야 한다.

인터뷰 동안에 지원자의 이력서를 읽는 것은 지원자에게 면접관이 앞서서 준비하는 것에 신경을 쓰지 않았거나 당신이 두서없다는 것을 알려준다. 적합한 환경을 조성하는 것은 중요하다. 일반적으로 호텔의 관리자는 인터뷰를 진행하고 지원자에게만 집중할(전화나 다른 방해요소 제거) 때가 인제가 되던 계획을 세워야 한나. 관계를 정립하는 것은 지원자를 말하게 하기 위해서 중요하다. 지원자를 편안하게 함으로써 지원자에 대해 훨씬 많은 것을 알 수 있다.

5) 면담자의 종류

인터뷰는 면담자에게 허용된 범위의 정도에 따라서 세 가지 범주로 나뉜다.

체계 없는 인터뷰, 약간 체계 잡힌 인터뷰, 그리고 체계화된 인터뷰 이것들은 또한 각각 간접적인, 혼합된, 정형화된 인터뷰로 알려져 있다.

체계 없는 면담은 아마도 대부분 사용되는 것일 것이다. 체계 없는 면담에서 질문들은 미리 계획되지 않는다. 대신에 면담자는 그 때마다 알맞다고 보이는 길로 면담을 이끈다. 몇몇의 전문가들은 체계 없는 면담이 중요한 직업관련 화제를 빼먹는다고 믿는다. 다른 이들은 기술 있는 면담자들은 이 방법으로 선출자에 대한 더 나은 이해를 얻을 수 있을 거라고 믿는데, 그것은 약간 체계있는 면담이 놓칠 수 있는 부분이 발견될 수 있기 때문이다.

약간 체계화된 면담을 할 때 호텔관리자는 어떤 화제가 나타날지 계획하지만 면담 도중에 유연성이 허락된다. 전형적으로 관리자는 지원자가 알고 싶거나 각각의 주제에 대해서 지원자가 자유롭게 말할 수 있도록 매우 넓거나 혹은 개방된 질문을 준비할 것이다.

체계화된 면담에서 질문들은 미리 다 준비되어 있고 각 면담에서 같은 시간에 같은 방식으로 물어진다. 유연성은 거의 허락되지 않는다. 이것은 호텔관리자들에게 지원자들이 질문에 대해 답한 것을 비교하기 쉽게 한다. 하지만 이 접근은 더 협소하거나 더 얕은 정보를 산출하는 경향이 있다. 이 접근으로는 전형적으로 깊이 관찰되지 않는다.

<표 9-4> 면담과 관련된 일반적인 문제들

유사성 오류

면담자는 자신과 비슷한 지원자(외부 관심자, 개인적 배경, 외모)에 긍정적으로 반응하고 자신과 매우 다른 지원자들에게는 부정적으로 기울게 된다.

대비 오류

지원자들은 서로서로가 아닌 호텔이 확립한 기준에 비교되어야 한다. 의식적이던지 무의식적이던지 간에 지원자를 다른 사람과 비교하는 것은 두명의 뒤쳐지는 지원자가 단순히 평균적인 사람 위에 올 때 문제가 된다. 지원자간의 비교 때문에 평균적인 지원자는 굉장하게 여겨지고 대비 오류를 가져올 것이다.

부정적 정보의 과대 평가

긍정적인 정보보다는 부정적인 정보를 더 주시하는 것이 인간의 본성이다. 우리가 이력서나 지원서를 검토할 때 우리는 긍정적인 것보다는 부정적인 것을 찾는 경향이 있다. 이것은 인터뷰에서도 또한 나타난다.

첫인상 오류

많은 면담자들은 지원자들이 인터뷰 동안에 유지하는 강한 첫인상을 형성하는 경향이 있다.

할로 효과

때때로 선출자에 대한 면담자의 마음에 드는 어떤 차원의 인상 - 외모, 배경 등등 - 은 사실상 지원자의 전체적 인상을 결정지을 수 있다. 할로 효과는 면담자가 지원자가 말하거나 행동하는 모든 것을 좋은 쪽으로 볼 때 나타난다.

악마의 뿔

이것은 할로 효과의 정반대이다. 이 현상은 면담자가 지원자의 말이나 행동을 모두 나쁜 쪽으로 보게 하는 원인이 된다.

잘못된 청취와 기억

면담자는 언제나 의도된 방향으로 듣거나 말해진 대로 기억하는 것은 아니다.

최근 오류

면담자는 인터뷰 초반에 이루어진 행동이나 반응을 기억하기보다는 지원자의 가장 최근의 행동이나 반응을 기억하기 쉽다.

비언어 요소

의상, 미소, 말하는 습관, 눈 맞춤 같은 비언어 요소는 실질적으로 면담자의 지원자에 대한 인상에 영향을 끼친다. 어떤 면담자는 고용하는 것을 오직 지원자의 차림새와 품행에 의존하기로 정한다.

6) 인터뷰에서의 합법적인 것들과 아닌 것들

호텔관리자들은 인터뷰 도중에 어떤 법을 어기지 않도록 조심하여야 한다. 호텔관리자들이 기억해야 할 중요한 점은 다음을 포괄한다.

- 직접적으로 직업에 관련된 일만을 물어본다.
- 인종, 국적, 종교처럼 차별로 해석될 수 있는 질문은 하지 않는다.
- 지원자들에게 가족에 대해 묻지 않는 것이 좋다. 왜냐하면 그들의 가족생활을 그들이 직업에 자격이 있는지와는 상관이 없기 때문이다.
- 고용과 관련된 약속을 하지 않는다. 호텔에서 오랫동안 일해온 근로자의 예를 지적하는 것조차 장기고용에 대한 간적접인 약속이 될 수 있다.
- 어떤 상황하에서도 사적인 관계를 요구하지 말아야 한다. 그런 질문은 성희롱으로 해석될 수 있다.

제3절 오리엔테이션

서비스기업에서의 종사원 이직률은 타기업에 비해 매우 높아 이 이직크기는 대개 어떤 위치에서의 처음 30일 동안의 높은 이직 비율로 특성지어지고 그 이후로는 비율이 감소된다.

처음 30일 동안에 일어나는 많은 이직은 근로자가 새로운 직업에서 적응을 하지 못한 탓으로 돌려진다.

새 직업의 첫 날에 새 근로자는 새로운 환경과 작업 규칙, 책임, 상사, 그리고 동료들에 직면한다. 모든 이런 새로운 것들이 새 근로자가 약간 불안감을 느끼는 것이다.

최악의 경우는 고용자가 뛰어넘지 못할 불안감에 휩싸여 그만두게 되는 것이다.

이런 종류의 실수가 발생할 때 배치, 채용, 선택 그리고 고용에 사용된 모든 시간과 돈이 낭비된다.

<표 9-5> 오리엔테이션 계획을 위한 체크 리스트

- 오리엔테이션 목표를 세운다.
- 주제의 범위를 확인한다.
- 오리엔테이션 시간과 기간을 정한다.
- 오리엔테이션 주제를 호텔, 부서, 작업으로 분류한다.
- 호텔의 인적 자원부서(적용할 수 있다면)에 의해서 행해질 수 있는 새 근로자훈련을 확인한다.
- 관리자와 감독관이 행해야 할 새 고용자훈련을 확인한다.
- 관리자와 감독관이 효율적인 오리엔테이션 프로그램을 수행하고 새 근로자들을 훈련시키기 위해 필요한 어떤 훈련을 제공한다.
- 만약 필요하다면 새 고용자에게 편람을 주기 전에 근로자 편람을 재검토하고 갱신한다.

오리엔테이션 프로그램들은 고용자가 새 일을 시작할 때 느끼게 되는 스트레스를 감소시키려는 의도이다. 하지만, 비효율적으로 행해진 오리엔테이션은 사실상 근로자가 느낄 압력을 증가시킨다. <표 9-5>는 호텔관리자가 오리엔테이션 프로그램을 만들도록 돕기 위해 이용할 수 있는 검사목록이다. 효율적인 오리엔테이션 프로그램은 진형적으로 두 부분으로 나뉜다. 일반 오리엔테이션과 특징직입 오리엔테이션이다.

고용자들은 우선 총체적으로 호텔의 오리엔테이션을 받아야 한다. 일반 교육기간에 보험, 이윤, 인원형태, 일반정책과 절차, 호텔고객과 근로자의 관계, 호텔의 사명과 경영철학, 그리고 호텔이 호텔의 목표에 도달하도록 돕는 근로자의 역할 같은 주제는 오리엔테이션의 주 관심사가 된다.

특정 직업 오리엔테이션 기간 동안에 관심사는 조직과 부서의 화제에서 특정 직업 책임의 수행과 직접적으로 연관된 주제로 이동한다. 이 단계동안에 고용자는 직업묘사, 다른 호텔영역과 연관된 그들 작업의 위치, 시설의 위치, 특정 작업을 위해 부서 내에서 사용될 수행평가 형태, 그리고 직업책임과 연관된 근로자 편람에 나타난 특정한 책임이 소개된다. 이 오리엔테이션 기간 동안에 새 근로자는 또한 모든 일정에 참가해야 하며 같이 일하고 접촉을 가질 직원들에게 소개된다.

제4절 훈 련

1. 훈련 사이클

효율적인 훈련은 우연히 이루어지지 않는다. 조심스런 계획이 필요하다. 훈련은 한 가지 행사라기보다는 하나의 연속되는 순환이라고 보여져야 한다. 이 순환은 <표 9-6>에 묘사되어 있으며 다음과 같은 단계로 구성되어 있다.

- 평가의 결과를 발전시키고 행한다.
- 훈련목적을 확인한다.
- 훈련기준을 세운다.
- 훈련받는 사람들을 뽑는다.
- 훈련받는 사람들은 미리 테스트한다.
- 훈련방법을 선택한다.
- 훈련이행
- 훈련 프로그램을 평가한다.

<표 9-6> 훈련순환도

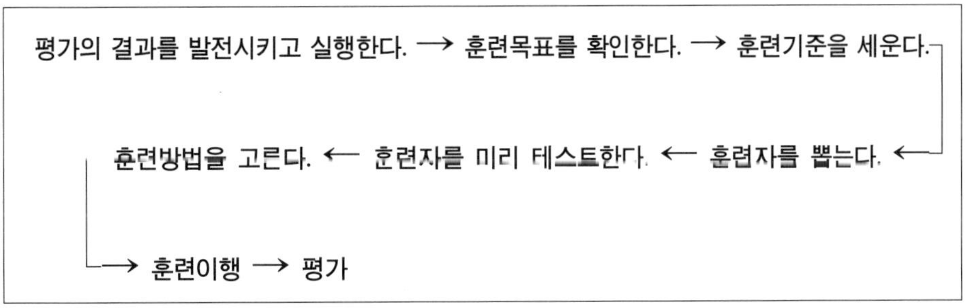

평가의 결과를 발전시키고 실행한다. → 훈련목표를 확인한다. → 훈련기준을 세운다.

훈련방법을 고른다. ← 훈련자를 미리 테스트한다. ← 훈련자를 뽑는다. ←

→ 훈련이행 → 평가

① **평가의 결과를 발전시키고 실행한다**. 훈련순환은 호텔관리자가 평가를 수행할 때 시작된다. 필수적으로 호텔에서 요구되는 결과와 실제 발생된 것과의 사이에 문제나 모순을 확인한다. 다양한 평가기술은 호텔관리자에게 이용가능하다. 어떤 한 가지의 방법도 모든 환경에 추천될 수는 없다. 호텔관리자들은 그들의 목적과 호텔에 가장 잘 맞는 방법을 택해야 한다.

② **훈련목표를 확인하다**. 훈련순환의 두번째 단계에서 호텔관리자들은 훈련목적을 발전시킨다. 물론 목적은 많은 환경에 따라서 다양하다. 다른 것들이 더 나은 생산성이나 비용감소를 이끄는 반면에 어떤 목표들은 직접적으로 호텔 고객들에게 개선된 서비스를 이끌어 줄 것이다.

호텔관리자에게 훈련목표와 측정가능한 용어를 기술하는 것은 중요하다. "고용자 직업 만족 증대"와 "고객서비스 개선"같은 목표는 너무 모호하다. 하지만 "증가된 직업 만족의 지표로써 올해 고용자 이직을 10% 감소시킨다"는 알아 볼만하고 측정가능한 목표이다.

③ **훈련기준을 세운다**. 훈련순환의 세번째 단계는 훈련기준의 설립이다. 목표는 훈련이 도달하고자 하는 것을 언급한다. 기준은 경영자가 훈련목표가 달성되었는지 측정할 수 있게 하는 기준지표이다. 배워진 특정 지식, 표현된 행동, 특정 작업을 수행하는 능력, 그리고 많은 다른 기준지표나 목표는 모두 효율적인 훈련기준을 보여준다.

④ **훈련받을 사람을 선택한다**. 네번째 단계는 훈련받는 사람을 선택하는 것으로 이루어져 있다. 훈련자는 새로 들어온 혹은 노련한 고용자가 될 수 있다. 호텔관리자들은 훈련이 가치가 있게 될 고용자들을 선택하도록 주의를 기울여야 한다. 자주 훈련 프로그램은 선택된 훈련자에게 너무 단순하거나 너무 복잡하다. 양쪽의 오류는 비효율적인 훈련 프로그램을 양산한다.

⑤ **훈련자를 미리 테스트한다**. 이 훈련순환의 다섯번째 단계는 "훈련 전" 지식, 기술 혹은 고용자가 갖추어야 할 능력을 확립하기 위해서 미리 테스트하는 것이다. 호텔관리자들은 훈련 전 테스트 결과와 예비훈련 테스트 결과를 비교함으로써 훈련 프로그램의 효율성을 평가할 수 있다.

⑥ **훈련방법을 고른다**. 훈련순환의 여섯번째 단계는 사용할 알맞은 훈련방법을 고르는 것이다.

효율적이기 위해서 훈련방법은 훈련교관에게 다음과 같이 하게 할 수 있어야 한다.

- 훈련자가 성과를 개선할 수 있도록 동기유발한다.
- 이상적인 기술을 깔끔히 설명한다.
- 훈련자에 의해 활발한 참여를 제공한다.
- 훈련자에게 연습할 기회를 준다.
- 훈련자의 성과에 대해서 시의적절한 피드백을 제공한다.
- 훈련자가 배우는 동안에 어떤 강화를 위한 도구를 제공한다.
- 단순한 것에서 복잡한 작업으로 이동한다.
- 특정 문제에 적응한다.

⑦ **훈련환경에서부터 직무까지 배운 것을 전환시킬 수 있도록 용기를 북돋는다**. 호텔관리자들이 사용할 수 있는 많은 훈련방법이 있다. 일반적으로 이 방법들은 두 가지 부류로 나눌 수 있는데, 직업 밖 훈련방법과 직업 중 훈련방법이다.

2. 직업 밖 훈련방법

실제 장이 아닌 환경에서 일어나는 훈련은 직업 밖 훈련이라고 불린다. 상식적인 직업 밖 훈련방법은 다음을 포함한다.

1) 강 의

아마도 가장 일상적인 직업 밖 훈련의 형태는 강의일 것이다. 이 방법은 많은 정보가 청중에서 전달되어야 할 때 적합하다. 이 접근의 유리한 점은 많은 양의 정보가 비교적 짧은 시간에 많은 그룹에 전달될 수 있다는 점이다. 강의방법은 또한 비용에서 효율적이다. 강의의 약점은 대부분의 강의에서 나타나는 쌍방간의 대화 부족과 참가자들 안에서 이해의 수준을 다양하게 하는데 대한 배려가 없다는 사실이다. 이 두번째 문제점 때문에 몇몇의 참가자들은 강의가 지루하고 느리다고 느끼는 반면에, 같은 청중들 중 몇몇은 강의를 따라잡는데 어려움이 있을 것이다.

2) 현관훈련

또한 가상 훈련이라고도 불리우는 현관훈련은 모방된 작업 환경부분에서의 복제와 연관되어 있다. 실제 작업장보다 이런 환경을 사용하는 데서 오는 이익은 훈련이 사업의 보통의 흐름을 방해하지 않고 일어날 수 있다는 것이다. 이 방법이 대게 꽤 높은 수준의 학습결과를 낳는 반면에 비쌀 수도 있다. 호텔에서 행해지는 몇몇의 훈련은 이 방법에 잘 맞는다. 예를 들어서 호텔관리자들은 고용자들이 호텔식당의 회계처리 단말기(point-of-sales terminal)를 단순히 빈방에 유사한 판매대를 설치함으로써 사용할 수 있도록 훈련시킬 수 있다.

3) 프로그램화된 교육

프로그램화된 교육은 훈련자들에게 그들 자신의 페이스에 맞추어서 배울 수 있도록 고안되어 있다. 원래 교육 책자나 설명서를 통해서 완성되었다. 오늘날 많은 경우에서 이 서류에 기초한 교육도구는 컴퓨터에 의해 대체되었다. 컴퓨터에 의한 훈련 프로그램은 때때로 컴퓨터 보조 프로그램으로 언급된나.

4) 사례연구 훈련

전형적으로 사례연구는 실제이던지 가상이던지 사업 환경에서 일어나는 일련의 행사를 상세화한다. 참가자들은 중요한 화제를 확인하고 이 화제들이 내던지는 모순에 해결책을 제안하기 위해서 사례에 제공된 자료를 통해서 추려낸다.

사례연구는 훈련자의 문제해결 기술을 발전시키는데 특히 유용할 수 있다. 이 접근의 한 가지 문제점은 사례가 진공상태에서 일어난다는 점이다. 즉 훈련자들은 교실에서 혹은 어떤 다른 장소에 있으며 한번에 한 사례에만 집중할 수 있도록 허락되나, 반면에 관리자들과 고용자들은 종종 많은 다른 문제들이나 동시에 많은 다른 문제나 모순들에 직면하는 동안에 결정을 하여야만 하기 때문이다.

5) 바구니 안 훈련

보조훈련을 통해서 훈련자들은 대개 그들이 작업에서 그들의 바구니에 담는 것을 찾은 것들과 같은 넓은 범위의 문제들에 직면한다. 훈련도구로써 사용될 때 바구니 안 방법은 참가자들에게 어떤 주제가 즉각적인 응답을 요구하는지 어떻게 확인하는가, 개인적인 주의를 필요로 하지 않는 문제를 풀기 위해서 다른 사람들에게 어떻게 권한을 부여할 것인가, 그리고 몇 가지의 문제들을 어떻게 연속적으로 처리할 것인가를 훈련시키도록 고안된 것이다.

6) 역할 연기

역할 연기는 전형적으로 실제 작업 상황의 초상이거나 그런 상황의 과장이다. 역할 연기의 목적은 참가자들이 조절된 조건에서 실세계의 상황을 경험하도록 허락한다. 예를 들어 참가자들에게 화가 난 호텔고객에서 어떻게 적절하게 대처하느냐는 것을 가르치기 위해서 고안된 훈련 모임에서 한 참가자는 화가 난 호텔고객의 역할을 맡고 반면에 다른 하나는 직원의 역할을 할 수 있다.

역할연기의 주요한 정점은 일반적으로 실제 감정이 이런 종류의 훈련을 통해서 표출될 수 있다는 것이다.

7) 행위 모델링

대부분의 인간행동은 다른 이들을 관찰함으로써 배워진다. 행위 모델링은 참가자에게 단순히 어떻게 행동하라고 듣는 것보다는 어떤 상황에서 어떻게 행동해야 하는가를 실제로 볼 기회를 제공한다. 행위 모델링이 효과적으로 이루어지기 위해서는 몇가지 단계들이 차례로 있어야 한다.

① 명확하게 사람간의 기술이 소개되어야 한다(대개 강의).
② 모델이 그 기술을 행한다(비디오 혹은 실제연기).
③ 행동에서의 가장 초점이 되는 부분은 훈련조교가 지적한다.
④ 훈련자는 다른 훈련자와 함께 역할 훈련함으로써 기술을 연습한다.
⑤ 역할 연기에서의 피드백은 훈련조교와 다른 참가자에 의해서 제공된다.

이런 종류의 훈련의 장점은 말보다는 행동을 강조한다는 것이다. 예를 들어 이 접근을 사용하여 호텔관리자들은 권한을 어떻게 위임하는지, 만남을 어떻게 행하는지, 직원을 어떻게 단련시키는지 보여질 수 있다. 이 과정에서 훈련자의 역할은 참가자가 모델에서 보여지는 행동을 가깝게 모방할 수 있도록 용기를 주는 것이다.

이 접근의 단점은 그 훈련방법이 행위모델링에만 국한된다는 것과 훈련자가 수행 회의에 숙달되어 있어야 한다는 것이다.

8) 사업게임

사업게임은 참가자가 가상의 사업환경에서의 다양한 문제를 어떻게 취급하는냐를 배우도록 한다. 이런 종류의 훈련의 상업적 형태(이사회 게임, 컴퓨터 가상 현실 등등)는 넓게 다양한 원천으로부터 사용 가능하다. 사업게임의 장점은 게임은 게임이 재미있고 가상현실을 제공하며 같은 게임을 이용하면서 많은 화제가 소개될 수 있다는 것이다. 단점은 비용과 어떤 참가자들은 때때로 게임에 이기려는데 집착하고 배우는 의도를 잊어버린다는 사실이다.

9) 회의 훈련

회의 훈련은 훈련조교와 훈련자간의 1대1 논의로 이루어져 있다. 그런 설정에서 시실상 어떤 주제도 깊게 탐구될 수 있다. 명백한 장점은 훈련조교와 훈련자간의 긴밀한 접촉이다. 단점은 그런 훈련은 시간과 비용으로 이루어져 있다.

3. 직업 중 훈련방법

직업 중 훈련이 매우 효율적인 교육방법일 수 있는 반면에 불행하게도 옳지 않게 행해지곤 한다. 이 방법이 사용될 때 전형적으로 한 직원은 단순히 다른 한 사람에게 이상적인 기술을 가르칠 것을 부탁받는다. 많은 경우에 직원들이 하는 훈련은 그렇게 할 것을 할당받는데 그것은 그들의 가르치는 능력 때문이 아니라 단순히 그들이 그 작업이나 행동을 잘 수행하기 때문이다. 이것은 매우 능률이 있으며(왜냐하면 그 훈련은 사업영업 중에 행해질 수 있으므로), 효율적인 것이다(이 방법이 행위

모델링과 가지는 유사성 때문에). 추가적으로 훈련이 직무 중에 이루어지므로 훈련자들은 전형적으로 그들이 정말로 알 필요가 있는 것들을 배울 수 있다. 하지만, 이 접근에도 단점은 있다. 전에 논의된 훈련과제의 미숙련된 취급에 추가하여 이런 종류의 훈련은 때때로 평상의 사업에 방해가 될 수 있다. 훈련자들은 그들의 훈련 조교가 보여주는 좋은 것들과 마찬가지로 그들의 실수까지도 그대로 받아들일 것이다.

<표 9-7> 직무 지시 훈련의 단계

단계	내용
1 단계	직원들을 준비시킨다. 직원들은 편하게 한다. 훈련에 대한 관심을 증폭시킨다.
2 단계	작업이나 기술을 제시한다. 말한다. 보여준다. 설명한다. 증명한다. 질문할 시간을 주고 필요하다면 단계들을 반복한다.
3 단계	수행을 엄밀히 살핀다. 직원들에게 스스로 시도하도록 한다. 직원들에게 중요한 부분을 설명하도록 한다. 오류를 바로 잡는다. 필요하다면 제지한다.
4 단계	철저히 한다. 직원들이 스스로 수행할 수 있도록 허락한다. 직원을 수시로 검사한다. 단계적으로 도움을 줄여나간다.

1) 직무지시 훈련

직무지시 훈련(JIT)은 훈련자들에게 연속적인 패턴의 일련의 단계에 따라 계속해 나아가기를 요구하는 훈련에 대한 체계적인 접근방법이다(<표 9-7>). 이 종류의 훈련은 영업시설 혹은 식사준비 같은 작업중심의 직무에 좋다. 하지만 직무지시 훈련은 행동훈련을 위해서는 좋은 방법이 아니다.

2) 직무순환

직무순환은 훈련자를 한 직무에서 또다른 직무로 옮기는 것이다. 이 방법은 호텔 관리자를 훈련시키는데 광범위하게 사용되는데, 이 접근의 장점은 훈련자들이 어떻게 많은 일이 작업에서 수행되는지 그리고 그들이 위치에서 다른 위치로 전진해 나아감에 따라 그들이 어떻게 많은 직원들을 알아 가는지를 볼 수 있는 것이다. 추가적으로 직원들을 훈련하는데 사용될 때 그 방법은 호텔에 교차훈련된 직원들을 제공한다. 하지만, 얼마나 많은 교육이 이 타입의 훈련으로 일어나느냐 하는 것은 훈련이 순환과정을 따라서 각 중간과정에서 잘 수행하느냐에 달려 있다.

4. 훈련 프로그램의 평가

불행하게도 많은 관리자들은 훈련 요구사항, 훈련에 대한 적절한 접근선택, 그리고 훈련실행을 확인하는데 능통한 사람조차도 그들이 초기에 세운 훈련 목표가 달성되었는지 아닌지를 효과적으로 평가하는데 실패한다. 이것에는 몇 가지 원인이 있다. 첫번째는 관리자들이 종종 훈련받는 직원들에 대해서 어떤 변화를 보고는 훈련이 효과가 있었다고 단순히 가정해 버리는 것이다. 관리자들은 또한 훈련이 어떤 변화를 관찰하건 안 하건 효과가 있다고 가정하는 경향이 있다. 추가적으로 많은 경우에 관리자들은 훈련과정을 소유하고 있는데, 왜냐하면 그들이 프로그램을 추진하는데 배후세력이기 때문이다. 이것 때문에 관리자들은 단순히 목표평가가 훈련프로그램이 가치가 없었다는 것을 드러낼까봐 두려워하여 이 과정을 거치는 것을 원치 않는다. 어떤 관리자들은 단순히 그들이 그것을 어떻게 하는지 모르기 때문에 훈련평가를 시행하지 않는다. 효과적인 훈련평가는 훈련목표와 훈련프로그램의 목표가 달성되었을 때 알아보기 위한 기준의 재관찰이 주를 이룬다. 이것은 관리평가, 근로자 피드백, 훈련 후 테스트, 고객평가, 제3자 평가, 혹은 이런 방법들의 결합을 통해서 성취될 수 있다.

제5절 평 가

모든 조직체들의 90%이상이 다양한 종류의 직원평가 혹은 측정체계를 사용한다. 하지만, 매우 많은 경영자들은 수행평가를 올바르게 사용하지 않기 때문에 평가는 종종 그들의 의도한 목적을 얻는데 실패한다. 어떤 직원의 성과를 평가하는 것은 매우 어렵다. 관리자가 뭐라고 예기하건 간에 평가를 받는 근로자는 당신을 비열하다고 생각할 것이다.

성과평가는 인간 감정, 인간 심판 그리고 인간 실수를 주제로 한다. 그들은 절대로 완벽하게 객관적일 것 같지는 않다. 그러므로 한 설문에 따르면 70%의 근로자가 그들의 성과평가가 그들이 예상한 명확한 모습을 제공하는데 실패하였다고 지적하였다는 것을 아는 것은 그리 놀랍지 않다. 그러나 이것이 호텔관리자들이 그 체계를 내버리고 근로자를 평가하지 말라는 것을 의미할까? 대답은 분명 "아니다"이다. 중요한 관리 역할 중 하나는 대부분의 근로자를 모아놓고 이것을 하는 것이다. 따라서 호텔관리자들은 수행평가의 어떤 체계가 필요한 것이다.

1. 성과평가의 기능

만약 당신이 호텔관리자에게 왜 그들의 호텔이 성과평가 체계를 이용하냐고 묻는다면 당신은 많은 다른 대답들을 얻을 것 같다. 이것은 성과평가가 많은 목적을 위해서 사용되기 때문이다.

1) 성과 피드백

평가는 근로자에게 피드백을 제공하기 위해서 주로 사용된다. 관리자들이 근로자들에게 규칙적인 기반하에서 그들이 일을 어떻게 하고 있는지를 아는 것은 꼭 필요한 일이다. 만약 경영자들이 이것을 하지 않는다면 근로자들은 "난 정말 최악으로 일하고 있어"와 "내 성과 결과는 완벽한 것이 분명해" 사이의 수많은 스펙트럼 속에서 어떤 것인가를 믿게 될 것이다. 직원들은 전형적으로 침묵은 모든 것이 다 괜찮다라는 것을 의미한다고 믿는다. 규칙적으로 스케줄이 짜여진 성과평가 동안에 피드백을 제공함으로써 관리자들은 수많은 직원의 추측과 오해를 막을 수 있다.

2) 훈련과 발전

관리자는 어떤 직원이 추가적인 훈련이 필요하고 어떤 직원이 승진되는 것이 필요한지 결정하기 위해서 평가를 이용한다. 평가서는 부서에 필요한 훈련을 결정하기 위해서 사용될 수도 있을 것이다.

3) 인원 결정

평가서는 또한 관리자들이 인원 결정에 이르도록 돕는데 사용되기도 한다. 이런 쪽으로 이용될 때 성과평가는 부진한 수행자와 훌륭한 수행자를 분리하는 좋은 길을 제공하며 종종 촉진, 단련, 훈련, 그리고 가치증대 결정에 몫을 한다. 해고와 불평의 경우에 수행평가는 관리자에게 불평소송에서 사용될 수 있는 문서를 제공한다.

4) 타당성의 선택

때때로 평가는 근로자에게는 전혀 직접적으로 영향을 끼치지 않는 방법으로 사용된다. 호텔의 선택과정에서의 목표는 어떤 근로자가 가장 잘 수행할 것이며 어떤 이가 제일 적합한가를 예측하는 것이다. 성과평가는 선택과정을 측정하는데 사용되는 훌륭한 표준척도이다. 예를 들어 최근에 고용된 근로자의 대부분이 그들의 성과평가 동안에 형편없는 성과기록을 얻었다면 이것은 선택과정에 결함이 있다는 증거이다.

2. 일상적인 평가 오류

호텔관리자들이 근로자를 평가하고자 할 때 많은 오류가 발생한다. 다음의 목록은 가장 일상적인 오류 중 몇 가지를 소개하고자 한다.

① **최근화 오류** : 인간은 가장 최근에 발생한 사고의 일을 기억하는 경향이 있다. 호텔경영자는 직원들이 6달이나 8달 전에 한 것보다는 성과평가 몇 주전에 한 것을 기억하기 쉬울 것이다. 호텔경영자들이 그 해에 걸쳐서 기록을 간직하고 있지 않다면 직원들이 최근의 성과에 의해서 평가될 것이다.

② **과거 집착 오류** : 경영자들은 과거에 얻은 점수에 가깝게 성과에 점수를 주려는 경향이 있다. 만약 근로자의 점수가 과거에 높았다면 경영자는 만약 그 점수가 이번에 더 낮아야 함에도 불구하고 다시 높은 점수를 주는 경향이 있다. 과거에 낮은 점수를 얻은 직원에게 역은 성립한다.

③ **할로효과** : 할로효과는 관리자가 어떤 하나의 특성, 행동, 혹은 품행에 기초해서 직원을 긍정적으로 평가할 때 발생한다. 어떤 전형적인 직원은 어떤 작업은 잘 수행하고 다른 것들은 한심하게 그리고 또다른 것들은 평균 정도로 수행할 것이다. 하지만, 할로효과는 관리자에게 만약 그 직원이 그 경영자에게 중요한 부분에서 잘한다면 그 고용자를 모든 방면에서 높은 점수를 매길 것이다.

④ **관용 오류** : 어떤 경영자들은 그들이 가지는 가치보다 더 관대한 점수를 직원에게 준다.

만약 많은 표본이 추출되면 우리는 직원의 점수가 대략 종 모양의 곡선을 그릴 것이라고 예상하지만 이것은 모든 경영자에게 적용되는 경우는 아니다. 예를 들어서 1에서 5까지의 점수가 모든 직원에게 주어진다면(1=형편없음, 5=최상임) 우리는 많은 직원들이 전체의 중간지점 정도에 위치할 것이라고 예상할 것이다. 다른 이들보다 더 관대한 경영자는 1근처보다는 5근처에 더 많은 점수를 줄 것이다. 결과적으로 전체적인 점수는 평균보다 높을 것이다.

⑤ **엄격함의 오류** : 엄격함의 오류는 관용오류의 역이다. 엄격함의 오류의 결과로 더 많은 직원들이 높은 점수 부근보다는 가장 낮은 점수 부근에 점수를 얻을 것이다.

⑥ **중심화 오류** : 어떤 경영자들은 그들의 수행결과에 관계없이 모든 직원들을

중간지점 정도에 점수를 주는 경향이 있다. 그러므로 이 경우에 더 많은 직원들이 평균보다 더 중간지점에 점수를 얻을 것이다.

관용, 엄격, 중심화 오류에 의해 원인이 된 문제들은 호텔산업에서 확대되어 있는데, 왜냐하면 호텔경영자들이 직업을 자주 바꾸는 경향이 있기 때문이다. 결과적으로 호텔직원들은 종종 새 경영자에게 점수가 매겨진다. 만약 처음의 경영자가 관대한 편이고 두번째가 엄격한 편이라면 사실상 어떤 변화도 일어나지 않았지만, 직원의 성과 결과는 떨어진 것처럼 보일 것이다. 반면에 첫번째 경영자로부터 너무 엄격한 평가와 두번째 경영자로부터 너무 관대한 평가는 직원들이 실제로는 그들의 성과에 개선이 없음에도 직원들이 훨씬 나아졌다는 잘못된 결론을 낳을 것이다. 중심지향 오류는 직원평가를 같은 방향으로 향하게 할 것이다. 만약 그 전의 경영자가 더 관용있는 경향이 있다면 개선은 아무것도 일어나지 않을 때 보여질 것이다. 만약 새 경영자가 엄격한 경향을 가진다면 역도 사실일 것이다.

관대, 엄격, 중심화 오류에 대한 또다른 문제는 직원의 점수는 실제 성과보다는 누가 평가했느냐에 더 좌우된다는 것이다. 이것은 불공평을 초래할 수 있다. 예를 들어 한 부서의 직원이 그들의 경영자가 엄격한 편이어서 승진이나 경력 발전 배정에서 제외되었지만, 반면에 또다른 부서의 직원들은 단지 그들의 경영자가 더 관대해서 봉급을 올려 받고 특별배당을 받을 수도 있다.

3. 평가책임자

조사에 따르면 한 직원의 바로 위 상사는 직원의 성과평가의 93%의 책임이 있다고 한다. 하지만, 때때로 바로 위 상사조차 그들의 직원과 많은 시간을 보내지 못할 수도 있다. 조사자들은 어떤 경영자들은 주어진 주동안에 어떤 할당된 직원과 5에서 10%의 시간을 보낸다는 것을 발견하였다. 직원들과 많은 시간들을 보내지 않는 호텔경영자들은 만약 그들이 적절하게 직원의 성과를 평가할 수 있는지를 그들 자신에게 물어볼 필요가 있다.

어떤 호텔들은 직원들에게 그들의 관리자의 성과를 평가하도록 허락한다. 직원들은 경영자의 사교기술이 얼마나 잘 단련되어 있는지, 권력을 얼마나 잘 위임하는가,

그리고 경영자가 얼마나 잘 이끄는지를 경험함으로써 알 수 있다. 이런 종류의 평가서를 사용하는 것은 경영자에게 그들의 직원을 믿을 것을 요구한다. 그 평가서는 매우 엄격하게 관리되지 않는다면(익명의 직원을 보호하지 못하고), 직원에게 그들의 경영자를 어떤 상황에서 평가하도록 요구하는 것은 타당하지 못할 것이다. 왜냐하면 경영자들(결국 직원에 대한 보상과 처벌권을 쥐고 있는)은 누가 무엇을 말했는지 밝혀 낼 수 있을 것이다.

호텔 직원들과 관리자들은 또한 호텔 고객들에 의해서 평가될 수 있다. 이것은 논리적인 평가방법으로 보이는데, 왜냐하면 어떤 호텔의 궁극적인 목표는 고객 만족이기 때문이다. 많은 고객들은 만약 그들이 정말 유쾌하거나 정말로 불쾌하지 않다면 의견 카드 같은 물건을 채우지 않을 것이다. 고객들은 또한 대개 평가의 책임을 원하지 않는다. 그러므로 이 접근이 이론상으로는 좋은 것 같지만 실행하기는 종종 어렵다.

4. 평가의 빈도

성과평가가 1년에 1회나 혹은 2회 이루어져야 한다는 것을 끊임없이 보여온 것이 보통이다. 매년 한 차례의 혹은 매년 두 차례의 성과평가에 연관된 문제들은 12개월 전에 일어난 사건을 기억하는데 있어서의 평가자의 어려움과 관계되어 있다. 이 문제는 그 해에 걸쳐 장부를 간직함으로써 도움이 될 수 있지만, 이것은 그 문제를 모두 바로 잡을 수 있는 것은 아니다. 만약 호텔경영자들이 매우 철저한 기록을 하기 위해서 시간을 보내지 않았다면 그들은 여전히 오래 지난 기록에 있는 행위나 형태에 연관지어진 세부사항에 대한 그들의 기억에 의존하여야만 할 것이다. 만약 모두 가능하다면 호텔경영자들은 관리의 이직률이 높은 경우에 성과평가를 연간 4번이나 더 자주 행하려고 노력해야 한다. 이것에 대한 사례는 특별업무나 특별한 계획이 끝난 후에 바로 평가를 성과하는 것이다.

표 9-8 짝지어진 비교 순위의 예

순위에 오른 직원들	평 가	순 위
Macaulay Simpson Taylor Nathan	Macaulay가Simpson보다 낫다. Simpson가Taylor보다 낫다. Nathan이Simpson보다 낫다. Macaulay가Taylor보다 낫다. Macaulay가Nathan보다 낫다. Nathan가Taylor보다 낫다.	1위 : Macaulay 2위 : Nathan 3위 : Simpson 4위 : Taylor

5. 성과평가방법

1) 순위 지정 방법

세가지의 순위매김이 일반적으로 사용된다. 각각은 결과적으로 직원들을 최고부터 최악까지 혹은 첫째부터 마지막까지 순위를 매긴다. 세가지 방법은 ① 단순하고 직접적인 순위, ② 대체적인 순위 그리고 ③ 짝지어진 비교이다.

직접적인 순위에서 관리자는 단순히 최고의 판단을 사용하여 모든 직원을 최고부터 최악까지 순위를 매긴다. 대체적인 순위는 직접순위와 비슷하다. 둘 사이의 차이점은 어떻게 순위가 결정되느냐이다. 대체 순위에서는 경영자가 직원들 각각을 분리된 종이에 적고 최고를 뽑아 맨위에 놓고 최악을 뽑아서 맨 밑에 놓고 두 번째를 위에서 두 번째에 놓고 두 번째 최악을 뽑아 밑에서 두 번째에 놓고 목록이 다 쓰여질 때까지 한다. 이 방법의 예가 <표 9-8>에 제시되어 있다. 이 방법에서 최후의 순위를 계산하는 가장 단순한 방법은 차트의 왼쪽 부분에 나타난 직원 이름의 수를 세는 것이다. 이름이 가장 자주 나오는 직원이 최고 순위자이고 이름이 제일 적게 나온 사람은 최악이다.

2) 강요된 분포

평가의 강요된 분포 방법은 평범한 환경하에서 모든 직원들의 최후의 순위는 통계적으로 종 모양의 곡선을 나타낼 것이라는 가정이다. 그러므로 직원의 5퍼센트는 예외적이고 5%는 매우 열등하고 10%는 뛰어나고 10%는 부족하고 15%는 평균 밑이고 15%는 평균이상이고 나머지 40%는 평균적이다. 이 방법을 이용한 고용자 순위의 한예가 <표 9-9>에 제시되어 있다.

<표 9-9> 분포등급

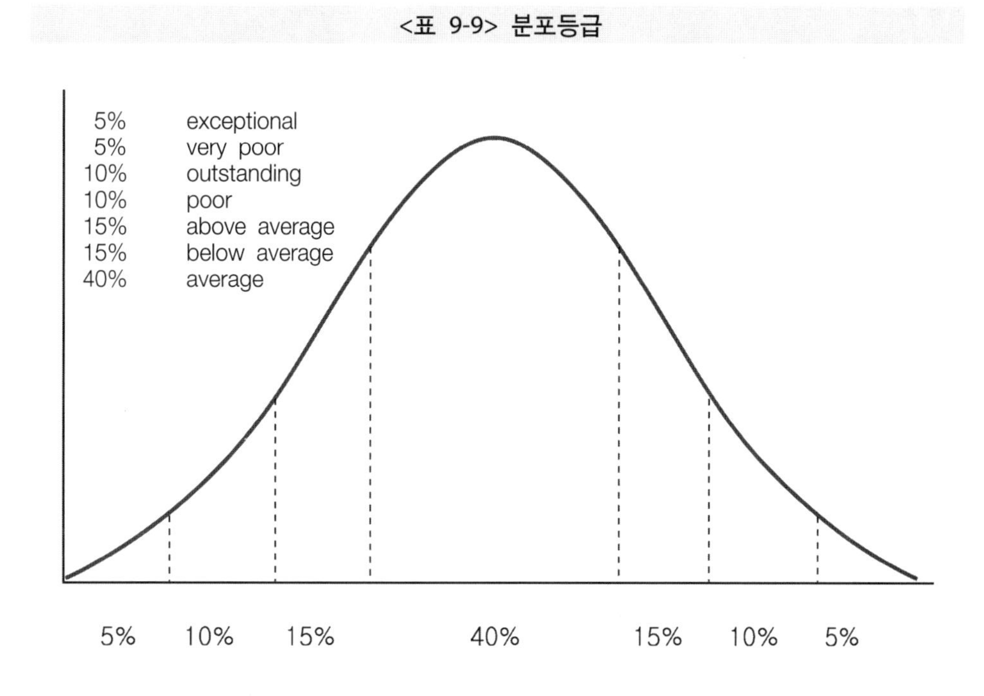

3) 그래픽 점수 등급

성과 평가에 가장 널이 사용되는 방법은 그래픽 점수 등급이다. 이 방법을 사용할 때 호텔 경영자들은 전형적으로 고용자를 10에서 15까지를 기준으로 점수를 준다. 점수를 매기는데 사용되는 기준은 대게 직무 특성, 일의 질, 일의 양, 의존성, 출석률, 직무 지식, 그리고 등등.

4) 행위기준 평점척도

그래픽 점수 분포처럼 행위기준 평점척도(BARS)는 분포된 연속선상에서 직원에서 점수를 매길 평가자가 필요하다. 예를들어 열등한 것부터 완벽한 것까지, 하지만

이 경우에 분포된 행동의 견지에서 점수 매겨진 차원을 규정 짓고 중요한 사항은 다양한 성과수준을 기술하기 위해서 사용된다. BARS 평가에서 발견되는 중요한 사항은 무엇이 좋은 것이고 무엇이 나쁜 행동이냐라고 가정되는지에 대한 정확한 예를 제공한다.

5) 일기/에세이

일기 형식을 사용할 때 호텔 경영자는 단순하게 그들이 점수를 매기는 직원을 묘사하는 일기를 쓴다. 만약 평가자가 직원 성과의 좋은 청사진을 보여주는 일기를 쓰도록 주의를 기울인다면 성과를 평가하는데 매우 유용할 것이다.

6) 중요사건

중요한 사건을 이용할 때 호텔 관리자들은 각 직원들이 연관된 중요한 중요 사항들의 기록을 유지하기 하는 것이다. 전형적으로 중요사항은 기술보다는 품행에 집중하며 대개 예외적으로 이상적이거나 피하려고 하는 행동에 집중한다.

7) 목표 관리

목표관리는 계약서를 작성하는 것과 비슷하다. 피평가자와 평가자가 특정날짜까지 달성할 목표를 설정한다. 그 목표는 측정가능하며 관찰가능한 것이어야 한다. 성과는 설정된 목표가 얼마나 잘 달성되었는가를 피평가자와 평가자가 함께 검토함으로서 평가된다.

제6절 징 계

많은 고용자들은 일을 잘 하고 싶어하고 그들의 일을 지키기를 원한다. 하지만, 문제들은 어김없이 발생되어 경영자에게 징계할 것을 요구하고 어떤 경우에는 어떤 직원을 해고할 것을 요구한다. 그런 점에서 징계는 어쩔 수 없는 관리의 도구이다. 하지만, 그것은 관리자에게 사용하기 가장 어려운 도구 중 하나이다.

너무 많은 경영자들이 징계를 단순히 나쁜 행동에 대해 벌주는 방법으로 본다. 징계는 그것 이상이 되어야만 한다. 사실상 옳게만 사용되면 징계는 이상적인 행동을 유발하는 매우 효율적인 경영도구이다.

징계 프로그램의 목표는 긍정적인 사원행동의 촉진이어야 한다. 긍정적인 행동을 촉진하는 징계체계의 초석을 효율적으로 마련하기 위해서 호텔경영자는 우선 호텔의 규칙을 확실히 세우고 그 규칙들이 어떻게 이행되어야만 하는가를 직원들에게 전달해야 한다. 그 전달은 전반적인 예비교육, 훈련, 직무기술서, 성과기준, 성과평가, 게시판, 그리고 직원지침서에서 나타날 수 있다.

1. 징계에 대한 접근

호텔경영자들은 두 가지의 정말 다른 종류의 징계체계 사이에서 골라야만 한다. 한가지 종류의 체계, 보통징계에 대한 전통적인 접근은 사원이 호텔의 기준과 규범에 따르는데 실패한 후에 부담하는 벌을 강조한다. 다른 종류의 체계, 보통 긍정적인 혹은 예방적인 징계라고 언급되는 징계는 잘못된 행동에 벌주기보다는 잘한 행동에 칭찬하는 것으로써 사원의 행동을 지도하려고 시도한다.

전통적인 징계에 대해 두 가지 상식적인 접근이 있는데, 뜨거운 난로 접근과 진보적인 징계 접근이다.

만약 당신이 뜨거운 난로를 만진다면 당신은 즉시 화상을 입을 것이다. 뜨거운 난로 접근을 사용할 때 만약 누군가 법칙을 어겼다면 당사자는 즉시 징계를 당한다. 이 접근은 다섯가지 토대를 가진다.

① **즉시성** – 위반이 일어난 뒤에 교정행동이 즉각 있어야 한다. 이것은 벌과 원하지 않는 행동과 이어준다

② **일관성** – 바로 잡는 행동은 일관적이어야 한다. 즉 뜨거운 난로는 모두를 같은 정도로 태우고 같은 종류의 위반에 대해서 이루어질 것이다.

③ **경고** – 경영자들은 반드시 회사의 규칙과 그 법칙을 깼을 때에 대한 결과에 대해 말해야 한다. 다른 말로 하자면 사원들이 "뜨거운 난로는 데일 수 있다"는 것을 경고받아야 한다.

④ **비개인성** – 행동이 처벌받아야지 인간이 처벌당하면 안된다.

⑤ **적절성** – 체벌의 정도가 위반의 양과 같아야만 한다.

이 체제는 많은 경영자에게 정말 이치에 맞는데, 왜냐하면 그것이 모든 사원에게 공평하게 나타나며 어떤 법칙에 대한 결과가 어떤 벌칙인지를 세우기 때문이다. 하지만, 이 체제에도 문제가 있다. 이상하게도 뜨거운 난로가 차별을 하지 않는 것이 문제이다. 예를 들어 저번 주에 호텔에 합류하여 모든 규칙을 다 이해하지 못한 직원은 규칙을 어겼으나 호텔에서 15년간 일했고 모든 규칙을 훤히 알고 있는 직원과 똑같이 규칙을 깬 것이 "데일 것"이다.

뜨거운 난로 접근법과 마찬가지로 진보적인 징계는 또한 벌을 받을 것인 행동에 대한 명확하고 완성된 규정과 각각의 위반에 할당되는 벌의 종류에 의존하다. 진보적인 징계 프로그램은 예를 들어서, 일하러 오는데 두 번 늦은 사원은 구두 경고를 받을 것이고 3번 늦은 직원은 서면경고를 받을 것이며 4번 늦은 직원은 일시 휴직시키는 등등을 포함한다.

가장 진보적인 징계 프로그램은 4가지 단계를 포함한다.

① 구두경고

② 서면경고

③ 일시휴직

④ 해고

많은 호텔들이 뜨거운 난로접근과 진보적인 징계접근을 좋아하는 이유 중 하나는 양쪽의 접근 모두 징계과정에 명령을 야기한다는 것이다. 양쪽 모두 명확하게 기반 규칙을 세우고 양쪽은 법칙을 어긴 사람에 대한 일관적이고 비차별적인 취급을 강조한다. 하지만, 경영자들이 알 듯이 그것을 실행하기보다는 이 체계를 서면에 기술하는 것이 훨씬 쉽다. 경영자들은 그들의 징계프로그램에서 차별을 하고 싶어하는데, 왜냐하면 어떤 직원들은 다른 이들보다 더 나은 성과자이고, 어떤 사람은 규칙을 깨 가치가 있고 어떤 이는 다른 사람보다 더 성공할 것 같기 때문이다. 하지만, 뜨거운 난로 접근이나 진보적인 징계 접근 모두 이런 종류의 차별을 용인하지 않는다. 이런 체계 중 어떤 것이든지 사용할 때 차별하는 경영자는 불평, 차별, 벌금 혹은 소송에 대한 위험이 있다. 추가적으로 양쪽의 전통적인 접근은 모두 열등한 성과에 대한 원인보다는 현상에 초점을 둔다.

2. 긍정적인 징계

긍정적인 혹은 보호적인 징계의 지지자들은 이 접근과 전통적 접근간의 차이의 초점이 행동 그 자체보다는 역기능적인 행동의 원인에 있다는 사실을 지목한다. “뭐든 잘못하지 마라”는 것이 강조되는 전통적인 징계접근과 달리 이 접근은 직원들이 “옳은 일을 해야 한다는 것”을 강조한다. 긍정적인 징계접근을 사용하는 미국의 회사들은 가장 크고 가장 성공한 회사들 중 몇몇을 포함한다. General Electrics, Union Carbide, AT & T, Martin Marietta, Procter & Gamble, 그리고 Pennzoil이다.

긍정적인 징계는 징계의 강조점을 나쁜 성과를 인식하고 벌주는 것보다는 잘한 성과에 대해 인식하고 강화시키는 데에 둔다. 오늘의 직원이 부정적인 체벌보다는 긍정적인 용기를 주는 것에 대해 잘 반응할 것이라고 믿는 호텔 경영자들은 더 전통적인 접근방법보다는 긍정적인 징계를 사용할 것이다.

진보적인 징계에서 사용되는 것과 매우 유사한 긍정적인 징계체제에서 중요한 단계들은 다음을 포함한다.

① 구두주의

② 서면주의
③ 권고휴직- 대개 급료 지급
④ 해고

해고를 제외한 각각의 단계에서 강조는 좋은 행동에 대한 칭찬에 있다. 예를 들어 구두주의는 문제의 상황에서 무엇이 이루어졌어야 했나를 강조한다 — 잘못된 것이 아닌 3단계 권고휴직은 진보적인 징계의 3단계인 휴직과는 다른데, 그 휴직은 대게 단순히 직원을 벌주고 그들은 건물에서 좇아내려고 고안된다. 권고휴직은 직원들에게 쉬는 동안에 그들의 행동에 대해서 생각해보고 일에 돌아오기 위해서 보고할 때 그들의 고용주에게 그들이 어떻게 성과를 향상시킬 것인지를 말하도록 요구한다.

긍정적 징계의 비판가들은 "권고휴직"이 직원들을 휴직동안 급료를 받기 위해 나쁘게 행동하도록 조장한다고 주장한다. 하지만, 조사자들은 직원들은 급료 받는 휴직조차도 심한 벌이라고 보며 종종 이런 형태의 징계의 결과로 반전을 한다는 것을 지적한다.

3. 호소절차

징계프로그램은 직원들에 의한 호소를 위한 체계를 만들어야 한다. 의사 소통이 잘되는 호소과정은 직원들이 그들의 관점에서의 화제를 제출하도록 허락한다. 추가적으로 호소절차는 직원들에게 정당한 절차를 주려는 관리자의 노력이 법정사건에 증거로 될 수 있다. 일반적으로 사용되는 네가지 호소 절차가 있다.

1) 계층구조

계층구조는 조직의 명령의 고리를 강조한다. 이 체계에 따르면 그들이 불공정하게 징계당했다고 믿는 직원들은 우선 그들의 직속 감독관에게 호소한다. 만약 여전히 만족 못한다면 다음으로 높은 단계에 호소하고 그 직원이 만족할 때까지 혹은 모든 단계가 다 소진될 때까지 각각의 연속적인 단계들에 호소할 것이다. 호소는 일반적으로 서면으로 된다.

2) 개방정책

명령의 고리를 강조하는 계층구조와는 달리 개방정책은 직원들에게 경영자의 위치와 관계없이 조직 내의 어떤 경영자에게도 호소하도록 허락한다. 많은 경우에 이것이 효과가 있는 반면에 어떤 경우에는 실패하는데, 왜냐하면 경영자들이 낮은 단계의 관리자나 다른 부서 경영자를 지배하기를 꺼려하기 때문이다. 결과적으로 호소는 종종 단순히 직원의 직속상관에게 다시 언급된다.

3) 동료 평론

동료 평론 호소체계는 전형적으로 직원과 경영자의 연합의 편성을 요구한다. 이 연합이나 호소위원회는 호소를 듣고 그것 전에 가져온 화제를 살핀다. 직원들은 대게 그 위원회에 봉사하기 위해서 선출되나, 반면에 관리자들은 지명된다. 이 체계의 단점은 그것이 직원들에게 호소과정에 직접적으로 참여하도록 허락한다는 것이다. 결과적으로 직원들은 종종 결과에 관계없이 그들의 호소가 공정하게 이행되었다고 믿어버린다.

4) 민 원

민원체계는 정부, 단과대학, 그리고 종합대학에서 널리 쓰인다. 그러나 아직까지 산업계에서 널리 받아들여지지는 않았다. 이 체계는 한 사건의 양쪽의 의견을 듣는 민원이나 평가자의 사용과 연관되어 있으며 순응되는 결론을 평가하기 위해 노력한다. 민원은 전형적으로 쌍방이 동의하지 않는 일에 대한 판단을 할 권한이 없다.

5) 해고 : 마지막 종착지

벌로써 징계를 엄격하게 사용하는 경영자들을 아마도 해고를 실패한 직원에 대한 최후의 벌로 여긴다. 많은 전문가들은 이것이 해고에 대한 옳지 않은 견해라고 믿는다. 한 직원이 해고당했을 때 누가 진정으로 가장 많이 벌을 받는가? 새 직업을 찾아야만 하는 직원인가 혹은 해고된 직원에 대한 대체자를 찾아야 하는 경영자인가? 각각의 해고된 직원들의 조직에 교체하는데 3500＄의 비용이 든다. 그런 측정에서 누가 해고로 제일 많이 벌을 받나?

해고가 요구될 때 누가 정말로 잘못이 있나? 해고당한 직원인가 혹은 경영자인가? 일본인 회사들에게 직원을 해고한 사장은 실패자로 여겨지는데, 왜냐하면 그들은 그들의 고용자가 조직의 생산적인 요원이 되도록 도와 주지 못했기 때문이다. 미국의 많은 회사들의 비슷한 견해를 갖기 시작했다.

호텔경영자들은 해고를 오직 마지막 종착역으로 사용해야 한다. 직원은 직업의 상실로 심하게 상심할 수 있고 고용주는 해고가 적절하게 다루어지지 않았다면 끝내 법정에 설 수 있다. 그러므로 직원을 해고시키는 것은 특히 심각하게 이루어져야 하며 정말 신중하게 접근되어야 한다.

호텔관리자가 이 마지막 선택을 하기 전에 다음 질문을 물어보아야 한다. 만약 답이 이 각각의 질문에 긍정이라면 관리자는 해고를 안전하게 추진할 수 있다. 만약 그것들 중 어떤 것이라도 부정이라면 관리자는 직원을 해고시키기 전에 질문에 의해 묘사된 상황을 바로잡아야 한다. 그렇지 않으면 경영자는 법정에서 잘못된 해고에 대해 유죄가 될 수 있다.

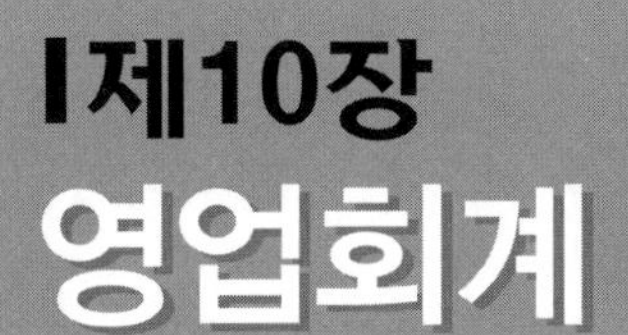

제10장 영업회계

제10장
호텔영업회계

Hotel Business Administration

제1절 영업회계의 개요

1. 영업회계의 의의

호텔의 영업회계는 매출장소가 다르고, 빈번하게 거래가 발생할 뿐만 아니라 짧은 시간에 신속·정확히 계산되어져야 한다.

일반적으로 Hotel의 객실, 식음료, 기타 부대시설에서 발생되는 계정의 정산은 현금지급과 같이 판매시점과 지급시점간에 시간적인 간격이 있는 거래의 경우도 있다. 또한 객실 및 식음료 기타 부대시설의 이용고객을 개인별 또는 법인회계별로 거래를 설정하여 후일에 가서 청구하는 신용외상 판매액을 하는 방법을 취하는 경우가 많아져 가고 있다. 그러나 그 어느 경우에 있어서도 투숙객이 Check-out하기까지 발생한 후불계산은 마무리되어 있어야 하고, 더구나 그 내용은 정확하고 완전한 것이어야만 한다.

우리가 알고 있는 바 호텔의 경우에는 복잡한 여러 곳의 영업장 등에서 분산적으로 발생되는 계산서(Bill)를 신속하고 정확하게 집계하여 고객이 언제라고 Check-out 힐 수 있도록 한 장의 청구서(Guest folio)에 집계되어져야 한다.

호텔 매출계정의 집계는 호텔 수익부분의 다양화, 영업시간의 차이 때문에 상당히 번거롭고 복잡하다. 객실, 식음료 중심으로 세탁, 전화, 잡수입 등 호텔업에서의 매출은 단순히 집계만이 아니고 청구서(전표)의 발행, 전기를 제약된 시간내에 처리해야 하는 점 등 타업종과는 다른 특성을 보인다.

호텔은 연중무휴 24시간 영업을 계속 행하고 있기 때문에 관리상에서도 매일매일을 기준으로 야간 어느 시점에서 판매감사(Sales Audit)를 행하여 언제든지 청구서가 발행가능하도록 준비태세가 갖추어져 있지 않으면 안된다.

2. 영업회계의 특징

호텔이란 숙박, 식사, 음료, 서비스 및 이에 부수적인 영업행위, 즉 세탁, 전화, 수영장, 사우나 등을 상품으로 하여 불특정 다수의 일반대중에게 판매하는 기업체라고 할 수 있으며, 호텔의 영업회계란 고객의 호텔이용에 대한 제반 사항에 대해 수납원이 직접 고객에게 대금을 영수하는 수납기능, 요금계산서를 발행하고 집계·분석하는 회계기능, 정확한 수입금관리를 위한 감사기능을 포함하고 있는 회계로서 다음과 같은 특징을 지니고 있다.

① 호텔 영업수입에 관계되는 모든 거래는 영업장별 계산서(Bill) 또는 고객원장(Guest folio) 및 각종 전표(Voucher)의 발행을 통해서 이루어져야 한다.
② 모든 호텔의 수입은 회계기(Hotel machine)에 기록되어야 하고 또한 이를 통하여 마감 및 정산되는 것을 원칙으로 한다.
③ 계산서는 고객의 요청에 의하여 항상 신속·정확하게 제공되어야 한다.
④ 호텔의 투숙객에 대한 서비스는 제공되는 시점에서 현금화되는 것이 아니라 Check-out시 정산되는 것이 일반적이다.
⑤ 호텔에 있어서의 상행위는 대개의 경우 정식적인 계약서를 교환하지 않으므로 고객이 Check-out후에 발견된 금액에 대해서는 회수에 많은 어려움을 갖고 있다.
⑥ 호텔의 영업회계는 주로 고객에게 제공하는 인적·물적 서비스의 대가에 대하여 회수 및 관리하는 회계이다.
⑦ 호텔 영업회계는 당일결산을 원칙으로 하고 있다.
⑧ 호텔의 영업회계는 거래의 형태와 고객의 불특정함을 볼 수 있다.

⑨ 영업회계는 거래단위의 영세성과 거래장소의 특성이 있다.

⑩ 호텔 영업은 연중무휴 24시간 영업이 계속되며 부문별 영업시간의 상이성 및 수익금의 발생장소가 다양한 곳에서 발생되어 처리되는 것이 영업회계의 특징이라 할 수 있다.

3. 호텔회계의 분류

일반적으로 호텔의 영업회계는 재무회계(세무회계 포함), 원가회계, 관리회계로 분류해 볼 수 있는 호텔회계의 한 부분으로 생각해 볼 수 있다(<표 10-1>).

재무회계는 한 달이나 1년과 같이 일정한 기간 동안의 수입을 수입계정에 기입하고 일정한 기간의 맨 나중에 재정상태를 대차대조표에 표시하는 방법이다. 기업이 계속해서 운영되므로 일정기간의 수입측정은 그 기간의 세입운영에 관계된 요건에 포함시키고 이익점에 도달하기까지 소비된 운영지출도 같은 방법으로 산출한다.

<표 10-1> 일반적인 회계 분류

재무회계 결과는 기업 외부의 이해관계자들에게 기업의 경영성과나 재무상태를 보고하기 위한 재무재표 작성 및 전달을 주된 목적으로 하는 분야이다.

반면에 관리회계는 기업 자체의 부를 증대시키고자 의사결정을 하는 기업의 경영자들에게 경영관리를 위하여 필요한 회계정보를 산출제공을 주된 목적으로 하는 분야이다.

특별히 호텔기업의 경우에는 많은 영업부문과 매일 매시간 지속적인 용역 및 상품판매가 이루어지므로 개별 영업부문별 활동을 매일매일 종합하는 영업회계를 별도의 분야로 구분할 수 있다.

이와 같이 설명한 호텔회계 분야 중 본 교재에서는 영업회계의 실무면을 다뤄보고자 한다.

4. 호텔회계의 기능

호텔회계(Hotel Accounting)는 근대기업의 한 전문분야이며, 모든 기업이 그 회계를 처리하는데 있어서 따르지 않으면 안되는 기업회계의 '회계공준'과 '회계원칙'에 따라서 호텔이라고 하는 기업체 및 그 영업활동에 적용한 특수처리 및 절차에 관한 특수회계이다. 호텔에 대한 기업의 이해관계자로서는 출자자, 경영자, 채무자, 채권자, 종업원, 감사인 등이 있다. 따라서 호텔이라고 하는 기업체를 중심으로 하여 그 요구하는 바는 안전성, 수익성, 경제성, 건전성 등이 있어서 각각 상이하다.

그러므로 각 이해관계자의 요구에 적응하기 위해서도 기업회계의 한 분야로서의 호텔회계는 다음과 같은 세 가지 기능을 수행하지 않으면 안된다.

1) 관리적 기능

관리적 기능이란 주로 경영자의 입장에서 호텔기업을 가치적, 수치적, 혹은 경영적, 법률적, 신용적 측면에서 관리 통제하기 위해서 필요한 각종 계수적 자료를 제공하는 기능을 말한다. 즉 호텔경영활동의 실체를 계수적으로 파악하고 이것을 분석하며, 그 수익을 타기업과 또는 동종업인 타사와 비교한다든가 또는 예산과 표준매출 목표를 수립하고 재무관리(Financial Management)와 원가관리(Cost Management)

등을 정확하게 해야 한다는 것이다.

뿐만 아니라 호텔회계에 있어서 관리적 기능은 호텔의 생산성을 측정하고 경영관리 및 판매를 촉진함과 동시에 이윤을 증대시켜 호텔기업 그 자체의 건전한 발전을 목표로 하는 데 있다.

2) 보전적 기능

채권자로서의 권리의 행사, 채무자로서의 의무의 이행 등 기타 호텔경영에 있어서의 일체의 거래와 계약이 확보되고 일상의 경영활동이 적정, 신속히 행하여지고 위법, 부당, 오류 등에 의한 재산과 자본의 감손을 방지하는 것을 가르치는 것으로서 기업회계 본래의 목적과 임무를 수행하는 것을 말한다.

그렇게 하기 위해서는 경영활동에 대하여 조직적 또는 계속적으로 완전한 기록계산을 유지하지 않으면 안된다. 또한 그것을 감사할 경우에는 다음과 같이 구체적으로 실행하는 것이 좋다.

① 당연히 인수할 일체의 수익이 수령되고, 당연히 기록할 일체의 재산이 회계장부에 기록되었는가.

② 지급하지 않을 비용이 지급되어 있지 않은가, 또 기록하지 않을 부채가 회계장부에 기록되어 있지 않은가.

③ 부정, 허위, 도난 등에 재산이 감손을 방지하는 것.

④ 각종의 자산, 권리 및 우발적으로 발생하는 것에 대하여 상당액의 보험이 되어 있는가 없는가, 또 과세액은 적정한가 등이다.

3) 보고적 기능

보고적 기능이란 결산보고서에 집약되어 있는 사실을 호텔기업에 관계를 갖고 있는 주주, 경영자, 감사인, 세무서 등에 대하여 기업경영활동의 기록계산의 결과를 정확, 명료하게 보고하는 기능을 말한다.

호텔기업은 사회상의 존재이며 적어도 현재의 경제사회에 있어서 공공적인 입장에서도 이해관계자에 대해서도 경영의 내용, 재정상태 등의 실체가 공개 명시되어 있지 않으면 안된다.

재무제표 분석, 손익분기점 분석, 원가관리, 부문별 예산통제 등은 호텔회계의 관리적 기능 및 보고적 기능에 의하여 계수적으로 경영활동이 파악되어야만 비로소 가능하며, 호텔회계 그 자신의 실체 및 기본을 무시해서는 있을 수가 없는 것이다.

호텔 경영규모의 대소에 불구하고 기업으로서의 제반활동을 이해함에 있어서 호텔업의 특수성을 포착한 다음에 이해된 회계의 여러 관념 및 일정한 기준에 의한 호텔회계가 필요한 것이다.

제2절 영업회계의 업무

경리(Accounting Dept.)업무는 영업장의 수납업무와 현금출납 및 영업회계에 따른 각종 요금의 집계와 계산을 한다. 그리고 전표의 기표와 회계처리, 장부의 기장, 재무제표의 작성과 법인의 결산업무를 담당한다.

영업회계는 호텔 영업현장에서 발생하는 고객의 요금계산 수납업무를 담당하는 사무원으로서 일명 Cashier라고 한다. 영업회계는 각 영업장의 회계원들이 집계한 요금계산의 부정을 검증하고 원시기록을 도대로 하여 전표를 기표하고 일기장 및 판매보조부기장 업무를 담당한다.

1. Income Auditor

수납활동 중 일어나는 모든 사항을 지시 감독하여, 내부관리상 필요한 모든 업무는 물론 관련대외 업무를 총괄한다. 수입감사자(Income Auditor)의 업무내용을 살펴보면 다음과 같다.

① 일일 영업보고서 작성
② 수납 미팅 주제

③ 예산 및 수납 자금관리
④ Complaint 보고 및 일지 관리
⑤ 환전상 관리
⑥ Bill Checking
⑦ Easy Check관리
⑧ 인원관리 및 관련 대외업무
⑨ 장·단기 여신 종합관리
⑩ 귀중품 보관관리와 회계기 관리
⑪ 각 영업장 순찰 및 운영제도 개선, 보완
⑫ 기타 수납관련업무 종합관리

2. 현관 수납원(Front Cashier)

Front Cashier는 투숙객이 프런트에 등록을 하면 동시에 업무가 발생하게 되는데, 주로 투숙의 실료 및 식음료 그리고 기타 시설이용에 따르는 모든 계산을 통합·관리·징수하는 곳이다.

호텔의 영업회계는 반복되는 그날 그날의 고객 개개인이 이용한 모든 판매수입을 계속 거두어들이고 세목 하나하나의 매상이 정밀하게 계산되어져야 한다. 또한 판매된 매상을 각 사업부문에 의하여 항목별로 처리하게끔 하여 집계되어져야 한다.

현관 수납원의 업무내용을 살펴보면 다음과 같다.

① 투숙객의 계산서(Bill) 작성·관리 및 요금처리
② 환전상 업무 및 환전관련 각종 보고서 작성
③ 투숙객의 귀중품 관리
④ 해당 부문 자료관리
⑤ 현관(Front) 및 F/B(식음료)부문 등 관계부문과의 업무협조
⑥ 기타 현관 수납지역 유지 및 관리

3. 식음료 수납원(F/B Cashier)

식음료 수납원은 업장을 이용하는 고객들에게 계산을 관리・징수하는 동시에 업장의 인상을 최종적으로 메이크업하는 요직임을 자각하고 고객에게 바른 예절, 성의있는 태도, 정확한 발음과 낮은 말소리로 고객을 대하여야 한다.

그리고 항상 식음료 판매 상품의 종류와 단가를 숙지하여 신속・정확한 정산이 이루어지도록 하여야 한다.

① 업장 회계기 사용관리
② 전표 및 계산서 발생과 처리
③ 현금보고서(Cash Report) 작성・보고
④ 인수인계서 작성
⑤ 영업 마감일보(매출일보) 작성・보고

4. General Cashier

General Cashier는 1일 영업중에서 발생하는 현금결제 계정을 통괄・수합하고 그 현품을 은행에 입금하며 업장영업에서 소요되는 현금기금의 가지급 및 회수와 관리 등의 일을 맡는다.

General Cashier의 업무내용은 다음과 같다.

① 소액 환전 및 금고관리
② 현금 집계 및 은행 입금업무
③ 문서 발수신 업무
④ Bill 및 각종 서식관리
⑤ 업장회계기 소모품관리

5. 야간 감사원(Night Auditor)

Night Auditor는 현관 수납원(Front Cashier)직무의 인수인계를 마치고 난 후 모든 영업장(Room Department, Food and Beverage Department, other Department)의 영업수입에 대해 점검하고 집계한다.

Night Auditor는 Income Auditor의 지시를 받으며 영업장 부문별로 당일의 매상수입을 마감하여 정산하는 일을 맡으며 일반적으로 22 : 00부터 1일 영업을 결산하기 시작하여 Room Dept.와 F/B Dept.로 나누어 분담하기도 한다.

야간감사원의 업무내용을 요약하면 다음과 같다.

① 수취계정의 총 잔액과 개별원장 합계액의 비교검증

② 개별원장의 대・차변기록과 청구액의 정확한 검증

③ 당일 수입일람표 작성

제3절 객실 영업회계

호텔영업은 연중 무휴 24시간 영업이 계속되며 복잡한 수입금 관리는 물론 그 발생장소가 다양한 영업장의 수익을 숙박객 원장별로 신속・정확하게 처리해야 하는 것이 객실판매회계의 특성이라고 할 수 있다.

호텔의 투숙객은 서비스가 제공되는 시점에서 곧 현금으로 지급되는 것이 아니고 객실료와 식음료 및 기타 부대시설 이용에 대한 요금계산서가 호텔내의 투숙객 외상매출금계정(Guest Ledger)으로 집계되었다가 Check-out시 정산되는 것이 일반적이다.

그러므로 투숙객계정에 기록된 매출은 외상매출금(Guest Ledger)으로서 투숙객이 정산하였을 때 현금화되므로 투숙객에 대한 기록과 관리는 호텔 영업회계에 있어서 매우 중요한 부분을 차지하고 있다.

특히 호텔에서는 다양한 시설 즉 식당, 주차장, 나이트 클럽, 커피숍, 세탁소, Telephone, Sauna, 수영장 등 기타의 부대시설이 산재되어 고객이 호텔내의 각종 영업장을 이용하며 계산서는 즉시 프런트 데스크로 청구된다. 고객이 언제 호텔을 퇴숙할지 모르기 때문에 각 영업장에서 청구된 계산서는 가능한 신속히 집계하여 항상 정확하고 완전한 계산서가 손님 출발전에 확인되고 준비되어져야 한다.

그러므로 객실판매회계에 있어 가장 중요한 것은 신속성과 정확도에 있다고 할 수 있다.

왜냐하면 고객이 Check-out후 부과금액(Late Charge)이 발생할 경우 이를 회수하기 위해 청구서가 우송될 때 별도의 회수비용이 필요하며 오류(error)가 발생되는 때는 이를 정정하는데 많은 시간이 소요되고 고객에게도 불편을 주게 되기 때문이다.

1. 판매 전 영업회계(객실예약)

객실제품은 타제품과는 달리 예약을 거치지 않고는 거의 판매가 불가능하다. 왜냐하면 일반제품의 경우 대개가 직접 그 제품을 보고 거래가 성립되지만 호텔의 제품 중 객실의 경우에는 신용과 편리한 시설, 훌륭한 인적 서비스 등을 바탕으로 예약에 의해 판매되기 때문이다. 그러므로 호텔의 객실예약은 고객과 호텔 사이에 이루어지는 중요한 첫번째 접촉이며 거래의 예비단계라고 할 수 있다.

예약은 호텔을 찾아오는 고객들의 인원을 효율적으로 조절하여 수입을 극대화시키는 일이며, 고객이 호텔에 도착하자마자 객실에 대한 보장을 확신시키는 일이다. 그러므로 호텔에서는 최대의 수익을 올리기 위해서는 객실판매에 많은 관심을 기울여 고객에게 최대의 만족감을 고취시켜야 할 것이다.

호텔의 예약부서는 객실을 배정하고 고객에 대한 개인기록표를 작성하는 업무를 주로 하고 있지만, 모든 호텔 예약부서의 목표는 동일하다고 할 수 있다.

1) 객실예약 신청경로(Route of Reservation Request)

① 고객 자신이 직접 예약하는 경우(Direct Booking)
② 여행사를 통하는 경우(Travel Agent)
③ 회사의 여행사업부를 통하는 경우(Company Travel Department)
④ 호텔 판매대리점을 통하는 경우(Hotel Representative)
⑤ 항공사를 통하는 경우(Airline Company)
⑥ 여객 선박회사를 통하는 경우(Steamship Company)
⑦ 렌터카 회사를 통하는 경우(Car Rental Agency)

2) 객실예약의 접수

예약접수란 호텔에 있어서 고객의 주문에 의한 객실을 비롯하여 여러 상품을 판매하기 위한 계약행위이며 이로써 고객은 숙박기간 내에 이에 준하여 머무르게 된다. 예약의 접수는 신속・정확・간단하여야 한다.

여기에 더욱 중요한 것은 예약담당자가 예약카드에 해당 고객이 호텔에 머무르는 동안에 만족할 수 있도록 하는 정확한 접수에 의한 내용을 기록하여야 한다는 것이다.

호텔에는 각양각색의 손님들이 사고방식과 여행형태 국적이 다른 손님들이라 예약카드의 기재사항은 일률적이며 간단한 방식으로 처리되어지나, 까다로운 고객이나 VIP, 신혼 또는 축하하여야 할 고객, 또한 특별한 주문(Request) 서비스를 원하는 사람 등 여러 손님이 있기 때문에 의외로 고객에 따라 많은 정보를 통하여 필요한 기록이 보강되어야 한다.

고객으로부터 객실예약 신청을 받았을 때 우선 Arrival Date 및 Departure Date, Type of Room을 확인 후 제공가능 여부를 확인한다.

객실예약이 불가능할 경우에는 고객이 불쾌감을 느끼지 않도록 친절하게 예약을 받을 수 없는 상황을 설명하고, 예약이 가능할 경우 다음과 같은 순서로 예약 양식을 작성한다.

① 투숙자 명과 인원수・국적

② 도착 예정일 및 도착시간
③ 투숙객이 이용하는 교통수단명
④ 출발예정일
⑤ 희망 객실의 종류와 객실수
⑥ 객실요금
⑦ 예약자명, 회사명, 연락처(전화 · 주소)
⑧ 지급방법
⑨ 외국인의 경우 여권번호

3) 예약보장제도

예약부서에서는 고객에게 예약을 확실하게 보장시켜 주기 위해서 보장될 예약의 유형에 따라서 다음과 같은 내용을 고객으로부터 받지 않으면 안된다.

① 고객의 신용카드회사 이름, 카드번호, 만료일자를 확인하고 카드 신용조회를 통해 카드가 유효한지를 확인하여야 한다. 최근에는 자동시스템에 의해 호텔 자체내에서 즉시 확인할 수 있으며 이러한 조회는 컴퓨터에 의해서도 바로 식별할 수 있다.

② 호텔에서 요구하는 날짜 이전에 고객의 예약을 보장받기 위해서 사전에 예약금(Deposit)을 입금시키도록 한다. 이때 주의하여야 할 것은 예약금이 정확한 날짜와 정확한 액수로 입금되었는지 확인하여 그렇지 못할 경우에는 예약이 취소될 수 있다. 이 예약금을 다른 말로 선수금이라고도 부르는데, 선수금이란 기업이 객실이나 식음료를 판매하기로 약정하고 거래대금의 일부를 미리 받는 경우에 나타나는 채무이다. 이러한 선수금은 계약에 따른 일반적인 상거래의 이행을 보다 확실히 하기 위한 선수액이다.

선수금 수령시는 선수금계정의 대변에 기입하고 추후 객실이나 식음료를 제공한 시점에서 선수금계정의 차변과 매출계정의 대변에 기입하여 선수금을 소멸시킨다.

③ 호텔과 상호거래관계가 있는 여행사나 일반회사에서는 상호거래를 위한 은행계좌가 필요하기 때문에 원활하게 업무협조가 이루어지기 위해서 호텔측에서

는 계좌번호를 알려준다.

④ 고객이 호텔에 투숙하기 위해서 Voucher를 갖고 오는 경우가 많다. 이때 프런트 데스크 직원은 Voucher에 의해 예약되어진 날짜에 맞추어서 고객이 Check-In을 했는지를 확인하고 기간이 지난 경우에는 무효처리할 수 있다. 따라서 프런트 데스크 직원은 항상 신경을 써서 모든 기록내용을 상세히 확인하여 고객과 호텔측에 마찰이 발생하지 않도록 노력해야 한다. 위에서 설명한 내용을 확인한 뒤에 호텔에서는 고객에게 소위 말하는 "예약보장 보호"를 제공하여 줄 수가 있다. 자동화된 시스템에서는 이러한 예약이 보장되어진 번호가 컴퓨터시스템에 저장되어져 일종의 참고 자료로써 활용되어진다. 일단 예약을 고객에게 보장시켜 주고 난 뒤에 예약직원은 비로소 고객과 실질적으로 계약이 되었다고 확신을 가질 수가 있다. 이 경우 현명한 고객은 예약이 언제까지 유효한지를 인지하고 있어야 한다.

만약에 고객이 사전에 통보 없이 스스로 예약을 취소했다면 그에 상응하는 벌금이 부과되고 사전에 예치된 금액이 소멸될 수도 있다. 또한 사전에 통보하였다 하더라도 호텔측에서는 고객과의 상호 약정된 규약에 따라서 그에 상응하는 조치를 취할 수가 있다.

2. 판매시점 영업회계(Check-In)

고객이 호텔에 도착하여 투숙에 따른 등록카드를 기록하여 접수한 후 지정된 객실로 안내하고 Guest folio가 개설되는 것을 check-in이라 한다.

Front clerk은 예약사무원으로부터 전일 업무 마감 후 투숙예정인 고객의 예약카드를 인수받는다. 고객의 성명을 알파벳순으로 분류하여 모든 준비를 갖추고 있다가 고객이 도착하면 예약 유무를 묻고 예약된 손님에게 예약내용을 확인시킨 후 등록카드(Registration Card)를 작성케 한 후 지정된 객실로 안내한다. 고객이 신속한 수속을 할 수 있도록 하기 위하여 예약된 고객의 등록카드는 서명할 부분만 남겨놓고 미리 작성하여 둘 필요가 있다.

예약없이 투숙하는 손님(Walk-In Guest)은 객실사정이 허락되면 체재기간, 객실요금, 지급방법 등을 확인한 후 프런트 데스크에서 등록카드를 고객이 직접 기입하도록 하여 통상적으로 1박 객실요금의 1.5~2배의 선수금(Advance money)을 받거나 신용카드(Credit)를 Imprint하여 서명하도록 한다. Credit Card를 Imprint하였을 경우 Approval code(승인번호)를 받아 Black List(거래중지자 명단)의 유무를 확인할 필요가 있다. 단체(Group)투숙시에는 안내원(Guide)으로부터 고객명단과 인솔자(Tour Leader)의 등록카드를 받고 객실 번호, 객실, 종류, 단체식사 유무와 식사의 종류, 객실료 및 조식료의 지급조건을 확인한다.

이상과 같이 작성된 등록카드는 호텔측에서 고객에게 요금을 청구하는 자료로써 사용되어지며, 일단 고객이 등록카드 위에 등록사항을 전부 기재하였다 할지라도 Front cleck은 다시 한번 고객의 등록카드를 확인하여 고객의 정확한 이름, 주소, 전화번호, 예상출발 날짜와 함께 일행으로 온 고객 인원수, 객실요금 지급방법 등을 상세히 적어서 호텔측에서 정보의 자료와 요금청구시에 사용되어지도록 한다.

1) 고객원장(Guest Folio)

고객이 Cleck-In과 동시에 호텔에서는 고객원장(고객의 계산서, Guest Bill)이 발생되어진다. 고객원장이라 하는 것은 고객이 Check-out할 때까지 호텔에서 체류하는 동안에 고객에 의하여 발생되어지는 요금을 기록하는 것이라고 설명할 수가 있다.

원장에 기재되어지는 정보는 수작업에 의하여 만들어진 원장과 호텔 전용회계기(NCR42) 혹은 컴퓨터에 의해서 만들어진 원장 등 원장기입에 대한 형태와 방법에 있어서 서로 다르다고 할 수 있다. <표 10-1>은 수작업에 의해서 만들어진 시스템이다. 이 수작업에 의한 고객의 원장은 채권, 채무의 증감 발생액을 가감형식으로 1란에 거래 발생순에 따라 단식부기의 양식을 채택하고 있음을 알 수 있다.

<표 10-2>는 컴퓨터용과 Posting의 시스템에 의한 방법으로 복식부기 양식으로 사용되고 있다. 이 원장에는 각각 차변(Dr. Debit, Charge)란과 대변(Cr. Credit)란에 구분기장하고 차・대변 잔액(Balance)을 표시해가는 복식부기 양식을 채택하고 있으므로 그에 대한 용법을 익혀 두지 않으면 안된다.

2) 고객원장(Guest Folio)의 형식

세금계산서는 사업자가 재화 또는 용역을 공급하는데 작성·교부하는 부가가치세법 시행규칙에 의한 계산서로서 기재해야 될 사항은 다음과 같다(부가가치법 시행령 제53조).

① 일련번호
② 객실번호(Room No.)
③ 도착일시(Arrival Date)
④ 국적(Nationality)
⑤ 지급조건(Payment Type)
⑥ 단가와 수량
⑦ 성명(Name)
⑧ 인원수(Persons)
⑨ 출발일(Departure Date)
⑩ 여권번호(Passport No.)
⑪ 공급품목
⑫ 객실요금(Room Rate)

<표 10-1> 수작업에 쓰여지는 고객원장

(HAND WRITTEN GUEST FOLIO)

Name ______________________ Acct. No.__________

Room__________ Rate______________ Arrival Date________

DATE														
Balance Fwd.														
Room														
Sales Tax														
Restaurant														
Bar														
Local														
Long Distance														
Telegrams														
Laundry-Valet														
Cash Disburse														
Transfer														
TOTAL														
Less : Cash														
: Allowances														
: Transfer														
Carried Fwd.														

<표 10-2> Posting 시스템에 의해 사용되는 고객원장

(HOTEL MACHINE GUEST FOLIO)

<table>
<tr><td>ROOM</td><td>(LAST)NAME (FIRST) INITIAL</td><td>RATE</td><td colspan="3">FOLIO 403132
NUMBER</td></tr>
<tr><td colspan="2" rowspan="2">STREET ADDRESS</td><td rowspan="2">OUT</td><td rowspan="2">PHONE
READING</td><td>OUT</td><td></td></tr>
<tr><td>IN</td><td></td></tr>
<tr><td colspan="2">CITY, STATE & ZIP</td><td>IN</td><td>FROM
FOLIO</td><td colspan="2"></td></tr>
<tr><td colspan="2">NO CREDIT CARD
PARTY</td><td>CLERK</td><td colspan="3">TO
FOLIL</td></tr>
</table>

DATE	REFERENCE	CHARGES	CREDITS	BALANCE	PREVIOUS BALANCE PICKUP

3) 고객원장(Guest Folio)의 기입원리

고객원장에 작성되어지는 기입원리를 보면 수작업에 의하여 계산되어지는 단식부기(Single Book Keeping : 즉 일정한 원리나 원칙이 없이 상식적으로 현금이나 재화의 증감·변화를 조직적으로 기록계산하는 방식) 기입방식과 호텔 회계기인 기계에 의해서 계산되어지는 복식부기(Double Book Keeping : 즉 일정한 원리 원칙에 따라 재산의 증감·변화를 조직적으로 기록계산하는 방법) 기입방식으로 생각해 볼 수 있는데, 호텔의 영업회계를 이해하려면 기계에 의해서 행해지고 있는 복식부기 방식을 이해할 필요가 있다.

아울러 고객원장에는 매출발생의 순서에 따라 채권·채무의 증감을 복식 부기의 원리에 따라 차변(Dr. Debit)란과 대변(Cr. Credit)란에 구분기장하게 된다. 그러나 Computer System에서는 1란식으로 되어 있어 차변과 대변이 동시에 자동적으로 기록되는 형태로 되어 있다.

고객이 Check-Out한 후는 대차변 균등원칙에 따라 항상 잔액은 Zero이어야 하며 대차변 기입거래발생은 다음과 같다.

(1) 차변(Dr. Debit) 기입거래

① 매출(객실료, 식·음료 요금, 부대시설 이용료)의 발생
② 봉사료(Service Charge) 및 세금(VAT)의 부과
③ 고객에게 입체금(Paid-Out)의 대출
④ 타인의 매출을 이체받는 경우(갑의 부담금을 을이 담당하므로 그 부담금을 을에게 부과)
⑤ 고객이 check out 시 선납금(Advance Money) 잔액을 환급
⑥ 입체금(Paid-Out)을 Credit Card로 결제시 수수료 부과
⑦ 기타－대변 정정을 위한 차변 기입

(2) 대변(Cr. Credit) 기입거래

① Advance Money(선납금)의 PAID
② 부과한 각종 요금을 현금으로 받다.

③ Check-Out시 부과요금을 외상 또는 Credit Card로 결제
④ 갑의 부담금이 타인에게 부과되어 소멸
⑤ 부과한 각종 요금을 접대비 대체, 에누리, 대손처리하다.
⑥ 기타－차변 정정을 위한 대변기입(Correction, Allowance)

4) 전표의 발행

Guest Folio상의 수정사항이 발생되는 경우는 전표(Voucher)에 의거 상사의 결제를 얻어 집행하고 사후관리의 근거로 삼는다.

(1) Rebate(Allowance) : 전일 매출액 사후조정

이 계정은 판매시점에서 발견되지 못하고 그 이후 조정의 요금에서 조건의 변경 등으로 인하여 수익의 과대징수나 할인 등이 발견되었을 때 조정하는 계정이며, 호텔 판매촉진이나 접대 등으로 인한 과거의 수익도 이 계정으로 대체된다.

만일 당일 매출계정에서 적용된다면 당일 매출 발생분의 정확한 계상이 안될 뿐만 아니라 소급 매출 조정의 의미를 상실하게 되는 것이다. 그러므로 Rebate는 조정해야 할 날짜의 매출분에 반영시켜야 하며, 이에 따른 객관적 증빙자료와 승인자의 확인 및 정확한 처리방법인가를 판단하고 객실번호, 성명, 금액 조정에 대한 설명 등을 점검하여야 하며, 매출채권이 감소된다는 점에서 특히 주의를 요하는 항목이다. 이 계정의 예를 들어보면

① 시외전화 요금에 대한 불평
② 객실요금 및 식음료 요금의 조정
③ Over charge의 조정
④ 불만족한 서비스에 대한 조정
⑤ 객실 시설물의 하자
⑥ Mini Bar 요금 및 Telemovie Charge

전일 매출액 사후조정계정(Allowance Voucher)의 조정금액이 적을 경우는 담당자가 처리하고 객실요금, 식음료 요금의 경우에 있어서 조정금액이 많을 경우에는 부서장에게 보고하여 처리한다. 이때 처리한 후에는 반드시 그 사유를 경리부서에 통

보해 주어야 한다.

(2) Paid-Out(입체금)

이 계정은 현금 회수의 역기능의 성질을 가진 거래계정으로 매출발생부문에 적용하여 매출부문의 합계인 Balance의 증가를 가져오고 현금 회수부문의 감소를 일으키는 계정이다.

① 고객에게 서비스 차원에서 대출하는 입체금

이 경우는 직접적인 판매행위로 발생하는 매상이 아니라 대고객 서비스 차원에서 일어날 수 있는 현금 일시 대여에 대한 계상은 고객의 Account에 Paid-Out으로 부가하여 차변항목에 나타나고 check-out시 수납하게 되는 것이다. Paid-out은 현금 대여가 되는 관계로 이를 효율적인 관리 및 통제하기 위해서는 호텔의 회계제도나 규정에 의하여 대여 한도액을 설정한다든지, 대여금의 용도를 규정하여 운영하여야 한다.

Paid-out의 발생항목을 살펴보면 연초대금, 신문대금, 진료비, Taxi비, Message비, 이·미용실비, 우편 및 전보비, 전화비, Xerox비, 연회운영에 대한 부대비용, 기타 고객이 일시적으로 요구하는 경우, 현금 대여 후 고객이 Check-Out시 Credit Card로 계산을 할 경우 회사측에서는 일정한 비율의 Card Commission을 Card 회사에 지급하여야 하므로 일정금액 이상에 대한 Paid-Out 발생시에는 일정비율의 Commission을 고객에게 부가하여 이를 잡수익(Miscellaneous, Misc)으로 매상을 잡고 Card 청구시 Card회사에 지급하는 Commission과 대체하기도 한다.

② Advance Payment에 대한 환급시

Guest Account(고객계정)에 대변(Credit)항목(−)으로 나타난 금액에 대하여 Check-Out시 현금으로 환급해 주어야 하는 경우 Paid-Outd 처리해 입체금 전표를 발행하고 객실번호, 고객서명, 금액, 간단한 설명을 기재하여 승인자의 승인을 득하고 고객의 서명도 반드시 확인되어져야 한다.

(3) Miscellaneous(Misc, 잡수익)

호텔에서 발생되는 잡수익(MISC)계정은 주 상품이 아닌 부대상품 판매시 금일 수입금이 아닌 전일 마감된 수입을 추가로 부과할 때, 임시계정으로 대체할 때, 발생빈도가 적거나 금액이 적을 때 특별행사를 위한 Ticket 판매대금 및 Member fee 등에 사용하는 계정이다.

(4) Late Charge처리

고객이 퇴숙 정산 후 식음료 영업장에서 Front Cashier로 전송되어 오는 Bill을 Late Charge라고 한다.

① **발생원인**

ⓐ 고객이 퇴숙 정산 후에 식음료 영업장에서 Guest Ledger로 서명한 경우

ⓑ 고객이 퇴숙 정산 전에 식음료 영업장에서 Guest Ledger로 서명하였으나 수납원이 입력을 못한 경우 또는 다른 고객의 Guest Ledger로 잘못 입력한 경우

② **처리방법**

ⓐ Check-Out시 Credit Card로 수납한 경우 추가 청구하여 고객에게 편지를 발송한다.

ⓑ City Ledger(외상매출금)로 처리된 경우 예약처와 협의하여 추가 청구하다.

ⓒ Cash로 수납한 경우 예약처와 협의하여 회수할 수 있도록 하며, 회수 불능시에는 원인을 분석하여 원인발생 수납원이 입금처리한다.

(5) 당일 매출액 조정(Correction)

당일 영업 중에 발생하는 오류를 정정하거나 수정하고자 할 때 조정한다.

3. 판매 후 영업회계(Check-Out)

Check-Out은 투숙고객이 퇴실하고 숙박료를 정산하는 수속절차이다.

Night Auditor는 컴퓨터에 의해서 Expected Departure Guest List를 작성하여 Front cleck, Front Cashier, Housekeeping에 배부하여 당일 Check-Out 예정객에 대한 준비를 하도록 한다.

1) Check-Out 예비절차

① 고객이 수납창구에 접근할 때에 고객을 맞이하는 태도를 취한다. 즉 시선과 태도로써 Check-Out을 시킬 준비가 되어 있음을 나타낸다.

② Desk에 근접하면 Good Morning Sir 등 해당 국가의 인사로 경쾌하게 인사한다.

③ 고객이 Room key를 제시하면 Room Key를 받아 Room No.를 확인하고 Check-out 여부를 확인한다.

④ 고객원장 파일 보관함(Guest folio Holder)에서 모든 자료를 꺼내서 Desk에 놓고 등록카드를 보고 컴퓨터를 보면서 고객의 이름을 호칭하여 맞는지 확인한다.

⑤ 컴퓨터를 확인하여 Mini-bar나 Breakfast를 확인하고 누락되었으면 사용 여부를 확인하고, 냉장고의 경우는 자진신고에 의해서 Billing하여 입력하고 조식의 경우는 해당 업장에 연락해서 신속히 처리하도록 조치한다.

2) Check-Out 본절차

① 컴퓨터에 의해서 해당국가의 화폐로 숙박요금을 알린다.

② 지급방법을 확인한다.

③ 지급방법에 따라 Folio를 출력한다.

④ Folio를 고객에게 제시하면서 예약조건대로 되었는지, 타인의 Bill이 입력되었는지 등의 여부를 확인하기 위해서 Sign을 받는다.

⑤ 지급방법에 따라 회수한다.

⑥ 영수증을 봉투에 가지런히 담아 Cash Tray에 놓고 거스름돈을 그 위에 놓아 두 손으로 담아드린다.

제4절 식음료 판매회계

식당이란 "영리 또는 비영리를 목적으로 일정한 장소와 시설을 갖추어 인적 서비스와 물적 서비스를 동반하여 음식물을 제공하고 휴식을 취하는 장소"이며, 식음료 판매회계란 호텔의 각 레스토랑에서 식료와 음료를 제조 판매하여 발생되는 수입을 말한다. 식음료(Food & Beverage)는 주방에서 제조하며 판매하는 상품으로서 음식과 음료를 판매하여 발생하는 수입을 말한다.

그러나 식음료 수입에 대한 감사업무는 호텔 내부관리에서 가장 어려운 업무 중 하나라 할 수 있다. 따라서 이 식음료 수입의 감사업무는 누차 강조되어 왔으며 수입 감사인의 지위는 내부감사의 입장에서 볼 때 매우 중요하다.

하지만 출고전표, 매입전표, 주문전표, 웨이터 계산서, 영업일보, 현금수입 등 일련의 감사업무를 종래는 경험과 습관에 의지하는 면이 대부분이었다. 그러나 식음료 판매의 효율적인 판매수익 관리를 위해서는 이 부문에 전문적인 지식, 경험, 기술이 요구되며 영업회계처리 측면의 제도와 규정이 정립되어야 한다.

1. 식음료 회계원의 수납업무

호텔의 식음료상품 판매행위에 따라 고객에게 제공되는 물적·인적 서비스의 대가로 지급되는 모든 비용에 대한 회수 및 관리를 주업무로 하고 있으며, 호텔 회계기를 매체로 한 정산업무 및 그에 따른 사후관리로 경영에 필요한 기초적 자료 작성 등 일체의 수입 및 매상관리의 업무이다.

매상관리의 일차적 부서로서 수반되는 보조업무를 총괄하면서 영업장에서는 직접 접객하며 업무를 수행하기 때문에 영업과 관리의 양면성을 지닌 다기능적 업무의 성격을 지닌 것도 수납업무의 특색이라 할 수 있다.

수납이라 하면 글자 그대로 "돈을 받는다"라는 단편적 개념이 지배적이나 전술한 바와 같이 세부적이고도 중요한 임무임을 감안한다면 그 중요성을 쉽게 간과할 수 없고 이런 의미에서 수납업무를 정확하게 이해해서 제반회계 원칙 및 규정에 의한 회계처리를 수행해야 한다.

2. 수납업무의 기능

1) 회수기능

각 업장에서 발생하는 매출의 지급방법을 회수기점을 기준으로 해서 장·단기적 회수기능으로 나눈다.

단기회수 기능이란 대고객 매출시점을 말하며 일차적으로 처리된 사항 중 후불성 회수기능을 장기회수기능이라 말한다.

회수기능의 발휘 정도에 따라 회사경영에 미치는 영향은 큰 것이며, 현장에서 직접 회수가 될 때에는 문제가 될 수 없으나, 장기성 여신공제에 대한 회수는 체계적인 관리를 통한 회수노력이 뒷받침되어야 하므로 관리에 역점을 두어야 한다.

2) 관리기능

관리회계 및 재무회계의 기본적 자료가 될 수 있는 계속적 자료를 제공하여 매출분석 및 이에 따른 경영분석 등이 신속하고 원활히 될 수 있도록 하여 회사이익의 증대를 꾀하는 관리적 기능을 말한다.

3) 서비스 기능

대고객 접객 서비스로서 수납의 고유직무를 수행하는 중 필연적으로 수반되는 대고객 금전적 서비스 기능을 갖는다.

더구나 고객의 정산을 마무리짓는 곳이니 만큼 서비스에 따른 부가가치의 창출여부를 결정짓는 곳이기도 하다.

이러한 의미에서 수납업무의 중요한 부분으로 서비스기능이 대두되는 것이다.

3. 식음료 계산서의 발행 유형

1) Order Pad System

고급식당이나 일반적인 전문식당 혹은 Menu가 많고 Full Course의 식사가 제공되는 식당에서는 일반적으로 식료의 추가 주문도 있으므로 주문을 직접 Bill에 기입하지 않고 고객의 주문을 웨이터나 웨이트리스가 주문서(Order Pad)에 기재하여 2매일 경우는 원본은 캐셔용, 사본은 주방이나 Bar에 제출하고 3매일 경우는 원가회계로 보낸다.

캐셔는 이를 근거로 Bill을 작성하고 식음료 회계기(NCR 2160,2760)에 등록하고 Print한다.

이러한 시스템에서의 대금수납방법은 작성된 계산서를 웨이터나 웨이트리스가 고객의 식사가 끝날 무렵 고객에게 제시하여 식사를 마친 후 레스토랑을 나갈 때 Cashier에게 요금을 지급하는 경우와 고객에게 보다 나은 서비스를 위하여 웨이터나 웨이트리스가 테이블에서 고객으로부터 요금을 받아 캐셔에게 가서 정산한 후 Recipt를 고객에게 갖다주는 2가지 형태의 수납방법이 사용되고 있다.

2) On The Table System

On The Table System이란 웨이터, 웨이트리스가 고객으로부터 받은 주문에 대해 1조 3매의 Bill에 항목을 기록하여 직접 요금계산서를 발행하는 시스템 방식으로 좌석회전이 빠르고 고객의 착석시간이 대체로 짧으며 Menu수도 적고 회전이 다르고 신속한 서비스를 제공하기 위한 경식당 등에서 주로 사용되고 있는 시스템 방식이다.

호텔 영업장에서 식당회계기(NCR 2160, 2760)를 Server Terminal과 Cashier Terminal로 구분하여 설치하고 웨이터나 웨이트리스가 고객으로부터 주문을 받으면 그 즉시 S/T에서 고객의 주문을 입력하고 요금계산서를 발행하여 고객의 테이블에 놓아두는 방식이다.

주문서는 주방의 Kitchen Printer에 자동 프린트되어 나오며 계산서는 고객이 식사를 마친 후 요금정산시 Cashier에게로 가서 정산을 하면 Receipt가 발행되는 방식이다.

3) Cash On Delivery System

좌석회전이 빠르고 메뉴가 단순한 카페테리아에서 운영되며 고객이 Cashier에게 Menu항목을 주문하면서 요금을 선납한다. Cashier는 메뉴항목을 식당회계기에 등록한다.

Printer에서 Order Pad와 Receipt을 출력시켜 고객에게 전달하고, 고객은 Order Pad를 Kitchen 또는 Bar 카운터에 제시하고 음식을 제공받아 고객이 직접 운반하는 방식을 말한다.

4) Cash Bar System

Banquet에서 Cash Bar 운영 때 사용되며, 고객이 웨이터나 웨이트리스에게 Order를 하면 Server는 주문내용에 대한 금액을 선납받아 Cashier에게 지급한다.

Cashier는 주문내용과 금액을 입력시키고 Receipt을 Server에게 인계한다.

Cashier는 Order Pad에 항목을 기록하여 Bar카운터에 인계하고 Server는 영수증과 주문한 항목을 고객에게 서비스하는 방식이다.

5) Ordering System(Auto Bill System)

적외선 Ordering System이란 주문자동시스템이라고도 말할 수 있으며 고객이 웨이터 및 웨이트리스에게 주문을 하면 주문을 접수한 어느 위치에서도 Handy Terminal(Hand-Held Terminal)로 주문내용을 입력하면 Receiver(R.C)를 통하여 Kitchen과 식당회계기(Pc-Pos)에 주문내용이 자동 전송처리되는 시스템을 말한다.

4. 식음료계산서의 관리

호텔기업의 내부관리 및 경영분석을 목적을 수입의 발생부터 확정 및 집계까지의 당일의 영업내용을 수록하고 이해관계자(세무서, 고객)와 상관되는 증서이며 경영자의 영업정책을 결정하는 데 기초자료로 활용된다.

식음료계산서(Bill, Chit, Check)는 세금계산서의 일종으로서 식음료회계기(NCR 2160, 2760)에 Posting이 종료되었을 경우에는 세금계산서와 동일하게 취급되며 분실 및 폐기하여서는 아니되며 원본은 5년간 보관하여야 한다.

1) 식음료계산서의 필요조건

① 영업장 이름, 사업자등록번호, 소재지, 대표자 성명, 전화번호를 기재한다.
② 메뉴항목, 단가, 수량, 금액을 Posting하여 계산의 확인이 편리하도록 한다.
③ 각 영업장별로 Bill의 일련번호를 인쇄해서 순서에 맞게 사용하면 계산서 관리에 용이하다.
④ 서비스 번호, 고객수(내·외국인), 테이블 번호, 서비스 및 등록시간, 날짜, Bill 마감시간 이 식음료 회계기에서 Posting되도록 하며 관리 및 영업정책 기초자료 집계를 용이하도록 한다.
⑤ 신용카드(Credit Card) 및 카드번호가 등록될 수 있도록 한다.
⑥ 투숙객, Print Name, 객실번호, 회사명, 주소 및 전화번호, 서명을 할 수 있는 난을 만든다.
⑦ 판매대금, Service Charge, V.A.T의 합계 및 지급방법을 확인할 수 있도록 한다.

2) 식음료계산서의 종류

(1) 용도별 분류

① Private(Restaurant) Bill

각 영업장에서 개별적으로 발행하는 계산서를 말한다.

② Group(Banquet) Bill

단체고객에 대한 계산서를 말하며 Billing의 편의 및 효율성에 비추어 한 장의 Bill에 단체주문 분을 작성하는 경우를 말한다.

③ Special Treatment Bill(Official Check)

사내직원의 시식 및 외부손님 방문시 접대의 이유로 해서 사원 및 간부들이 사용하는 계산서로 Restaurant이나 Banquet Bill과 구분한다.

(2) 식음료계산서의 처리별 분류

① Collected Bill

아무 이상없이 정산이 완료된 계산서

② Uncollected Bill(Open Check)

Posting은 되었으나 여러 가지 사유로 해서 회수불가능한 계산서

③ Void Bill

영업 중 고객이나 종업원에 의하여 정정 혹은 수정되거나 기타 훼손 등으로 해서 불가피하게 무효화된 계산서

④ Lost Bill

등록되지 아니하고 사용중 관리 부실로 분실된 계산서

5. 식음료 요금 지급

1) 현금 지급(Cash Payment)결제

부과요금 현금계정에 의한 내국통화, 외국통화, 자기앞수표, 여행자수표로 받을 때에는 식음료 회계기(NCR 2160,PC-POS)에서 현금계정으로 Posting한다.

고객에게 영수증(Bill, Receipt)을 교부하고 영업장 마감시에 현금봉투에 내역서를 작성하여 Cash Bill과 함께 General Cashier에게 입금시킨다.

2) Guest Ledger 대체결제

객실 손님이 Food & Beverage(식음료) 및 기타 부대시설 외상이용을 가리키며, 처리방법은 그 발생된 이용금액이 프런트에 고객계정(Guest Bill, folio, Guest

Account)에 대체되는 절차이다. 이 경우 고객의 객실번호와 고객 이름을 확인하고 등록된 Sign과 같은 Sign을 받아 고객용 영수증, 즉 전표는 에어슈터로 프런트에 캐셔로 보내거나 업장 터미널에서 P.O.S Line을 통해 고객 계정에 입력되어지고 있다.

객실 손님이 투숙중에 발생시키는 모든 후불금액을 Guest Ledger채권이라고 말한다.

3) City Ledger 대체결제

(1) Credit Card(신용카드)

자신에게 취급하는 카드에 한하여 접수하고, 신용카드 계정에 의한 카드 소지인의 본인 여부, 유효기간 경과 여부, 연체, 분실, 한도 초과 등을 확인한 후 수납하여 승인번호를 획득하여 기입한다.

해당카드의 매출전표에 Imprint하여 금액을 기입하고 고객이 서명을 받아 카드후면의 서명과 대조한다. 영수증(Bill)과 고객용 매출전표를 교부한다.

(2) 외상매출

여신관리 규정에 의한 기업체, 정부기관, 정당, 사회단체, 일정자격을 갖춘 개인에 한하여 후불처리할 수 있다.

일반인의 외상거래는 허용되지 아니하며, 해당 영업장 지배인 판단에 의해 후불처리할 경우에는 여신담당자의 사전 승인을 받아야 하고, Charge Information을 작성 서명하여야 한다. 일정기간 회수되지 못할 경우 서명한 지배인은 지급책임을 갖는다.

(3) 종업원 후불

자사 호텔의 직원이 영업장에서 부서명, 성명, 사원번호를 기록하고 서명한 경우 직원계정으로 처리하여 일정기간 도래 후 해당직원의 급여에서 공제하여 대체 처리한다

제11장 안전관리

제11장
안전관리

Hotel Business Administration

사고는 고객과 종사원의 부주의로 일어나는 경우도 있지만, 완전한 시설과 철저한 경비, 순찰, 관찰을 하는 가운데서도 자연적으로 발생하는 경우가 있다.

발생원인이 어떻든 고객은 호텔을 원망하며, 그 호텔의 운영상태를 의심한다. 크고 작건 간에 사고가 발생하게 되면 인명의 피해, 정신적 피해, 재산상의 손실이 따르게 된다. 그러므로 종사원 모두는 세심한 관찰과 순찰 및 경비제도를 확립하고 강화하여 화재, 도난, 사망 등 기타 사고가 발생될만한 요인을 찾는데 노력하며, 철저한 교육을 통하여 사고의 미연 방지에 최선을 다한다.

제1절 화 재

1. 화재 원인

1) 담배불과 성냥불

호텔화재의 주요원인은 담배불과 성냥불이다. 종사원은 위험지역에서 금연하고 성냥불은 완전히 꺼진 것을 확인한 후 버리도록 교육시키며, 고객에게는 안전한 재떨이를 넣어 주고 취침시간에는 담배를 피우지 않도록 표시하여 고객 스스로의 협조를 얻어야 한다.

2) 객실 내의 전기제품 사용금지

호텔마다 각층과 한 객실의 전기량은 한정되어 있다.

객실 내에서 고객이 와트(watt)가 높은 전열기를 사용할 경우 한정된 전기량으로 인한 과열로 화재의 원인이 된다. 종사원은 발견 즉시 고객의 기분을 상하지 않도록 주의하여 협조를 구한다.

3) 불완전한 전기장치

종업원은 항상 건물내를 왕래할 때 관심을 갖고 전선의 불완전한 연결, 노후화된 가스 파이프 등은 즉시 보고하여 수리하도록 한다.

2. 화재의 종류

요즈음은 건축 당시부터 모든 자재에 방염처리와 스프링 쿨러를 설치하여 화재예방에 최선을 다하고 있으나, 예기치 않은 화재가 발생하게 된다. 화재의 종류를 살펴보면 다음과 같다.

1) A급 화재(백색)

종이, 나무 등과 같은 가연성 물질에 불이 붙는 경우이며, 연소 후 재가 남는다. 생활 주변에서 흔히 일어난다.

2) B급 화재(황색)

각종 유류나 가스에 인화되는 경우로 연소 후 재가 남지 않는다. 주로 주방, 보일러실 등 기물 및 유류를 취급하는 장소에서 일어나기 쉽다.

3) C급 화재(청색)

모터, 배전선, 전열기 등 전기때문에 발생되는 화재로서 주로 노후화된 전선과 불량제품에서 발생된다.

3. 소화기 종류 및 사용방법

1) 포말소화기

내부용기와 외부용기에 각각 다른 약품을 넣고 거꾸로 세우면 거품(포말)이 쏟아져 나오도록 되어 있다. 따라서 소화기를 거꾸로 들고 호스를 불이 난 곳에 대면 거품이 쏟아지게 된다. 이때 불이 난 가장자리부터 덮어가는 식으로 뿌리면 불은 쉽게 꺼진다.

목재 등 A급 화재와 유류 등 B급 화재에 쓰인다.

2) 증발성소화기

축압식 소화기로 밸브만 열면 공기 압력때문에 액체가 나오도록 되어 있다. 액체는 사염화탄소가 많이 쓰이고 있으며, 밸브만 열면 액체가 나오지만 압력이 부족할 때에는 핸들을 상하로 움직여 주어야 한다.

유류 등 B급이나 C급 화재에 사용된다.

3) 분말소화기

가압식과 축압식 두 가지가 있다, 가압식은 용기안에 분말액체가 들어 있고, 용기밖의 압력용기에 따로 달려 있다. 이 압력으로 분말이 방출된다.

축압식은 용기안에 압력을 넣어 레버만 누르면 약제가 나오도록 되어 있다. 사용할 때 압력용기의 누름판을 누르고 레버를 눌러 쥐고 뿌린다. 이때 바람을 등지고 사용해야 한다.

A,B,C 급에 모두 사용할 수 있다.

4. 소화기 보관상 유의점

① 불이 나기 쉬운 장소에 보관한다.
② 사람의 눈에 잘 뜨이는 곳에 보관한다.
③ 구석진 곳이나 급할때 빨리 다루기 힘든 복잡한 곳은 피한다.
④ 직사광선과 습기는 피해야 한다.
⑤ 포말소화기의 유효기간이 지나지 않도록 정기적으로 변질여부를 검사해야 한다.

5. 고객의 대피유도

호텔마다 불이 났을 때를 대비하여 부서별로 편성표를 만들어 두고 있다. 평상시 연습을 충분히 하여 당황하지 않고 침착하게 고객을 대피하도록 유도하지 않으면 아니된다.

부서별 고객의 대피유도를 살펴보면 다음과 같다.

1) Front Office

① 화재발생 보고와 동시에 구내 방송을 통하여 고객을 대피시키도록 안내한다.
② 비상문의 자물쇠를 모두 열어 놓도록 지시한다.
③ lobby에 내려온 고객을 미리 마련한 안전한 장소로 인도하여 안정시킨다.
④ 부상당한 고객은 즉시 병원으로 옮긴다.

2) Housekeeping

① 각층 룸메이드에게 지시하여 고객의 대피유도에 최선을 다하도록 한다.
② 각층의 비상문을 열어 놓는다.
③ 객실내에 미처 대피하지 못한 고객이 있는지 살펴서 대피 못하고 있는 고객

이 없도록 한다.

④ 객실문이나 바깥문은 상황에 따라 열어 놓지 말고 닫아서 불이 번지지 않도록 한다.

제2절 도난방지

호텔은 고객이 Check-in할 때, 등록카드에 현금과 귀금속을 프런트 캐셔에 보관하도록 안내하고 있으나, 도의적인 면이나 도난예방 및 투숙객의 안전과 보안을 책임지고 있는 이상 도낭을 비롯한 제반사고에 책임을 면할 수도 없다.

1. 고객에 의한 호텔재산 분실

분실되는 물품의 종류는 sheet, towel, blanket, 각종 객실비품 등을 들 수 있다. 이러한 분실액수가 객실판매이익을 초과하게 되는 경우가 있으므로 객실부서 직원들은 도난 방지에 최선을 다하여야 한다.

Housekeeping에서는 고객이 호텔물품을 갖고 Check-out하는 것을 보았을 때에는 프런트 데스크에 통보하여 Room clerk으로 하여금 조사하도록 한다. 이때 고객의 기분을 상하지 않도록 정중히 물어 보며, 확증이 있을 때에는 고객에게 가방을 열어 보도록 요청한다. 만일 열어서 물품이 발견되지 않았다면 호텔의 신의나 품위에 미치는 영향이 크므로 신중히 고려하지 않으면 안된다.

2. 고객의 재산도난

많은 호텔에서 고객의 재산도난 사건이 자주 발생하여 경영자들은 크게 골치를 앓고 있다. 호텔은 좀도둑들의 온상지로 알맞은 장소로 또는 도난이 쉬운 장소로 인식되기 쉽다.

고객이 문을 잠그는 것을 잊었다든지, 메이드가 문을 완전히 닫지 않았다든지 또는 프런트에서 고객을 확인하지 않고 열쇠를 주었다든지 하는 것이 원인이 되고 있다.

오늘날에는 도난방지를 위한 시스템이 강구되고 있으나, 완벽한 도난방지를 위하여는 종사원들의 철저한 교육을 통하여 안전대책을 세워서 사고를 미연에 방지하여야 할 것이다.

1) 내부에서의 도난 예방

① 호텔 종사원을 채용할 때 인적사항 및 신원조회를 철저히 한다.

② room maid, bellman, room service 등의 종사원이 객실을 출입할 때에는 시간, 용건, 객실번호, 성명 등을 기록한다.

③ 열쇠관리를 철저히 한다. 열쇠의 사용에는 규정을 만들어 업무이외에는 개인이 소지하지 못하도록 한다.

④ 모든 종사원은 객실 복도에서 서성이는 수상한 사람을 발견하였을 때에는 즉시 보고한다.

2) 투숙객에 의한 도난방지

① 예약없이 투숙하는 고객중에는 간혹 좀도둑이 있으므로 등록시 여권이나 주민등록증을 확인하여야 한다.

② 등록시 room clerk은 수하물의 수량을 확인하며, maid는 객실내에 펼쳐져 있는 고객의 물품을 유심히 관찰하여 이상이 있을 때에는 즉시 보고한다.

③ 고객이 투숙한 객실의 열쇠를 반환하지 않았을 때에는 고객의 인상, 성명, 객실번호 및 기타 참고사항을 파악하여 기록해 놓는다.

④ 열쇠는 재산보호의 일차적인 관건이므로 언제든지 행방을 확인하여야 하며, 프런트 캐셔는 투숙객의 정산 즉시 열쇠의 반환을 최종적으로 점검해야 한다.

⑤ 고객에 의한 도난사고는 외출할 때 객실문을 완전히 잠그지 않음으로써 발생한다. 따라서 종사원은 수시로 순찰하면서 열려 있는 객실문을 닫아 주어야 한다.

3) 외부로부터의 도난방지

① 고객을 노리는 물량배가 호텔 주변에는 많다. 고개의 객실번호만을 알고 이름, 재실여부를 알고자 교환을 이용하는 예가 많다. 따라서 교환은 전화안내 제공시 객실번호만 알고 고객의 성명과 행방을 알려고 하는 문의는 절대로 알려 주어서는 안된다.

② room clerk은 고객을 민감하게 식별하여 객실 열쇠를 본인이 아닌 타인에게 전해주어 사고가 발생하지 않도록 해야 한다.

③ 현관 근무자는 로비를 배회하는 수상한 자를 관찰하여 프런트 클럭의 지시없이 객실로 올라가지 못하도록 한다.

④ 호텔마다 비상구(fire exit) 표시를 반드시 하고 있다. 평상시 엘리베이터를 이용하지 않고 비상구를 이용하는 사람은 일단 요주의 인물로 간주하고 주의깊게 관찰한다.

⑤ 일반적으로 호텔 도난사고는 아침 10:00～11:00시 사이와 오후 5시 이후 외출시간에 많이 발생한다. 이 시간은 호텔종사원이 가장 바쁜 시간이고 고객은 외출하는 때이므로 침입자에 대한 관심이 소홀하다. 이러한 때를 대비하여 불규칙 순찰강화와 혹시 열쇠를 갖고 있지 않은 고객은 프런트에 조회한 후 문을 열어 주도록 한다.

⑥ 전문적인 좀도둑은 이미 열쇠를 얻은 후이다. 그 열쇠로 해당 객실에 들어가고자 객실의 재실 여부를 교환에게 물어오는 경우가 있다. 그러므로 객실별 열쇠의 분실사항을 정확히 비밀로 기재하도록 하며, 해당객실의 door lock을 교체하는 것도 도난예방의 좋은 방법이다.

제3절 인사사고 처리

신속하고 원만한 사고취급절차는 고객에게 긴장감과 어려움을 덜어주며, 호텔에 고마움을 느끼고 종사원의 친절에 만족해한다.

1. 부상, 발병, 사망 등 각종 긴급사태시에는 지배인에게 내용을 상세히 보고한다.
   1) 원인 및 긴급사태가 자연발생인지, 가해원인이 있는지 조사한다.
   2) 피해자의 성명 및 인적사항
   3) 증인의 성명 및 인적사항
   4) 사고 발생의 일시 · 장소를 기록한다.
2. 사고 현장에는 혼자 가지 말아야 한다.
3. 사고 발생시에는 신속히 행동함으로써 고객과 호텔의 안전을 도모하도록 한다.
4. 사고 발생시 의사가 도착할 때까지 임시로 응급처치를 해야 한다.

제4절 종사원 안전수칙

1. 근무중 다쳤을 때에는 중경상을 불문하고 즉시 감독자에게 보고하여 응급처치를 받는다.
2. 직무의 내용과 안전수행 방법을 익힌다.
3. 고장이 났거나 파손된 장비와 기계들은 속히 보고한다.
4. 높은 곳에서 일을 할 때에는 반드시 사다리를 이용하여야 하며 욕조, 변기, 의자 등을 대용품으로 사용해서는 안된다.
5. 작업시는 적합한 작업복과 신발을 착용하여 안전하게 한다.

6. 물건을 사용하는 적절한 방법을 익히며 힘 자랑은 하지 않는다.
7. 어두운 곳에 들어가기 전에 반드시 전등을 켜야 하며, 젖은 손으로 스위치를 만지지 않는다.
8. 청소용 도구를 복도나 계단에 방치하여서는 안된다.
9. 선반에 물품이나 장비를 보관할 때에는 너무 높이 쌓지 않는다.

|부록

호텔용어해설

호텔경영용어해설

Appendix

Accommodation : 여행자를 위한 숙박시설.

Account(출납계정서) : 호텔이 판촉하는 데 있어서의 지정거래처, 즉 기업, 항공사, 여행사, 대사관, 관공서를 말한다.

Account Balance : 고객용 계산서의 차변과 대변가격 잔액 사이의 차이점

Account Form : 원장의 계정 계좌와 같이 대차대조표를 좌우 양측으로 나누어 차변측에는 자산의 항목을, 대변측에는 부채 및 자본의 항목을 설정하여 양측의 합계를 평균시켜 표시한 것을 말한다.

Account receivable : 회사, 조직체 또는 개인의 호텔에 대한 미지급 수취계정

Account receivable ledger : 개별 수취계정상의 기록을 모아놓은 서식

Account Settlement : 호텔의 투숙고객이나 외부고객이 고객원장(Guest Folio)에 미지급된 잔액을 현금이나 신용카드로 지급하는 회계수단이다.

Accuracy in Menu : 음식점의 식단에 각 음식항목의 기본, 준비 등을 명확히 기술하자는 소비자 및 업계의 운동

Adds : 도착당일 예약목록상의 최종적 추가예약

Adjoining Room : ① 두 방이 통로문 없이 이어져 있는 객실. ② 객실이 같은 방향으로 복도에 나란히 연결되어 있지만, 객실과 객실 사이에 내부 통용문이 없으며 복도를 통해서만 출입이 가능한 일반객실. ③ 복도에 따라 나란히 있는 객실로서 객실과 객실 사이에 통용문이 나있지 않은 객실.

Advanced Deposits : 객실예약(선불) 보증금; 이미 수취된 선수 수익으로 선수이자, 선수 지대, 선수 객실료, 선수 수수료 등이 이에 속하며 부채계정이 된다.

Advertising : 신문, TV 등 광고매체를 통해 상품 서비스 및 생필품 등을 대중에게 알리기 위해 사용되는 수단

Advertising budget : 특정기간 동안 소요되는 광고비용 및 그 효과(로써 생기는 이익)를 나타내는 도표 또는 계획

Affiliated Hotel : 특별한 광고 또는 국제적 예약시스템을 제공하는 회원제 호텔형식으로 운영하는 호텔업. 현재 호텔업계에 있어서는 미국의 베스트 웨스턴(Best Western) 호텔 그룹이 대표적이다.

After Care : 연회장에서 행사가 끝나고 1일 또는 2일 후에 행사가 있었던 거래처을 방문하여 행사시 불편했던 사항이나 불평을 듣고 행사에 대한 감사를 표시하는 것을 말한다.

After departure(AD) : 후불요금

After Dinner : 칵테일 이름으로 Liqueur Base Cocktail로 Apricot Brandy, Curacao, 라임껍질을 셰이커

에 넣고 얼음 덩어리와 같이 흔들어서 만든 달콤하고 향기 높은 것으로 식후에 주로 마신다.

Agency or agent : 다른 사람 또는 회사를 대표 또는 대리하여 주는 사람이나 회사

AHMA(American Hotel & Motel Association) : 1910년도에 발족한 미국의 연방지방(Federal region)과 주(State)에서 독립한 호텔과 체인호텔, 모텔 등의 호텔연합 단체협회이다.

Air Conditioner : 실내의 기온을 낮추어 방안을 냉각시키는 장치. 냉동기에 의하여 냉각, 제습한 공기를 실내로 보낸다. 즉 실내의 공기정화, 온도, 습도의 조절장치

Airport Hotel : 공항 근처에 있는 호텔을 말하며, 이 호텔들이 번영하는 원인은 항공기의 증가에 따르는 승무원 및 항공여객의 증가와 일기관계로 예정된 출발이 늦어지는 경우 아울러 야간에 도착한 고객이 이용할 수 있는 편리한 점도 있다.

Airport limousine : 공항과 호텔간에 운행되는 작은 버스

Allowance : 불만족한 서비스에 의한 가격 할인과 호텔 종업원의 영수증(Bill) 잘못 기재 등으로 고객계산서 지급금액을 조정기재방법. 특히 이용 금액의 에누리가 발생된 경우 Allwance (Rebate) Voucher에 내용을 기입한 후 부서책임자에게 승인을 받아야 한다.

Amenity : 1. 단어의 뜻은 기분 좋음, 쾌적함, 상냥함, 사람을 유쾌하게 하는일 등으로 설명하고 있다. 2. 호텔에서 Amenity류란 고객에 대한 Plus 알파의 매력물로서, 일반적이고 기본적인 서비스 외에 "부가적인 서비스의 제공"을 의미한다. 3. Amenity류란 협의로, 객실의 "욕실내의 비품" 즉 비누, 샴푸, 린스, 면도기, 치솔, 치약, 헤어드라이기, 빗, 로션, 헤어 캡 뿐만 아니라 객실내의 비품, 즉 반짇고리, 구두닦기천, 구둣솔, 구두 주걱, 옷솔 등도 역시 어메니티류라고 할 수 있다.

American Hotel & Motel Associatoin(AHMA) : 현재 66주와 지역호텔협회의 중앙기관으로서 기능을 하고 있다. 주된 업무는 호텔과 모텔의 홍보, 선전, 경영, 관리, 기술의 개선, 종업원의 교육과 기타 등이고, 각종 위원회를 설치하고 업계 전체의 향상을 도모하고 있으며 본부는 뉴욕이다.

American Plan : 북아메리카에서 처음 발생한 호텔상품으로서 객실요금과 아침,점심, 저녁이 포함되는 경영방식을 말한다.

American Service : 아메리칸 서비스는 서비스의 기능적 유용성, 효율성, 속도의 특징을 가지고 있는 가장 실용적인 서비스의 형태이다. 주방에서 음식을 접시에 담아서 손으로 또는 소반에 얹어 식탁으로 운반되는 형식을 갖추지 않은 서비스(즉, cart를 사용하지 않는 형식의 서비스)

American Society of Travel Agents(ASTA) : 소매여행 대리업자 및 도매여행업자협회

Appetizer : 식사전에 식욕을 촉진시키기 위해 먹는 식전요리를 말함(전채요리)

Approach pattern : 항공기가 착륙하기 위해 취하는 길 또는 루트

Area code : 지역번호.

Arm Towel : 레스토랑 종사원이 팔에 걸쳐서 사용하는 서비스용 냅킨.

Arrival Time : 고객원장과 등록카드 등에 고객이 호텔에 도착한 시간을 구체적으로 기록한 것; 손님에게 예약의 이행을 위하여 도착이 요구되는 시간

Assistant manager : 부지배인

ASTA : 여행업자들간의 상호 공동이익을 도모하고 협회 회원을 비롯한 각 호텔산업체, 여행알선업

체, 운송기관 등 상호 불공정한 경쟁을 배제함으로써 관광, 호텔, 여행서비스의 향상을 기하는 데 목적이 있다.

AU GRATIN WHITE : Sauce, 빵가루, 치즈로 만들어진 요리를 오븐에서 갈색이 되게 구운 요리 용어

Audit : 호텔의 하루 동안 운영된 모든 영업 현황, 즉 객실, 식음료, 기타 부시설에 관한 계산서를 정확하게 기재되었는지 또한 모든 기록이 정확하게 결산되었는지 확인하는 업무이다.

Available rooms : Hotel에서 판매 가능한 객실 수; 특정일의 총객실수나 빈 객실수

Average Daily Room Rate : 호텔의 판매 가능한 객실 중에서 이미 판매된 객실의 총실료를 판매된 객실수로 나누어 구한 값.

Average Room Rate : 판매된 객실의 총실료를 판매된 객실수로 나누어 구한 값을 말하며 평균 객실판매요금이라고도 함.

Baby Sitter : 호텔을 이용하는 고객들의 자녀를 돌보아 주는 사람을 말한다. 일반적으로 하우스키핑의 객실 정비원(Room Maid) 비번자들 중에서 가능한 직원이 돌보아 주며 요금은 시간당 계산을 받는 것이 일반적이다.

Back of the house : 하우스 키핑, 식음료 서비스, 세탁, 서비스 및 영선 분야 등 많은 대중과 접촉이 적은 호텔업무 분야.

Back to back : 연속적인 단체객의 출발과 도착으로 인하여 객실이 비지 않는 상태

Back-up System : 장비나 전송상의 오류를 찾아내어 고치는 여러 가지 정교한 기술들이 결합되어 있는 시스템이다.

Baggage in Record : 하물 기록대장으로서 객실번호, 성명, 하물수량, 시간, Bellman의 이름 등을 기록한다.

Baggage Net : 객실 투숙객 중에서 잠시 후에 출발예정인 고객의 짐은 Lobby에 내려다 놓고 수하물 망(Baggage Net)만을 씌워 놓는다.

Baggage Stand : 호텔 객실 안에 있는 가구로서 트렁크(trunk)등 비교적 큰 수화물을 두는 받침대를 말한다.

Baggage Tag : 화물을 맡겼을 때의 짐표

Banguet Manager : 연회판매부서의 책임자를 의미하며 보통 연회과장 또는 연회 지배인이라고 부른다.

Bank cards : 은행에서 발행하는 신용카드로서, 통상 travel and entertainment card보다 적은 사용요금을 지불

Banquet : '연회'를 뜻하는 프랑스 고어에서 유래된 말로 연회란 호텔 또는 식음료를 판매하는 시설을 갖춘 구별된 장소에서 2인이상의 단체고객에게 식음료와 기타 부수적인 사항을 첨가하여 모임의 본연의 목적을 달성할 수 있도록 하여주고 그 응분의 대가를 수수하는 일련의 행

위를 말한다.

BEATING : 민활한 규칙적인 반복운동으로 혼합물을 부풀게 하여 공기를 끌어들여 부드럽게 하는 것

Beaujolais : Bourgogne의 최남단에 위치한 지역으로 와인 생산량도 많으며, Fruity하고 Young한 Red Wine은 세계적으로 널리 알려져 있다.

Bed and breakfast(B&B) : 민박형태로 제공하는 숙박시설과 조식.

Bed board : 침대를 견고하게 하기 위해 매트리스 밑에 까는 받침대

Bed occupancy : 판매가능 침대수에 대한 판매침대수의 비율

Bed-and board house : 숙박시설과 조식을 제공하는 호텔

Bell captain : bellman을 감독하는 사람.

Bell Stand : 프런트 데스크로부터 가깝게 잘 보이는 곳의 로비에 위치한 벨맨의 데스크이다.

Bellman/bellhop : 고객의 짐을 객실까지 운반하고 짐 정돈을 도와주는 종사원.

Bermuda plan : 숙박요금 계산방법으로 객실료에 완전한 아침식사요금이 포함되는 계산방식

Berth : 열차 내의 침대

Berth Chang : 열차나 선박 등의 침대에 대한 요금

Best Available : 단골고객 또는 주요고객을 위한 호텔 서비스로서 가능한 한 고객에게 예약한 것보다 보다 나은 객실을 제공하는 서비스이다.

Beverage : 사이다, 콜라 주스, 와인 위스키 등 음료의 총칭

Bill : 호텔의 객실, 식음료, 기타 부대시설에서 쓰이고 있는 고객의 영수증이다.

Bill Cerk : 경리부에 소속된 직원으로 고객이 이용한 요금청구서의 계산을 하는 직무이다.

Bill of Fare : 메뉴

Black List : 거래중지자 명단으로 불량카드의 정보자료이다.

Blind Cheese : 치즈공의 숫자가 적어 거의 없는 제품을 말하며 저급품으로 취급된다.

Block : 호텔에 예약이 되어 있는 국제행사 참석자나 VIP를 위해 사전에 객실구획을 한꺼번에 예약하는 것을 말하며 이를 블록예약이라고 함

Block book : 항공기, 극장, 호텔 기타시설에 대하여 단체로 한꺼번에 행하는 예약

Boarding pass : check-in할 때 발행되는 특별증서로서, 이는 탑승시 보여주게 됨

Book : 호텔을 이용하고자 하는 고객들에게 미리 객실을 예약 받거나 판매하는 것을 말한다.

Booth : 일정 계약기간 동안 소유자가 전시 참가자에게 할애한 특정지역

Botel : 보트(Boat)를 이용하여 여행하는 관광객이 주로 이용하는 숙박시설로서 보트를 정박시킬 수 있는 규모가 작은 부두나 해변 등지에 위치한 호텔을 말한다.

Bouquet : 질이 좋은 포도주에서 夙成되어 감에 따라 일어나는 냄새인데 포도주를 마실 때 혀와 목구멍으로 느끼는 향기이며 Aroma(향기)와 함께 반드시 Wine에서만 사용하는 용어이다.

Box : 일정기간 동안 예약이 허용되지 않는다는 예약상의 용어

Box lunch : 여행중 휴대하기 간편하도록 상자로 포장한 간단한 식사

Break Even Piont : 손익분기점이라고 하며 투자액 대비 매출액이 같아지는 시점을 의미한다.

Breakage : package에 포함된 식사나 기타 다른 서비스를 고객이 이용하지 않아 호텔이나 여행알선

업자가 발생한 이익을 얻는 것; Breakage Profit라 부르기도 한다.

Bus Boy : 식당에서 웨이터를 돕는 접객보조원.

Bus : 식당에서 식탁을 정리하기 위해 쓰이는 바퀴가 달린 운반기구.

Bus station : 여분의 유리그릇, 사기그릇 및 수저를 보관하고 또한 사용된 그릇을 주방으로 가져오기 전에 일시적으로 올려 두는 곳.

Business Center : 호텔의 상용 고객을 위한 부서로서 '사무실을 떠난 사무실(Office Away From Office)' 개념을 도입하여 가정과 사무실의 복합적인 기능을 고려하여 비즈니스 고객을 위한 비서업무, 팩스, 텔렉스, 회의준비, 타이핑 등을 서비스하는 부서이다.

Buy in bulk : 일시 대량 구매

CAB(Civil Aeronautics Board) : 미국 내의 항공사의 가격(요금)과 루트(항로)를 규정하는 정부기관

Cabana : 보통 호텔의 주된 건물로부터 분리되어 수영장이나 해수욕장 내에 위치한 호텔의 객실을 말하며, 침대가 있기도 하고 없기도 하며 그와 같은 목적이나 특별행사를 위해 사용되는 임시 구조물도 이에 포함된다.

Cabin attendant : 기내고객이 편안하고 안전하게 여행할 수 있도록 보살펴 주는 사람

Call Accounting System : 전화회계시스템은 단독(Stand-Alone)시스템으로 운영되거나 호텔 HIS와 연결된다. 일반적으로 CAS는 장거리 직통전화를 처리할 수 있고 최소비용 송달 네트워크(Least-Cost Routing Network)를 통해 전화를 걸 수 있으며, 통화량에 가격을 삽입하도록 한다. CAS가 HIS 프런트 부서의 고객회계모듈에 연결되어 있을 때 전화요금은 즉각적으로 해당 고객 폴리오에 분개된다.

Call sheet : morning call을 이용 요청한 객실과 시간을 기록하기 위해 교환원이 사용하는 서식

Camp grounds : 야영을 원하는 사람들을 위하여 특별한 시설을 갖추고 있는 장소

Camp On : 객실 또는 구내의 각 부서로 전화 연결시 통화중일 때 캠프 온을 작동하고 잠시 기다리도록 하면 통화중이던 전화가 끝났을 때 자동적으로 연결되어 통화할 수 있는 시스템이다.

Cancellation : 고객이 사용하기로 예약한 호텔 객실에 대하여 고객의 요구에 의하여 사전 예약된 것이 취소되는 것을 말한다.

Cancellation Charge : 예약되었던 내용에 대하여 어떤 이유로 인하여 취소할 경우 지불해야 하는 예약취소 수수료를 말하는 것으로서 해약료라고도 함.

Canteen : 1. 구내매점 2. Staff Canteen으로는 종업원식당

Capacity : 호텔 시설물이 그것의 특성을 그대로 유지하면서 이용에 제공될 수 있는 수용 한계를 말한다. 호텔에서는 컨벤션 룸이나 연회룸, 주차수용 능력 등을 말한다.

Captain : 1. 항공기나 여객선을 책임지는 사람 또는 조종사 2. 식당에서 손님의 음식 주문받는 일을 수행하면서 웨이터와 함께 정해진 서비스 구역의 서비스를 책임지는 호텔종사원

Captain's order pad : 고객 식음료 주문서

Car Jockey : 주차 대행요원.

Cafeteria : 음식물이 진열되어 있는 진열 식탁에서 고객은 요금을 지불하고 웨이터, 웨이트리스의 서비스가 없으므로 직접 손님이 음식을 골라 날라다 먹는 셀프 서비스 식당.

Carrier : 항공기로 고객을 수송하는 항공사. 항공전에는 airline대신, 이 용어를 사용

Carry-on luggage : 고객에 의하여 기내에 반입되는 수하물

Cart : 짐을 나르는 데 사용되는 두 바퀴 달린 수레.

Cart Service : 카트서비스는 주방에서 고객이 요구하는 종류의 음식과 그 재료를 카트에 싣고 고객의 테이블까지 와서 고객이 보는 앞에서 직접 조리를 하여 제공하는 서비스 형태

Carte : 요금표(메뉴)

Carving : 주방에서 조리된 요리를 고객의 테이블 앞으로 운반하여 서비스 카트에 준비해 둔 Rechaud 위에 요리가 식지 않도록 올려놓고 고객이 주문한 요리를 쉽게 드실 수 있도록 생선의 뼈, 껍질 등을 제거하거나 덩어리 또는 통째로 익힌 고기를 같은 크기로 잘라 서브하는 것.

Cash Audit : 현금 감사

Cash Bar : 고객이 술값을 현금으로 지불하는 호텔연회장 내의 임시 바를 말함

Cash Disbursement : 현금 지불장

Cash Out : 근무 종료시 당일의 업무를 마감하여 금액 확인 및 결산을 보고하고 직무를 마치는 것을 말한다.

Cash paid-outs : 고객에게 선불(가불)하거나 대여하는 돈, 다른 부서의 서비스처럼 당해 고객의 계정에 부과됨

Cash Register : 금전등록기

Cash sheet : 프런트 캐셔에 의해 유지되는 부서별 통제양식(서식)

Cashier : 상점 호텔 또는 식당에서 서비스 또는 상품에 대한 지불금액을 수취하는 사람; 현금이나 화폐를 교환하거나 보유하고 있는 사람

Cashier's report : 영업종료시 각 영업장 수납원이 작성하는 현금입금 기록서류

Cashier's Well : 계산이 정산되지 않은 고객의 폴리오(Guest Folios) 파일 철

Casino : 카지노의 어원은 이탈리아에서 생성된 말로서 특급호텔 또는 별장에서 도박, 사교, 춤, 쇼프로그램 등의 오락시설이다. 현재의 우리나라에서는 호텔 안에 카지노시설을 갖추고 있으며 24의 업소가 있다.

Casino Hotel : 카지노호텔이란 호텔 내의 부대시설로서 일종의 갬블링(Gambling) 시설을 갖추어 놓고 다른 호텔의 경우보다 여기서 발생되는 수입이 훨씬 큰 비율을 차지하고 있는 호텔을 말한다.

CAT(City Air Terminal) : 도심공항터미널

Caterers : 서비스를 위한 목적으로 음식을 조리하거나 공급하는 사람

Catering : 지급능력이 있는 고객에게 조리되어 있는 음식을 제공하는 것을 뜻한다.

Cellar Man : 호텔의 저장실 관리인, Bar의 주류창고 관리자

Center Table : 소파와 Easy Chair(소파형의 안락한 의자) 중간에 놓은 테이블

Central Processing Unit : 명령어들의 해석 및 실행을 통제하는 회로를 가진 컴퓨터 시스템의 일부로서 중앙처리장치라 부른다. CPU에는 演算論理(Arithmetic Logic)와 制御(Control)기구가 있다.

Certificate : 증명서

Chain Hotel : 복수의 숙박시설이 하나의 그룹으로 형성하여 운영될 때 그것을 체인시설이라 부르며, 일반적으로 3개 이상일 때 체인이라고 하고 있다.

Charge back : 제반사유로 신용카드회사에 의해 거절된 크레딧카드요금

Charge collect : 요금을 상대방이 지급하는 방법으로 장거리전화 등에서 잘 이용되는 제도이다.

Charter : 대여, 전세

Charter plane : 항공기 대절자가 원하는 장소, 원하는 시간에 닿을 수 있도록 하는 전세비행기

Chaser : 「뒤쫓는 자」란 뜻으로 독한 술(酒酊이 강한 술) 따위를 직접 스트레이트(Straight or On The Rocks)로 마신 후 뒤따라 마시는 물 혹은 청량음료를 뜻한다.

Check Out : 고객이 객실을 비우고, 객실 열쇠를 반환, 고객의 계산을 마치고 호텔을 떠나는 것을 말한다.

Check Out Room : 손님의 퇴숙 후 청소는 아직 안된 객실

Check-In : 고객이 도착하면 정중히 인사를 하고 고객의 인적사항을 요구하는 등록카드를 접수한 후 그 고객을 정해진 객실로 친절히 안내하기까지의 모든 행위를 체크-인이라 한다.

Check-out : 회계정리 및 고객의 출발을 포함한 제반 퇴숙절차

Check-out procedure : 퇴숙절차

Check-out time : 퇴숙시간. 퇴숙이 이 시간보다 늦어지면 추가요금이 부가됨.

Checking Machine : 호텔의 식음료 매상기록 및 관리의 방법을 용이하게 하기 위하여 식당 회계시스템에서 사용하는 금전등록기의 일종이다.

China Ware : 陶器類는 대부분의 경우 주방에서 취급되지만, 요즈음에는 식당지배인 주관하에 취급된다. 사기그릇도 서비스를 담당하는 부서의 철저한 청결이 확인되고 취급되어야 한다.

Chives : 유럽, 미국, 러시아, 일본 등이 산지인 부추과의 식물로 녹색의 관모양으로 생겼으며, 순한 향을 가진 잎사귀와 불그스름한 꽃송이를 가지고 있다.

CIP : CIP는 상업적인 거래상 중요한 영향력이나 역할을 하는 귀빈을 말한다.

CIT(Charter Inclusive Tour) : 수송용 전세항공기를 이용하는 P.T.

City Hotel : 호텔을 크게 분류하면, 그의 입지조건에 따라 도시의 호텔과 리조트 호텔로 나누어진다. 전자인 도시에 위치한 호텔은 1일 2일의 단기간의 체류객을 대상으로 한 단기체재호텔(Transient Hotel)이 많다.

City Journal : 호텔의 외래 고객에 대한 거래의 分介帳

City Ledger : 호텔의 외상매출장으로 특히 비투숙객에 대한 신용판매로부터 발생된 수취원장으로 후불장이라고도 한다.

Claim check or stub : 고객이 도착하여 자신의 짐을 찾기 위해 사용하는 B.C(2매 1조로 구성)의 한 부분

Claim : 항의, 배상청구

Claim Tag : 하물을 맡겼을 때의 짐표, 수하물 보관 표찰.

Class : 통상기준으로서 평균 객실료와 관련된 호텔의 질적 수준

Clean Up Room : 손님의 퇴숙 후 청소가 끝난 객실

Clear(Clearance) : 정산, 결재

Clip Joint : 속임수(Cheat) 등으로 Player를 기만하거나 바가지를 씌우는 등의 카지노. 이곳은 또한 Cheater들이 허용하는 불법(Illegal) Gaming Style을 가졌다.

Cloak Room : 투숙객 이외의 방문객이나 식사 고객 등의 휴대품을 맡아두는 장소를 말한다.

Close of the day : 경영적 측면에서 특정한 날과 그 다음날에 관한 기록을 구별할 목적으로 미리 정해둔 임의의 특정시간

Closed Dates : 객실이 모두 만실이어서 판매가 불가능한 일자를 말한다.

Closer : 교대시간 종료시 Gaming Table(도박대)의 집기 일체를 목록화한 테이블 Inventory Slip의 원본

Closet : 벽에 부착된 옷장

Closing Date : 마감일

CND : 고객의 이름과 객실번호가 표시되어 나타나는 기계로서 객실에서 손님이 수화기를 들면 등록된 손님이름과 객실번호가 씨앤디 기계에 나타나므로 교환원이 응답시 항상 씨앤디를 보며 손님의 이름을 불러준다.

Coaster : 컵 밑에 받치는 깔판.

Cocktail for All Day : 식전이나 식후에 관계없이 또 식탁과 관계없이 어디서나 어울리는 레저드링크로서 감미와 신맛을 동시에 가지고 있으며 비교적 산뜻하고 부드러운 맛을 내는 것으로 치치(Chee Chee), 마이타이(MaiTai), 브랜디사워(Brandy Sour), 진 라임 소오다 등이 있다.

Code(부호) : 의사소통의 편의를 위해 사용하는 숫자, 문자 또는 약자 시스템. 항공사에서는 공항, 항공사 및 서비스 형태를 확인하기 위하여 문자 code를 사용

Collect : 요금 징수(지불)

Collect Call : 요금을 수신자가 지급하는 통화제도.

Collected Bill : 비교적 새로운 직종으로서 카지노 지배인을 직접 보좌하며 수금하는 역할을 한다.

Collerette : 둥근 문고리 모양으로 자르는 방법

Commercial Hotel : 비즈니스 고객을 유치하기 위한 상업적 성격을 띤 호텔.

Commercial Rate : 상호고객에게 베푸는 객실할인요금; 할인요금(discount rate)의 일종으로 특정한 기업체나 사업을 목적으로 하는 비즈니스(business)고객에게 일정한 율을 할인해 주는 것이다.

Commie : 웨이터를 돕는 식당보조원을 말한다.

Commission(수수료: Commissionable) : 여행사나 관광업체가 호텔에 고객을 송객할 경우 이들에게 수수료를 지불하는 것을 말한다. 이 수수료는 표준적으로 고객이 지불하는 객실요금의 백분율로 이루어진다.

Common language(통용어) : 여러 나라 사람들에 의해 사용되는 공용어

Commuter : 매일의 업무를 위하여 여행하는 사람. 열차 통근자는 매일 같은 시간에 직장과 가정에 도착하기 위하여 특정 시간의 통근열차를 이용한다.

Company Account(Co. A/C) : 회사계정

Company Made Reservation : 호텔에 도착하는 고객의 관련회사가 보증하는 예약을 말한다.

Compartment : 물건을 보관하기 위한 밀폐공간

Compartment Racks : Glass류의 운반 보관용의 Glass Rack

Compatible Room : 큰 객실을 문으로 구분하여 각각 독립된 객실로 판매가 가능한 객실

Complaint : 호텔에서 제공했던 제반 서비스에 대하여 만족스럽지 못했었다고 느꼈던 점을 제시해 주는 고객의 불평을 말함

Complimentary : 호텔의 접대객 및 판매촉진을 목적으로 고객에게 호텔의 편의시설 및 식음료, 객실, 호텔 판촉 선물이나 상품에 대하여 요금을 받지 않는 것이다.

Computer System : 호텔에서의 Computer 운영체제.

Concession : 호텔의 시설과 서비스를 임대하는 것으로 대부분의 호텔은 임대경영을 하고 있으며, 임대인을 Concessionaire라고 한다.

Concierge : 고객의 도착, 출발, 이동시 고객을 맞이하고 혹은 짐의 운반, 보관과 더불어 고객이 필요로 하는 여러 정보를 제공하는 일을 하는 직원

Conductor : 열차 내에서 승객 서비스를 전담하는 사람

Conductor Free : 단체객 15인당 한 사람에게 객실을 무료로 제공하는 혜택을 말한다.

Conference : 일반적으로 구성된 조직 등과 같이 보편적 테마를 풀기 위한 회의형식을 말한다.

Conference Call : 외부에서 걸려온 전화로 객실 또는 구내 각 부서를 연결해서 통화할 때 사용되는 통화로써 3인 이상의 통화가 한번에 가능한 것이 특징이다.

Confirmation form(slip) : 예약확인증명

Confirmation Slip : 호텔 객실을 예약한 고객에게 예약에 이상 없음을 알려주는 확인서로서 투숙자명, 도착일, 출발일, 객실 종류 등 필요한 사항을 기입하여 고객에게 예약사항을 확인하게 하는 것

Connecting rooms : 복도를 따라 나란히 붙어있는 객실들로서 복도를 통하지 않고 직접 출입할 수 있도록 사잇문이 나 있음(connection : 한 차량과 다른 차량과의 연결(부분))

Consomme : 부용(Bouillon)을 맑게 한 것으로 부용이 맑고 풍미를 잃지 않도록 하기 위해 지방분이 제거된 고기를 잘게 썰거나 기계에 갈아서 사용하며 양파, 당근, 밸리향, 파슬리 등과 함께 서서히 끓이면서 계란 흰자위를 넣어 빠른 속도로 젓는다.

Continental Plan : 객실요금에 아침식대만 포함되어 있는 요금지급방식.

Contraband : 법적으로 반입이나 반출이 금지된 품목

Contract Buying : 매일 혹은 1주일에 몇 번씩 배달하여야 할 식료품은 보통 특정한 기간을 정하지 않고 공식적인 혹은 언약에 의한 계약에 따라 구매하게 되는데 이것을 Contract Buying이라 한다.

Control Chart : 예약 조정 상황표

Control Folios : 각 수익부서를 위해 개설되고 다른 폴리오들(개인별, 마스터, 비고객, 종업원)에 분개된 모든 거래들을 추적할 때 이용된다.

Control tower : 항공 교통 통제소

Convention : 회의분야에서 가장 일반적으로 쓰이는 용어. 정보전달을 주목적으로 하는 정기집회에

많이 사용된다.

Convention Bureau : 이 말은 잘 알려지지 않았으나 컨벤션이란 '회의', '모임'의 뜻으로 그러한 회의의 종합적인 준비를 하는 업체를 말한다.

Convention Hotel : 미국에서는 호텔 객실의 수요 증가로 회의 및 집회의 수요가 매우 큰 구성비를 차지하고 있다.

Convention Service Manager : 컨벤션산업의 전문 직종으로서 호텔의 연회나 다양한 컨벤션활동의 유치와 모든 제반사항을 총괄하는 총책임자이다.

Convertible bed : 접어서 소파로도 쓸 수 있는 침대.

Cook Helper : 조리사를 보조하여 야채다듬기, 식자재운반, 칼갈기, 조리기구의 세척, 청소 등 잡무를 담당하며, 조리사의 기초를 다진다.

Copy Key : 처음 발행한 New Guest Key를 인원수 추가의 경우 고객의 요청에 의해 똑같은 열쇠를 발행하여 주는데 이것을 Copy Key라고 한다.

Cordial : 2.5% 이상의 당분이 함유된 유색음료로서 유럽에서는 Liqueur(리큐어)라고 부른다.

Core Concept : 이용자로부터 관심이나 매력을 끌기 위해 호텔의 로비, 휴양지 또는 기타 지역에 특이한 설계전략을 계획하거나 혹은 건설비용을 절약하기 위해 주방, 승강기 등을 중앙에 설치하는 등도 이에 포함된다.

Cork Screw : 콜크 마개병을 따는 기구

Corkage Charge : 호텔 레스토랑에서 식사를 할 때 그 호텔의 술, 음료를 구매치 않고 고객이 가지고 온 술, 음료를 마실 때에 호텔 웨이터가 마개를 뽑는 서비스요금을 말한다.

Corner(room) : 건물 모퉁이의 양면이 노출되어 있는 외향객실

Corporate Guarantee : 상용여행자의 No Show를 줄이기 위해 호텔과 그 보증인이 이에 관해 재정책임여하를 계약상으로 협조, 동의한 예약보증의 형태.

Correction : 프런트 오피스에서 전기의 실수를 기록하여 나중에 야간감시자가 정정하여 금액의 일치 여부를 확인하는데 사용한다. 이것은 당일 영업 중에 발생하는 오류를 정정하거나 수정하고자 할 때 조정하는 당일 매출액 조정

Correction sheet(매출정정표) : front office에서 사용되는 양서식으로서 轉記 상의 실수를 기록하여 나중에 야간회계 감사자가 訂正하여 금액의 일치여부를 조정

Correspondence : 어떤 사람이 보내거나 받는 서류 또는 편지(통신물)

Corsage : 결혼식, 회갑, 생일 등 파티 때 주빈 앞가슴에 다는 꽃

Cost : 원가의 3요소. 1. Material Cost(재료비) 2. Labor Cost(노무비) 3. Expense(경비)

Cost Accounting : 원가회계

Cost analysis System : 식음료의 원가관리방법의 하나로 원가분석제도라고 한다.

Cost Factor : 키친 테스트 후에 매입재료에서 킬로그람(kg)당 알.티.이(R.T.E: 조리완료 상태)가격을 kg당 매입가격으로 나눈 수치를 가리킨다. 이것은 원재료 이용의 효율성 파악이나 식료원가관리 활동의 능률측정에 애용될 수도 있고 또한 원가계산 자료로도 이용된다.

Cotoff hour : 대중판매를 목적으로 불예약분을 공개하는 시간

Counter Service : 식당을 오픈키친으로 하고 앞을 카운터를 식탁으로 하여 음식을 제공하는 것이다. 싼 가격에 팁을 주지 않아도 뒤며 조리장이 객석에서 볼 수 있는 구조로 되어 있어 주문한 요리가 조리되는 것을 볼 수 있어 고객이 지루함을 느끼지 않는다.

Counter Service Restaurant : 식당을 Open Kitchen으로 하여 앞의 Counter를 식탁으로 하여 요리를 제공하는 것이다. 이 카운터 서비스 식당은 가격도 저렴하고 Tip을 주지 않아도 된다.

Coupon : 티켓의 한 부분을 티켓 묶음으로부터 분리시킬 수 있는 티켓

Coying system : 종류별 기물, 집기 적재 방법(운반, 세척시 안전 유지)

Cream Cheese : 미국에서 대량 생산되며 Cream이 첨가된 우유를 사용하여 만든 Curd를 숙성시키지 않는 치즈이다. 크림 치즈는 45%이상의 유지방을 함유하여야 하고 수분함량은 55%를 넘어서는 안된다. 이 치즈는 주로 음식물에 발라 먹으며 분해되기 쉬우므로 조리용으로는 사용치 않는다.

Credit : 수취계정의 감소를 가리키는 회계용어로서 차변의 반대

Credit Alert List : 신용카드 고객들을 신용카드의 종류별로 묶어서 출력하므로 카드의 한도를 쉽게 파악할 수 있으며 이는 악성부채를 미리 예방하는 방법이다.

Credit Limit : 신용한도

Credit Manager : 호텔조직원 중 신용외상매출계정의 취급을 전문으로 하는 사원

Crew : 항공기내에서 일하는 사무직 종사원을 제외한 모든 항공승무원

Crinkle Sheet : 특수하게 직조된 아마포와 유사한 시트로 담요를 씌워 보호하는데 사용된다.

Croquettes : 닭, 날짐승, 생선, 새우 같은 것을 주재료로 하여 다진 고기에 빵가루를 입혀서 기름에 튀긴 것을 말한다.

Cruise : 보트를 타고 즐기는 관광, 선박관광(여행), 선편관광(여행)

Cubbyhole : 호텔고객을 위하여 전달사항과 객실 열쇠를 보관하는 적은 밀폐공간

Currency exchange : 한 나라의 돈을 다른 나라의 돈으로 교환할 수 있는 곳(환전소)

Current Liabilties : 유동부채란 고정부채와 상대되는 개념으로 결산일로부터 1년 이내에 그 결재일이 당도하는 부채이다. 이에 해당하는 예로서는 외상매입금, 지급어음, 당좌차월, 단기차입금, 미지급비용, 선수금, 기타 미지급금 등이 이에 속한다.

Curtain Runner : 커튼 레일에 달려 있으며 커튼 핀을 거는 부속품

Custard Sauce : 우유, 달걀 또는 곡식가루를 섞어 찐 단맛이 나는 소스

Customer : 상품 또는 서비스 구매자; cilent

Customer : 고객, 거래선

Customer Deposit : 게임에 사용키 위해 일정액의 현금, 가불, Gaming Chips; Plague를 Cashiers Cage에 맡겨두는 것

Customs : 관세. 한나라 안으로 물건을 들여올 때 징수하는 세금. Duty free(면세 품목)일 때는 세금이 없음. 한 나라의 생활습관이나 전통을 의미할 때도 있음

Customs declaration : 한 나라 안으로 가지고 들어오는 물건에 대해 기록하는 서식 또는 신고서로서 여행자가 기록

Customs inspector : 한 나라 안으로 들어오는 짐과 그 밖의 물건에 대해 조사 감시하고 관세부과

여부를 결정하는 사람

Cut-In : 한 품목을 다른 품목에 부분적으로 섞어 놓은 것

Cut-off Date : 고객이 호텔에 사전 예약한 객실을 사용하지 않을 경우 일반고객에게 예약을 받는 경우의 날짜를 말한다.

Cut-off Hour : 호텔의 예약된 객실이 사용되지 않을 경우 일반고객에게 객실을 배정하는 경우를 말한다.

D.D.D : 직접 다이얼 통화로 시의 구역 밖의 근접지역에 대한 전화

D.N.D : 출입 및 소음 금지 표시(Do not Disturb)

D.N.P : Do Not Post의 약자로 행사표(Event Sheet)에서 흔히 찾아볼 수 있는 것이로 공고하지 말라는 의미이다.

D.N.S : 숙박등록을 한 후 어떠한 사유에 의해 숙박을 하지 않는 경우, 그 등록카드에 D.N.S(Do Not Stay) 즉, "숙박하지 않음"이란 Stamp를 찍어 취소할 수 있다.

Daily Menu : 식당의 전략메뉴라 할 수 있는 이 식단은 맹리 시장에서 나오는 특별재료를 삽입하여 조리장의 기술을 최대로 발휘하여 고객이 식욕을 자극할 수 있는 메뉴, 양질의 재료를 적정가격으로 구입하여 계절 감각을 돋굴 수 있으므로 고객의 호기심을 만족시킬 수 있다.

Daily Report : 일일보고서라고 하며 부문별수익과 비용을 계산하여 영업이익을 산정한 보고서이다.

Daily Special Menu(특별메뉴) : 원칙적으로 매일 시장에서 특별한 재료를 구입하여 주방장이 최고의 기술을 발휘함으로써 고객의 식욕을 돋구게 하는 메뉴이다. 이것은 기념일이나 명절과 같은 특별한 날이나 계절과 장소에 따라 그 감각에 어울리는 산뜻히고 입맛을 돋구게 하는 메뉴이다.

Daily tour : 일일 관광

Day coach : 승객용 특별열차

Day Rate(주간 실료) : 야간 개실 이용시에 비해 할인된 요금이 적용되는 주간이용요금. 주간에만 호텔이나 모텔을 사용하는 고객들에게 부과하는 요금으로 "Use Rate" 이라고도 한다. 도착일과 출발일이 같을 때 적용

Day Use : 객실의 시간 사용요금으로 24시간 미만의 투숙고객 혹은 이용객에게 부과하는 객실료로서 보통 사용시간 정도에 따라서 요금이 다르게 부고된다.

De Caffinated Coffee : 커피 속의 카페인 성분을 97% 제거시킨 원두를 사용하여 제조된 커피로 입자는 과립커피와 같으며 커피속의 카페인 성분을 염려하는 분이나 노약자에게 알맞은 커피이다.

Dead Room Change : 투숙한 고객이 부재로 인해 호텔이 물리적으로 객실을 변경하는 것을 말한다.

Debit : 수취계정의 증가를 나타내는 회계용어

Decanting : 와인의 찌꺼기를 거르거나 다른 용기에 담는 과정을 말한다.

Decoration : 데코레이션이란 행사진행을 위한 각종 장치와 장식을 말한다.

Deduct(Deduction) : 공제

Delivery Service : 딜리버리 스비스는 각종 배달물을 고객에게 신속히 배달하는 서비스이다.

Deluxe : 개별 욕실과 각종 다양한 서비스를 하는 최상급 호화로운 호텔로 최고의 시설과 서비스 및 요리가 제공된다.

Demi Chef : Bus Boy 역할뿐만 아니라 스스로 테이블을 알아 접객 서비스할 수 있는 준접객원(Junior Station Waiter)을 일컫는다.

Density Board : 객실별 예약밀도 도표. 예약 객실수를 객실 유형별로, 즉 싱글, 트윈, 퀸(Queen) 등으로 나누어 일변하기 쉽게 통제하는 도표를 말한다.

Density Board Chart(예약밀도표) : 예약 객실수를 객실형 별로 싱글(singe), 트윈(Twin), 더블(Double), 스위트(Suite)등으로 나누어 구별하기 쉽게 표시하여 예약을 통제하는 도표

Department store : 분리되어 있는 부서에서 종류가 다른 많은 상품을 판매하는 대형상점, 백화점

Departmental Control : 이것은 호텔 각 영업장의 모든 Voucher 및 Checks을 통제하는 데 사용되며 각 영업장의 케쉬어(Cashier) 업무교대 시간에 원활한 업무처리를 위해 이용된다.

Departure List : 당일에 Check-Out할 고객과 Room에 대한 정보를 나타내는 보고서.

Departure lounge : 승객이 비행기에 오르기 전에 대기하는 곳으로 공항터미널 내에 있는 일정지역

Departure tax : 승객이 한 나라를 떠날 때 지불해야 하는 특별요금. 그 돈은 관광산업

Deposit : 객실요금의 일부 선불금.

Destination hotel : 고객의 여행목적지(때때로 그 자체로도 목적지가 됨)의 호텔

Dine-around plan : AP 또는 MAP의 객실요금 측정방법으로서 cooperating 호텔을 제외한 몇몇 독립 운영 호텔의 어떤 곳에서는 식사를 할 수 있음.

Diner : 자동차나 기차여행을 하는 사람들을 위해서 고속도로변이나 기차내 또는 역 주위에 설치한 간단하고 값싼 음식을 파는 식당

Dining Car : 기차여행객을 대상으로 열차의 한 칸에 간단한 식당설비를 갖추어 간단하고 저렴한 식사를 취급하는 식당.

Direct Mail : 고객의 판촉담당 직원이 고객 유치를 위해서 호텔의 다양한 형식의 우편물을 고객의 가정이나 거래처 회사, 여행사, 각종 사회단체 등에 발송하는 것을 말한다.

Do Not Disturb(D.D.D) : 깨우지 마십시오.

Do Not Disturb sign : 객실 안에 있는 손님에게 방해가 되는 행위를 못하도록 객실 문에 걸어두는 표지판.

Doily : 작은 냅킨으로 손을 씻거나, 약간의 무늬가 있는 도일리는 식탁 위에 깔고 셋팅을 하여 놓는다. 그러나 일반적으로 원형의 도일리는 물컵, 주스, 맥주 등을 서브할 때 밑받침으로 사용된다.

Door Backing : 객실문을 닫을 때, 충격을 방지하기 위한 고무장치

Door Bed : 헤드 보드(head board)가 벽에 연결되어 있어 야간에는 90도로 회전하여 침대로 쓸 수 있는 침대를 말한다.

Door Chain : 객실문을 안에서 거는 쇠줄(방범용의 5~6cm만 문짝이 열리도록 된 장치)을 말한다.

Door Closer : 비상구 문 위에 달려 있으며 천천히 닫히는 장치

Door Frame : 객실입구 문틀

Door Holder : 문이 떨어지지 않도록 위, 아래에서 고정시킨 장치

Door knob : 고객이 객실에서 아침식사를 시간에 맞추어서 먹을 수 있도록 문에 걸어놓은 아침메뉴 주문표(비즈니스 고객들을 위하여 새벽 3시전에 걸어놓으면 룸서비스에서 pick up하여 표시된 대로 정확한 시간에 식사제공)

Door Man : 호텔에 도착하는 고객의 자동차의 문을 열고 닫아주는 서비스를 하는 현관종업원을 말함.

Door Open Service : 투숙객이 열쇠를 분실 혹은 객실내에 있을 때 고객의 요청에 의하여 사용된다. 프런트 데스크(Front Desk)에서 고객의 객실이 맞는지 확인하고 벨맨을 시켜 Master Key로 문을 열어주는 서비스를 도어오픈 서비스라고 한다.

Door Stopper : 문이 벽과 부딪히는 것을 방지하기 위한 장치를 말한다.

Door View : 객실 안에서 밖을 내다보는 장치

Doorman : 호텔 또는 건물의 출입객을 거들어주는 사람

Double Occupancy Rate : 객실 하나에 두 명이 기본인데 한 사람당 계산하는 것으로 관광객을 위한 객실가격.

Double Occupnacy : 객실에 두 명이 투숙하는 것을 말한다.

Double Room : 2인용 베드를 설비한 객실.

Double-Locked : 고객이 객실부 서비스 받기를 원하지 않아 객실 안쪽 dead bolt로 객실을 잠궈 버린 상태, 일반적인 Pass key로 열 수가 없다.

Double-up : 두 개의 room rack slip을 필요로 하는 관련이 없는 단체에 의하여 수용되는 double occupancy를 지칭

Downgrade : 당초의 예약 또는 등록이 끝난 손님에 대해 서비스의 등급이 낮거나 질이 낮은 객실을 제공하는 것

Draft beer : 제조과정에서 발효균을 살균하지 않은 생맥주(lager beer)

Drambuie : 스카치 위스키를 기주로 하여 꿀로 달게 한 오렌지향의 호박색 리큐르이다. 영국의 대표적인 리큐르로서 그 어원은 스코틀랜드의 고대 게릭어「Dram Buidheach」이며 "사람을 만족시키는 음료"란 뜻이다.

Drapes : 연회행사에 쓰이는 테이블용의 길게 드리우는 덮개.

Drink Formular : 한 병에서 얻어지는 잔의 수와 한 잔의 분량을 cc로 규정한 표준분량 규정

Drive-In : 레스토랑의 넓은 정원에 자동차를 타고 들어가면 인터폰이 붙은 기둥이 널려져 있는데, 차창에서 손을 내밀어 마이크를 들고 요리를 주문하여 운반된 것을 차내에서 먹는다.

Drop : 칵테일에서 사용하는 강한 향료를 Bitters Bottle에서 떨어뜨릴 때 사용하는 말로 "방울"을 의미한다. 그리고 1방울을 뜻하는 말로서 5~6 드롭의 양이 1dash 정도 된다.

Dual Plan : 듀얼 플랜은 혼합식 요금제도로서 고객의 요구에 따라 아메리칸 플랜(American Plan)이나 유럽피안 플랜(European Plan)을 선택할 수 있는 형식으로 두 가지 형태를 다 도입한 방식이다.

Duchess Potatoes : 삶은 감자를 달걀 노른자와 함께 휘젓고 페스트리 튜브에 통과시킨 것.

Due Back : 호텔 케셔어의 근무 중 고객으로부터 받은 수령금액이 결산시에 순이익보다 현금이 초과한 경우이다. 이러한 경우에는 차이가 나는 현금가액을 프런트 캐쉬어(Front Cashier)에게 넘기어 정리한다.

Due Bill : 호텔의 숙박시설 광고에 있어서 광고장소나 방송시간 광고 등의 협정

Due Out : 당일 체크아웃 시간 이후 객실이 빈다는 것을 알리는 객실상황표시 용어

Dump : 호텔고객이 지정된 예약날짜나 시간보다 미리 퇴숙(Check- Out)절차를 받는 것을 말한다.

Dust Pan : 가구나 욕실 청소시에 사용하는 걸레로서 가구의 먼지를 닦을 경우 물기를 꽉 짜서 사용해야 하며, 물걸레 사용 후에는 반드시 마른 걸레로 물기를 완전히 제거해야 한다.

Duster : 그림 액자, 천정, 벽지 등에 붙은 먼지제거에 사용하며, 파손이 되기 쉬운 가구나 비품류의 먼지를 털 경우에는 각별히 주의해야 한다.

Dusting(더스팅) : 밀가루나 설탕을 뿌리는 행위를 말한다.

Duty Free Shop : 외국인 관광객을 위한 면세루품을 판매하는 상점

Duty Manager : 호텔 현관입구에 위치해 있으며 고객의 불평불만 처리와 비상사태 및 총지배인 부재시 직무대리 등 일반적으로 밤 시간대부터 그 다음날 오전까지 근무를 한다.

Early Arrival: 조기도착 고객으로 예약한 일자보다 하루 내지 이틀 빨리 도착하는 고객을 의미한다.

Early Arrival Occupancy : 아침 일찍 도착하여 체크인(Check-In) 시간 전에 입실할 수 있도록 객식을 보존하는 일로 수배 및 단체비 견적상 특히 유의할 필요가 있다.

Early Arrival : 조기도착 고객으로 예약한 일자보다 하루 내지 이틀 빨리 도착하는 고객을 의미한다.

Early Out : 조기퇴숙절차

Easy Check : 이것은 카드회사와 한국정보통신 그리고 가맹점(호텔)이 On-Line으로 연결되어 불량카드 여부를 컴퓨터에 의해서 체크하는 시스템이다.

Economy Hotel : 개별 욕식 시설이 없고 제한된 봉사를 저렴한 가격의 호텔로 Tourist 또는 Second Class Hotel 이라고 한다.

Efficiency : 주방시설이 포함된 숙박시설

Embark : 한 장소를 떠나는 것. 출항, 출발카드는 승객이 한 나라를 떠날 때 자신이 기입하기도 함.

Emergency Exit : 화재 따위의 긴급한 사고에 대비하여 피해나갈 수 있게 특별히 만들어 두는 문

Emergency Light : 객실 천장에 설치되어 모든 객실에 전기가 안들어 올 경우 호텔 자체 발전시설에 의하여 작동되는 비상등(평상시에는 전기가 들어오지 않음)을 말한다.

Emigration(이민) : 다른 곳에서 살기 위해 자신의 조국을 떠남.

EN CASSFROLE : 내열성에 강한 접시(용기)에 요리를 담아 오븐이나 BROILER에서 직접 요리를 해서 손님에게 그대로 서브하는 것

En route : route 상의, 여행도중

Endorsement : 수표의 배서, 이서

English Breakfast : 아메리칸 브렉퍼스트(American Breakfast)의 코스에 생선요리가 추가되는 아침식사를 말하며 Season Fruit, Juice, Cefeal, Fish, Eggs, 음료의 순으로 구성된다.

English service : 주빈이 테이블을 돌며 고객에게 요리를 제공하거나 요리를 돌려가며 고객이 직접 담는 방법.

Entertainment : 호텔 서비스에 있어 환대, 접대, 즐거움, 오락, 여흥 등의 의미를 갖는 서비스 개념인데, 이러한 서비스는 연회상품에서는 전반적이고 종합적인 서비스가 요구된다.

Entry : 기장, 기입

Equipment : 식당, 주방, 연회행사에 필요한 각종 장비.

Escort : 어떤 사람을 동행하거나 수행함

Escort/tour leader : 여행안내원

Escort(tour escort: TC) : 여행자를 동행, 수행하는 사람.

European Hotel Coporation : 유럽 각국의 항공회사가 대량수송의 점보(Jumbo)기 시대에 대처할 수 있도록 각지에 호텔을 건설할 목적으로 설립된 호텔단체이다.

European Plan(E.P: 유럽식 요금제도) : 서구식 경영방식으로서 숙박요금에 식사요금을 포함시키지 않고 숙박요금과 식사요금을 각각 구분하여 계산하는 요금제도이다.

Eurotel : 유럽 호텔의 약어로서 분양식 리조트맨 TUS의 수탁체인 경영이다.

Exchange : 교환(외환)

Exchange Transactions : 교환거래는 자산, 부채, 자본의 증감변동은 발생하나 비용은 발생하지 않는 거래이다. 따라서 교환거래는 당기순이익에 영향을 미치지 않는 거래이다.

Executive : 간부

Executive Chief : 음식을 조리하고 준비하는 총괄 조리장

Executive Floor : 상용고객을 위하여 세계적 수준의 최고급 서비스를 제공하는 객실층(귀빈층)

Executive Room : 소규모 모임이나 또는 취침도 할 수 있도록 설계된 다목적 호텔 객실을 말한다.

Exhibit : 회의 중에는 간혹 회의참석자들에게 흥미있는 상품을 보이기 위한 전람회를 포함하는 것도 있음

Exhibit hall : 많은 상품을 전시, 전람할 수 있는 넓은 지역, 혹은 연회장

Exhibition : 무역, 산업, 교육분야 혹은 상품 및 서비스 판매업자들의 대규모 상품진열을 의미하는 것으로서 회의를 수반하는 경우도 있다. 전시회, Trade Show라고도 하며 유럽에서는 주로 Trade Fare라는 용어를 사용한다. 호텔측에서는 연회장 및 기타 설비의 임대행사라고 볼 수 있다.

Exit : 출구, 비상구

Expert Service : 일급 서비스 혹은 숙련된 전문가의 서비스

Express : 목적지 도착할 때까지 정차하지 않거나 거의 정차하지 않는 열차 혹은 버스

Express Check-In/Out : 프런트 데스크에서 대기해야 할 번거로움을 없애기 위해서 전산처리하는 방법으로 고객의 입숙과 퇴숙을 신속하게 하기 위한 서비스이다.

Express letter : 속보

Extension : 1.투숙객의 숙박연장, 체재연장 2.전화의 내선

Extra Bed : 객실에 정원 이상의 손님을 숙박시킬 경우 임시로 설치하는 침대로 보통 접는 식의 이동하기 쉬운 "Roll Away Bed" 를 말한다.

Extra charge : Check-Out Time 이후 객실을 사용하는 경우의 초과요금.

Extra meals : 고객에게 주어지는 일정한도 이상의 dining room 서비스에 대한 America plan 요금

F.F.&E : 호텔의 과구, 비품(고정) 및 장비를 가리킴.

Facilities : 관광객을 위한 침식, 회의, 여행 혹은 레크리에이션 장소

Familiarization trips : 특정지역을 알리기 위한 목적으로 여행업체, 방송국 또는 신문사 등에서 근무하는 사람들에게 제공하는 무료여행

Family plan : 자녀를 동반한 부부에 대해 추가요금을 적용하지 않는 특별 객실요금.

Farm out : 호텔객실이 모두 찼을 경우 손님을 다른 호텔로 배정함.

Feathering : 커피의 온도가 85도 이하로 떨어진 후에 크림을 넣어서 고온의 커피즙에 함유된 산과 크림의 단백질이 걸쭉한 형태로 응고되는 것을 말한다.

Feeder lines : 주요도시와 소도시 사이를 운항하는 항공사

Final Proof : 최종 발효점을 말한다.

Final Stage : 반죽 단계 중 탄력성과 신장성이 가장 우수한 단계이며 특별한 종류 외에는 여기서 반죽작업을 중단한다.

Finger Bowl : 포크 따위를 사용하지 않고 과일을 손으로 직접 먹을 경우 손가락을 씻을 수 있도록 물을 담아 식탁 왼쪽에 놓는 작은 그릇. 이 때에 음료수로 착각하지 않도록 꽃잎 또는 레몬조각 따위를 띄워놓는다.

Fire Spray : 화재시 분무형식으로 물을 뿌려주는 장치

Firm Account : 호텔과의 거래에 의해 지정된 회사나 거래상사에 대한 외상거래를 기록하는 계정

First Cook : 각 조리부서의 조장으로서 조리업무의 실무면에서 탁월한 기능소지자.

FIrst-aid : 의사로부터 받을 수 있는 정상적인 의과적 처치 이전에 다치거나 아픈 사람을 돕거나 치료해 주는 것(응급처치)

First-in, First-out(FIFO) : 요리재료 보관시 먼저 사들여온 것을 먼저 사용하도록 하는 시스템.

Fiscal Year : 회계연도

FIT(Free Indendent Traveller) : 개인적으로 호텔에 숙박하는 고객

Flag : 룸랙 표지. 룸랙 외 특별한 객실에 대하여 룸클럭의 주의를 환기시키기 위한 표지의 하나

Flambee : 고기, 생선, 과자에 브랜디를 붓고 불을 붙여 눋게 한 요리

Floor Clerk : 각 층에서 Front Clerk의 제 임무와 직능을 함께 수행하는 직원을 말한다.

Floor key : 한 층에 있는 여러 방을 열 수 있는 열쇠. Master key라고도 함.

Floor Station : 객실의 정비나 장비를 위한 장소의 개념으로 가구류, 집기류 등이 설비되어 있고 또한 린넨 등을 수납한 창고 및 냉장고 설비가 되어 있는 장소

Flow Chart : 어떤 과정을 표시하기 위하여 여러 가지의 유통기호(Flow Chart Symbol)를 사용하여 그림으로 나타내는 시스템의 분석기법이다.

Fold Bed : 호텔 객실에 있는 침대로서 취침 전후에 접을 수 있게 만들어져 객실 공간활용에 좋다.

Folding Screen : 병풍

Folding Table : 연회 서비스 테이블로서 여러 개를 이어 사용하기 편리하게 만들어져서 Catering Service에도 적당하다.

Folio : 폴리오에는 Master Folio 와 Individual Folio가 있으며, Folio상에는 고객의 객실 사용료, 식음료, 기타 지불상황이 일자별로 기록된 내역서이다.

Folio Tray : 고객 Folio를 보관하는 곳

Food and beverage manager : 식사 · 음료의 가격조정을 책임지는 매니저.

Food Checker : 주문한 메뉴가 조리되어 바르게 서브되는가를 점검하는 사람

Food Cost Control : 경영방침 또는 판매계획에 따른 목표상품으로서 요리의 품질 및 분량에 맞게 식료를 구매, 제조, 판매함으로써 가능한 최대의 이익을 확보하기 위한 제원가관리 활동이다.

Food Cover : 고객에게 제공되는 음식서비스 단위

Food Service Station : 레스토랑에서 테이블 수와 구역에 따라서 종사원이 책임구역을 정하여 고객에게 서비스하는 것을 말한다.

Forecast : 사업규모에 대한 장래예측

Forecast : 과거의 영업실적을 분석하여 현시점에서 미래에 대한 고객의 수요예측, 호텔상품의 판매 등 영업예측 활동을 말한다. 영업예측은 월별, 분기별, 연별로 구분하기도 하며 단기, 중기, 장기 예측으로 구별되기도 한다.

Forecast Scheduling : 호텔의 판매예상을 기초로 하여 사업설정을 미리 설정하고 평가하여 일의 스케줄을 조정한다. 일반적으로 컨벤션, 단체고객, 이벤트사업 등 호텔 전 부서의 예상활동을 예측하는 것이다.

Foreign Currency Unit : 변동하는 통화의 환시세단위가 가치의 문제를 배제하기 위하여 IATA 외환시세단위에 의해 확립된 요금 측정기준을 말한다.

Forfeited deposit : 예약된 손님이 취소 통보를 하지 않고 나타나지 않아 반제되지 않는 예약보증금; lost deposit라고도 부름

Forum : 토론 내용이 자유롭고 문제에 관하여 진지한 평가나 의견 교환을 하는 공개토론 형식을 말한다.

Forwarding Address : 투숙객이 퇴숙할 때 Mail, Telex ,Message를 차후 도착예정지로 보내주길 원할 때 도착예정지의 주소 전화번호 및 연락처를 받아서 퇴숙한 고객에게 전달될 수 있도록 하는 서비스를 말한다.

Forwarding Address : 대체우편물의 회송선의 주소를 호텔 등에 숙박기간 후 우편물이 도착한 경우에 회송해 받는 주소를 말한다.

Franchise : 명칭사용권리에 대한 로열티를 지불하고 체인으로 가입한 개인소유 호텔 또는 레스토랑

Franchise System : 프랜차이즈는 가명권 및 상품의 판매권을 의미하는데 호텔이나 레스토랑 등의 서비스업에 있어서 체인화를 추진하는 방법이다.

Free day : 여행일정 중 아무런 계획이 잡혀져 있지 않은 휴식일

Free independent traveller(FIT) : 개인적으로 호텔에 숙박하는 고객.

Free Sale : 여행사나 항공사 대리점 또는 호텔 대리인 등이 호텔에 명확한 정보나 허락 없이 객실을 판매하도록 위탁하는 경우를 말한다. 그러나 사후에 주기적으로 호텔측에 보고서를 작성한다.

French Service : 고객에게 제공되는 음식을 각자 선택하여 식사를 할 수 있는 것이다. 프렌치 서비스의 이용은 호텔 등급이나 식당 시설에 따라 결정한 문제라고 볼 수 있으나 최근에 이르러 유럽 각국에서 전형적인 연회 서비스에 널리 사용되고 있는 서비스 방법이다.

Fresh Air Cover : 외부공기를 빨아들여 제공하는 장치의 커버

Fromage : 치즈(Cheese)

Front Bars : Counter Bar라고도 부르는데 바텐더와 고객이 마주보고 서브하고 서빙받는 바를 말한다.

Front of the house : 일반 고객의 눈에 보이는 식당의 한 부분.

Front office : 외형적으로 front desk뿐만 아니라 객실에 대한 서비스와 판매를 포함한 제반 직무와 기능을 의미하는 광의의 용어

Full day : 계산을 목적으로 요금을 부과할 수 있는 세금의 합계

Full house : 모든 객실이 판매된 상태인 점유율 100%를 의미

Full Service : 호텔, 모텔의 제한적 서비스와 대조적으로 호텔 내의 제반부서로부터 전 제품과 완전한 서비스가 제공됨을 뜻한다.

Functional Organization : 경영기능의 수평적 분화를 명확히 하고 전문화에 의한 관리자의 분업상 이익을 확보하기 위한 관리조직을 말한다.

Gala and Festival Menu : 호텔 레스토랑에서 축제일이나 어느 특정 지방 및 특정 국가의 기념을 위하여 개발한 메뉴

Garlic Powder : 마늘의 향은 독특한 매운맛을 갖고 있으며 각종 식품의 맛을 돋구는 데 효과가 대단하며 특유의 냄새는 다른 향료와 병행해서 쓰는 것이 바람직하다.

Garlic(마늘) : 아시아가 원산지로 온대지방에서 재배된다. 한냉지나 습지에서 재배한 것은 강한 냄새가 난다. 종류로는 줄기가 흰 것, 핑크빛, 연보라 등이 있다. 소화기 계통의 효능을 높이는 방부 효과가 있고 혈압을 낮추며 기관지염에 좋다.

General Cashier : 제너럴 캐쉬어는 1일 영업중에서 발생하는 현금 결제계정을 총괄, 수합하고 그 현품을 은행에 입금하여 영어장 영업에서 소요되는 현금기금의 가지급 및 회수와 관리 등의 일을 맡는다.

General Clean : 정기적으로 객실과 연회실을 철저히 청소하는 것

General Manager : 호텔영업에 관한 전반적인 업무를 관리, 감독하는 사람을 말하며 약칭 GM이라고도 함.

Ginger(생강) : 원산지는 아시아. 갈대와 비슷한 잎사귀를 가진 초본식물로 어린 뿌리가 뾰족한 모양을 하고 있다. 완전히 익으며 붉은색으로 변한다.

GIT : Group Inclusive Tour의 약자로 단체여행을 말한다.

Giveaway : 판매촉진을 위한 경품이라든가 무료증정품을 말함.

Glass Ware : 1.식당기물 중에 유리로 만든 식기 종류를 말한다. 2.음료의 종류에 따라 사용하는 캐쉬어의 종류와 크기를 정하여 양을 측정할 수 있게 한다.

Go Show : 호텔의 빈 객실이 없을 경우 체크-인 예정 고객 중 예약 최소나 No-Show로 빈 객실을 구하려고 기다리는 고객.

goblet : 손잡이가 달린 글라스류를 말한다.

Gorvernment Rate : 정부과직 공무원들에게 적용된 객실 할인율

Goulash : Hungarian Goulash라고도 하는 파프리카(Parprika) 고추로 진하게 양념하여 매콤한 맛이 특징인 전통 헝가리식 쇠고기와 야채의 스튜를 말한다.

Gourmet(미식가) : 식도 , 식도락가

Grand Total : 호텔에서 발생하는 단가에 봉사료를 합하면 공급하액이라고 하고 공급하액에 부가가치세를 합하면 판매가액이 되는데 이 총합계를 그랜드 토탈이라고 한다.

grandmaster : 내부로부터 잠겨진 것을 제외하고 모든 객실을 열 수 있는 열쇠

Great Wine : 포도주를 만들어서 15년 이상 저장하여 50년 이내에 마시는 와인을 말한다. 이때 콜크 마개의 수명이 25~30년 밖에 안되므로 25년 이상 묵으면 콜크 마개를 갈아 끼워주어야 한다.

Green Cabbage : 양배추의 한 종류로 잎들은 초록색이고 매우 꼬불꼬불하고 엉켜 있다.

greens fee : golf course 이용 요금

Greetress : 고객을 영접하고 식탁 안내 등을 맡은 여종업원.

GRILLING : 전도열로 요리하는 것

Grip Bar : 욕조 안에서 일어날 때 미끄러지는 것을 방지하기 위한 손잡이

Gross Income : 총수입

Group : 호텔의 예약 및 계산서를 청구할 때 일행으로 취급하는 사람들의 집단을 말한다.

Group Bill : 단체고객에 대한 계산서. Billing의 편의 및 효율성에 비추어 한 장의 계산서에 단체주문분을 작성하는 경우

Group List : 단체손님명단

Guarantee : 서비스를 받게 될 사람의 수를 나타내는 것으로 적어도 연회의 24시간 전에 연회기획담당자가 계산해 산출한 고객의 숫자이다.

Guarantee Money(Key Money) : 보증금

guaranteed reservation : 손님이 사정에 의해 투숙하지 못하더라도 객실요금을 지불하기로 약정된 보통예약

Gueridon Service : 식당서비스 중 게리동을 사용한 서비스를 뜻한다. 게리동이란 프렌치 서비스와 같은 정교한 식당서비스를 위해 사용되는 바퀴가 달린 사이드 테이블이다.

Guest Charge : 고객의 청구서에서 기재된 모든 청구액, 즉 서비스, 전화, 미니바 호텔의 부대시설 사용에 대한 비용의 합계를 말한다.

Guest Check : 식당 및 주장의 고객에게 청구하는 전표로 Voucher라 부르기도 한다. 접객원의 주문전표(Waiter Order Slip)를 Guest Check로 병행하는 경우도 있다.

Guest Count(고객수) : 투숙고객수, 즉 등록된 고객의 수를 말한다.

Guest Day : 한 명의 고객이 한 호텔이나 모텔 기타 숙박업소에 당일 숙박을 한 경우에 업소규정에서 정한 일일숙박기준에 의하여 체크 아웃된 고객

Guest Elevator : 이것은 프런트 엘리베이터라고 하며 고객을 동반, 객실을 왕래하는 벨맨을 제외한 일반 종사원의 출입이 금지된 고객 전용 엘리베이터

Guest History Card(고객투숙기록카드: Guest History File, Guest History Folio) : 고객이 과거에 여러 번 방문한 투숙기록을 보존하는 카드로 고객의 방문회수, 사용객실, 사용기간, 특별한 선호, 불평불만 사례, 지불방법, 특별한 고객요구, 외상거래, 회사명칭, 직위등을 기록하여 보다 세밀한 서비스를 단골고객관리를 위해 사용되는 카드를 말한다.

guest house : 침실제공을 목적으로 여행자에게 대여할 수 있는 객실을 갖추고 있는 건물; tourist home이라고도 한다.

Guest Ledger : 등록된 고객에 대한 원장.

Guest Night(고객 일일숙박) : 고객이 한 호텔이나 모텔 기타 숙박영소에 당일 숙박을 한 후 일일당 숙박업소에서 정한 일일 숙박기준에 의하여 체크 아웃(Check-Out)된 고객을 말한다.

Guest Relation Officer(고객상담: GRO) : GRO는 일반적으로 외국인 고객들의 편의를 제공하기 위하여 고객 상담 및 안내를 맡는 직종이다.

Guest Supplies : 고객용 소모품

guidbook : 안내 책자

Guide(Tour guide) : 관광지를 소개하고 그에 대해 설명해 주는 사람.

Guide Rate : 여행단체를 받아들이는 호텔 측과 여행알선업자 사이에 적용되는 특별요금제도

guided tour : 주로 유람을 목적으로 하는 안내원을 동반한 여행

Hand Shover : 손으로 들고 샤워를 할 수 있는 분무기

Handicap Room : 객실에 비치된 시설장치, 구조, 가구 및 비품 등이 물질적으로 손상되어 있는 객실로 객실가격이 저렴한 것이 특징

Handle with Care : 취급주의를 말한다.

Happy Hour : 호텔 식음료 업장에서 하루중 고객이 붐비지 않은 시간대를 이용하여 저렴한 가격으로 또는 무료로 음료 및 스넥 등을 제공하는 호텔 서비스 판매 촉진 상품의 하나이다.

Hash House : 하쉬 하우스는 무질서한 서비스가 제공되는 곳의 은어로서 트럭 정차장, 커피숍이나 터무니없이 음식값이 비싼 식당 등에서의 서비스

Head Waiter : 레스토랑의 서비스 총괄책임자

Heating System : 건물 전체를 통하여 각 객실에 더운 열을 공급하는 하나의 난방 시스템.

Held Luggage : 숙박료 지급 대신에 고객의 물건을 담보로 잡아 두는 것을 말한다.

High Tea : 영국의 일부지역에서 Afternoon Tea 대신 초저녁(오후 4~5시)에 나오는 간단한 식사

Highway Hotel : 고속도로변에 세워진 호텔.

Historical Revenue Report : 호텔의 모든 부문 수익발생에 있어서 과거의 실적을 전반적으로 나타내는 보고서. 금년, 금월, 금일의 실적과 전년, 동월, 동일의 실적을 함께 볼 수 있도록 작성

Hold for Arrival Stamp : 우편물 도착 표시

Hold Laundry : 세탁을 의뢰한 고객이 갑자기 귀국한다든지, 타 호텔로 옮긴다든지 하여 보관하였다가 차후에 돌려 받을 때가 있다. 이 경우 보유계정으로 처리되는 것

Hors D'Oeuvre : 식사순서에서 제일 먼저 제공되는 전채요리로 식욕을 돋구어 주는 소품요리를 말한다. 오르 되 브르는 분량이 적어야 하고, 보기에 좋고 맛이 있어야 하며, 신맛, 짠맛이 있어 위를 자극하여 위액의 분비를 왕성하게 하여 식욕을 돋구어 주어야 한다.

hospitality : 사람을 기쁘고 편안하게 하는 환대; 호텔과 식당은 주로 환대산업이라고도 불림.

Hospitality Industry(환대산업) : 관광산업 또는 호텔산업의 동의어 개념으로 사용되고 있으나 실질적인 환대산업은 서비스산업에 있어서 숙박산업, 관광산업, 식음산업, 레스토랑 산업을 말하는 것이다.

Hospitality Room : 호스피텔리티 룸은 총지배인이나 객실담당 지배인의 허락 하에 단체의 수하물을 임시 보관한다든지, 일반고객이 의상을 잠시 동안 갈아입는 등의 목적으로 제공되는 객실이며 객실요금은 징수하지 않는다.

Hospitality Suite : 호텔 또는 모텔에서 일반적으로 숙박목적이 아닌 오락 및 연회목적으로 사용되는 객실

Host : 고객을 영접하거나 환영하는 사람. 손님의 특별한 요구를 돌보아줌으로써 그들을 편안하게 만든다.

Host/hostess : 고객을 영접하여 필요한 서비스로 안내하는 서비스 요원.

Hostel : 도보여행자나 자동차 여행자용의 값이 싼 숙박시설.

Hot Dessert : 더운 디저트에는 조리방법에 따라 다음과 같은 조리법이 있다. 즉 오븐에 굽는 법, 더운 물 또는 우유에 삶아내는 법, 기름에서 튀겨내는 법, 알코올로 플랑베하는 법 등이 있다

Hot Drink : 인간의 체온보다 온도를 높인 음료. 즉 사람의 체온(36.5도)보다 25~30도가 높은 62~67도 정도로 해서 마신다.

hot list : 신용카드 회사에 의하여 호텔과 다른 소매자들에게 제공된 분실 또는 도난당한 신용카드의 목록

Hot Souffle : 크림소스에 스위스 치즈나 가루 치즈를 혼합하여 양념과 함께 오븐에 넣어 구워낸 것

Hotel Package : 호텔에서 교통편의와 객실 및 기타 부대시설의 사용을 포함한 일괄적인 서비스를 말한다.

Hotel Chain : 동일 자본계열에 속하는 것과 프랜차이즈제의 것이 있는데, 이전에는 힐튼과 쉐라톤이 세계적 체인망을 가지고 있었으며 세계에서 가장 유명한 체인이었으나, 최근에는 웨스틴 호텔스 앤 리조트, 홀리데이인, 인터 콘티넨탈, 트래블 롯지 등의 해외진출도 눈부시다.

Hotel Charter : 호텔경영의 기본적인 사항에 대하여 국제적인 통일기준을 만들려고 하는 움직임이 있는데 그 기준을 말한다.

Hotel Cost Analysis System(호텔원가분석제도) : 호텔식음료의 원가관리방법으로 식음료의 원가를 그 성분에 따라 부문별 혹은 원가요소별로 원가분석을 한다.

Hotel Direct Cost : 호텔 직접비는 원가요소에 있어서는 어느 특정부문에 직접적으로 부과되는 원가로 직접재료비, 물품비, 부문인건비, 직접경비 등으로 구성된다.

Hotel Fix Cost : 호텔의 매출액 또는 업무량에 관계없이 소비되는 원가로서 정규 종사원의 인건비, 재산비, 공공장소의 전열비 등과 같은 비용. 호텔업은 특히 고정비의 비율이 높은 특성을 가진다.

Hotel Information Control System : 회계처리시스템, 고객관리시스템, 예약정보시스템을 중심으로 한 호텔의 서비스 향상이 목적이다.

Hotel Marketing Mix(호텔 마케팅 믹스) : 호텔마케팅 시스템의 구성요소가 되는 호텔 객실을 비롯한 시설 서비스, 객실요금, 식음료 요금, 촉진활동, 판매경로 등의 적합한 결합을 뜻한다. 이러한 요소들은 서로 관련되어 있으며 한 분야에서의 의사결정은 다른 분야의 행동에도 영향을 미치게 된다.

Hotel Marketing Plan(호텔 마케팅 계획) : 마케팅활동에 필요한 전반적인 계획을 내용으로 하며, 구조는 효과적인 마케팅전략의 수립에 있으며 호텔 마케팅 활동을 촉진하기 위한 선전광고비, 통신비용, 판촉활동에 소요되는 과목별 예산을 최소의 비용으로 계획하고 최대의 판매목표를 달성하도록 하는 것

Hotel Package : 호텔에서 교통편의와 객실 및 기타 부대시설의 사용을 포함한 일괄적인 서비스를 말한다.

Hotel Package Sales : 호텔 판매촉진 활동의 한 방법으로 호텔이 적극적인 고객의 유치를 위해서 항공사, 여행사, 혹은 호화여객선 회사와 공동으로 단일요금으로 된 여행상품을 개발하여 판

매하는 것을 말한다.

Hotel Pay : 호텔 객실의 요금계산 기준시간이며 우리나라는 정오부터 그 다음날 정오까지이다.

Hotel Personal : 호텔이나 모텔 등과 같은 숙박업소에서 근무하는 종사원

Hotel Porter : 호텔의 출입구에서 손님의 화물이나 심부름을 하는 종업원으로, 벨보이(Bell Boy)와 구별이 잘 안 된다.

Hotel Price Policy(호텔 요금 정책) : 적정한 객실요금 책정은 호텔경영에 있어서 가장 중요한 경영정책의 의사결정으로 호텔의 판매증진을 위한 최선의 방법이며, 기업의 수익성을 향상시키는 요건이라 할 수 있다. 호텔의 요금정책은 객실요금뿐만 아니라 식음료 요금까지를 포함하고 있다.

Hotel Representative(호텔 대리인) : 호텔에서 파견되어 여행업자나 항공회사 드의 이용자에 대하여 호텔의 홍보나 예약의 접수, 확인업무를 대행하는 것을 말한다. 생략해서 호텔 랩(Hotel Rep)이라고 한다.

hotel safe : 호텔 금고

Hotel Sales Plan(호텔 판매계획) : 호텔 판매촉진 활동을 효과적으로 수행하기 위한 호텔의 판매계획은 경영자와 판매담당 책임자 혹은 부서책임자에 의해 수립되며, 판촉활동은 고객, 사회단체, 기업 등에 직접적인 판촉업무를 하게 되며 객실, 식음료, 부대사업 판매계획으로 크게 나눌 수 있다.

Hotel Variable Cost : 호텔이 매출액, 업무량, 조업도에 따라 변동하는 성질의 비용으로서 식음료의 재료비는 변동비에 속한다.

Hotel Voucher : 모든 선불여행에서 비용이 납부되었다는 것이 명기된 관광업자에 의해 발행되는 회수권으로 고객은 호텔 투숙 수속시 이 회수권을 제시하며, 호텔 측은 후에 관광업자에게 비용을 요구하는 계산서를 이 회수권과 함께 발송한다.

Hotelier(호텔인) : 호텔업자 또는 호텔지배인, 관리인, 소유주를 총칭한다.

House Bank : 환전업무를 용이하게 하도록 일정금액의 현금을 Front Cashier에게 전도하여 책임지우고 보관하여 놓은 것

house call : 회사, 업무용전화; 직원이 업무용으로 전화를 사용하는 것으로서 무료임

house count : 등록된 고객의 숫자

House Doctor : 호텔과 특약되어 있는 담당의사로 급한 환자가 발생하였을 때 이 의사를 부른다.

House Keeper : 호텔 하우스키핑의 책임자로서 객실청소 및 정비책임자이며 프런트 기술부문과 연결하여 객실의 관리유지를 말한다.

House Keeping : 객실의 관리 및 객실부문에서 제공되는 서비스의 모든 것을 가리킨다.

house laundry : 통상 호텔이 약정을 맺는 외부세탁과는 대조되는 것으로 호텔이 직접 운영하는 내부세탁시설

House Limit : 고객의 외상거래한도를 말한다.

House Man : 하우스키핑에서 근무하는 종사원으로 힘든 청소업무나 물건을 옮기는 작업을 수행한다.

House phone : 호텔 로비에 놓여 있는 구내 전용전화.

House Profit : 호텔의 순이익. 소득세를 공제한 영업부문의 순이익. 점포 임대 수입은 제외되나 세금, 임대로, 지급이자, 보험 및 감가상각비는 공제된다.

house rooms : 판매가능 객실로부터 제외된 것으로서 호텔자체에서 사용할 목적으로 남겨둔 객실

house telephone : 구내전화.

House Use : 호텔직원이 무료로 객실을 이용하고 있음을 나타내는 객실상황표

House Use Room : 호텔 임원의 숙소로 사용되거나 사무실이 부족하여 객실을 사무실로 사용하는 경우, 침구류를 저장하는 Linen Room이나 객실 비품을 저장하는 Store Room 등을 말한다.

House Wine : 호텔이 영업신장을 위하여 정한 기획 Wine으로 대체적으로 저렴한 상품을 Glass단위로 판매할 수 있는 Wine

Housekeeper : 호텔 투숙객을 위하여 객실의 정돈상태와 관리상태를 감독하는 사람.

housing bureau : 도시간의 회의(기간) 동안 호텔에 관한 문의,예약 등을 위하여 운영되는 도시간의 예약기관

IATA(국제항공운송협회) : 대부분의 항공서비스에 대하여 합의하에 가격과 그 밖의 다른 기준들을 설정하는 국제 항공사의 자발적 협회

ID : 개인 신분증

Immigration card : 한 나라에 입국한 사람이 작성하여야 하는 카드의 일종: arrival 또는 disembarkation card라고도 불림

In-Bound(외인여행) : 외국인의 방한 여행 또는 외국인의 국내여행이며 반대는 Out-Bound(해외여행)이다.

In-season rate : 성수기요금 ; 여름, 겨울의 중반처럼 수요가 최대일 때 계산되는 휴양지 호텔의 최고요금. (cf. off-season rate)

Inbound tourists : 외국에서 관광을 목적으로 국내를 방문하는 외국인 여행자.

Incentive Pay : (종업원에 대한) 생산성 향상 장려금.

Incentive Tour : 포상여행

Independent Hotel : 단독경영의 호텔이란 개인이 호텔 하나만을 운영하는 경우와 그룹사의 경우 호텔업에 투자를 하여 관리인으로 하여금 단독경영을 하게 하는 경우이다.

Independent traveler : 단체의 회원으로보다 오히려 그(그녀) 자신 혼자 여행하는 사람, 단체여행객에 대해 개별여행자를 지칭

Indicator : 호텔 하우스키핑 부서로부터 객실정비가 완료된 후 프런트에 객실정비가 완료된 것을 알리는 시스템

Industrial Restaurant : 회사나 공장 등의 구내식당으로 비영리 목적의 식당이다. 학교, 병원, 구내의 급식식당 등이 이에 속한다.

Inside call : 호텔 내부의 전화교환대를 통한 통화; 호텔 내부의 구내전화. (cf. Outside call)

Inside room : 건물의 세 방향 또는 네 방향으로 막혀져 있거나 내부의 뜰과 면하고 있는 객실

Inside Selling : 기업이 어떤 팔 물건과 고객이 접촉할 때 추가적 제품이나 서비스가 판매되도록 모

색하는 전략으로서, 호텔의 고객에게 호텔 이발관을 이용하도록 유도하거나 레스토랑 단골 고객에게 식사와 함께 포도주를 들도록 권유하는 경우

Inspector : 판매가능 객실로 정비되었는지 점검할 책임을 지니고 있는 객실정비부서의 감독

Institute : 학교 형식처럼 가르치는 방식으로 강좌하는 강습회 형식이나 기관을 일컫는다.

Institutional advertising : 대중을 대상으로 하는 특정상품, 서비스에 대한 소개가 아닌 회사명, 국가명 등을 알리고자 하는 일종의 공영광고

Intangible Product : 호텔내의 여러 부서의 종업원들이 제공하는 상품(만질 수 없는 상품), 즉 흔히 인적인 서비스가 합쳐져서 제공된다고 할 수 있다.

Interline connection : 한 비행기에서 다른 비행기로의 연결 혹은 바꾸어 타는 일

Internal silling : 호텔 투숙객들에게 상품과 서비스를 판매하는 것.

Internal tourists : 국내에서 관광하는 내국인 여행자.

Interphone : 객실내 욕실에 설치되어 있으며 받을 수만 있는 수신용전화기

Intrastate call : 동일주내에 수신인과 발신인이 있는 장거리 통화

Inventory(재고조사) : 판매전표와 출고전표 취급을 확실히 하고, 재료 원가율에 유의하여 적원가율을 항상 유지하도록 한다. 일일 재고조사(Daily Inventory)와 월 재고조사(Monthly Inventory) 등이 있다.

Inventory : 식음료나 다른 물품의 재고량 조사

Invoice : 거래품목의 명세표시와 청구의 기능을 갖는다. 이것에는 거래당사자, 목적물, 거래가액, 부가가치세액, 거래일자, 주문서의 일련번호 등을 표시한다. 송장 원본은 검수보고서 작성의 자료가 된 후 원가관리부로 회송, 심사 및 원가 삽입을 거쳐 다시 경리부로 보내어 대금지급을 의뢰한다. 그리고 검수부, 재료수령처(창고 또는 주방), 구매부, 납품업자에게는 그의 사본을 보내어 재료관리, 통계, 증빙용으로 쓰게 한다.

IT number : 포괄여행에 대해 증명과 booking을 위하여 배정되는 code(번호)

Jockey Service : 호텔의 현관서비스의 일종; 호텔고객의 차가 도착하면 직원이 직접 운전하여 전용주차장에 주차해주는 서비스; 고객의 신속한 호텔출입을 위한 주차대행 서비스

Junior Suite : 응접실과 침실을 구분하는 칸막이가 있는 큰 객실

Junket : 1. 유람여행, 관비여행 2.뼈의 스톡을 넣고 끓여 누렇게 만든 국물. 밀가루가 들어가지 않는 것이 루(Roux)와의 차이점; 영국에서 육류음식을 조리하는 대표적인 방법

Keep Room : 예약되어 있는 객실

Keep Room Charge : 호텔에 투숙한 고객이 단기간의 지방여행을 떠날 때에는 짐을 객실에 남겨 두고 가는 경우가 있다. 비록 고객이 객실을 사용하지 않았어도 요금을 부과시키는 것을 말한다.

Key drop : 투숙객이 호텔 외부로 나갈 때 그들의 객실 열쇠를 두는 곳.

Key In : 컴퓨터 작동가능 여부를 알려주는 기능

Key Inventory : 프런트의 나이트 클럽이 결산을 하기 전에 빈 객실과 투숙중인 객실 열쇠의 유무를 파악하는 것

Key Space : 투숙객이 열쇠를 소지하고 자유롭게 다닐 수 있는 범위

King : 대략 78*80inch 규격의 특별히 폭이 넓고 긴 double bed.

King-sized bed : 규격이 큰 침대

Landing gear : 착륙시 항공기의 선륜(바퀴)을 내리는 기계장치

Last Year Month To Date : 전년 동월 동일의 누계

Late Chanrge Billing : 이미 퇴숙한 고객이 요금을 지급하지 않고 떠난 경우에 추가요금을 계산하는 것으로 이 계정도 자동으로 원장에 부가되어 요금청구를 하게 된다.

Late Charge : 손님이 Check-Out, 즉 퇴숙 후에 늦게 프런트 회계에 들어오는 전표에 의한 *****을 말한다.

Late Check-out : 호텔의 정상 체크아웃 시간보다 늦게 객실을 비우는 것

Laundry Slip : 세탁신청서

Leg of a flight : 전부 비행기에 의하여 이루어지는 여행의 일부분

Leisure : 인간이 일, 의무로부터 해방되거나 계획된 활동으로부터 자유로와져서 휴식을 취하거나 즐길 수 있는 시간

LIcense : 개인 또는 사업체에 주어지는 특정활동수행에 대한 허가서류(증)

LIght baggage : 고객을 신용하기에는 양, 질면에 있어서 불충분한 짐. 고객은 현금지불을 하게 됨.

Limit Switch : 객실안 옷장 문에 설치되어 있으면서 문이 열리면 전등이 켜지고 문을 닫으면 전등이 꺼지는 장치

LImited service : 객실 이외에는 서비스가 제공되지 않거나 거의 없는 호텔 또는 모텔; 염가호텔(모텔) (cf. Full service)

LImousine : 많은 사람들을 수송할 수 있는 대형 자동차

LInen : 테이블보, 냅킨, 트랩스 등을 총칭하여 부르는 말.

Linen Shooter : 객실 각 층에 설비되어 린넨류를 구내 세탁장까지 운반할 수 있도록 되어 있는 장치

Linen-Room : 호텔에서 사용하는 각종 직물류 및 유니폼, 기타 천으로 된 모든 것을 보관하면서 필요한 제품은 Room Maid 나 식당 관계자들에게 제공되어진다.

Local Call : 시내통화

Lock Out : Bill을 정산하지 않은 고객의 객실 출입을 차단하는 것

Loding Industry(숙박산업) : 미국에서 호텔사업이라고 호칭하는 것보다 이런 용어의 쓰임이 보통이다. 리조트(Resort), 모텔(Motel), 콘도미니엄(Condominum), 게스트 하우스(Guest House) 등을 총칭하는 광의의 개념이다. Accommodation Industry 는 상용숙박시설을 총칭하는 일반적인 용어이다.

Log : 업무일지로 몇몇 영업부문에서 사용하는 업무활동 기록대장이다.

Logbook : 예약에 관한 사항이 기재된 책.

Logo : (표지, 의장, 상표의) 활자, 심볼 마크, 상표 혹은 상징그림

Long Distance Call : 보통의 가입구역 이외의 특정 장거리지역과 통화할 수 있는 전화

Long Drink : 칵테일에 있어서 알코올과 비알코올성을 혼합한 것을 말한다.

Lost and Found : 분실물 보관소.

Lost Bill : 식음료계산서 처리시 등록되지 아니하고 사용중 관리 부실로 분실된 계산서

Maid Station : 객실, 정비원, 검사원, 청소원들이 사용하는 사무소

Mail and Key Rack : 우편 및 열쇠 랙. 열쇠 및 우편물을 보관하기 위하여 객실번호 순으로 제작한 프런트 오피스의 힌 비품이다.

Mail Clerk : 우편물을 고객에게 전해주고 객실 손님의 우편물을 보관 또는 운송하는 업무를 말한다.

Mail Service : 호텔의 우편물을 집배하거나 발송하는 서비스

Main Dish : 주요리 식사단계 중 가장 으뜸이 되는 요리로 일명 앙뜨레라고 부른다.

Maitre D'Hotel : 대형 호텔에서 모든 식당을 관리하는 중간관리자

Make the bed : 기상 후 잠자리를 개다.

Make up : 객실을 이용한 다음 정돈하는 것.

Make up a room : 방 정리를 하다

Make Up Card : 고객 객실의 문에 걸어 놓는 카드로써 객실청소원에게 우선 청소를 해달라는 표시로 호텔과 고객간의 의사전달 도구이다. 반대쪽에는 Do Not Disturb(방해금지) 카드이다.

Management contract : 체인호텔이 호텔운영에 책임지는 사업합의서.

Manual : 호텔에서의 메뉴얼이란 Q.S.C.(Quality, Service, Cleaness)에 근간을 두고 표준을 설정하여 작업의 방법을 구체적으로 지시하는 지침서. 즉 작업동작이나 수순을 도식화하는 것이 메뉴얼이다. 일반적으로 호텔의 매뉴얼은 6가지로 나누어진다.

Marker : 카지노의 지정양식으로 고객의 가입서명으로서 Bank 인출이 가능해지는 환전증서

Market : 특정상품 또는 서비스를 구매하거나, 특정한 장소를 방문하는 사람 ; 물건이 판매되는 장소

Master Account : 그룹원장을 말하며 컨벤션 및 관광단체를 위해 작성되는 원장.

Master Key : 이중 잠금장치가 된 객실을 제외한 전 객실을 열 수 있는 열쇠

Master key : 한 층에 있는 모든 객실을 열 수 있고 여러 개의 pass key를 통제할 수 있는 열쇠; floor key라고도 함.

Meal Coupon : 단체고객 중 인원수가 적은 단체나 관광일정, 행사일정 등이 여유가 있는 단체는 "식권"을 발행하여 개개인이 원하는 시간에 취향에 맞는 식사를 자유롭게 선택하여 즐길 수 있도록 하기도 한다.

Meal service : 식당의 영업시간.

Meeting Planner : 호텔 및 컨벤션 업계에 영향력 있는 담당자로서 컨벤션을 유치하는데 있어서 호텔, 컨벤션 등 장소 결정에 주요한 결정권을 가지고 있는 사람

Members Only : 일반적으로 특정인이 호텔의 레스토랑, 스포츠시설, 피트니스 센터, 리조트 클럽 등의 회원에 가입함으로써 회원에 한하여 이용이 가능하다.

Merchandise : 상품 또는 필수품; 상점에서 판매되는 모든 것

Message Lamp : 나이트 테이블에 설치되어 있는 작은 램프로서 손님에게 메시지가 있을 때 프런트 데스크에서 작동시킨다.

Messenger Boy : 고객의 체재기간 중 Check-out하는 경우 전화, 편지 이외에 직접 인편에 의해 의사를 전달하는 경우에 대비한 심부름꾼

Metropolitan Hotel : 대도시에 위치하면서 수천 개의 객실을 보유하고 있는 맘모스 호텔의 무리. 이 호텔은 동시에 많은 숙박객을 수용할 수 있고 대연회장과 전시장, 그리고 대집회장과 주차장 등을 모두 갖춘 컨벤셔날 호텔이라고 칭할 수 있는 것이다. 그러므로 이 호텔은 회의와 비즈니스상에 필요한 시설 및 서비스가 철저히 구비되어 있어야 한다.

Mezzanine : 층과 층 사이에 있는 특별층. 보통 발코니를 가리킴. 극장에서는 첫 번째 balcony 또는 그것의 일부분을 mezzanine라고 함

Midnight Charge : 객실을 예약할 경우에 고객의 호텔 도착시간이 그 다음날 새벽 또는 한밤중일 때 호텔측은 그 고객을 위하여 그 전날부터 객실을 비워 두었기 때문에 전날 밤의 객실을 사용하지 않아도 1일 객실요금으로 계산된다.

Minimum Rate : 모든 예약을 받음

Minor Departments : Valvet, 세탁 및 전화와 같은 소규모 영업부문(객실 및 식음료는 제외됨)이다.

Mirror Holder : 거울을 위와 아래에서 고정시키는 장치

Miscellaneous charge order(MCO) : 항공사에서 지불보증하는 쿠폰의 일종으로 이름이 명시되어 있는 사람에게 서비스의 판매를 인정하는 항공사 voucher

Miscllaneous : 호텔에서 발생되는 잡수익(MISC) 계정은 주 상품이 아닌 부대상품 판매시 금일 수입금이 아닌 전일 마감된 수입을 추가로 부과할 때, 임시계정으로 대체할 때, 발생빈도가 적거나 금액이 적을 때, 특별행사를 위한 Ticket 판매대금 및 Member Fee 등에 사용하는 계정

Mise-en-place : 영업장 사전 준비(기물, 집기, 린넨 등)

Mobile Home : 일반 가정의 모든 시설, 장비가 갖추어져 있어 여행에 편리하며 또한 일상 거주형태로 비교적 쉽게 이동할 수 있는 이동식 주거형태

Modified American plan : 객실료 뿐만 아니라 아침, 저녁을 포함한 요금계산 방식

Month to Date : 당월 합계로 특정 월별, 특정 일별을 위한 수입과 지출을 나타내는 회계상의 합계

Morning Call : 호텔 고객의 요청으로 아침에 정한 시간에 전화로 깨워주는 것을 말하며 wake-up call이라고도 한다.

Motel : 객실 가까이에 주차장이 마련된 숙박시설.

Multiplier effect : 승수효과, 관광지에서 소비되어진 돈의 배수 효과

Murphy Bed : 호텔객실의 침대 종류로서 벽 또는 벽장 속에 붙이는 침대형태이다.

Murphy bed : 옷장형태의 벽이나 캐비넷 속으로 접어 넣을 수 있는 침대.

National Cash Register(NCR) : 회사에 의해서 제작된 호텔계산기로 프런트 캐쉬어가 사용하며 이 기계로 호텔 고객의 제반 요금을 전기 및 누적 계산하여 송출시 그 절차를 간편하게 한다.

Net Rate : 수수료에 의해 할인된 객실가격이다.

News Letter : 호텔에서 주별, 월별, 계절별 등으로 발간하는 호텔의 사업홍보와 광고, 사내 뉴스를 내용으로 하는 책자이다.

Night aubit : 야근 회계감사원이 수취계정을 일치시키는 작업.

Night auditor : 야간에 진행되는 경리장부의 정확도를 점검하는 사람.

Night Cap : 여자들이 머리에 쓰고 잘 수 있도록 제공되는 위생적인 모자

Night Clerk : 나이트 클럭은 야간에만 근무하는 자로서 야간 내에 일어나는 업무만이 아니고 프런트 오피스에서 주간에 발생되었던 업무의 연장으로 보다 축소 이전되어 맡아보는 일까지도 하여야 한다. 근무시간은 23:00~07:00까지로 Graveyard Shift라고도 한다.

Night clerk's report : 야간회계 감사자 또는 night clerk에 의하여 작성되는 중간보고서로서 day audit가 끝날 때까지 사용됨

Night Club : 야간에 전문적인 스테이지 쇼를 위주로 하여 술과 음료를 판매하는 시설로서 대개 무도를 즐길 수 있는 장소를 구비하고, 바 영업을 주종으로 하는 것이며 사교장소로도 이용된다.

Night Spread : 담요를 보호하고 각 고객에게 청결한 커버를 제공하기 위해 밤에 침대에 사용하는 덮개를 일컫는다.

No Arrivals : 호텔의 예약상황이 특별기간의 예약 때문에 특별기간에 예약을 받지 않는 것을 말한다.

No reservation(NV) : 예약없이 입숙한 고객.

No Through Booking : 호텔이 예약상황에서 손님의 체류가 특별기간 내내 계속될 때 어떠한 예약도 받지 않는 것을 No Through Booking이라 말한다.

No tipping : 사례금 없음

No Voucher : 전표를 분실하였을 때 「전표 없음」이라는 표시를 함으로써 보충전표를 받기 위한 표시이다.

No-Show Employee : 예정 근무일에 회사에 출근하지 않고 결근의 이유도 알리지 않은 종사원을 말한다.

No-show : 예약은 했으나 고객이 호텔에 나타나지 않는 경우.

Non-Guest Folios : 호텔 내에서 외상구매권을 갖고 있지만 호텔에 고객으로 등록되어 있지 않은 개인들을 위하여 작성한 것으로 이러한 개인들은 헬스클럽 회원, 단골회사 고객, 특별회원, 지역유지들이 포함된다.

Non-Smoking Area : 호텔의 로비, 레스토랑, 기타 부대시설에서 담배를 피우지 말 것을 위해 지정해 놓은 장소를 말한다.

Non-Smoking Room : 호텔을 이용하는 고객층의 다양화와 전 세계적인 금연운동의 확산으로 담배를 피우지 않는 고객의 투숙이 늘고 있어 그들을 위한 서비스 차원에서 금연객실 및 금연층을 지정하여 객실 배정을 하고 있다.

Non-transferable : 발행자 혹은 등재되어 있는 사람 이외에는 누구도 사용할 수 없는 것

Nonscheduled airline : 타임테이블(시각표)에 따르지 않고 수요에 따라 시간과 route를 변경하여 운항하는 항공기

Note Payable : 지급어음

Note Receivable : 받을어음

Novelty : 노벨티는 호텔이용객에게 제공하는 호텔측의 선물인 동시에 호텔광고를 목적으로 한 판촉물로서 원칙적으로 무료로 폭넓은 고객을 대상으로 배부하는 것이다.

Numbering Stand : 연회(Banquet)행사나 컨벤션시 참석자가 자기 테이블을 찾기 쉽도록 각 테이블마다 표시한 번호

Occupancy : 호텔에 있어서 객실 경영상황을 판단하기 위하여 가장 보편적으로 사용되는 지표.

Occupancy Percentage(판매 점유율) : 판매된 객실수와 판매가능 객실수와의 관련 비율을 말한다. 즉, 판매가능한 총 객실수 중 이미 판매된 객실수가 차지하는 백분비율을 말한다.

Occupancy Rate(=O.C.C.) : 객실판매율

Occupancy Ratio : 일정기간 중에 판매가능한 객실 중 판매된 객실의 비율

Occupied : 고객이 현재 사용하고 있는 객실을 말한다.

On Request : 예약담당자가 예약을 확인하거나 거절하기 전에 호텔과 의논을 필요로 하는 것

On the rocks : 술에 얼음을 넣어서 마시는 형태를 말한다.

On-Change : 고객은 체크아웃을 해서 떠난 상태지만 객실 청소가 아직 끝나지 않아서 재판매의 준

비가 덜된 상태, 또는 잠시 사용한 후 객실을 옮겼을 경우의 객실을 나타낸다.

Open Bed(오픈 베드) : 저녁시간에 손님이 침대에 들어가기 쉽도록 모서리를 접어 놓은 것

Opening and Closing Stock : 식음료 가격을 결정하는데 있어서 제고품의 가치가 결정되어야 한다. 그리고 재고품가치 파악 후 주방으로 들어오는 음식가격을 추가하여야 한다. 음식을 제공하고 난 뒤 남은 재고가치는 공제되어야 하며 이것이 재고마감이다. 한 기간의 재고마감은 다음기간의 재고개시이다.

Opening Balance : 개시잔고, 전일잔고

Operating Equipment : 호텔의 운영비품은 린넨, 은기류, 도기류, 유리제품, 유니폼 같은 것들이다. 이러한 운영비품은 호텔 서비스에 직접 사용되는 물품으로서 영업장 서비스를 위해 적정 재고량을 유지해야 한다.

Operating Equipment(운영 비품) : 호텔의 운영비품은 린넨(Linen), 은기류(Silver Ware), 도기류(China Ware), 유리제품(Glass Ware), 유니폼(Uniform) 같은 것들이다. 이러한 운영비품은 호텔 서비스에 직접 사용되는 물품으로서 영업장 서비스를 위해 일정 재고량을 유지해야 한다.

Optional Rate : 객실의 예약시점에서 정확한 요금을 결정할 수 없을 경우에 사용되는 용어. 예를 들면, 다음 연도의 객실을 예약할 경우 인상될 다음 연도의 객실요금이 결정되지 않았을 경우, 또 예약신청자가 할인요금을 요구하여 왔지만 결정권자가 부재중이어서 요구사항을 확약해 줄 수 없을 경우 사용된다.

Optional tour : 임의관광, 즉 미리 계획하지 않고 필요에 따라 선택하는 관광

Order for Fill : Fill의 준비를 승인하는 데 사용되는 서식

Order Pad System : 호텔의 고급식당이나 일반적인 전문식당 혹은 메뉴가 많고 Full Course의 식사가 제공되는 식당에서 일반적으로 식료가 추가 주문도 있으므로 주문을 직접 계산서에 기입하지 않고 고객의 주문을 웨이터나 웨이트레스가 주문서에 기재하는 시스템으로 주문서와 계산서를 분리 처리하는 시스템이다.

Order Slip : 웨이터가 작성하는 식음료의 주문전표

Order Taker : 호텔의 식당이나 룸 서비스에서 고객의 주문을 받는 종업원을 말함. 주로 벨맨, 웨이타 등이 담당하는 경우가 많음.

Origin country : 여행객이 태어난 곳 혹은 출발장소

Out Bound : 국외로 나가는 국내 관광객

Out of order : 객실 등의 시설이 고장으로 인하여 당분간 판매가 불가능하게 된 상태.

Outlet Manager : 식음료부장(F&B Director)의 하위직으로 업장지배인

Outside Call : 외부전화, 즉 호텔 외부로부터 전화교환대에 들어오는 전화를 말한다.

Outside Catering : 출장연회란 연회행사를 부득이하게 호텔내의 연회장에서 하지 못하고 고객이 원하는 장소나 시간에 행하는 행사이다.

Outside laundry(valet) : 고객에 대한 편의를 제공하기 위한 목적으로 호텔측이 계약하는 외부세탁

Outside Room : 호텔건물의 외축이 자연이나 정원쪽을 향하고 있어서 전망이 좋은 객실을 가리킨다. 이것은 Inside Room과 반대개념이다.

Over and short : 장부상의 금액과 실제 현금과의 불일치(과부족)

Over Booking(초과 예약) : 객실보유수 이상의 초과 예약 접수를 말한다. 실제 판매가능 객실보다 최소 10% 정도의 예약을 초과 접수한다.

Over Charge : 객실 사용기간 초과요금, 즉 Check Out Time을 기준으로 하여 일정시간을 초과함에 따라 적용되는 요금, 대개 2시간 이내는 무료, 그 이후부터 6시까지는 Over Charge로서 Half-Day Charge(반값)을 적용하는 것이 보통임.

Over Sold(판매초과) : 객실 보유수 이상의 초과예약 접수로 호텔의 예약은 일종의 객실주문이므로 시간적으로 판매가 불가능한 시간에 예약이 취소되는 경우와 예약 손님이 나타나지 않는 경우에 대비하여 호텔의 전가동을 위해 실제 판매가능 객실보다 10% 정도의 예약을 초과 접수하고 있다.

Over Stay(체류 연장) : 예약상의 체류기간을 초과하여 체류를 연장하는 고객

Over Time : 호텔 종사원이 정상 근무시간보다 더 많은 시간을 근무한 경우를 말한다.

Overbooking : 초과예약. 예약취소(통상 약(8-10%), No show(약5%)등을 예비해서 실제 수용가능한 객실수 이상으로 예약을 초과 접수하는 것. Stayover도 overbooking의 원인이 된다.

Override : 호텔에 많은 예약을 한 대가로 격려하기 위하여 표준비율보다 더 많은 커미션을 지급하는 형태. 원래 오버라이드란 무효화시킨다는 의미로 우선순위가 높은 객실료에 우선하여 적용한다고 해석할 수 있다. 먼저 객실료는 호텔에서 표준적으로 정한 Rack Rate가 있으며 호텔의 할인정책에 따라 여러 객실료가 정해질 수 있다. 호텔에 있어서는 대개 Market Segment에 따라 가격을 차별화하며 특히 그룹 고객은 다른 시장보다 파격적인 할인을 하는 것이 보통이다.

Overweight : 예정체류기간을 넘겨 투숙하는 손님

Pack : 여행 가방 또는 상자 속에 물건을 꾸리는 일. 물건을 풀 때는 unpack이라 함

Package tour : 교통, 관광, 호텔 비용 등을 모두 포함하는 여행사, 항공사 주최의 기획관광. 통상 식사도 제공되며 항공요금은 정상운임에 비해 대단히 저렴함

Package : 여행에 필요한 교통, 숙박, 식사, 팁, 관광 등의 일체의 경비를 포함하는 요금으로 여행 구매자의 숫자에 의거 할인요금으로 판매된다.

Packing & Wrapping Expenses : 포장비

Page : 메시지를 전달하기 위해서 손님을 찾는 것.

Paging : 호텔, 공항 등에서 고객을 찾는 일.

Paging Service : 호텔의 고객이나 외부 고객의 요청에 의해 필요한 고객을 찾아주고 메시지 전달을 해주는 것을 말한다.

Paid Bar : 제공되는 모든 음료가 미리 지급되어 있는 바

Paid In Advance : 선불형식으로 미리 지불받는 객실요금; 휴대품이 없는 호텔고객에 대하여 호텔요

금을 미리 청구하여 받는 금액. 호텔 회계상 선납금은 발생 직후 서비스 비용이 뒤따라 발생 전의 판매수익으로 대체되는 호텔수입금이다. 이 경우 고객이 숙박하고자 하는 일수에 1.5배의 요금을 청구하는 것이 일반적이다.

Par Stock : 최저 필수 재고 보유량을 말하며 효율적인 기물관리를 할 수 있는 방법이다.

Parent : Youth Hostel의 관리자(지배인)

Pass key : 일명 submaster key라고 하며 12~18개의 방을 열 수 있도록 제한된 열쇠

Passenger service : 공항에서 승객이 지상에 있는 동안 그들을 도와주는 사람

PC-POS : 상품의 판매시점에서 매입, 매출관리, 재고관리, 예약, 고객관리, 이익관리, 매장관리 등의 경영분석자료를 신속하고 정확하게 제공해주는 휴먼테크로 완성된 첨단 경영관리 시스템

Peeling : 껍질을 벗긴다는 뜻. 레몬이나 오렌지의 껍질을 벗겨 칵테일 조주시 글라스 장식을 하면서 향기를 내게 한다.

Pension : 저렴한 가격으로 숙식을 제공하는 숙박시설이 한 형태

Penthouse : 호텔 등의 최상층에 꾸민 특별 객실이다. 호화로운 가구나 특별설비가 있고 전망 좋은 거실에 침실, 욕실, 화장실 등이 꾸며져 있다. 다른 손님과 접촉할 번거로움이 없기 때문에 탁월한 고객에 의한 독점적인 사용의 예도 허다하다.

Periodical : 정기간행물

Permanent Hotel : 이것은 아파트식의 장기 체류객을 전문으로 하는 호텔. 그러나 최소한의 식음료 서비스 시설이 있는 것이 보통이다. 이 호텔은 단순히 아파트와 다른 것은 메이드 서비스가 제공되는 것이다.

Person Call : 통화 상대자를 직접 연결하여 통화하게 하고 상대자와 직접 연결되지 않으면 요금을 계산하지 않는 방법

Personal check : 개인 은행수표.

Pick Up Stage : 저속으로 2분 정도 반죽하는 것을 말하는데, 재료가 섞이고 물이 흡수되는 단계를 말한다.

Pick-Up Service : 예약 고객의 요청에 의해서 공항 터미널에서 영접하여 호텔에 체크인 시키는 서비스를 말한다.

Pit : 카지노가 정한 바에 따라 Gaming Table(도박대)의 배열로 에워싼 카지노의 영업구역으로서 그 안에서 카지노 직원이 구역 바깥 주변의 고객과 일을 진행한다.

Plain : 아무것도 가미하지 않은 음식이나 음료의 본래 그대로의 상태를 말한다.

POP(Point of Purchase Advertising) : 식음료부서, 연회장소, 선물가게 등의 서비스를 광고할 때 많이 사용하며, 눈에 띄는 장소, 즉 엘리베이터, 객실, 로비 등에 광고분을 붙여 놓음으로써 고객에게 알리는 광고라고 말할 수 있다.

Port(항구) : 선박에서 화물을 하역하거나 승객이 내리는 장소

Porter : 벨 보이(bell boy)의 업무와 비슷하지만, 호텔의 고객이 투숙하여 퇴숙할 때까지 짐을 보관, 운반해 주어야 할 때 이러한 서비스를 담당하는 사람을 말한다.

Porterage : Porter Service에 대한 팁(Tip)

Portion Control : 영리적인 식당업체에서 이용되는 관리방법으로 식음료의 원가통제와 모든 고객에게 균등량을 제공하기 위한 통제수단

POS(Point of Sales) : 점포에서 매상시점에 발생한 정보를 컴퓨터가 수집할 수 있도록 입력하는 기기이다. POS는 어디까지나 점포에서의 매상기록에 준해 컴퓨터처리를 함으로써 경영판단에 필요한 정보자료를 작성하려고 하는 것이다.

Posting : 호텔 경리장부에 요금을 기재하는 것.

Posting Machine : 거래업무에 따른 금액을 기록하는데 사용되는 등록기계를 말한다.

Pot Still : 위스키 증류법으로서 소량을 증류시키는 단식증류법

Pre-Assign : 고객이 도착하기 전에 예약이 할당되고 특별한 객실은 블록(Block)을 시키는 예약직원의 작업이다

Pre-Payment : 선지불

Pre-Registration : 사전등록으로 고객이 도착하기 전 호텔이 등록카드를 사전에 작성하는 절차로 그룹이나 관광단체가 도착하여 프런트 데스크(Front desk)에 혼잡을 피해 등록을 마칠 수 있도록 하기 위해 사용되어지는 것이다

Preassign : 고객이 도착하기 전 예약분에 대해 이루어지는 객실 사전배정

Prepaid Commission : 선불 수수료

Prepay : 현금지불 혹은 선불

Preregistration : 고객이 도착하기 전에 등록을 완료하는 호텔의 절차; 일반 고객과의 혼잡을 덜기 위해 여행자와 단체 일부여행객에 대해 적용하는 사전등록

Press conference : 대중전달매체의 회원들이 그들의 독자 또는 시청자에게 흥미있는 것을 전달하기 위하여 참석하는 회의

Press release : 무료 광고로서 언론기관에 의해 이용되는 뉴스

Pressing Service : 고객 세탁 서비스의 다림질 서비스를 말하여 하우스키핑(House keeping)의 라운드리(Laundry)에서 일임하고 있다.

Previous Balance : 전잔고, 이월된 잔고

Property Management System : 프런트데스크(Front desk)와 백 오피스 사이에 원활한 기능을 위해 고안된 호텔 컴퓨터시스템이다.

Property to Property Resevation : 이것은 체인호텔에서 주로 사용하고 있으며, 고객이 호텔과 체인을 맺고 있는 호텔에 투숙하기에 앞서서 호텔측으로부터 사전에 무료로 예약서비스를 받을 수 있는 서비스를 말한다.

Public Area : 공유지역, 공공장소

Public relations : 장소, 상품 또는 서비스에 대하여 호감을 얻을 수 있도록 대중과 접촉하는 일

Publicity : 대중의 주의를 끌기 위한 것; 주로 신문 또는 잡지에 게재되는 무료광고 또는 news release가 있음

Purchase Orders : 구매발주서

Purchase Request : 구매요청서**Purchase Specification** : 호텔 식음 자재 및 기자재의 특정한 아이템

의 질, 크기, 등급 등을 표준화하여 그 내력을 기록한 것으로 육류, 생선, 과일, 야채 등에 많이 쓰인다. 구매명세서를 이용함에 있어서의 장점은 아이템 주문이 용이하며 주문상에서 생기는 실수와 오해를 해소시키며, 고객에게 제공되는 음식의 질을 계속 유지하며, 원가관리가 용이하며, 구매업무를 효율적이고 신속하게 할 수 있다.

Purchasing : 호텔의 모든 식음료 및 기자재, 가구, 비품류 등을 구입하는 것으로 최대한의 가치효율을 창출하기 위하여 호텔 전부서의 긴밀한 의사소통과 엄격한 통제의 바탕에서 이루어진다.

Quality Assurance : 호텔에서 고객에게 끊임없는 최상의 서비스를 제공하기 위한 운영적이며 관리적인 접근방법이다. 호텔 매뉴얼에 따라서 각 부서의 평가와 측정에 의해서 관리되어지고 있다.

Quality Control : 호텔에서 품질관리는 최고의 서비스를 위해서는 표준적인 상품의 질을 유지하여야 하기 때문이고 더 나아가 서비스 개선점을 발견하는데 용이하다. 이는 고객에게 그들의 기대하는 만큼의 표준적인 품질의 서비스상품을 제공함으로써 고객의 만족도를 극대화할 수 있다.

Quote : 室料 혹은 다른 요금을 계산하는 일

Rack Rate(공표 요금) : 호텔 경영진에 의해 책정된 호텔 객실당 기본요금

Rate : 가격 혹은 서비스가 제공된 가격의 원가로서, '호텔 객실요금을 일정기간 가격으로 정하다'의 뜻이다. Charge와는 쓰이는 의미에 차이가 있다.

Rate Cutting : 새로운 고객창출이나 시장개척보다는 경쟁 호텔로부터 고객을 끌어들이는 사업방법이다.

Rate of exchange(환율) : 한 나라의 통화와 다른 나라의 통화를 비교한, 한 나라의 화폐가치

Re-Exchange : 재환전이라 함은 비거주자가 입국하여 외국환을 원화로 환전한 후 사용하고 남은 원화잔액을 출숙시 다시 외화로 환전하는 것을 말한다.

Receiving : 식품검수의 주요 목적은 공급업자로부터 배달된 상품을 주문한 대로 정확한 질과 양을 견적가격대로 확실하게 수령하는 데 있다.

Receiving Clerk : 호텔의 각종 자재의 입고시 수령파악 및 질을 파악하는 담당자

Reception : 손님을 맞아들이는 곳, 입숙 등록 접수

Recipt(Bill.Check) : 고객에게 주는 영수증이다.

Red book : American Hotel & Motel Association (AH&MA)에 가입되어 있는 회원 호텔의 시설, 가격을 지역별로 기재해 놓은 간행물.

Red Cabbage : 양배추의 일종으로 색은 붉거나 보라색으로 되어있다. 속은 단단하고 꽉차 있다.

Refreshment Stand : 주로 경식사를 미리 준비하여 진열해 좋고 고객의 요구대로 판매하며 고객은 즉석에서 구매해 사서 먹을 수 있는 식당이다. 다시 말해서, 우리나라 고속도로 휴게실에 간단한 식사를 준비하여 놓고 바쁜 고객들이 서서 시간 내에 먹고 갈 수 있도록 되어 있는 식당이다.

Refreshments : 가벼운 음식, 다과.

Refund : 고객이 호텔에 보관한 선납금 중에서 고객이 퇴숙하고자 할 때 남은 금액을 되돌려 받는 것을 말한다.

Register(등록) : 호텔에서 고객의 도착 등을 기록하는 일

Register Reading Report : 식당회계 시스템에서 전날까지의 판매고와 당일까지의 판매합계를 기록한 회계보고서

Register(호텔명부) : 호텔에 투숙하는 모든 고객들이 기록으로 고객은 호텔 규칙에 의거하여 숙박계를 쓰게 되어 있다.

Registered Not Assigned : 호텔에 등록한 고객이 특별히 원하는 객실이 준비될 때까지 기다리는 것을 말한다.

Registration card(form) : 등록카드, 투숙객의 성명 및 연락처 등을 기록하는 카드

Rehabilitation : 업무를 올바르게 행할 수 있도록 재훈련시키는 것

Relief Cook : 주방 조리사들 중에서 와병, 비번, 혹은 휴가로 결원이 생겼을 때 그 사람의 업무를 대행하는 경험있는 조리원으로 세프 투르낭(Chef Tournant)이라고도 한다.

Reminder clock : 15분 간격으로 48회에 걸쳐 울릴 수 있도록 맞추어 놓을 수 있는 특수 자명종으로 주로 모닝콜 서비스용으로 사용됨

Remitttance : 송금, 송금액

Repeat business : 상품 또는 서비스에 대해 크게 만족하여 재차 이용하기 위하여 방문하는 고객으로부터 발생하는 사업

Repeat Guest : 처음 투숙한 고객이 그 후에 계속 그 호텔을 방문하는 것

Requisition Form : 청구서는 호텔 물품을 받기 위한 양식으로 청구서에는 허가를 받은 사인이 있어야 하며 물품 청구 후 하루에 한번 담당부서에 보내져 엄격한 재고변동관리에 필요하다.

Resevation Rack : 고객이 요구한 서비스 내용의 요약, 도착예정 일시, 고객의 성명 등을 알파벳 순서와 날짜별로 정리되어 있는 상황판이다.

Resevation Status : 고객이 호텔예약시 상호협정한 조건으로서 지급방법, 서비스 요구사항 등의 조건을 말한다.

Resident manager : front office, housekeeping 그리고 uniformed service를 포함한 호텔 front 부문을 책임지고 있는 호텔 지배인(=경영관리자)

Resort Hotel : 관광지 호텔로 보양, 휴양, 또는 레크리에이션을 목적으로 한 호텔로 해안이나 경치 좋은 곳에 있는 별장식 호텔을 일컫는다.

Retail(직판) : 일반대중을 대상으로 직접 판매하는 영업(사업); 소매여행대리업자의 경우 일반대중을 대신하여 숙박시설, 교통편 및 기타 여행서비스를 구매하거나 수배함

Room a guest : 손님의 짐을 객실까지 운반하고 짐정리를 도와주는 일

Room Assignment : 프런트 데스크 업무중에서 매우 중요한 것으로 고객예약에 대하여 객실을 할당하는 것을 말한다.

Room Attendance : 호텔고객의 객실을 안전하고, 쾌적하게 또한 청결한 객실상품을 제공하기 위하여 호텔의 모든 객실을 정리정돈하는 호텔종사원이다.

Room Change : 객실의 예약, 판매, 객실준비 담당직원으로 현고나 실무진에서 가장 중요한 위치이다.

Room count sheet : 야간에 작성되는 룸랙의 영구적인 기록으로서 이는 객실통계의(=에 대한) 정확성을 기하기 위해 사용됨

Room Demand : 호텔 객실경영에 있어서의 산출량관리의 하나로서 기존객실 공급량 혹은 미래에 필요한 호텔 객실수의 소요량을 말한다.

Room Inspection : 객실 청결도와 유지 상태를 조직적으로 점검하는 세부과정

Room inspection report : 방 청소부가 청소를 끝냈을 때 검사자에 의하여 준비된 객실의 상황을 체크한 목록

Room Inventory : 프런트 오피스에서 객실을 판매하는데 있어서 아무 지장이 없도록 도와주는 것.

Room Key Tag System : 호텔의 에너지 절약차원에서 객실 입실시 키를 키 센서(Key Sensor)에 꽂으면 객실이 자동적으로 점등되고 외출시나 퇴숙(Check Out)시 키를 빼내면 자동으로 점멸되는 시스템 방식을 말한다.

Room Rack Slip : 객실 투숙객 개개인의 인적 사항이 기록되어 있는 등록카드로부터 중요한 내용만 발췌한 것으로, 지정된 룸 랙의 포켓에 배치되어 있다. 여기에는 고객이 성명, 국적, 투숙일자, 투숙기간 등이 기록되어 있다.

Room Renovation : 객실수리에 있어서는 일반적인 객실수리와 전반적인 객실수리로 나누어 생각할 수 있겠다.

Room Revenue : 당일의 객실매출액을 Room Earing에서 찾아서 총객실매출액 비유을 산출한다.

Room service : 호텔 투숙객의 방으로 식사, 음료를 날라 주는 것.

Rooming List : 단체고객이 도착하기 전에 단체객의 인적사항을 기록한 고객의 명단을 미리 받아 단체객의 사전 등록과 사전 객실배정을 하기 위한 단체객의 명단이다.

Rooming slip : desk에서 bellperson에게 발행되는 양식으로, 고객의 성명, 객실, 요금을 증명하기 위한 bellperson에 의하여 작성됨

Rotation Menu Plan : 음식원가를 절감하는 방법으로 일정한 기간동안 계속적으로 반복하여 메뉴를 내는 순환메뉴계획.

Royalty : 광의로는 특허권사용료,저작권사용료,상연료,인세 등 전용권을 가진 사람의 허락을 받아 이러한 권리를 행사함으로써 이익을 얻는 자가 권리권자에 대해 지급하는 요금을 말한다.

RUBAN : 리본과 같은 형으로 자르는 방법

Ryokan : 일본의 전통적 여관

Safe-Deposit Boxes : 호텔객실에 투숙하는 고객의 귀중품을 보관해주는 금고로 프런트 캐쉬어가 관리한다.

Sales Promotion : 기업이 자사제품이나 서비스의 판매를 촉진하기 위해 수행하는 모든 촉진활동을 포함한다.

Salon : 응접실에 대한 유럽식 표현

Sample room(견본객실) : 상품매매 및 전시를 위하여 사용되는 방으로서 통상 숙박시설을 겸비하고 있음

Sample Room : 판매용 객실이 아니라 어떤 회사가 자사의 상품을 전시, 진열할 목적으로 임대한 호텔의 객실을 일컫는다.

Seasonal Rate : 동일한 제품과 서비스에 대해 계절에 따라 가격의 변동을 허락하는 차별 요금제도를 말한다.

Seasoned : 고객의 식성에 맞게 양념과 조미료를 넣어 맛을 맞춘 음식을 말한다.

Seat belt : 충돌시나 기타 비상시 승객을 보호하기 위해 비행기, 자동차 등의 좌석에 부착되어 있는 안전벨트나 손잡이.

Seat No. : 영업장 테이블의 좌석번호로 Service에 만전을 기하기 위해 편리하게 정한다.

Second Class Hotel(이등 호텔) : 1급 호텔보다 적은 서비스이지만 편의가 1급으로 제공되는 경제적 관광호텔을 말한다.

Security : 호텔 경비업무로서 외, 내부의 도난, 파괴행위로부터 종사원과 고객을 안전하게 보호하는 업무이다.

Security check(보안점검) : 불법무기 소지여부를 알기 위해 주로 x-ray 시설과 금속탐지기를 이용, 승객과 하물을 조사하는 일. security **officer** : 보안점검을 하는 사람.

Security(경비) : 절도와 파괴 행위로부터 종사원과 고객을 안전하게 보호하는 업무이다.

Self-contained : 휴양지처럼 한 호텔 혹은 한 지역 내에 여행자가 필요로 하는 숙박시설 및 제반시설을 갖추고 있는 것

Selling Up : 호텔에서 판매촉진을 위해 이미 예약된 객실의 요금보다 높은 가격의 객실을 선택하도록 권유하는 경영방법이다.

Semiskilled worker(반숙련종사원) : 업무를 수행하는데 그다지 많은 훈련(숙련)을 필요로 하지 않는 노동자

Serve(serve an airport) : 유용하게 하는 일. 보살펴 줌. 식당에서 음식 또는 식사를 제공하는 일 공항 내외의 운항중인 항공기에서 제공되는 서비스를 serve an airport라 함

Seven-Day Forecast : 호텔의 예약부서에서 예측하는 자료로서 예약고객에 대한 1주일간의 수요예측을 말하는 것으로 프런트(Front), 하우스키핑(House Keeping) 등 관련부서에 자료를 제공한다.

Shallow Frying : 깊이가 얕은 팬을 사용하여, 팬을 뜨겁게 한 뒤 기름과 버터를 넣어 급히 식혀 내는 방법으로, 스테이크 조리시 고기의 표면조직을 수축 시켜 내부의 영양분과 고기즙이 밖으로 흘러나오지 않도록 조리하는 방법이다.

Shift Sheet : 매 교대시 그에 따른 각 게임들에 대한 이득, 손실 계산기록

Shoes Rag : 호텔에 따라 구둣솔을 비치하는 곳도 있으나, 구둣솔보다는 천이 사용되기에 편리하고 위생적이다. 천 종류나 얇고 부드러운 종이류로 주머니처럼 만들어져 속에 손가락을 넣어 닦을 수 있다.

Short Drink : 보통 Shaker, 즉 칵테일 따위를 만들기 위한 음료 혼합기를 사용하여 만든 칵테일을 말하며 5분 이내에 마셔야 제 맛을 즐길 수 있다.

Short-haul route : 단거리 교통수단

Shot Glass : 특정한 글라스의 일종인데 글라스의 내부에 눈금이 새겨진 것과 눈금이 없는 것이 있는데 눈금이 새겨져 있지 않은 경우는 글라스의 가장자리를 기준으로 하여 양을 측정한다.

Shoulder : 성수기와 비수기 사이의 기간을 가르키는 마케팅 용어; 성수기와 성수기 사이를 말하기도 한다.

Show Plate : 식탁을 차릴 때 고객좌석의 중심을 표시하기 위한 장식 접시로서 그 위에 네프킨을 올려놓는다. 대개 동이나 놋쇠로 만들며, 특별제작품이 없을 때는 앙트레 접시로 대용하여 테이블에 놓는다.

Shut-Out Key : 보석이나 귀금속을 다루는 고객의 필요에 의해 고객이 부재시 어떠한 종사원도 개방, 출입할 수 없도록 고안된 장치이다.

Side Station : 신속한 서비스를 위해 영업장 안의 편리한 곳에 기물을 놓는 장소를 말한다. Service Station또는 Waiter Station이라고도 한다.

Side Work : 레스토랑이 영업을 개시하기 전에 케이블 정렬, 셋팅(Setting) 및 청결유지를 하며 레스토랑 오픈 후에는 구역 내에서의 소금, 설탕, 후추 등을 보충하여 레스토랑 고객에게 공급하는 업무를 말한다.

Sidewalk(보도) : 도로의 양가에 나 있는 인도; 통상 연석에 의해 차도와 구분되며 보호됨(보도)

Sightseeing tour : 한 지역의 경치를 감상하기 위한 여행. a trip to see the sights of an area

Sightseers(관광객) : 경치를 보기 위하여 흥미를 가지고 있는 장소로 가는 사람

Silverware : 식당기물 중에서 은으로 도금이 되어 있는 식기류를 말한다. Flat Ware류를 도금한 것이 대부분이다.

Simmering : 온도섭시 85도의 약한 불에 부글부글 끓이는 것

Simmering : Poaching과 Boiling의 혼합조리 방법으로 95~98도씨에서 조리한다.

Sitting Room Ensuite : 침실과 연결된 객실, 즉 거실을 말한다.

Size : 객실수에 의하여 측정되는 호텔의 수용능력

SKEWERING : 요리하는 과정에서 육류나 가금류를 기다린 핀에 다른 부재를 곁들여 꽂아주는 것

Skinning : 반죽 표면이 건조된 것이나 제품의 표면이 건조되어 불량하다는 뜻으로 쓰임

Skip Account : 미지급계정

Skipper 고의든, 무의식적이든 요금을 지불하지 않고 떠난 객실의 상황을 나타내는 용어

Skirt : 1. 벽지의 아래 부분을 보호하기 위하여 부착된 띠 2. 가구 따위의 가장자리 장식

Sleep Out : Room에 투숙중인 손님이 있으나 방을 사용한 흔적이 없는 것.

Sleeper : 고객은 요금지불을 하고 호텔을 체크아웃했는데 Front Office에서는 고객실 상황을 제대로 점검하지 않아 객실이 사용중인 것으로 오인되어 버린 객실을 나타내는 용어

Sleeper Occupancy : 판매할 수 있는 침대수와 이미 판매한 침대수와의 관계비율을 말한다.

Sleeping car : 침대에서 잘 수 있게 된 기차; 제끼면 침대가 되는 객실

Slumber coach : 잠을 잘 수도 있고, 다리를 쉬게 할 수도 있으며(foot rest가 있는) 기댈 수 있는 좌석을 가지고 있는 열차

Small Charge : 소전, 소액화폐, 잔돈을 말한다.

Smuggler : 밀수품을 가지고 들어오는 사람 또는 세금을 지불하지 않고 국내에 물건을 반입하고자 하는 사람

Snack Bar : 간이식당으로 가벼운 식사를 하는 식당이다. 식사의 서브 방식은 커운터 서비스(counter service)와 셀프 서비스(self service)의 형식을 취한다.

Social director : 휴양지, 호텔, 유람선 등에서 고객을 즐겁게 하고 환대하기 위한 활동에 대해 책임지고 있는 사람

Special attention(SPATT) : 중요 고객(귀빈)에 대하여 특별한 예우(대우)를 하기 위해 배정하는 표식

Special Service : 특급 서비스로서 보통 요금의 20~ 50%까지의 할증요금을 취한다.

Spice : 양념, 향미료, 양념류

Spirits : 화주로서 모든 증류수를 말함.

Splash : 반죽할 때 붓으로 바르거나 케익을 만들때 시럽을 바르는 것을 말한다.

Split Rate : 객실의 몇몇 고객이 총 객실요금을 분할해서 지급하는 방법이다.

Split Shift System : 호텔식당 경영상에 있어서 근무조의 시간을 연속이 아닌 두 개로 쪼개어 근무시키는 시스템이다. 이를테면, 오전 10시부터 3시까지 근무하게 하고, 식당문을 닫았다가 오후 6시에 다시 열어서 10시까지 근무시키는 시스템이다.

Spread Rate : 가격이 다소 랙 가격(Rack Rate)보다 떨어지지만, 단체고객이나 회의참석 고객에게 표준요금을 적용한 객실가격이다.

Station : 종사원에게 주어진 서비스 구역, 즉 호텔업장에서 고객에게 서비스하기 편리하도록 하나의 서비스 구역 그 자체를 말한다.

Station : 종사원에게 주어진 서비스 구역.

Stationery(상비설비) : 객실내에 항상 준비되어 있는 문구용품으로 봉투, 편지지, 엽서, 볼펜 등을 일컫는다.

Stay : 일박 이상 투숙하는 모든 고객; check out하기로 되어 있었으나 떠나지 않은(=못한) 고객; stay over. 투숙하기로 되어 있었지만 떠나지 않고 출발예정을 넘어 체류하는 일; 일박 이상의 연박

Stay(체류) : 호텔에서 1박 이상을 체류한 모든 고객을 뜻한다.

Stayover : 연박. 퇴숙 예정일자를 넘겨 체류하는 일. 고객.

Steward or stewardess : 선실(객실) 항공기 등에서 근무하는 남자 또는 여자.

STIRRING : 음식물을 원형으로 빙빙 돌려 혼합하는 것. 고루 섞이게 하는 것. 유리제품인 Mixing Glass에 얼음과 술을 넣고 바 스푼으로 저어서 재빨리 조제하는 방법이다. Sharp하고 Dry한 칵테일의 대부분은 비중이 가벼운 재료를 사용하고 있으므로 Shake하면 불투명하고 묽어질 염려가 있기 때문에 Stir하는 것이다.

Stock Ledger(재고원장) : 호텔의 재고원장은 주로 창고에 저장되어 있는 식음료 및 집기류 등 재고원장으로 효과적인 재고관리를 위해서는 재고원장이 필요하다. 재고원장의 기장은 청구서를 수령하여 물품을 출고하였을 때 출고기록과, 물품을 구매하였을 때 입고기록을 한다.

Stock Rotation : 창고의 재고나 저장품을 선입선출입에 의해 순서대로 소비하는 재고 순환을 말한다.

Strap portion : 2매 1조의 하물표 중 하물에 붙여지는 하물표의 한 부분

Studio : 침대로 전환할 수 있는 한두 개의 긴 의자를 가진 침대가 없는 호텔이나 모텔의 객실을 말한다.

Studio Bed : 호텔에서 사용하는 베드 중 낮에는 벽에 밀어붙이고 베개를 빼면 베드 커버를 걸어 놓은 채 소파로서 이용할 수 있는 것도 있는데 이것을 스튜디오 베드라고 한다.

Suite : 1실 이상의 침실, 거실, 주방 등이 있는 대형 객실.

Support facilities(지원시설) : 호텔, 공항으로 가는 도로. 전기, 재봉사, 식수공급 등 관광시설을 운영하는 데 필요한 것.

Sweet Jelly : 젤라틴으로 만든 투명한 젤리로 과즙이나 향을 넣은 것인데, 굳이 않고 액체 상태이지만 저어서 거품을 내 주면 그대로 굳는다.

Tariff : 호텔에서 공표한 정규요금을 지칭함

Tariff(공표요금) : 공표요금은 일반적으로 호텔이나 여관에서 공표한 정규요금을 지정하고 있으며, 호텔 브로우셔에 있는 요금표를 태리프라 부른다.

Tele-Marketer : 텔레 마켓팅을 수행하는 자를 말한다.

Telemarketing : 호텔기업이 고객을 직접 만나지 않고도 전화나 컴퓨터 등 정보통신수단을 이용해 매출액을 늘리고 고객 만족을 실현하려는 종합적인 마케팅 활동이다.

Temporary Advance : 임시 선수금

Tenant : 임대(차용)자

The Duplicate System : 식당 판매관리의 한 방법으로서 금전등록기(Cash Register Machine)나 식당 체킹머신(Checking Machine)의 원본 등록사항과 카본(Carbon)지의 금액을 대조 확인하는 방법이다.

Thyme : 지중해가 원산지인 타임은 유고, 체코, 영국, 스페인, 미국 등에서 재배되며, 둥글게 말린

잎과 불그스름한 라일락색을 띤 입술모양의 꽃이 핀다.

TIcket : 승차, 혹은 탑승을 허락하는, 교통수단 이용요금지불에 대한 영수증. 영화관 또는 연극공연장 입장을 허락하는 영수증.

TIcket agent : 특정 회사의 교통수단을 이용할 수 있는 승차권을 구매자에게 판매함으로써 특정 회사를 대리, 대표하는 사람

Tidy-Up : 고객이 퇴실한 후 객실을 정비하고 청소하는 일

Time card : 호텔 종사원의 근무시간 관리를 위해 작성되며, 이 카드는 종사원 개인의 호텔 출근시간과 퇴근시간이 기록된다. 이 카드는 회계부서의 급료담당 직원에게 보내어져 종사원 급료계산의 자료가 되며, 종사원의 근무상태를 파악할 수 있다.

TImetable(시간표) : 루트에 따라 여러 곳의 정거장으로부터 차량이 도착, 출발하는 시간을 보여주는 계획표, 비행시간표는 기종, 식사서비스 및 서비스의 빈도와 기타 정보를 제공

TIp(봉사료) : 서비스를 제공하는 사람에게 감사의 표시로서 비용 이외에 따로 지불하는 돈. 포터와 같이 어떤 형태의 서비스는 팁(봉사료)에 의해서만 제공(수행)됨

To-date(누계) : 누적되는 합계를 말함

Total check : 주문 품목의 모든 가격을 합계하는 일

Tour Coordinator : 단체여행객을 취급하는 분

Tour Desk : 호텔의 로비에 있는 데스크로서 이것은 특별히 관광, 특히 단체고객 팩키지 상품 등의 상담과 판매를 하는 곳

Tour operator : 관광객을 위하여 시설과 장비를 소유하고 대여하며 특별한 여행의 수배 및 활동을 위한 서비스를 제공하는 회사

Tour packager : 교통편, 숙박시설, 여행시설 등을 한데 묶은 여행상품을 만들어 소매여행업자를 통해 일반에게 판매하는 회사

Tourism Hotel(관광호텔) : 관광객이 숙박에 적합한 구조 및 설비를 갖추어 이를 이용하게 하고 음식을 제공하는 자동차 여행자 호텔, 청소년 호텔, 해상 관광 호텔, 휴양 콘도 미니엄 등의 숙박시설 등이 있다.

Tourist class : 주로 개인 전용 목욕탕이 없는 시설과 같이 제한된 service를 제공하는 호텔을 가르키며, 미국에서는 이 용어를 사용치 않음

Track : 열차용 특수금속레일(선로)

Traffic : 교통 ; 지상 또는 영공에서의 차량 및 항공기의 이동

Train : 기차. 금속 레일 위에서 달리는 차량으로서 엔진 또는 기관에 의하여 움직임

Training : 어떤 직무 또는 작업수행을 위한 훈련

Transcript : 야간회계감사원이 사용하는 서식으로서 고객 또는 각 부서에 의해 발생한 당일의 요금을 종합하고 나누는 데 쓰임.

Transfer : 한 항공에서 다른 항공으로 하물을 취급하거나 수송하는 일, 이 서비스는 주로 패키지 투어에 포함되어 있음

Transfer Credit : 고객계정간의 잔액을 이체할 때 사용되며, 이체계정간에 상호 상대계정번호가 각

각의 고객원장에 기록됨으로써 상호추적을 가능하게 한다.

Transfer Folio : 고객의 체류기간이 1주일을 경과하여 원래 개설한 고객원장에는 더 이상 누적 계산을 할 수가 없을 때 새 원장으로 옮기는 것을 말한다. 새 원장에는 원장번호가 따로 주어지지 않는다.

Transfer Sheet : 부서와 부서간에 상품 또는 재료가 이관되는 경우 재료비의 계정변경상 소요되는 전표를 양도전표라 한다.

Transfer To : 계산서 또는 원장간의 貸邊 이월분을 말함

Transient guest(단기 체류고객) : transient hotel 참조

Transient Hotel(단기체제 호텔) : 단기로 호텔을 이용하는 고객을 주요 대상으로 영업하는 호텔로 공항과 같은 특수한 지역에 위치하여 여행자들의 단기적인 숙박을 목적으로 하는 호텔과 도시에 있는 호텔 중 상업호텔이나 장기숙박 호텔을 제외한 호텔로 구분한다.

Transmittal Form : 호텔 고객으로부터 축적되어 있는 신용카드 후불을 우송하거나 기록하기 위하여 신용카드 회사로부터 제공받는 양식

Transoceanic : 태평양 또는 대서양 횡단

Travel and entertainment card : 호텔 이외의 특정회사에 의하여 발행되는 신용카드로서, 사용자가 매년 카드 이용료를 지불함

Travel Industry Association of America(TIA: 미국여행산업협회) : 미국 내의 여행 및 관광을 진흥시키기 위하여 활동하고 있는 여행관련사업 및 개별사업체들로 구성되어 있는 비영리단체

Tray service : A.P 이용고객이 룸서비스를 이용한 경우 부과하는(추가) 요금

Trunk System : 서비스 요금을 Waiter's Pay와 같이 예치계정에 분개하여 월말에 전종업원에게 환불하는 제도

Turn Away : 객실부족 사정으로 인하여 고객을 더 유치할 수 없어, 예약된 고객을 빈 방이 있는 다른 호텔에 주선하여 보내는 것을 말함.

Turn down : 예약을 신청하여 거절된 사람.

Turn over : 1회 식사를 서브하는 동안에 식탁을 한 번 이상 사용하는 것.

Turn-away service : Overbooking 등으로 불가피하게 고객을 받을 수 없는 경우 다른 호텔로 안내해 주는 서비스.

Turn-In : 각 업장 교대시간에 업장 Cashier로부터 General Cashier에게 입금되는 입금총액. 근무종료시(마감시) 각 부서의 수납원이 수납우두머리에 제출한 금액

Twin-double(두 개의 double bed) : 이러한 침대가 두 개 들어있어 4명을 수용할 수 있는 객실

Unaccompanied baggage : 승객이 탑승하고 있는 비행기로 운반되지 않는 하물

Uncollected Bill : 식음료계산서 처리시 Posting은 되었으나 여러 가지 사유로 해서 회수불능한 계산

서로써 다른 말로 Open Check이라고도 한다.

Under Stay : 퇴숙 예정일보다 고객의 업무상 또는 개인적인 사정으로 갑작스럽게 퇴숙 예정일보다 앞당겨 출발하는 경우

Understay : 예정출국일 전에 출국하는 고객

Unexpected Arrival : 고객이 예약날짜 이전에 호텔에 도착하는 것을 말한다.

Uniform System of Accounts for Hotel(USAA; 통일 호텔회계제도) : 사업전체의 통일성을 기하기 위해 주로 수입과 지출에 관한 회계항목(계령)에 관해 기술한 편람

Uniformed Service : 호텔 현관 로비에서 주로 유니폼을 입고 근무하는 종사원으로서 벨맨, 도어맨, 페이지 보이. 엘리베이터 오퍼레이터 포터 등이 있다.

Unit : 자유롭게 설립된 개인사무장소. 특히 한 사업장소 이상을 갖고 있는 기업의 부분(대단위 기업, 개인적 숙박시설)으로 호텔객실, 콘도미니엄, 별장을 일컫는다.

Unit Rate System : 우리나라에서 실시되고 있는 호텔의 객실요금정책으로서 객샐당 투숙객수에 따라 가격이 결정되는게 아니고 객실 1실에 투숙객이 1인이든 2인이든 관계없이 동일요금을 고객으로부터 지불하게 하는 제도.

Unit : 자유롭게 설립된 개인사업장고, 특히, 한 사업장소 이상을 갖고 있는 기업의 부분으로 호텔룸, 콘도미니엄 또는 별장을 일컫는다.

Up grading : 고객이 예약한 등급의 객실보다 비싼 객실에 투숙시키는 것을 말함

Up-to-date(누계) : 어떤 행위가 가장 최근화 되는 것

Upright position : 비행기 좌석 중 가장 앞쪽의 좌석

Urgent Telegram : 지급 전보

Usher : 수위, 안내하는 사람

Utensil : 주방용 각종 기물류.

Vacant : 투숙하지 않은 객실. 판매가능한 청소된 객실

Vacant and Ready : 투숙되지 않은 객실로 판매가능한 객실을 말한다.

Vacation : 노동 혹은 기타 의무로부터 자유로운 시간

Vacation Home(휴가별장) : 특별한 계절 동안에 비교적 단기간 사용되는 2차적인 주거지

Valet Service : 호텔의 세탁소(Laundry)나 주차장(Parking Lot)에서 고객을 위해 서비스하는 것을 말한다.

Validate(유효) : 어떤 일을 법적으로 보는 행정적으로 유효하게 함; 항공권은 사용되기 전 판매처에 의해 유효함을 인정받게 되는데 판매처에서는 항공권에 요금지불 사실을 기입하거나 스탬프로 표시함.

Verification(재확인) : 객실예약, 신용카드 사용, 또는 시민권 증명의 사실여부를 증명하는 과정이다.

Vintage chart : 포도주의 생산연도를 알기 쉽게 표시해 놓은 표, 포도주를 수확한 연도를 표시한 말로서 그 해에 수확한 포도로 만든 포도주라는 것을 나타낸다.

Void Bill : 식음료계산서 처리시 영업중 고객이나 종업원에 의하여 정정 혹은 수정되거나 기타 훼손 등으로 해서 불가피하게 무효화된 계산서를 말한다.

Vouch : 어떤 사람의 언행 혹은 그 밖의 다른 사람의 보증에 대해 동의함

Voucher : 전표, 증빙

Waiting List : 이미 예약이 만원되어 있는 좌석 또는 호텔 객실을 예약하기 위하여 이미 예약된 것 중 취소되는 것을 기다리고 있는 사람

Wake Up Call : 손님이 원하는 시각에 통보하여 주는 전화

Walk in Guest : 사전에 예약을 하지 않고 당일에 직접 호텔에 투숙하는 고객을 말한다. 이 경우 일반적으로 고객에게 선수금을 받고 있다.(Walk-Ins % = Walk-ins의 수 / 전체 도착자 수×100)

Walk Out : 공식적인 체크아웃 없이 호텔을 떠나는 고객을 말한다.

Walk-in : 예약하지 않고 투숙하는 손님

Walk-in guest : 예약을 하지 않고 호텔에 들어오는 고객.

Walk-Through : 호텔간부 임원이나, 프랜차이즈 조사자 등에 의해서 이루어지는 호텔 자산에 대한 총심사 과정을 말한다.

Wastage : 호텔 레스토랑 사업에 있어서 식음료 저장에서의 소모량(Wastage In Stores)과 조리준비과정(Wastage In Preparation) 또한 요리과정(Wastage During Cooking)에서 생기는 불가피한 일정한 식음료의 소모량을 말한다.

Watch : 근무교대(w.s)의 다른 용어

Watch Work : Room Maid가 오후 4시경 (16:00)부터 밤중(24:00)까지 작업하는 것을 말한다.

Welcome Envelopw : 단체 숙박절차(Group-Check-In)시, 객실 열쇠와 등록카드(Registration Card) 등이 넣어져 있는 객실

Well or Bucket : 고객원장이 프런트 캐쉬어(Front Cashier)에 의해 객실번호(Room No.) 순으로 정리 보관된 것

WHIPPING : 공기를 넣음으로서 빠른 동작으로 BEATING하여 부풀게 함

Who room : rack에 비어있는 것으로 나타나 있는 객실의 확인되지 않은 고객

Wide Area Telephone Service(WATS) : 특별요금으로 제공되는 장거리전화

Will Call for Service : 호텔의 체크 룸 서비스의 일종으로 숙박하고 있는 고객 또는 출발할 고객이 외부의 사람에게 물품을 전달할 경우에 보관후 외부손님에게 전달하는 서비스이다.

Word-of-mouth advertising(구전판촉) : 이용한 후 만족한 고객이 다른 사람에게 상품, 서비스, 장소

등에 대해 추천하는 일

Work Station : 호텔종사원이 일하는 영업장소 개념과 음식을 생산하는 장소를 말한다.

Working Schedule : 근무계획표

Writing Desk : 간단한 사무를 볼 수 있는 책상으로 호텔 객실내에 비치되는 가구이다.

Yield(일드) : 제품을 전부 합쳐 구운 전량 또는 계산된 단위의 개수를 말한다.

Zero Defects : 무결점 운동으로 종업원 개개인이 자발적으로 추진자가 되어 일의 결함을 제거해 나가려는 관리기법이다.

Zero out : 손님이 check out하며 요금을 정산함에 따라 고객구좌상의 대차대조가 균형을 찾는 일

참고문헌

고상동, 휴양콘도미니엄 경영론, 백산출판사, 1998.

오정환·이철호, 국제호텔경영전략, 가산출판사, 2000.

이희천·신정화, 호텔경영론, 형설출판사, 1998.

채서묵, 관광사업개론, 백산출판사, 1999.

최풍운·허용덕, 호텔회계, 백산출판사, 1998.

최풍운·변우진, 환대산업서비스, 학문사, 2000.

최풍운, 호텔식음료서비스, 학문사, 2000.

최풍운, 호텔경영론, 백산출판사, 2000.

최풍운, 호텔실무, 백산출판사, 2000.

Hilton Hotel, Room Operation Manual, 2001.

Sheraton Walker Hill Hotel, Room Operation Manual, 1995.

Club Managers Association of America, Contemporary Club Management, AHMA, 1997.

Chuck Y. Gee, James C. Makens, Dexter J. L. Choy, The Travel Industry, Third Edition, John Wiley & Sons Inc., 1997.

Charles E. Steadmon, Managing Front Office Operation, AHMA, 1985.

D.A.Aaker, Strategic Market Management, Fourth Edition, John Wiley & Sons Inc., 1995.

G.T. Mikovich, J.W.Boudreau, Human Resource Management, Eighth Edition, Irwin Book Team, 1997.

H.Assael, Consumer Behavior, Sixth Edition, South-Western College Publishing, Ohio, 1998.

J.A.Fitzsimmons, M.J. Fitzsimmons, Service Management For Competitive Advantage, Mcgraw-Hill Inc., 1994.

J.W.Wilkinson, M.J.Cerullo, Accounting Information System, Third Edition, John Wiley & Inc., 1997.

Lynn Van Der Wagen, Professional Hospitality: Core Competencies, Hospitality Press Pty. Ltd., Australia, 1999.

Philip Kotler, Markting Management, Ninth Fdition, Prentice-Hall Inc., 1997.

Vivienne O'shannessy, Sheryl Haby, Pania Richmond, Accommodation Service, Pearson Education Australia Pty. Ltd., 2001.

저자소개

최풍운 (장안대학교 관광계열 교수)

윤여송 (경동대학교 관광학부 호텔경영학과 교수)

함봉균 (문화관광연구소 부소장)

박제온 (경원대학교 관광경영과 외래교수)

권　헌 (배재대학교 관광문화대학 겸임교수)

박오성 (서울현대전문학교 호텔경영학과 교수)

호텔경영학원론

2012년 2월 20일 인쇄
2012년 2월 25일 발행

저　자　최풍운·윤여송 / 함봉균·박제온 / 권　헌·박오성

발행인　寅製 진 욱 상

발행처　백산출판사

서울시 성북구 정릉3동 653-40
등록 : 1974. 1. 9. 제 1-72호
전화 : 914-1621, 917-6240
FAX : 912-4438
http://www.ibaeksan.kr
editbsp@naver.com

값 18,000원
ISBN 978-89-6183-155-0